A DECISÃO DE INVESTIR

Métodos e modelos para avaliação econômica

Grupo
Editorial
Nacional

O GEN | Grupo Editorial Nacional reúne as editoras Guanabara Koogan, Santos, Roca, AC Farmacêutica, Forense, Método, LTC, E.P.U. e Forense Universitária, que publicam nas áreas científica, técnica e profissional.

Essas empresas, respeitadas no mercado editorial, construíram catálogos inigualáveis, com obras que têm sido decisivas na formação acadêmica e no aperfeiçoamento de várias gerações de profissionais e de estudantes de Administração, Direito, Enfermagem, Engenharia, Fisioterapia, Medicina, Odontologia, Educação Física e muitas outras ciências, tendo se tornado sinônimo de seriedade e respeito.

Nossa missão é prover o melhor conteúdo científico e distribuí-lo de maneira flexível e conveniente, a preços justos, gerando benefícios e servindo a autores, docentes, livreiros, funcionários, colaboradores e acionistas.

Nosso comportamento ético incondicional e nossa responsabilidade social e ambiental são reforçados pela natureza educacional de nossa atividade, sem comprometer o crescimento contínuo e a rentabilidade do grupo.

A DECISÃO DE INVESTIR

Métodos e modelos para avaliação econômica

Eduardo Leopoldino de Andrade

Apesar dos melhores esforços do autor, do editor e dos revisores, é inevitável que surjam erros no texto. Assim, são bem-vindas as comunicações de usuários sobre correções ou sugestões referentes ao conteúdo ou ao nível pedagógico que auxiliem o aprimoramento de edições futuras. Os comentários dos leitores podem ser encaminhados à **LTC – Livros Técnicos e Científicos Editora** pelo e-mail ltc@grupogen.com.br.

Direitos exclusivos para a língua portuguesa
Copyright © 2013 by
LTC – Livros Técnicos e Científicos Editora Ltda.
Uma editora integrante do GEN | Grupo Editorial Nacional

Travessa do Ouvidor, 11
Rio de Janeiro, RJ – CEP 20040-040
Tels.: 21-3543-0770 / 11-5080-0770
Fax: 21-3543-0896
ltc@grupogen.com.br
www.ltceditora.com.br

Capa: Leônidas Leite
Editoração Eletrônica: K2 Design

CIP-BRASIL. CATALOGAÇÃO-NA-FONTE
SINDICATO NACIONAL DOS EDITORES DE LIVROS, RJ

A565d
Andrade, Eduardo Leopoldino de
A decisão de investir : métodos e modelos para avaliação econômica / Eduardo Leopoldino de Andrade. - Rio de Janeiro : LTC, 2013.
il. ; 24 cm

Inclui bibliografia e índice
ISBN 978-85-216-2109-6

1. Modelos matemáticos. 2. Matemática financeira. I. Título.

12-5913.

CDD: 513.9
CDU: 51-7

Dedicatória

Dedico a duas pessoas que exerceram influência decisiva na minha formação profissional e financeira: meu pai, Lauro Lage de Andrade (*in memoriam*), pela vida e por todas as lições, inclusive a de não gastar mais do que se ganha, e meu tio, Pe. Irineu Leopoldino de Souza (*in memoriam*), pelas primeiras lições sobre decisões racionais.

Apresentação

Neste livro o professor Eduardo Leopoldino de Andrade faz um convite, especialmente aos gestores de instituições e empresas, a uma reflexão sobre o impacto das decisões gerenciais na vida das organizações. O autor destaca que "os profissionais de empresa devem se preocupar em desenvolver sua capacidade de análise e compreensão de todos os aspectos relacionados com a decisão, inclusive o econômico".

Um importante ponto de análise do livro é a alocação eficiente dos recursos empresariais e a atratividade dos projetos. A esse propósito, o gestor deve contar com ferramentas indispensáveis na condução dos negócios: planejamento estratégico, dados completos e confiáveis sobre os recursos da empresa e avaliação dos riscos dos novos projetos. A qualidade dessas ferramentas, nós sabemos, influencia sobremaneira o processo decisório.

A reflexão que o autor propõe não tem apenas, como se costuma dizer, componentes de ordem teórica. Na verdade, o trabalho do Professor Eduardo Andrade vai muito além. Ele faz com muita propriedade a articulação do arcabouço legado pelas ciências gerenciais e pela metodologia científica com sua experiência de vida profissional à frente de grandes projetos, seja na vida empresarial, seja como consultor, ou seja, ainda, como professor. Nesse sentido, o livro contempla uma reflexão de ordem científica e profissional e propõe, ademais, aos leitores uma série de exercícios, sendo possível sua adaptação ao ambiente de trabalho e ensino.

É com muito prazer e honra que redigimos esta brevíssima apresentação do livro do Professor Andrade, que integrou o corpo docente da Universidade FUMEC (Fundação Mineira de Educação e Cultura) entre 2002 e 2011. Na instituição, o Professor Andrade ministrou diversas disciplinas nos cursos de Graduação de Engenharia de Produção Civil e Engenharia de Telecomunicações, dentre elas Pesquisa Operacional, Análise de Investimentos e Operações, Gestão Estratégica e Gestão Empresarial. Além disso, coordenou os cursos de Pós-graduação *Lato Sensu* (Especialização) em Engenharia de Produção Civil (Faculdade de Engenharia e Arquitetura) por três anos e o de Gestão Estratégica de Negócios por seis anos (Faculdade de Ciências Empresariais). Salienta-se que sua atuação como docente foi coroada de êxitos, sendo admirado pelos colegas e homenageado inúmeras vezes por seus alunos.

Boa leitura a todos!
Prof. Dr. Eduardo Martins de Lima
Reitor da Universidade FUMEC

Prefácio

Todas as decisões em um ambiente empresarial, em maior ou menor grau, provocam impactos nas organizações, seja nos custos incorridos ou na geração de benefícios futuros. Podemos, pois, considerar que uma das habilidades mais importantes dos bons gerentes é, sem dúvida, a capacidade de avaliar as consequências econômicas de suas decisões, sem deixar de lado as demais.

Por outro lado, entre os múltiplos objetivos de qualquer organização humana, a alocação eficiente dos recursos é um dos pilares da sobrevivência e da ampliação dos benefícios que produz para a sociedade. Todas as organizações, qualquer que seja sua natureza, utilizam diversos recursos, logicamente limitados, para a realização de seus benefícios. E sua existência é justificada somente quando o montante de benefícios criado supera o volume de recursos utilizados.

Dessa forma, a organização está criando riqueza e contribuindo para a melhoria da qualidade de vida das pessoas. Mesmo não podendo, muitas vezes, medir essa riqueza em valores monetários, a melhoria da qualidade de vida do ser humano é facilmente perceptível. Por essas razões, os profissionais das empresas devem se preocupar em desenvolver sua capacidade de análise e compreensão de todos os aspectos relacionados com a decisão, inclusive o econômico.

Este livro apresenta os métodos e modelos mais utilizados para a avaliação da economicidade das decisões e dos projetos, ou seja, propicia ao leitor o acesso às técnicas mais importantes para embasar sua decisão de investir.

Baseada na vivência prática do autor que, em sua vida empresarial, implantou a metodologia e gerenciou equipes de avaliação da atratividade econômica de projetos de expansão do sistema elétrico da Companhia Energética de Minas Gerais (Cemig) – hoje reconhecidamente um dos maiores *players* do cenário energético brasileiro e latino-americano –, a apresentação dos métodos e modelos incorpora também a experiência didática e de consultoria adquiridas.

Além da visão prática da decisão empresarial, o leitor encontrará também uma grande quantidade de exemplos extraídos de casos reais resolvidos, evidentemente simplificados para cumprir os objetivos didáticos de uma obra voltada para a formação de profissionais. Com isso, podemos afirmar que o objetivo geral do livro é apresentar, de forma didática e prática, a metodologia de avaliação econômica de projetos de investimentos, ensinando para o leitor as técnicas utilizadas pelas empresas em suas análises para a tomada de decisão.

Os temas abordados atendem às ementas usuais de Matemática Financeira (Cursos de Administração, Ciências Contábeis, Engenharia de Produção) e de Análise de Investimentos/ Engenharia Econômica para os Cursos de Administração, Engenharia de Produção, outras

Engenharias (disciplina optativa, geralmente) e os cursos de Pós-Graduação em Engenharia Econômica, Gestão de Projetos e outros que incluem essa disciplina em suas grades. Todos os capítulos apresentam uma grande quantidade de exemplos, exercícios resolvidos e exercícios propostos que facilitam o processo de compreensão e assimilação do conteúdo.

Todos os exercícios resolvidos e propostos, principalmente nos capítulos que discutem as aplicações dos métodos de Matemática Financeira nas questões práticas, são apresentados como problemas de decisão empresarial, com contextualizações das questões abordadas dentro da realidade brasileira. Com isso, o leitor percebe a aplicação do método para a análise da decisão dentro de uma empresa.

Paralelamente ao aprendizado das matérias, o leitor poderá treinar o uso da calculadora HP 12C, cuja forma de utilização é apresentada para todos os exemplos e exercícios resolvidos. Da mesma forma, são apresentadas todas as planilhas de MS-Excel para a solução dos mesmos exemplos e exercícios. Para os professores, essas planilhas se transformam em *templates* que podem ser utilizados para a modificação e personalização dos exemplos e exercícios, permitindo assim o enriquecimento de suas aulas.

Estrutura do Livro

De forma a atender às diversas ementas dos cursos de Graduação e Pós-Graduação, o livro apresenta uma estrutura modular que permite o aproveitamento, pelo professor, dos capítulos ou parte deles, na sequência de sua própria apresentação. Além do texto impresso, o leitor terá acesso ao site, onde encontrará os *templates* para modificação dos exercícios e capítulos adicionais, conforme mostraremos a seguir.

Capítulo 1

O Capítulo 1 apresenta as condições gerais para a alocação eficiente dos recursos das empresas em planos de investimentos. É apresentado o processo decisório de definição dos projetos, desde a fase inicial de concepção dos planos até a composição final do programa, mostrando as principais análises e decisões requeridas. Discutimos também o processo geral de gerência de projetos, realçando as participações das funções organizacionais na decisão final, indicando as decisões e análises sob suas respectivas responsabilidades.

Em seguida, discutimos como as condições internas criadas pelas empresas para o desenvolvimento do processo decisório influenciam a qualidade das decisões e as avaliações de risco dos projetos. Os fatores fundamentais para a eficácia do programa de investimentos são a integração com planejamento estratégico e a disponibilidade de recursos internos para a coleta e análise de informações.

A partir da discussão da qualidade das informações para o processo decisório, apresentamos para o leitor o processo de formação do fluxo de caixa de um projeto de investimento, analisando todas as informações necessárias: fluxos dos aportes de dinheiro, fluxos dos recebimentos ou benefícios, escolha da moeda para representação dos valores, determinação do horizonte para análise, fixação de um valor residual ou de liquidação e determinação da taxa de desconto a ser utilizada nas análises.

Capítulo 2

A base conceitual das análises de atratividade dos projetos é a Matemática Financeira, que é desenvolvida no Capítulo 2. Esse capítulo é apresentado em duas partes. Na primeira apresentamos os métodos de Matemática Financeira que compõem as ementas tradicionais dessas disciplinas, para os cursos de Administração de Empresas, Engenharia de Produção, Ciências Contábeis e outros que oferecem essa disciplina.

Os elementos diferenciais deste livro são a forma de apresentação, a apresentação das soluções de todos os exemplos e exercícios com a utilização da calculadora HP 12 C e, ao mesmo tempo, o uso de planilhas eletrônicas de MS-Excel. Dessa forma, o leitor pode praticar as técnicas de Matemática Financeira e, ao mesmo tempo, se especializar na utilização da calculadora HP 12C e praticar a formação e cálculo das planilhas MS-Excel.

Na segunda parte, denominada "Capítulo 9: Problemas Típicos de Matemática Financeira - Modelos Avançados" no site da internet, são apresentadas as técnicas avançadas de Matemática Financeira, como Séries Gradientes, Perpetuidades, Capitalização Contínua e Fluxo Contínuo de Pagamentos. Para cada técnica, são apresentados exercícios de decisão empresarial, que possibilitam ao leitor o treinamento no método e, ao mesmo tempo, a identificação dos problemas empresariais que podem ser solucionados com seu emprego.

Capítulo 3

No Capítulo 3, apresentamos as técnicas de Matemática Financeira aplicadas nos métodos de avaliação econômica de projetos. Também apresentado em duas partes, temos, na primeira, as principais técnicas utilizadas para avaliação da atratividade de projetos: VPL, TIR, *Payback*, Índices Benefício-Custo, Receita ou Custo Uniforme Equivalente. O leitor encontra nesse capítulo uma grande quantidade de exemplos práticos de problemas de decisão e discussões sobre os cuidados que se deve tomar nas aplicações dos métodos, para que as informações sejam consistentes com o processo decisório.

A segunda parte, apresentada como o Capítulo 10 no site da internet, traz para os leitores a discussão sobre as hipóteses implícitas de reinvestimento dos métodos VPL e TIR e o cálculo da Taxa Interna de Retorno Modificada. Métodos avançados são apresentados para o cálculo do Perfil do Valor Futuro Líquido Acumulado, com o objetivo de quantificar o valor líquido do investimento ainda comprometido com o desenvolvimento do projeto. Na sequência, calculamos o valor anual do capital a ser recuperado – Capital Recuperado Anual (CRA), que nos permite saber, em qualquer fase do projeto, o capital que já foi recuperado e o valor que ainda está comprometido. Finalmente, apresentamos o método para cálculo do Valor Residual Implícito, que é muito útil para a determinação do horizonte de análise de um projeto inferior ao horizonte de planejamento ou vida útil do mesmo.

Capítulo 4

No Capítulo 4, introduzimos o leitor às aplicações empresariais das diversas técnicas de avaliação econômica dos projetos, desenvolvendo as técnicas para análise comparativa dos fluxos de caixa de projetos alternativos. Assim, discutimos a escolha entre alternativas mutuamente exclusivas com portes diferentes dos investimentos, análise comparativa de projetos com vidas úteis diferentes, projetos de curto prazo *versus* projetos de longo prazo.

Discutimos também o cálculo do Valor Presente Líquido para encerramento antecipado do projeto e o cálculo do Ponto de Equilíbrio Econômico de um projeto, incorporando os custos de capital por meio do cálculo do Valor Presente Líquido.

Capítulo 5

Discutidas as técnicas de avaliação econômica para a escolha dos projetos a empreender, passamos, no Capítulo 5, à discussão dos processos de financiamento dos projetos e suas influências nos resultados esperados. Discutimos os benefícios fiscais dos financiamentos com capitais de terceiros e a utilização das diversas formas de *leasing*. Finalmente, examinamos o processo de formação de uma carteira de investimentos sob limitação de capital, que é a situação real existente em todas as organizações.

Capítulo 6

Como todas as análises de projetos são realizadas com base nas informações sobre gastos e benefícios futuros, uma parte importante da análise da decisão é a avaliação do risco do projeto. Nesse capítulo, também desenvolvido em duas partes, são apresentadas as principais técnicas para tratamento das incertezas inerentes às previsões utilizadas.

Na primeira parte, começamos com os métodos de análise da sensibilidade dos resultados finais às variações nos dados, avançamos com as técnicas de decisão sob condições de incerteza e apresentamos as aplicações do Método de Monte Carlo para a estimativa das distribuições de probabilidades dos resultados.

Na segunda parte, apresentada no site da internet como Capítulo 11, são desenvolvidas algumas técnicas mais avançadas, baseadas em conceitos mais elaborados de análise estatística. Iniciamos com a discussão da análise do coeficiente de correlação para a redução do risco de uma carteira de projetos, analisamos as vantagens da diversificação e apresentamos o modelo CAPM (*Capital Asset Pricing Model*) e suas aplicações na determinação da taxa de retorno esperada.

O modelo CAPM é, então, aplicado à análise dos riscos de ativos empresariais, por meio do cálculo dos coeficientes β específicos para Patrimônios Líquido, Ativo e Passivo criados pelos projetos.

Todos os métodos são desenvolvidos com a utilização das planilhas de Excel, o que proporciona ao leitor a oportunidade de alterar os exemplos de acordo com sua necessidade.

Capítulo 7

Um dos problemas recorrentes em uma empresa é a substituição de equipamentos e instalações. Ao término da vida útil, da vida econômica ou por obsolescência tecnológica, os gerentes se veem constantemente em um processo de decisão para a substituição de equipamentos. Nesse capítulo discutimos a escolha adequada de um horizonte de planejamento para a análise decisória, os aspectos econômicos da confiabilidade, a depreciação dos equipamentos, e apresentamos o conceito de custos irrecuperáveis (*sunk costs*). Finalmente, discutimos vários exemplos práticos de substituição por inadequação às condições atuais da empresa, por declínio de eficiência e por obsolescência tecnológica.

Da mesma forma que nos capítulos anteriores, todos os exemplos são desenvolvidos com a utilização da planilha Excel para possibilitar o melhor acompanhamento da solução pelo leitor.

Capítulo 8

Os projetos de investimento apresentam uma característica muito interessante que não é captada adequadamente pelas técnicas convencionais de Matemática Financeira e Análise Econômica. Ao decidirmos por um projeto que apresenta determinados benefícios, podemos estar criando oportunidades para novos projetos com outros benefícios. As análises desenvolvidas até aqui procuram quantificar resultados e riscos do projeto em discussão e, por isso, surge a questão de valorizar as possíveis oportunidades futuras.

Como as decisões de aceitar ou não os projetos de investimentos têm as mesmas características das opções de ações em uma Bolsa de Valores, apresentamos para o leitor os princípios básicos dos tipos de opções e algumas estratégias usuais para a redução do risco de uma carteira. Discutimos também os dois modelos mais usuais para a precificação das opções: o modelo binomial e o modelo de Black-Scholes.

Desenvolvida essa teoria, aplicamos os conhecimentos na avaliação dos projetos de investimentos como opções reais, determinando assim o valor da oportunidade criada.

Todos os exemplos e exercícios, tanto de demonstração da teoria das opções quanto de desenvolvimento das aplicações empresariais, foram resolvidos por meio de planilhas eletrônicas, que se transformam, então, em *templates* que o leitor pode utilizar para personalizar seus próprios exercícios.

Material Suplementar

Este livro conta com os seguintes materiais suplementares:

- Exercícios Resolvidos dos Capítulos 2 ao 8 (acesso livre)
- Capítulos 9, 10 e 11 (acesso livre)
- Questões para estudo do Capítulo 1 (acesso livre)
- Planilhas de exemplos dos Capítulos 2 ao 11 (acesso livre)
- Planilhas de Exercícios Propostos dos Capítulos 2 ao 11 (restrito a docentes)
- Planilhas de Exercícios Resolvidos dos Capítulos 2 ao 11 (restrito a docentes)

O acesso ao material suplementar é gratuito, bastando que o leitor se cadastre em: http://gen-io.grupogen.com.br.

GEN | Informação Online

GEN-IO (GEN | Informação Online) é o repositório de material suplementar e de serviços relacionados com livros publicados pelo GEN | Grupo Editorial Nacional, o maior conglomerado brasileiro de editoras do ramo científico-técnico-profissional, composto por Guanabara Koogan, Santos, Roca, AC Farmacêutica, Forense, Método, LTC, E.P.U. e Forense Universitária.

Sumário

Capítulo 3 – A Decisão Econômica na Avaliação de Projetos – Modelos Básicos, 61

Capítulo 4 – Modelos de Análise Econômica Aplicados em Decisões Empresariais, 95

Capítulo 5 – Modelos de Análise Econômica Aplicados em Decisões de Financiamento de Projetos, 133

Capítulo 8 – Avaliação de Oportunidades em Projetos de Investimento, 232

Capítulos disponíveis no site da LTC Editora

**Capítulo 9 – Problemas Típicos de Matemática Financeira, 1
Modelos Avançados, 1**

Problemas Resolvidos

A DECISÃO DE INVESTIR

Métodos e modelos para avaliação econômica

1

O Processo de Avaliação dos Projetos de Investimentos

OBJETIVOS DO CAPÍTULO

AO TERMINAR O ESTUDO DESTE CAPÍTULO, VOCÊ ESTARÁ CAPACITADO PARA:

1. COMPREENDER E PARTICIPAR EFICAZMENTE DO PROCESSO DECISÓRIO DE COMPOSIÇÃO DO PLANO DE INVESTIMENTOS DA EMPRESA.

2. AVALIAR A QUALIDADE DO PROCESSO DE CAPTAÇÃO DAS INFORMAÇÕES PARA AVALIAÇÃO E SUA RELAÇÃO COM O RISCO DOS PROJETOS DE INVESTIMENTO.

3. COMPREENDER, AVALIAR E ESTRUTURAR UM PROCESSO EFICAZ DE GERÊNCIA DE PROJETO.

4. ELABORAR FLUXOS DE CAIXA DOS PROJETOS DE INVESTIMENTO PARA POSSIBILITAR A AVALIAÇÃO DA ATRATIVIDADE.

5. IDENTIFICAR OS CUSTOS E BENEFÍCIOS, ESPECÍFICOS DE CADA PROJETO, QUE DEVEM SER INCORPORADOS NOS FLUXOS DE CAIXA.

6. DETERMINAR A TAXA DE DESCONTO QUE DEVE SER CONSIDERADA COMO TAXA MÍNIMA DE ATRATIVIDADE PARA A ACEITAÇÃO DE UM PROJETO.

1.1 AS BASES DO PROCESSO DE ALOCAÇÃO DE RECURSOS

Qualquer empresa tem capacidade limitada para levantar recursos e, por isso, deve alocá-los nas melhores alternativas existentes. A qualidade do processo de alocação, ou seja, a qualidade das decisões sobre como e onde aplicar o dinheiro e os demais recursos determina o crescimento futuro sustentável da organização.

Esse fato leva a organização a estruturar um processo de decisão racional e formal, com a finalidade de aumentar a eficiência da alocação dos recursos para a composição do plano de investimentos, visando à maximização dos ganhos e minimização dos riscos. A qualidade desse processo depende fundamentalmente de três elementos:

- A qualidade intrínseca do processo de decisão: treinamento das pessoas, ambiente institucional, sistemas de informações, cultura de cooperação e outros fatores;
- A qualidade das informações utilizadas no processo de avaliação das oportunidades: recursos disponíveis para coleta e análise das informações, sistemas de captação das informações, conhecimento incorporado ao processo, dentre outros;
- A metodologia utilizada para a análise e avaliação das oportunidades de aplicação de dinheiro.

A qualidade do processo decisório de uma organização é resultante do conjunto de elementos internos que formam a cultura empresarial e que, ao produzir um ambiente de confiança, permitem às pessoas a participação eficaz nas decisões tomadas.

Todo processo de avaliação de oportunidades de investimento lida com informações futuras sobre produtos, mercados, estados da economia, custo do dinheiro e muitas outras considerações que podem afetar o resultado previsto do empreendimento. A qualidade dessas informações depende dos recursos que a empresa se dispõe a alocar para as análises e pesquisas prévias.

Finalmente, o ferramental metodológico disponível na empresa para a realização das análises, a qualidade dos sistemas de informações e da base de dados e o grau de participação e envolvimento das áreas da empresa para o fornecimento de informações confiáveis no prazo adequado são fatores que determinam a qualidade do resultado final.

1.2 CRIAÇÃO DO PLANO DE INVESTIMENTOS

1.2.1 Razões para uma Empresa Investir

São quatro as motivações principais para os investimentos de uma empresa:

Desenvolver-se: procurar oportunidades de crescimento e desenvolvimento. Para isso, deve alocar quantidades significativas de recursos para entrar em novos mercados, lançar novos produtos, criar novas estruturas de distribuição, comprar outras empresas e outras formas de expansão dos negócios.

Modernizar-se, por meio de duas linhas principais de ações: melhorar os processos produtivos para se manter competitiva no mercado atual e aprimorar e modificar suas linhas de produtos para oferecer soluções para as novas necessidades dos clientes.

Garantir sua sustentabilidade, por meio de projetos que propiciem um desenvolvimento autossustentável quanto à preservação das condições ambientais em todas as operações e funções de sua cadeia de criação de valor.

Conservar sua capacidade atual de produção, por meio da substituição de equipamentos que atinjam o final de sua vida útil. Dificilmente essa substituição se faz sem mudanças tecnológicas que representam ganhos de produtividade, melhorias nos processos e nos produtos.

Além dessas razões principais, outros investimentos de caráter extraordinário e de natureza estratégica podem ser empreendidos por empresas que se veem diante de oportunidades de entrada em mercados totalmente novos por meio de uma fusão, por exemplo, ou diante de uma crise que exige ações emergenciais.

1.2.2 As Origens dos Projetos de Investimentos e a Necessidade de Fundos

Como a razão principal da existência de uma empresa é a oferta de produtos e serviços que atendem às necessidades e aos desejos dos clientes, a maior parte dos projetos de investimento está associada às políticas de mercado da empresa. A empresa tem que investir continuamente para garantir que seus produtos continuem sendo desejados pelos clientes, ou seja, garantir a demanda, e também para aprimorar e ampliar seus canais de suprimentos e de distribuição, garantindo a economicidade de suas operações.

Como todos os produtos apresentam um ciclo de vida em que a demanda varia ao longo do tempo, as necessidades de investimento são diferentes em cada fase. A Figura 1.1 mostra o ciclo de vida de um produto com suas quatro fases tradicionais (lançamento, crescimento, maturidade e declínio), as necessidades de aporte de recurso e a geração líquida de caixa por fase. Na Figura 1.1 é possível observar também a fase de desenvolvimento do produto ou do processo produtivo, que é a etapa de todo o ciclo de vida do produto com elevada exigência de capital, na forma de projetos de investimento.

Analisando a Figura 1.1, podemos ver que, nas *fases de desenvolvimento e lançamento* dos produtos, a empresa tem que arcar com investimentos elevados em pesquisa, tecnologia do produto, desenvolvimento do processo produtivo e, também, coleta de informações do mercado para as previsões de demanda. Além disso, há gastos elevados para introdução dos novos produtos no mercado, criação e desenvolvimento dos canais de distribuição. No entanto, nessa fase a empresa não pode contar com as receitas provenientes de vendas, portanto, tem que lançar mão de outras fontes de financiamento para levar adiante os projetos.

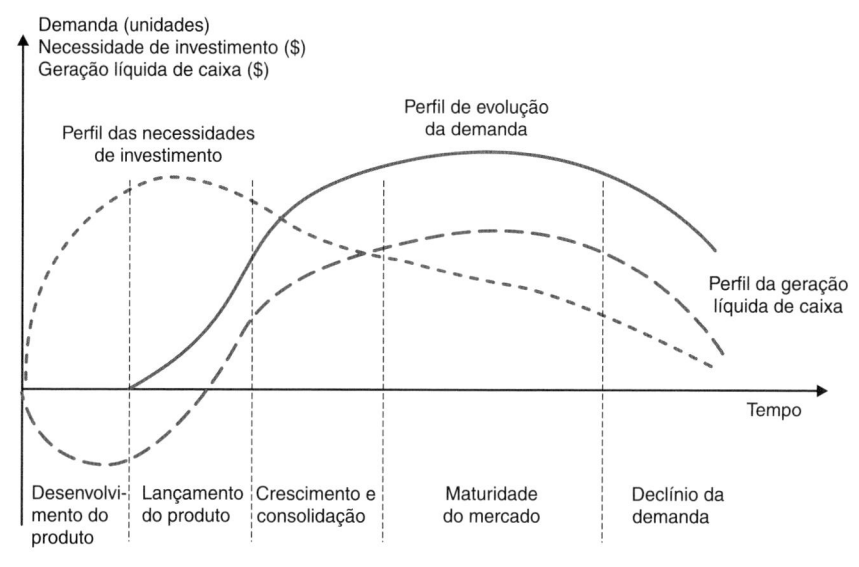

Figura 1.1 Ciclo de vida do produto e perfis correspondentes de investimento e geração líquida de caixa.

Na *fase de crescimento* da demanda e consolidação do mercado, a necessidade de investimentos continua elevada para a implantação do sistema produtivo e dos canais de suprimento e distribuição. São necessários fundos para a aquisição de bens tangíveis, como imóveis, equipamentos e outros, e despesas com bens intangíveis, como patentes, marcas, campanhas publicitárias etc. Além disso, as necessidades de capital de giro crescem mais rapidamente do que a geração líquida de caixa. Em consequência, a empresa ainda tem que procurar fontes externas de financiamento ou lançar mão de receitas produzidas por outros negócios.

Na *fase de maturidade* do mercado, as necessidades de investimento diminuem significativamente, tendo como causas principais a manutenção da capacidade produtiva e a modernização das instalações. Da mesma forma, a necessidade de capital de giro se estabiliza, e a empresa passa a apresentar uma forte geração líquida de caixa, que pode ser utilizada para o financiamento de novos projetos.

Na *fase de declínio*, a necessidade de investimento, se existir, é causada pelo processo de saída do mercado e desmobilização das instalações. Nessa etapa, a empresa recupera também grande parte do capital de giro que estava alocado às atividades ora em fim de vida.

Por causa dessas características de geração de caixa e necessidades de investimento, uma empresa deve apresentar um portfólio equilibrado de produtos que apresentam, em qualquer momento, fases distintas de seus respectivos ciclos de vida, conforme mostra a Figura 1.2.

No exemplo da Figura 1.2, mostramos algumas datas de um planejamento de uma empresa e os ciclos de vida de alguns produtos. Na data t_0, podemos verificar que o produto 1 está na fase madura, chegando próximo a sua fase de declínio. O produto 2 está na fase de crescimento, o produto 3, na fase de lançamento, e o produto K ainda está em projeto. Assim, em cada ocasião, a empresa apresenta potenciais diferentes de geração de caixa e de necessidades de investimento.

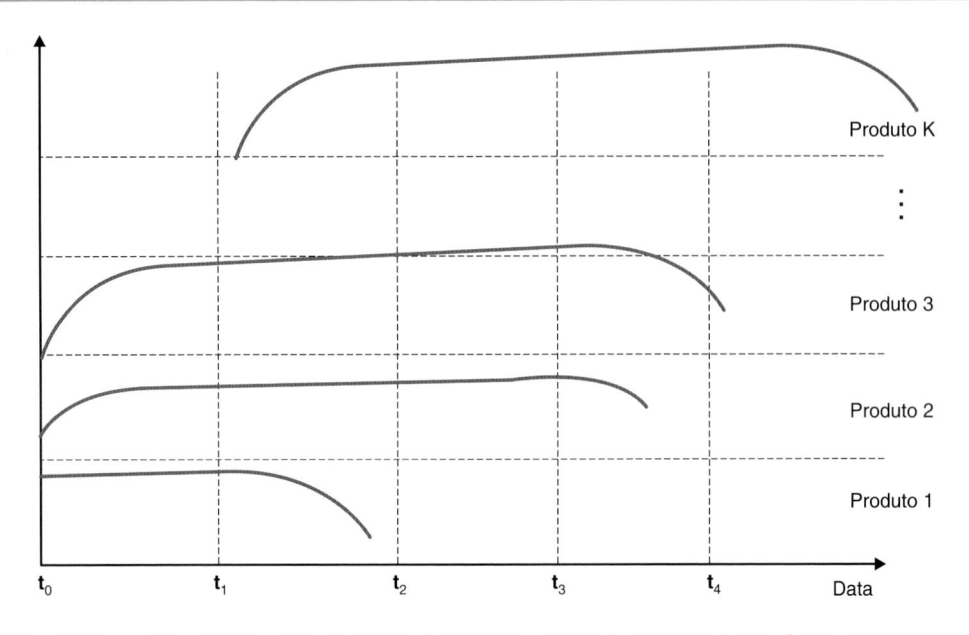

Figura 1.2 Carteira equilibrada de produtos com ciclos de vida em estágios diferentes.

1.2.3 O Processo de Decisão do Plano de Investimentos

Todas as empresas, independentemente do ramo de negócios ou de seu porte, desenvolvem diversos projetos que, uma vez avaliados e decididos, formam seu plano de investimentos.

As decisões de alocação de recursos em projetos de investimento apresentam características sequenciais e recursivas, já que o dinheiro aplicado na data de hoje somente produzirá resultados em datas futuras. Assim, o processo decisório deve ser estruturado de forma a propiciar condições para o desenvolvimento de raciocínios lógicos sequenciais e deve permitir que outras informações mais recentes possam ser incorporadas ao processo de análise, reiniciando todo o processo ou parte dele.

A decisão da aceitação de um projeto de investimento é um processo complexo que se inicia com a avaliação de sua contribuição para a estratégia da empresa. A partir daí, prossegue com a avaliação de sua atratividade econômica, com o levantamento da necessidade de financiamento, e termina na decisão de priorização, quando o projeto passa a ocupar um determinado lugar na sequência de ações para o desenvolvimento da organização.

O resultado final das decisões de investimento é consolidado no plano de investimentos da empresa que, quando aprovado, será implementado em seguida com a alocação dos recursos gerenciais e humanos necessários.

Na Figura 1.3, representamos esse processo na forma de uma sequência de funis ou filtros que representam as etapas de avaliação e eliminação dos projetos indesejáveis, de acordo com os critérios específicos de cada etapa do processo.

Podemos ver na Figura 1.3 que todo processo de constituição do plano de investimentos de uma empresa começa com a identificação das oportunidades de investir. As três origens principais dos projetos de investimento são: o planejamento estratégico, o diagnóstico operativo e os programas de pesquisa e desenvolvimento (P&D).

O planejamento estratégico procura identificar, por meio de uma metodologia apropriada, as oportunidades de novos negócios. Essas oportunidades podem estar no mercado explo-

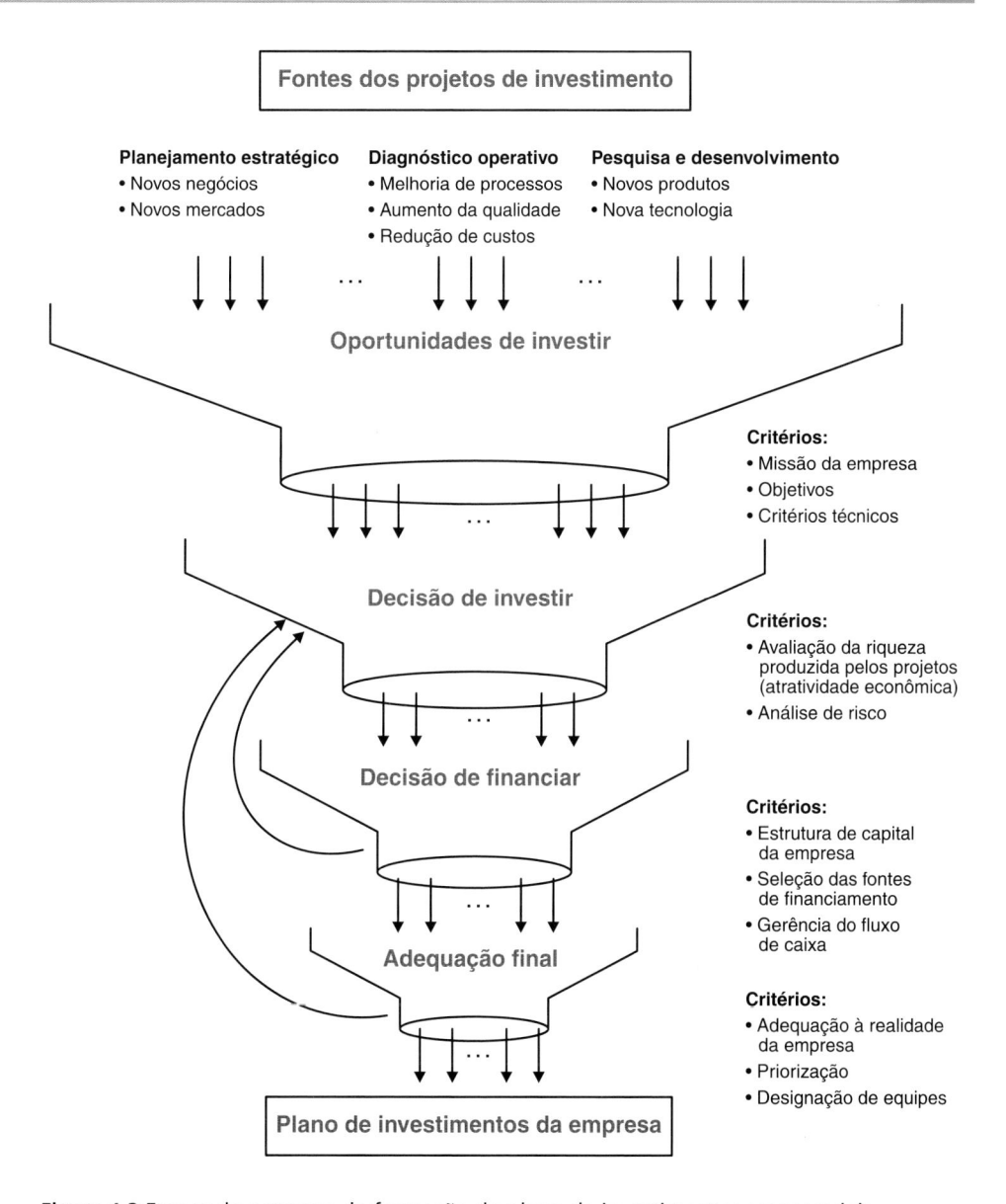

Figura 1.3 Etapas do processo de formação do plano de investimentos empresariais.

rado pela empresa, em novos mercados ou mesmo internamente, em múltiplas opções de melhoria e desenvolvimento de pessoas, processos e tecnologias. O diagnóstico operativo é desenvolvido por todas as gerências da organização, com o objetivo de cumprir suas metas estabelecidas na estratégia e aprimorar as operações, aumentando a qualidade e reduzindo o custo. Os programas de P&D podem criar oportunidades de inovação de elevado valor estratégico para a empresa.

É evidente que, em uma grande empresa, esses processos de identificação levam a um número muito significativo de oportunidades de investimento. O primeiro passo, portanto, é avaliar a aceitabilidade da proposta segundo as regras maiores da empresa: visão de futuro, missão, negócios atuais e pretendidos, objetivos propostos e outros critérios estabelecidos pela alta direção. A empresa deve tomar um cuidado especial com os projetos P&D que podem produzir inovações fora das áreas tradicionais de atuação. Há exemplos famosos de produtos inovadores que foram descartados por empresas porque a alta direção não viu o potencial estratégico de um novo negócio.

A segunda etapa é a análise econômica das oportunidades de investimento, com o objetivo de respaldar a decisão de investir. Usando ferramentas de construção de fluxos de caixa, matemática financeira e análise de investimentos, são avaliadas as alternativas, de forma a identificar aquelas que são rentáveis, contribuindo efetivamente para a criação de riqueza para a empresa. Essa etapa é fundamental, pois a empresa somente deve investir em alternativas que criem riqueza para seus acionistas e para a sociedade.

Em seguida, devem ser analisadas as possibilidades de financiamento das alternativas rentáveis escolhidas anteriormente. As condições de financiamento, por suas peculiaridades, podem alterar a rentabilidade econômica anteriormente calculada. Com isso, teremos a rentabilidade global das alternativas e a criação de riqueza propiciada, incluindo a "alavancagem" financeira. O mercado de capitais oferece uma variedade enorme de arranjos de financiamentos com capitais de terceiros, e a empresa deve estar preparada para conceber a melhor forma de financiar seus projetos. Essa etapa é tão importante que se construiu a expressão "engenharia financeira". É importante também analisar, nessa etapa, a estrutura de capital resultante para a empresa. Esse processo nos fornece elementos para a decisão de financiar os projetos. A análise, complementando o passo anterior, garante o equilíbrio econômico-financeiro da organização.

Finalmente, o processo decisório se dedica a fazer as adaptações necessárias das decisões à realidade da empresa. São avaliados os riscos de cada projeto e sua contribuição para o risco total da empresa; é feita uma priorização, de forma a ordená-los na sequência que serão executados para as correções necessárias, respeitando a capacidade das equipes e avaliando os impactos ambientais.

1.3 MODELO GERENCIAL DE CONCEPÇÃO E AVALIAÇÃO DOS PROJETOS DE INVESTIMENTO

1.3.1 Estrutura Geral do Modelo de Decisão do Programa de Investimentos

Um dos principais objetivos perseguidos no processo de alocação de capital em um empreendimento é a criação de valor para o acionista, e sua boa realização depende da *qualidade* do processo de concepção e avaliação dos projetos. Como já vimos, além de pessoas bem-treinadas, a análise exige um processo decisório bem-estruturado para contemplar todas as possibilidades e consequências dos projetos de investimento.

O processo decisório eficiente para a análise de projetos de investimento deve apresentar três características principais:

1. **Integração com a estratégia**: os projetos de investimento devem ser concebidos com o objetivo de executar os programas estratégicos da empresa;

2. **Sequência e dinamismo**: como a qualidade das informações necessárias aumenta ao longo do tempo com mais investigações, o processo deve ser sequencial e dinâmico, de forma a incorporar as novas informações que possam reduzir as incertezas inerentes aos valores que formam o fluxo de caixa;

3. **Participação multifuncional**: como a qualidade das informações é de fundamental importância para o resultado final da avaliação do projeto e como essas informações procedem de várias áreas da empresa, todos os responsáveis pelas mesmas devem se ver

como parceiros estratégicos no processo, atuando com comprometimento e criatividade para a obtenção do melhor resultado possível.

O processo normalmente é desenvolvido em duas etapas. A primeira etapa, de análise da pré-viabilidade econômica, tem por objetivo avaliar de forma preliminar a atratividade do projeto para subsidiar as decisões de alocação de recursos para o levantamento mais completo e detalhado das informações necessárias para a análise final do projeto. Nessa etapa, por exemplo, devem-se tomar decisões quanto à contratação de pesquisas mais profundas de mercado, elaboração de relatórios ambientais, preparação de projetos preliminares de plantas e instalações para a elaboração de orçamentos e outras ações que exigem recursos elevados e que poderão se transformar em gastos perdidos em caso de desistência (*sunk costs*, que serão estudados mais à frente). Assim, podemos afirmar que o objetivo principal da fase de pré-viabilidade é a decisão de comprometer ou não a empresa com o projeto.

A partir desses estudos, e tomada a decisão de alocar recursos empresariais no projeto, o processo passa para a segunda etapa, em que são desenvolvidas as análises finais de viabilidade econômica com o objetivo de se decidir sobre a inclusão definitiva do projeto no plano de investimentos da empresa. Nessa etapa, o projeto ganha suas características definitivas e recebe a formatação final (pranchas de projetos, desenhos, orçamentos, planejamento de execução etc.) para a efetiva implementação.

A Figura 1.4 mostra sucintamente essas etapas e seus objetivos principais.

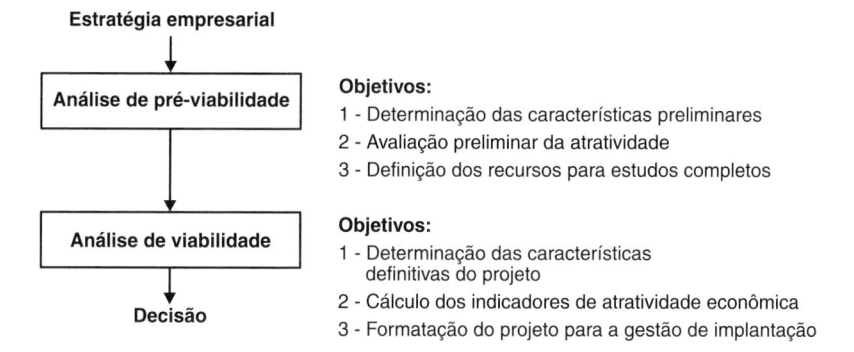

Figura 1.4 Fases principais do processo de avaliação dos projetos.

Na Figura 1.5, apresentamos o processo completo de avaliação da viabilidade econômica de um projeto de investimento. O processo mostrado explicita claramente as características multifuncionais das participações de todas as áreas da empresa e os estudos principais que cada área deve desenvolver.

São mostrados diversas funções da empresa e alguns exemplos das ações a serem desenvolvidas por cada área para a produção de elementos e informações necessários para a avaliação correta do projeto. Podemos perceber que o volume de informações necessárias, tanto na fase de pré-viabilidade quanto na fase final, é muito grande. Por isso, é necessário o real comprometimento de todas as áreas da empresa. Além disso, a Figura 1.5 dá destaque a uma função empresarial que chamamos de Gerência de Projetos. Normalmente, as organizações criam estruturas temporárias para o gerenciamento de cada projeto (ou de grupos de projetos), com o objetivo de criar melhores condições de decisão, maior eficácia na alocação de recursos internos, maior autonomia e melhor controle.

Cabe à Gerência do Projeto coordenar as ações das diversas áreas necessárias para a perfeita caracterização do projeto, receber todas as informações e preparar as avaliações para a decisão final. Na etapa seguinte, a Gerência do Projeto administrará sua implantação real.

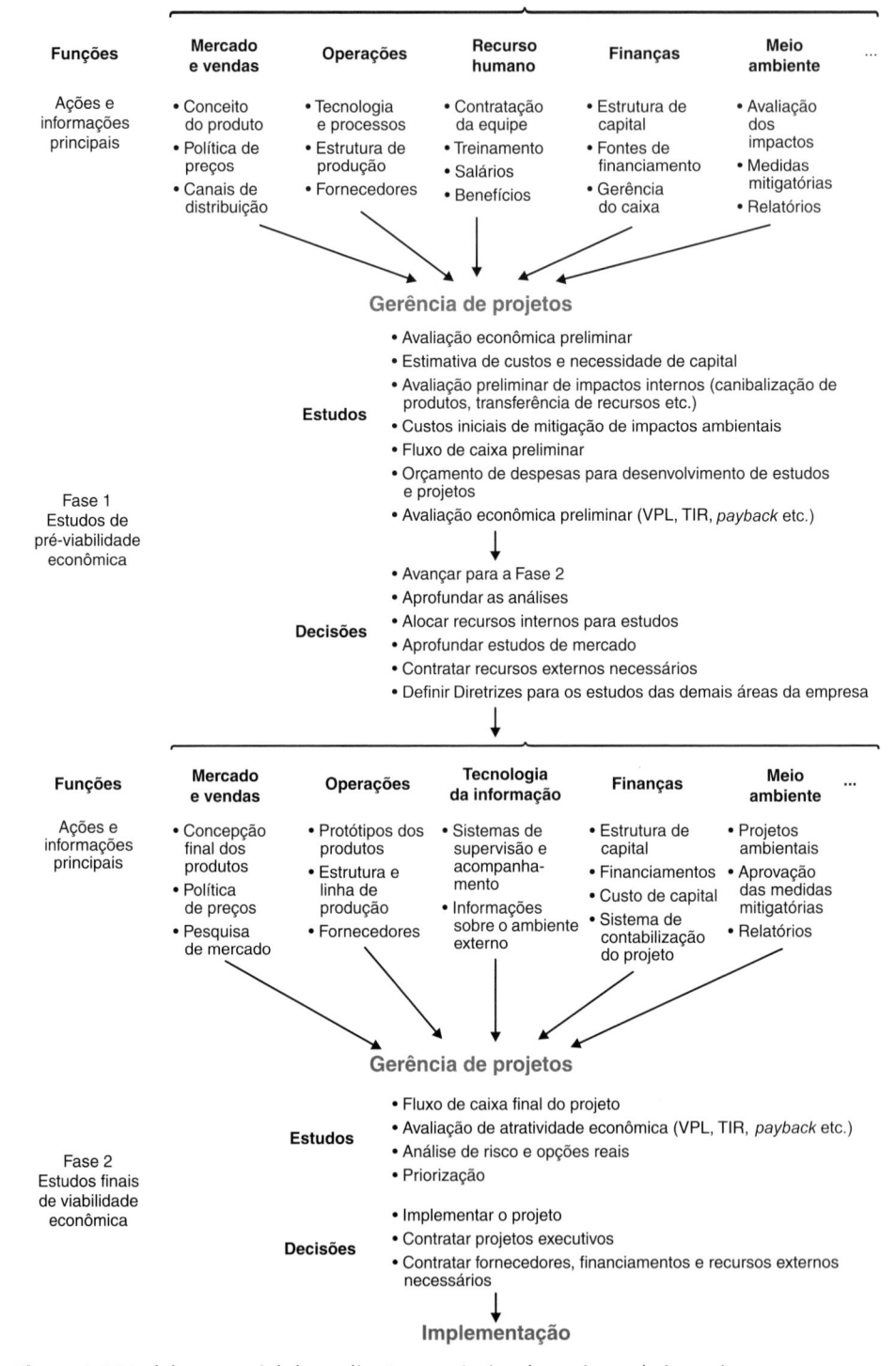

Figura 1.5 Modelo gerencial de avaliação econômica de projetos de investimento.

1.4 A INFLUÊNCIA DAS CONDIÇÕES INTERNAS

1.4.1 Integração com a Estratégia

Os programas estratégicos de uma empresa visam a garantir a sobrevivência atual e futura de seus negócios por meio da consolidação e expansão de seus mercados e dão origem aos projetos de investimento que devem ser avaliados para a identificação de seu poder de criar riqueza para os acionistas.

Dessa forma, o processo de avaliação da atratividade econômica dos projetos deve avaliar também as características estratégicas de cada projeto e sua contribuição para a realização da estratégia global. Isso é conseguido por meio das atividades específicas de conceituação e formulação dos projetos, desenvolvidas por todos os agentes envolvidos nas fases iniciais mostradas na Figura 1.5.

Para se garantir essa integração, o processo de planejamento estratégico deve produzir orientações claras, um conjunto de objetivos e metas com os quais as equipes estejam comprometidas e cujos responsáveis já estejam designados. A metodologia mais utilizada pelas empresas para criar essas condições eficazes de implementação é o *Balanced scorecard* (BSC), que pode ser encontrado nos manuais de Planejamento Estratégico.

No entanto, as características do próprio processo de estudo do projeto (tempo gasto, recursos alocados, profundidade dos estudos, expertise dos analistas e outras) criam condições que poderão influenciar o resultado final do projeto. Por exemplo, quanto mais tempo e recurso gastamos nos estudos preliminares, mais informações podemos coletar e podemos compreender melhor os fatores de risco associados aos resultados do projeto. No entanto, um tempo excessivo gasto nessas etapas iniciais pode influenciar negativamente na contribuição do projeto para a estratégia empresarial por atrasar o início de operação, permitindo, por exemplo, que o concorrente surja primeiro no mercado.

1.4.2 A Relação entre a Eficiência da Empresa e o Risco do Projeto

Como dissemos acima, as condições internas e os recursos alocados para a concepção e avaliação dos projetos podem influenciar em seus resultados. Por um lado, todo projeto requer tempo e recurso para sua concepção, formulação, análise e decisão (chamaremos de ciclo de desenvolvimento) e, por outro, sempre existe um risco associado a seus resultados (risco do projeto).

O risco se configura porque os gerentes têm que lidar com muitas incertezas durante todas as etapas de concepção e desenvolvimento dos projetos. Podemos classificar essas incertezas em dois grandes grupos:

Internas: incertezas organizacionais e técnicas;

Externas: incertezas sobre recursos e incertezas de mercado.

1) Organizacionais: oriundas dos elementos internos da organização, que podem criar forças positivas ou antepor barreiras ao projeto;

2) Técnicas: dizem respeito à disponibilidade e ao domínio da tecnologia necessária, capacitação técnica, dedicação, comprometimento e confiabilidade dos processos logísticos e produtivos requeridos pelos projetos;

3) Sobre recursos: fatores externos que podem interferir no aporte de recursos financeiros e todos os demais nos cronogramas estabelecidos para o sucesso do empreendimento;

4) De mercado: associadas aos elementos formadores da demanda de mercado pelos produtos que produzirão as receitas do projeto, tais como necessidades e hábitos dos clientes, reação dos concorrentes, respostas dos canais de distribuição e outros.

Assim, podemos perceber que existe uma forte relação entre esses dois elementos:

1. Ciclo de desenvolvimento (*time cycle*): é o tempo que a empresa gasta desde a concepção do produto até o efetivo lançamento no mercado, incluindo todas as atividades necessárias para a concretização da ideia e a coleta de informações para a compreensão do risco e preparação de ações para controle e eventual redução;

2. Risco do projeto: é o risco de obtenção de resultados diferentes dos previstos e planejados, causado pelo conjunto das incertezas explicadas anteriormente.

A duração do ciclo de desenvolvimento de um produto depende das condições internas da empresa para captar informações e elaborar planos, tais como qualidade do recurso humano, estrutura organizacional, tecnologia, criatividade dos programas de P&D, dentre outras. Tem grande importância estratégica porque ciclos longos de desenvolvimento podem comprometer a eficácia do lançamento, uma vez que a concorrência pode aproveitar a oportunidade, caso seu ciclo de desenvolvimento seja mais curto ou caso queira correr maiores riscos.

A Figura 1.5 mostra claramente a quantidade de informações que todas as áreas envolvidas no projeto devem captar e, consequentemente, isso exige tempo e recurso. Dessa forma, podemos concluir que existe um compromisso (*trade-off*) entre o tempo gasto no ciclo de desenvolvimento de um projeto e o grau de risco associado. Quanto mais tempo e recurso a empresa estiver disposta a gastar na coleta de informações e no planejamento do projeto, maior a duração do ciclo de desenvolvimento e menor o grau de risco associado ao projeto e, por consequência, menor a incerteza incorporada às informações financeiras que serão utilizadas na avaliação econômica.

Como os ciclos de desenvolvimento dependem das condições internas das empresas, conforme já mostramos, podemos representar em um gráfico os diversos níveis das relações de troca entre a duração do ciclo e o grau de risco. Podemos imaginar que, para cada empresa, em função de suas condições, temos um conjunto de pontos que relacionam as durações mínimas do ciclo de desenvolvimento e os respectivos níveis de risco, representado por uma curva característica da empresa, como mostra a Figura 1.6.

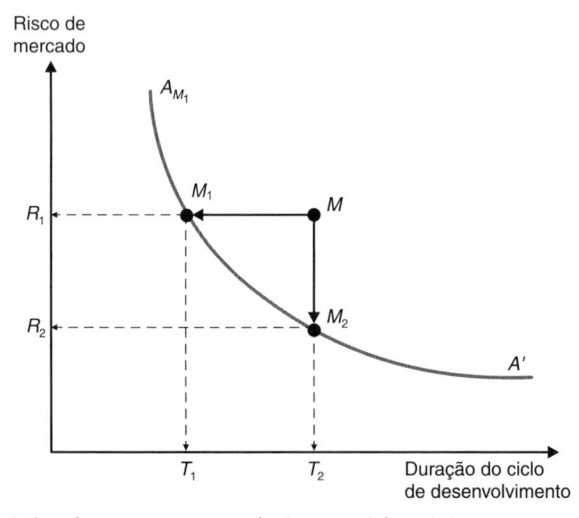

Figura 1.6 Característica da empresa que relaciona o ciclo mínimo com o grau de risco.

Assim, por exemplo, se a empresa gastar no desenvolvimento do projeto o tempo T_1, o grau de risco associado ao projeto será R_1, resultando no ponto M_1 da curva. Se gastar um tempo maior, T_2, coletará mais informações, poderá planejar melhor e o grau de risco cairá para R_2, resultando no ponto M_2. Podemos, então, imaginar que todos os pares de tempo e risco formam a curva AA'.

Além disso, se para determinado projeto de investimento a relação "duração do ciclo-grau de risco" estiver sendo representada por um ponto à direita da fronteira, como o ponto M, por exemplo, (tempo de ciclo T_2 – risco R_1) na Figura 1.6, podemos concluir que essa relação pode ser ajustada com os recursos internos da empresa para se obter um resultado melhor quanto ao risco ou quanto ao tempo. A empresa poderá reduzir o tempo de ciclo para T_1 com o mesmo risco R_1 (ponto M_1) ou manter a duração e reduzir o risco – ponto M_2.

Na Figura 1.7, mostramos essas relações de troca entre a duração do ciclo e o risco de mercado para duas empresas distintas. A curva AA' é a relação existente em uma empresa mais eficiente do que a empresa representada pela curva BB', já que, para a mesma duração de ciclo T, a empresa AA' produz informações que resultam em um grau de risco R_1 menor do que o grau de risco da empresa BB' – no exemplo, R_2.

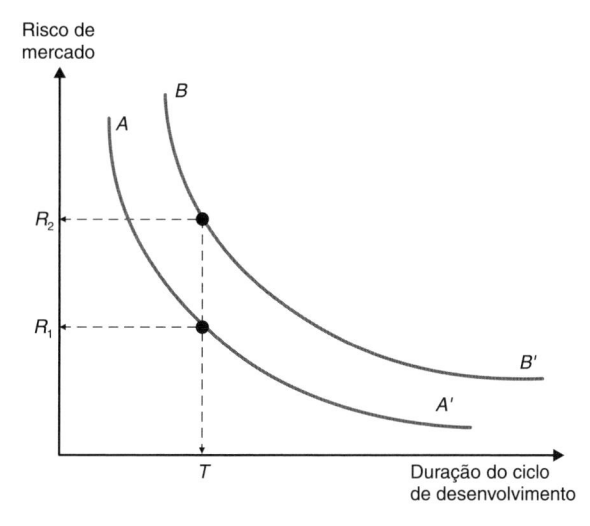

Figura 1.7 Relações de troca entre a duração do ciclo e o risco de mercado para duas empresas.

Podemos observar na Figura 1.8 que, no ponto K_1, a empresa (curva característica AA') pode reduzir praticamente ao mínimo a duração do ciclo de desenvolvimento (T_1), mas, em

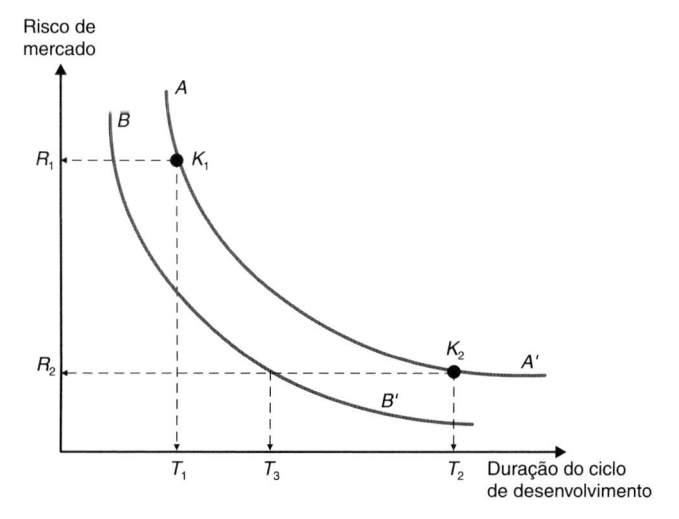

Figura 1.8 Movimentos para minimização do tempo de ciclo ou do risco.

contrapartida, obtém um grau mais elevado de risco (R_1). Caso queira reduzir o grau de risco para o mínimo possível, deverá fazer esforços para obter melhores informações sobre o mercado. Para isso, deverá dedicar mais tempo e recurso para as pesquisas, e, com isso, alongará o tempo de ciclo para T_2.

No entanto, caso a empresa queira manter o grau de risco no ponto mais baixo (R_2), mas também deseje reduzir a duração do ciclo de desenvolvimento para T_3, por exemplo, deverá fazer um esforço grande para aprimorar suas funções internas, de forma a tornar mais rápidos seus processos de captação das informações, de tratamento de dados e de tomada de decisão. Ou seja, os processos internos têm que ganhar mais eficiência, resultando em uma curva característica **BB'**.

1.5 MODELAGEM DOS PROJETOS DE INVESTIMENTO: FLUXO DE CAIXA

Para realizarmos uma avaliação econômica de um projeto de investimento, necessitamos criar um fluxo de caixa (modelo do projeto) que represente com fidelidade os valores monetários movimentados pelo projeto. Essa é a primeira fase da análise e, talvez, a mais importante. Caso o fluxo de caixa não represente fielmente os valores do projeto, todas as análises subsequentes estarão comprometidas, fornecendo informações erradas para o processo de decisão.

Boa parte das informações coletadas no ciclo de desenvolvimento pode ser transformada em um valor monetário que representa, por um lado, um sacrifício feito pela empresa ou pela sociedade ou o consumo de recursos para realização do projeto e, por outro, todos os benefícios auferidos direta ou indiretamente por causa do projeto.

O fluxo de caixa é uma representação de todo o movimento financeiro do projeto e pode ser modelado conforme a Figura 1.9. Para isso, precisamos, primeiramente, determinar:

1. O fluxo de aportes financeiros ou de saídas de caixa;

2. O fluxo de recebimentos ou entradas causados pelo projeto;

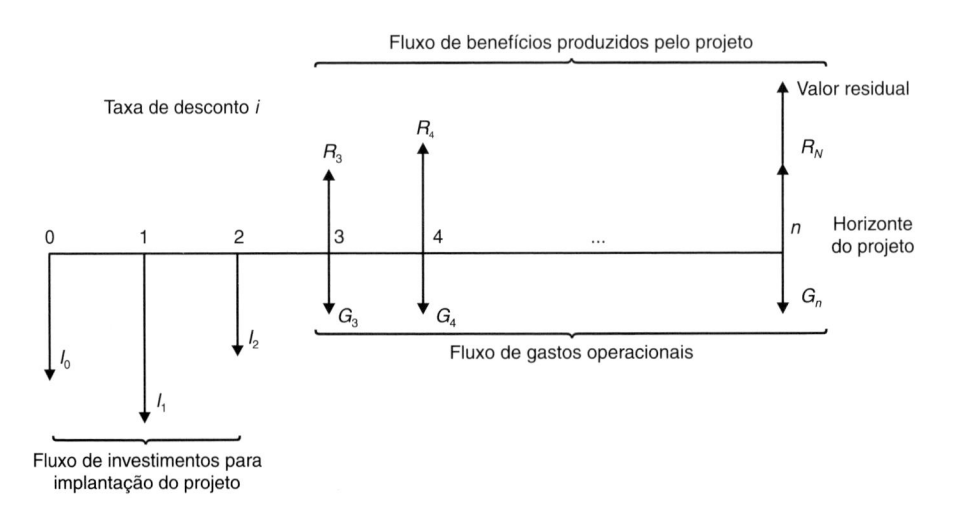

Figura 1.9 Modelo financeiro de um projeto de investimento: fluxo de caixa.

Além dos fluxos financeiros, temos que decidir também a moeda na qual os valores serão expressos; o horizonte do projeto, para definição do número de períodos do fluxo de caixa; o valor residual no final do período de análise e a taxa de desconto a ser utilizada.

A Figura 1.9 mostra também as principais informações que devem ser levantadas para a avaliação da atratividade.

Veremos mais adiante que, como os benefícios do projeto e os gastos operacionais mostrados na Figura 1.9 ocorrem nos mesmos períodos, o fluxo de caixa é simplificado, calculando-se o benefício líquido por período ($R_j - G_j$).

1.5.1 Fluxo dos Aportes Financeiros (Saídas de Caixa)

O orçamento do projeto (fluxo de investimentos ou saídas de caixa) deve incluir a totalidade dos aportes financeiros relativos à execução do projeto até a data de sua entrada em operação comercial. Deve-se basear no cronograma físico de execução e de aquisição, contemplando todas as datas exatas de pagamento dos ativos e demais despesas correlacionadas.

Assim, o orçamento do projeto deve incluir:

1. Os preços de aquisição ou construção de todos os bens imobiliários (terrenos, prédios etc.), os custos de instalação de materiais e equipamentos, as compras de licenças e todos os demais desembolsos relativos à sua implementação;

2. Todas as tarifas pagas para transporte, importação e outras ações necessárias à colocação dos materiais e equipamentos nos locais de implantação do projeto;

3. Os custos de estudos, projetos, despesas pré-operacionais com testes e ajustes necessários para a garantia de perfeito funcionamento.

4. Todos os demais sacrifícios realizados (por exemplo, perda de receita de um produto "canibalizado") e outros consumos de recursos.

Após a implantação do projeto, devem ser considerados como saídas de capital os gastos com materiais de consumo necessários à produção, as tarifas de transporte, os gastos com energia, as despesas com pessoal, os seguros e todos os demais gastos que formam a *necessidade de capital de giro* provocada pelo projeto devido às características de seu ciclo econômico de exploração. Os gastos de manutenção exclusivos do projeto também deverão ser considerados nas respectivas datas.

É importante, nesse caso, considerar apenas os gastos realmente provocados pelo projeto, como se este pudesse ter vida independente do ambiente econômico em que está inserido, ou seja, os gastos incrementais. A consideração de valores na base incremental também será utilizada para o levantamento dos benefícios produzidos pelo projeto.

No entanto, deve-se tomar cuidado para não incluir no orçamento os chamados custos afundados (*sunk costs*), que são custos irrecuperáveis ou gastos com fatores sem qualquer alternativa de uso. Por exemplo, na fase de estudo de um aproveitamento hidrelétrico, diversas análises de vazão, estudos geológicos e levantamento de outras características do rio são desenvolvidos sem estarem diretamente vinculados a um projeto em particular. Independentemente do fato de a empresa ganhar ou não o leilão de concessão, esses gastos já foram feitos e não serão recuperados.

1.5.2 Fluxo de Recebimentos ou de Benefícios

Como o objetivo da avaliação econômica é determinar a rentabilidade do projeto para a empresa, ou seja, seu potencial de geração de riqueza, devemos levantar todos os benefícios resultantes de sua implantação.

Os principais são:

1. Lucros operacionais líquidos produzidos por suas atividades;

2. Eventuais sinergias e aumentos de lucros em outras atividades promovidas pelas operações do projeto;

3. Economias operacionais provocadas por sua operação;

4. Eventuais ganhos fiscais resultantes;

5. Outros benefícios oriundos do projeto e que possam ser representados monetariamente, por exemplo, aumento de segurança.

Duas situações podem ser identificadas:

1. O projeto de investimento é isolado de outras atividades da empresa e, por isso, todos os seus fluxos de saídas e de benefícios são claramente identificáveis;

2. O projeto é incorporado às atividades existentes da empresa e, portanto, devemos isolar todos os efeitos incrementais provocados por ele.

A Figura 1.10 representa o acréscimo de mercado que deve ser considerado como resultante de um projeto dentro do processo de planejamento de longo prazo de uma empresa. Podemos verificar que os acréscimos da capacidade de produção ocorrem em degraus, por causa das escalas dos projetos. O crescimento do mercado está indicado pela reta ascendente, considerando uma taxa constante de evolução.

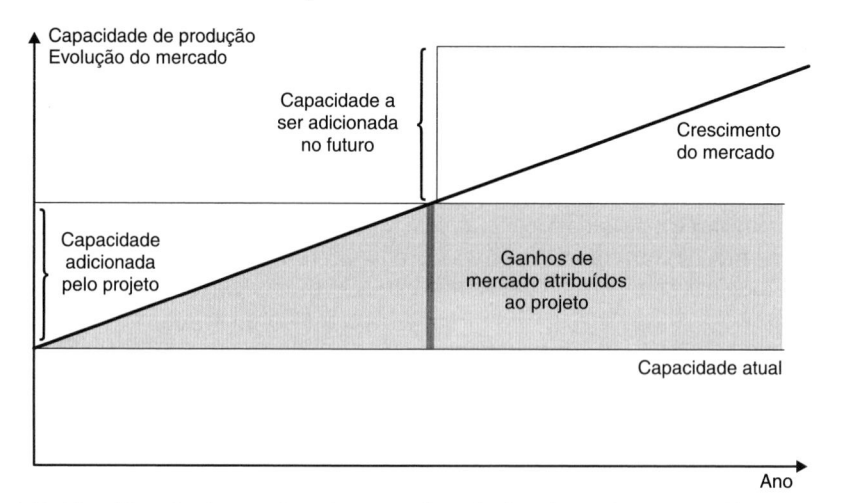

Figura 1.10 Identificação dos ganhos de mercado próprios do projeto em análise.

1.5.3 Resultados Líquidos do Projeto

Para efeito da análise de rentabilidade de um projeto, devemos interessar-nos pelos resultados líquidos (benefícios menos custos). Para realizar esse cálculo, levando em consideração os aspectos fiscais, vamos utilizar, no Capítulo 4, um instrumento contábil chamado Demonstração do Resultado do Exercício (DRE).

1.5.4 Moeda

Na criação do fluxo de caixa, conforme a Figura 1.9, devemos representar todos os valores em uma moeda comum, de forma a possibilitar uma comparação. Para a escolha dessa moeda, podemos utilizar dois conceitos distintos:

1. Moeda constante, na qual a inflação não é representada;

2. Moeda corrente, quando incluímos previsões de inflação futura.

Para a avaliação econômica de projetos de investimento, em que o objetivo é decidir sobre a aceitação do projeto, devemos sempre utilizar o conceito de *moeda constante*. É importante, nessa decisão, que tenhamos uma medida exata, a preços de hoje e, portanto, conhecidos, dos custos incorridos e dos benefícios que o projeto poderá gerar. Se incluirmos previsões inflacionárias nesse fluxo, estaremos distorcendo os valores, porque eles contemplarão um crescimento fictício.

Usualmente, quando criamos fluxos de caixa em moeda constante, podemos lançar mão de dois referenciais: uma moeda internacional (Dólar ou Euro) e referir todos os valores à moeda escolhida e expressar os valores em Reais, utilizando uma data como referência. Por exemplo: valores em R$ de dia/mês/ano.

Em qualquer das duas hipóteses, teremos todos os valores referidos à mesma moeda e, em caso de revisão posterior, poderemos atualizar o fluxo de caixa com as correções necessárias.

O conceito de moeda corrente é muito utilizado em fluxos de caixa financeiros, em que o objetivo é planejar e controlar as saídas e entradas de dinheiro durante a execução do projeto. É a gerência de caixa da empresa de curto prazo, que pode resultar em empréstimos para cobrir déficits e aplicações para empregar os superávits.

1.5.5 Horizonte do Projeto

Para determinar os fluxos monetários associados ao projeto, precisamos inicialmente determinar o horizonte de tempo para a elaboração do orçamento, ou seja, o número (n) de períodos do fluxo de caixa.

Como o orçamento do projeto é a etapa final de um processo de planejamento, podemos imaginar, primeiramente, que o horizonte do projeto possa ser o horizonte de planejamento da empresa.

No processo de planejamento, as empresas procuram focalizar o futuro em prazos os mais longos possíveis. No entanto, o horizonte de planejamento de uma empresa depende essencialmente da natureza de seu negócio. Empresas de energia elétrica, por exemplo, fazem previsões de demanda para horizontes de 20 anos, já que a construção de uma usina hidrelétrica pode exigir prazos de seis a oito anos. O sítio onde a usina será construída deve ser aproveitado na plenitude de seu potencial e todos os impactos ambientais têm que ser previstos e compensados desde o início do projeto.

Da mesma forma, empresas de mineração e siderurgia têm que avaliar projetos para períodos de 20 anos ou mais, devido à economia de escala necessária para que os projetos sejam rentáveis. Para outros negócios – por exemplo, supermercados –, o horizonte de planejamento deve ser muito mais curto, devido à própria dinâmica do negócio. Uma loja atualmente bem localizada pode, eventualmente, perder seu atrativo comercial em função de alguma obra viária futura imprevista.

Para alguns projetos, o horizonte de planejamento é determinado por sua própria natureza ou pelo seu objetivo. Por exemplo, o projeto de obter uma concessão de uma estrada pública para exploração comercial com recebimento de pedágios deve ser analisado no horizonte de planejamento correspondente ao prazo da concessão. Esse tipo de contrato prevê a devolução da estrada para o poder público no fim do período de concessão para nova licitação. O mesmo ocorre para qualquer concessão pública: energia elétrica, água, transporte público e demais.

Por mais desejável que seja um horizonte maior para o planejamento de um projeto, temos que avaliar as dificuldades para a realização de previsões futuras de resultados dos negócios. Mudanças no comportamento dos consumidores, alterações nos planos dos competidores, aumentos ou reduções na fatia de mercado (*market share*), novos produtos e novas tecnologias podem alterar radicalmente as previsões utilizadas na avaliação dos empreendimentos.

Como regra geral, o horizonte de tempo é determinado pela duração da vida econômica do projeto. No caso de veículos e equipamentos, podemos utilizar os períodos legais de depreciação, geralmente de cinco a dez anos. No caso de empreendimentos comerciais ou com dinâmica negocial mais intensa, devemos avaliar o período de tempo durante o qual as previsões refletem mais as condições de mercado, apresentando um grau menor de subjetividade.

Sendo assim, ao determinarmos o horizonte de tempo de um projeto para efeito de avaliação, devemos considerar que quanto maior o horizonte de tempo, mais difícil se torna obter as informações e maior o grau de incerteza nas previsões; e quanto maior o horizonte de tempo, menor será a contribuição dos últimos valores monetários previstos para o resultado econômico do projeto, em valor presente.

Para projetos sem lógicas claras para fixação dos horizontes de planejamento, podemos lançar mão de dois artifícios para essa definição:

1. Considerar que o fluxo de caixa forma uma série perpétua e escolher arbitrariamente um horizonte, transformando os valores posteriores em um valor residual inserido no fluxo no último ano, conforme representado na Figura 1.9;

2. Calcular o horizonte com base no chamado "período financeiro economicamente ativo", ou seja, o período durante o qual os valores presentes dos pagamentos futuros têm significado monetário.

No segundo caso, por exemplo, podemos definir que somente consideraremos pagamentos futuros que contribuam com pelo menos 2% para o valor presente total do projeto.

Com isso, podemos calcular o horizonte do projeto por meio do seguinte modelo.

Sejam:

VF = valor nominal futuro do pagamento = 100%

VP = valor presente da parcela nominal, descontada à taxa de desconto = 2%

d = taxa de desconto

n = vida econômica do projeto

Usando a fórmula do valor presente de pagamento único (Capítulo 3):

$$VP = \frac{VF}{(1+d)^n}$$

em que:

$$n = \frac{\log(VF/VP)}{\log(1+d)}$$

Exemplo

Vamos calcular os períodos economicamente ativos dos valores futuros para contribuições das parcelas futuras de 2% ao valor presente total, considerando a taxa de desconto igual a 15% ao ano.

Contribuição de 2% para o resultado líquido do projeto:

$$n = \frac{\log\left(\frac{100}{2}\right)}{\log(1,15)} = 28,0 \text{ anos}$$

É evidente que o período economicamente ativo diminui com o valor da taxa de desconto, conforme mostram os exemplos da tabela a seguir. No entanto, podemos observar que as variações nos períodos não são tão significativas quando passamos de 1% de contribuição para 2%.

Taxa de desconto (% ao ano)	Período economicamente ativo dos valores (anos)	
	Contribuição de 1%	Contribuição de 2%
10	48,3	41,0
15	33,0	28,0
20	25,3	21,5
25	20,6	17,5
30	17,6	14,9

1.5.6 Valor Residual ou de Liquidação

Como, de uma forma geral, a vida útil dos projetos é superior ao horizonte considerado na avaliação econômica, haverá um valor residual a ser considerado e incluído no final do fluxo de caixa. Por exemplo, se estivermos analisando uma concessão por 30 anos de uma linha de transmissão de energia elétrica, é evidente que a vida econômica da linha ultrapassa o período de concessão, e seu valor deve ser incluído, no final do período, na avaliação como um benefício do concessionário. No caso de este perder o novo leilão da concessão, o ganhador deverá ressarci-lo do valor dos equipamentos existentes.

Diversos critérios podem ser utilizados para a valoração de um patrimônio na data final do período de previsão do projeto:

1. Valor contábil líquido;
2. Valor de mercado previsto;
3. Custo de reposição dos bens existentes;
4. Valor de liquidação física dos bens (por exemplo: sucata).

Esses conceitos serão discutidos nos próximos capítulos.

1.6 CONCEITOS DA TAXA DE JURO OU DE DESCONTO

As companhias investem em uma grande variedade de ativos reais e de projetos. Estes incluem ativos tangíveis, tais como fábricas e máquinas, e ativos intangíveis, como tecnologia, marcas e patentes. O objetivo da análise econômica para a tomada de decisão de investimento é encontrar ativos reais que apresentam, para a companhia, mais valor do que seu custo. Assim, a finalidade dos modelos de avaliação econômica de projetos é exatamente medir a quantidade de riqueza nova que os projetos de investimento trazem para a empresa.

Como os projetos de investimento apresentam fluxos de saída e de entrada de dinheiro ao longo de períodos futuros de tempo, temos que avaliar esses projetos na data atual, para podermos ter informações comparáveis com a realidade em que vivemos hoje.

Dessa forma, precisamos introduzir o conceito de valor temporal do dinheiro ou da *taxa de juro* ou *taxa de desconto*.

Na ausência de inflação, a teoria econômica clássica define juro como o preço do dinheiro que equilibra a oferta e a procura. A oferta depende da propensão das pessoas para a poupança, ou seja, a vontade de adiar o consumo hoje para obter um ganho adicional para consumir mais amanhã. Do lado das empresas, a procura depende das oportunidades de investimento produtivo que produzirão mais riqueza. Por exemplo, vamos supor que as empresas têm ótimas oportunidades de expansão e, por isso, precisarão de mais dinheiro. A taxa de juro tende a subir para incentivar as pessoas a poupar mais, de forma a aumentar a oferta de dinheiro.

1.6.1 Valor Temporal do Dinheiro

O conceito de valor temporal do dinheiro é uma aplicação direta do conceito de preço de equilíbrio, porque *um real (R$) hoje vale mais que um real amanhã*, porque hoje pode ser investido ou gasto e trazer benefícios imediatamente.

Assim, para acharmos o valor na data de hoje de um pagamento que será feito no futuro (valor atual ou valor presente de um pagamento futuro), devemos reduzir um pouco esse valor, ou seja, devemos multiplicar esse pagamento por um "fator de desconto" menor do que 1.

Se P_1 é o pagamento que será feito daqui a um ano exato, veremos no Capítulo 2 que o valor presente (VP) é dado por:

$$VP = P_1 \times \text{Fator de desconto}$$

$$\text{Fator de desconto} = \frac{1}{1 + i}$$

em que a taxa i é o prêmio que o investidor requer para aceitar o atraso do pagamento de um ano.

Essa taxa é chamada taxa de desconto, **taxa de retorno ou custo de oportunidade do capital**.

A razão do último nome é que, quando o investidor aceita atrasar seu recebimento, ele deixa de investir em outra oportunidade (a mais lucrativa) oferecida pelo mercado de capitais, com risco equivalente. O aspecto risco será discutido a seguir.

1.6.2 Fatores que Influenciam a Taxa de Desconto

1.6.2.1 Relação do risco com o valor presente

Um segundo princípio muito importante de avaliação de investimentos diz: um *real seguro é mais valioso do que um real em condições de risco*. Muitos investidores evitam o risco em seus investimentos, ainda que com o sacrifício do retorno. Mesmo quando o risco não pode ser desprezado, os conceitos de valor presente e rentabilidade (taxa de retorno) persistem. Os pagamentos futuros continuam sendo descontados para a obtenção do valor presente, mas, nesse caso, temos que pensar em *pagamentos futuros esperados* e *taxa de desconto esperada*.

Como vimos na definição de custo de oportunidade, este corresponde à taxa de retorno da alternativa mais lucrativa, desde que o risco de ambas seja equivalente. A forma mais comum de incluir o risco nas análises econômicas dos investimentos é definir uma taxa de juro proporcional ao grau de risco estimado para o projeto.

1.6.2.2 Inflação

A inflação é a perda de valor aquisitivo da moeda. Várias são as causas da inflação: aumento de custos de produção repassados aos preços, aumento de demanda sem correspondente aumento de oferta, especulação, excesso de dinheiro em circulação, instabilidade política, dentre outras.

Como a inflação desvaloriza a moeda, a taxa de juro nominal ou monetária deve levar em conta essa desvalorização, e isso é conseguido através de uma composição entre a taxa de juro real, i_{real} (custo de oportunidade), e a taxa de inflação, $i_{inflação}$, conforme a equação abaixo:

$$(1 + i_{nominal}) = (1 + i_{real}).(1 + i_{inflação})$$

$$i_{nominal} = (1 + i_{real}).(1 + i_{inflação}) - 1$$

Exemplo

A inflação prevista para o próximo ano é de 5%, e a empresa pretende obter uma remuneração real em seus investimentos em 10% ao ano. Qual deve ser a taxa de desconto nominal a ser utilizada?

$$i_{inflação} = 5\%$$

$$i_{real} = 10\%$$

Assim, $i_{nominal} = (1 + 0,10) \times (1 + 0,05) - 1 = 0,155$ ou 15,5% a.a.

1.7 DETERMINAÇÃO DA TAXA DE DESCONTO

A determinação da taxa de desconto que uma empresa deve utilizar na avaliação econômica de seus projetos de investimento é uma decisão estratégica, já que influencia significativamente todo o seu processo de alocação de capital. Normalmente chamada de Taxa Mínima de Atratividade (TMA), representa a rentabilidade mínima que um projeto deve oferecer para ser aceito no processo de decisão.

Cinco enfoques podem ser considerados na determinação dessa taxa:

1. Custo médio ponderado de capital da empresa;
2. Custo de oportunidade do dinheiro;
3. Custo do financiamento do projeto;
4. Importância estratégica do projeto;
5. Taxa de desconto ajustada ao risco.

1.7.1 Custo Médio Ponderado de Capital da Empresa

Toda empresa utiliza capital próprio (no balanço, representado pelo Patrimônio Líquido) e capital de terceiros (representado no balanço pelas contas do Passivo Circulante e Exigível de Longo Prazo), com desconto dos benefícios fiscais.

Assim, o custo do capital da empresa é calculado como a média ponderada dos custos próprios das duas fontes. Para calculá-lo, vamos considerar:

CP: valor total do capital próprio

CT: valor total do capital de terceiros

r_P: custo do capital próprio

r_T: custo do capital de terceiros

t_{IR}: alíquota de imposto de renda.

Assim, podemos escrever:

$$\textbf{Custo médio de capital} = \frac{CP}{CP + CT} \cdot r_P + \frac{CT}{CP + CT} \cdot r_T \cdot (1 - t_{IR})$$

Observe que o custo do capital emprestado está sendo reduzido pelo fator $(1 - t_{IR})$, que corresponde ao benefício fiscal do financiamento. A legislação considera que os juros pagos pelos financiamentos são dedutíveis no cálculo do lucro líquido para efeito de imposto de renda.

No caso do capital de terceiros, o custo do dinheiro é dado pela taxa de juro estabelecida no contrato, sendo, portanto, fácil de determinar. No entanto, o custo do capital próprio deve ser estabelecido por critérios próprios da empresa. No caso de sociedades anônimas com ações na bolsa de valores, pode ser utilizado o método *Capital Asset Pricing Model* (CAPM).

A alíquota de imposto de renda entra na fórmula porque o total de juro pago aparece como despesa operacional no balanço da empresa. Esse método é muito conhecido pelo nome em inglês: *Weighted Average Cost of Capital* (WACC).

Exemplo

Uma empresa apresenta os seguintes dados, extraídos de seu balanço anual:

- Passivo circulante – saldo de empréstimos de curto prazo: $ 53.285,00
- Exigível de longo prazo: $ 72.348,00
- Patrimônio líquido – capital social: $ 180.000,00
- DRE – despesas financeiras no ano: $ 18.564,00
- Alíquota de imposto de renda: 30%
- Custo do capital próprio – r_p: 15%

Cálculo do custo do capital de terceiros: $r_T = \dfrac{18.564}{53.285 + 72.348} = 0,148$

Cálculo do custo médio ponderado de capital (CMPC):

$$\text{CMPC} = \frac{180.000}{180.000 + 125.633} \cdot 0,15 + \frac{125.633}{180.000 + 125.633} \cdot 0,148 \cdot (1 - 0,30) = 0,131$$

1.7.2 Custo de Oportunidade do Dinheiro

O custo de oportunidade do dinheiro é obtido por meio da análise da *oportunidade* mais lucrativa e com risco similar que se perde ao aplicar o recurso no projeto em questão. Assim, por exemplo, se uma empresa está aplicando suas sobras de dinheiro em fundos de investimento com rendimento de 10% ao ano e resolve empreender um projeto com esse dinheiro, seu custo de oportunidade é 10% ao ano, para o mesmo grau de risco.

Em outra situação, uma empresa líquida financia seu próprio capital de giro. No entanto, se desviar sua liquidez para implantar um projeto, deverá financiar seus recebíveis em um banco com taxa de juro de 2,3% ao mês. Logo, seu custo de oportunidade será a taxa de desconto dos títulos de seus clientes.

1.7.3 Custo do Financiamento do Projeto

De uma forma geral, os projetos empresariais são implementados com financiamentos obtidos no mercado de capitais, tanto nacional quanto internacional. Por isso, a taxa de desconto dos fluxos de caixa deve ser superior à taxa de juro do financiamento, principalmente quando a participação do capital financiado for importante no total do investimento.

1.7.4 Importância Estratégica do Projeto

A consideração da importância estratégica do negócio pode levar à escolha de taxas mais baixas do que as obtidas nos métodos anteriores, como forma de viabilizar os projetos. Como veremos mais adiante, no Capítulo 4, taxas mais elevadas de juros tendem a viabilizar projetos de curto prazo, enquanto taxas mais baixas tendem a viabilizar projetos de prazo mais longo. Por essa razão, o Banco Nacional de Desenvolvimento Econômico e Social (BNDES) utiliza uma taxa mais baixa para empréstimos a empresas para seus projetos de expansão, chamada Taxa de Juros de Longo Prazo (TJLP), que é inferior ao custo de dinheiro no mercado de capitais. Quando o Governo Federal decide incentivar determinados setores considerados estratégicos para o desenvolvimento do Brasil, utiliza a TJLP com *spreads* incentivados para financiar esses setores.

1.7.5 Taxa de Desconto Ajustada ao Risco

Essa metodologia de cálculo da taxa de retorno ajustada ao risco da empresa é válida para sociedades anônimas com ações negociadas na bolsa de valores. Derivada da teoria do CAPM, desenvolvida para analisar os retornos de ações em bolsas de valores e apresentada em detalhes no site da editora, a taxa de desconto ajustada ao risco é derivada da seguinte consideração:

Taxa de retorno esperada = taxa de juro livre de risco + β · prêmio esperado pelo risco de mercado

Taxa de retorno esperada = $r_f + \beta \cdot (r_m - r_f)$

Nessa expressão, temos os seguintes elementos:

Taxa de juro livre de risco – r_f: geralmente é a taxa de juro de um título garantido pelo governo, como, a rentabilidade da caderneta de poupança ou algum título emitido pelo Banco Central.

Prêmio esperado pelo risco de mercado – $(r_m - r_f)$: é a diferença entre a rentabilidade média do mercado (r_m) medida pelo índice Bovespa (Ibovespa), por exemplo, e a taxa livre de risco (r_f).

Sensibilidade da empresa com relação ao mercado – β: devido às características próprias do setor de negócios em que opera e, principalmente, por causa das características específicas da empresa em relação aos concorrentes (governança, fornecedores, custos etc.), as ações de uma empresa cotadas na bolsa de valores apresentam um grau de flutuação de preços que reflete a percepção de risco do mercado.

Uma análise estatística dos preços da ação da empresa em comparação com as flutuações normais do mercado nos permite encontrar um coeficiente de sensibilidade da empresa em relação à média do mercado. Esse coeficiente é chamado β da empresa e poderá ser estudado no site da LTC Editora (Capítulo 11).

Por exemplo, se a média de variação das ações que formam o Ibovespa for de 10% e as ações da empresa A flutuam em média 15%, o β da empresa é estimado em 1,5.

Exemplo

Sejam os seguintes dados relativos ao mercado de capitais:

Retorno médio do índice Ibovespa – r_m = 8,5%

Taxa de juro livre de risco – r_f: rentabilidade do Tesouro Direto (deflacionado) = 3%

Sensibilidade da empresa com relação ao mercado – β = 1,5

Assim, podemos calcular:

Taxa de retorno esperada para os projetos da empresa = $r_f + \beta \cdot (r_m - r_f)$ = 3 + 1,5 × (8,5 – 3) = 11,25%

1.8 EXERCÍCIOS PROPOSTOS

1.8.1 Quais são os focos principais da empresa quando procura melhorar seu processo de alocação de recursos?

1.8.2 Quais são os elementos fundamentais que garantem a qualidade do processo de alocação de recursos em uma empresa?

1.8.3 Explique sucintamente as razões principais para uma empresa investir.

1.8.4 Com relação às características do mercado, demanda e distribuição, quais são as preocupações principais da empresa quando decide seus projetos de investimento?

1.8.5 Considerando o seu ciclo de vida, por que, nas fases de desenvolvimento e lançamento de um produto, a necessidade de investimento é elevada?

1.8.6 Do ponto de vista do investimento, por que uma empresa deve apresentar sempre um portfólio equilibrado de produtos?

1.8.7 Quais são as três principais fontes dos projetos de investimento?

1.8.8 Qual é o principal objetivo da etapa de avaliação econômica no processo de análise dos projetos de investimento?

1.8.9 Quais são os principais objetivos da análise da decisão de financiar os projetos?

1.8.10 Quais são as características principais de um processo decisório eficiente para análise dos projetos de investimento?

1.8.11 O processo de análise de um projeto de investimento é normalmente dividido em duas etapas: pré-viabilidade e análise de viabilidade. Justifique a etapa de análise da pré-viabilidade.

1.8.12 Analise a Figura 1.5. Na etapa de pré-viabilidade, são apresentados vários exemplos de informações que devem ser fornecidas por diversas áreas. Pense na área de logística da empresa, que não está mostrada na Figura. Que informações principais a logística deveria fornecer para a análise?

1.8.13 Por que as decisões produzidas na etapa de pré-viabilidade são importantes para o processo global de avaliação do projeto?

1.8.14   Algumas características do processo de estudo de um projeto podem influenciar os resultados do projeto. Cite algumas.

1.8.15   Quais são os elementos básicos que formam a natureza dos riscos de um projeto?

1.8.16   O que é o ciclo de desenvolvimento de um projeto?

1.8.17   Qual é a relação que existe entre a duração do ciclo de desenvolvimento e o risco de um projeto?

1.8.18   Analise a Figura 1.6. Por que, na análise de um projeto, a relação "duração do ciclo-grau de risco" estaria sendo representada no ponto M?

1.8.19   Analise a Figura 1.7. Por que a empresa representada pela curva AA' é mais eficiente do que a empresa representada pela curva BB'?

1.8.20   Para uma empresa diminuir simultaneamente a duração do ciclo e o grau de risco, que medidas deve tomar?

1.8.21   O que representa o fluxo de caixa de um projeto?

1.8.22   Dê dois exemplos dos aportes financeiros – saídas de caixa – que devem ser representados em um fluxo de caixa de um projeto.

1.8.23   Dê dois exemplos dos recebimentos ou benefícios que devem ser representados em um fluxo de caixa de um projeto.

1.8.24   Quais são os dois conceitos de moeda que podem ser utilizados em um fluxo de caixa de um projeto?

1.8.25   Dê dois exemplos de critérios para o estabelecimento do horizonte de tempo de um projeto.

1.8.26   Por que devemos calcular, por algum critério, o valor residual dos projetos?

1.8.27   Explique o conceito de valor temporal do dinheiro.

1.8.28   Explique a relação entre o valor atual do dinheiro e o risco.

1.8.29   Explique como o custo de oportunidade do dinheiro influencia a determinação da taxa de desconto de um projeto.

1.8.30   Explique o conceito de custo médio ponderado de capital da empresa.

AUTOAVALIAÇÃO

No site da LTC você encontrará uma planilha de Ms-Excel que lhe fornece um modelo com as questões acima e o espaço para suas respostas. Ao visualizar o "Comentário" da célula, você poderá confrontar sua resposta com a resposta correta da questão, permitindo a autoavaliação de seu conhecimento.

BIBLIOGRAFIA

BARTON, M. A.; SUTCLIFFE, K.M. Learning when to stop momentum – why projects go bad to worse. *MITSloan Management Review*, Vol. 51, nº 3, p. 69-76, 2010.

BORDEAUX-REGO, R. et al. *Viabilidade econômico-financeira de projetos.* 2ª ed. Rio de Janeiro: FGV Editora, 2008. (Série Gerenciamento de Projetos)

CHRISSOS, J.; GILLET, R. *Décision d'investissement* – gestion appliquée. Paris: Pearson Education France, 2003.

CUKIERMAN, Z. S.; DINSMORE, P.C. *Administração de projetos caracterização e problemática.* 2ª ed. Rio de Janeiro: Guanabara, 1989.

OLIVEIRA, J. A. N. *Engenharia econômica*: uma abordagem às decisões de investimento. 1ª ed. Rio de Janeiro: McGraw-Hill do Brasil, 1982.

RICE, S. D. et al. Implementing a learning plan to counter project uncertainty. *MITSloan Management Review*, Vol. 49, nº 2, p. 54-62, 2008.

SAMANEZ, C. P. *Gestão de investimentos e geração de valor*. 1ª ed. São Paulo: Pearson Prentice-Hall, 2007.

THUESEN, G. J.; FABRYCKY, W. J. *Engineering economy*. 8ª ed. New Jersey: Prentice-Hall Int., 1993.

2

Problemas Típicos de Matemática Financeira – Modelos Básicos

OBJETIVOS DO CAPÍTULO

Ao terminar o estudo deste capítulo, você estará capacitado para:

1. Resolver os problemas de Matemática Financeira que surgem no processo de avaliação econômica dos projetos de investimento.

2. Utilizar eficientemente a calculadora HP 12C para a solução dos problemas.

3. Criar planilhas eletrônicas em MS-Excel para resolver problemas de Matemática Financeira com características de instrumentos de um processo decisório.

4. Utilizar as funções financeiras de MS-Excel para a solução dos problemas.

2.1 CONCEITOS FUNDAMENTAIS

2.1.1 Conceito de Juro

Todos os fatores de produção empregados na economia para a produção de bens e serviços que trarão satisfação às pessoas – trabalho, recursos naturais, capacidade técnica e gerencial, equipamentos e dinheiro – são remunerados cada um de uma forma ligada a sua natureza. Por exemplo, no caso do trabalho, a forma de remuneração é o salário ou remuneração por contrato. No caso da tecnologia, o pagamento é feito pelo *royalty* e, no caso da capacidade gerencial e empreendedora, pelo lucro.

No caso do capital, a forma de pagamento é o juro. Assim, o conceito de juro é a remuneração do capital empregado na produção. O preço do dinheiro é a *taxa de juro*.

Quem dispõe de dinheiro tem muitas oportunidades de aplicá-lo: pode obter satisfação pessoal, por exemplo, fazendo viagens ao redor do mundo; pode investi-lo para garantir a segurança futura e muitas outras coisas. Ao se dispor a emprestá-lo, o possuidor do dinheiro adia a obtenção de sua satisfação imediata e deve ser remunerado por isso. Assim, o juro deve ressarcir seu proprietário pelas seguintes consequências do ato de emprestar:

a) perda da liquidez, pelo fato de abrir mão do direito de usá-lo no momento que desejar;

b) risco, oriundo do fato de que o tomador pode não conseguir efetuar o pagamento no prazo combinado;

c) inflação, que deteriora o poder de compra do dinheiro à medida que o tempo passa;

d) ganho ou lucro, que motiva o emprestador a aceitar as consequências acima.

2.1.2 Valor Temporal do Dinheiro

Com a definição acima de juro, podemos ver que, em problemas econômicos, em que quantias de dinheiro estão envolvidas, sempre há a necessidade de considerar outro fator importante: o tempo. Todas as quantias devem estar referidas a uma determinada data de ocorrência e somente serão transferidas para outra data através da consideração dos juros envolvidos na transação. Isso significa que o valor do dinheiro é sempre referido a uma data: valor temporal do dinheiro.

Dessa forma, em problemas que envolvem dinheiro, *não se pode somar ou subtrair aritme-ticamente quantias que não estejam referidas à mesma data.*

2.1.3 Regimes de Capitalização

Quando se fala em *capitalização*, estamos nos referindo à forma de calcular e considerar o juro na transação financeira. Dois regimes de capitalização são comuns:

a) Capitalização simples;

b) Capitalização composta.

2.2 CAPITALIZAÇÃO SIMPLES

O regime de capitalização simples é aquele em que a taxa de juro incide somente sobre o capital inicial, não incidindo sobre o total de juros auferidos anteriormente. Nesse regime, a taxa de juro varia linearmente com o tempo. Assim, se em uma negociação a taxa mensal considerada for 2%, a taxa anual será $12 \times 2\% = 24\%$.

2.2.1 Problema da Acumulação de Capital

O problema básico do cálculo de juro é: se aplicarmos hoje a quantia P (chamada principal), por um período de tempo n com a taxa de juro i, qual será o valor acumulado S (montante) no final da transação? Esse é o problema da acumulação de capital, que, no regime de capitalização simples, é resolvido da seguinte forma:

- No período 1, temos: $S_1 = P + 1 \cdot i \cdot P = P(1 + 1 \cdot i)$
- No período 2: $S_2 = P + 2 \cdot i \cdot P = P(1 + 2 \cdot i)$
- No período 3: $S_3 = P + 3 \cdot i \cdot P = P(1 + 3 \cdot i)$

Assim, sucessivamente, no período n teremos o valor do montante:

$$S = P(1 + n \cdot i)$$

O valor total dos juros acumulados no período n é:

$$J = P \cdot n \cdot i$$

Exemplo

Em uma transação financeira, foi emprestada a quantia de R$ 10.000,00 por um prazo de 12 meses, com a taxa de juro de 1,5% ao mês e regime de capitalização simples. Pede-se:

a) O valor total do juro acumulado no ano;

b) O valor total que deve ser pago no final do período.

Nesse exercício, temos:

$P = 10.000$

$n = 12$

$i = 1,5\%$ ou $0,015$

a) Valor total do juro acumulado: $J = 12 \times 0,015 \times 10.000 = R\$ 1.800,00$

b) Valor total a ser pago: $S = 10.000(1 + 12 \times 0,015) = R\$ 11.800,00$

2.2.2 Problema do Valor Atual

Se tivermos a quantia S em uma data futura com n períodos a partir de hoje, com a taxa de juro igual a i, podemos calcular o valor atual ou presente P deste valor pela seguinte expressão:

$$P = \frac{S}{1 + i \cdot n}$$

Exemplo

Um título deve ser resgatado no prazo de dez meses com valor igual a R\$ 20.000,00. No entanto, o aplicador deseja antecipar o resgate para hoje. A taxa de juro da operação é 1,2% ao mês. Qual valor receberá hoje no resgate?

Nesse problema, temos:

S = 20.000,00

n = 10 meses

i = 1,2% ao mês

O valor do resgate hoje será:

$$P = \frac{20.000}{1 + 0,012 \times 10} = 17.857,14$$

2.3 CÁLCULO DO TOTAL DE JURO DE UM MOVIMENTO FINANCEIRO – REGIME DE CAPITALIZAÇÃO SIMPLES

Para calcularmos o montante total de juro pago sobre uma sequência de pagamentos, podemos aplicar uma simplificação no processo, conforme mostra o exemplo abaixo:

Exemplo

Em uma conta corrente especial é cobrada a taxa de juro mensal de 9%, sob o regime de capitalização simples. A tabela abaixo mostra o movimento financeiro dessa conta durante determinado mês. Vamos calcular o total de juro debitado na conta no dia 30 do mês.

MOVIMENTO DA CONTA CORRENTE					CONTAGEM DO PERÍODO DEVEDOR	
DATA	HISTÓRICO	VALOR	D/C	SALDO D/C	Número de dias	Número de dias x saldo devedor
01/x	Saldo inicial	10.000	C	10.00 C	–	–
05/x	Cheque	12.000	D	2.000 D	7	14.000
12/x	Cheque	5.000	D	7.000 D	1	7.000
13/x	Depósito	10.000	C	3.000 C	–	–
18/x	Cheque	6.000	D	3.000 D	3	9.000
21/x	Cheque	2.000	D	5.000 D	5	25.000
26/x	Depósito	2.500	C	2.500 D	4	10.000
30/x	Depósito	10.000	C	7.500 C	–	–

$$\sum = 65.000$$

Cálculo do juro:

Taxa diária de juro: $i_d = \dfrac{0,09}{30} = 0,003$

Cálculo do juro total: $J = 0,003 \times 65.000 = 195,00$

Generalizando, podemos deduzir a seguinte expressão:

$J = P_1 \cdot n_1 \cdot i_d + P_2 \cdot n_2 \cdot i_d + ... + P_k \cdot n_k \cdot i_d$, em que:

$J = i_d (P_1 \cdot n_1 + P_2 \cdot n_2 + ... + P_k \cdot n_k)$, ou:

$$J = i_d \times \sum_{i=1}^{k} P_i \times n_i$$

Em que:

- i_d = taxa de juro por dia;
- P_i = saldo devedor do i-ésimo período;
- n_i = número de dias com saldo devedor no i-ésimo período.

2.3.1 Descontos

Uma das operações bancárias e comerciais mais comuns é o desconto de títulos. Dificilmente um comerciante mantém em seu caixa os cheques pré-datados que ele recebe dos clientes por suas vendas. Para recompor seu capital de giro, normalmente ele procura um banco ou uma empresa de "factoring" para receber o dinheiro antecipadamente. Nessa hora, evidentemente, o agente emprestador cobra um juro pela operação, que é chamada de "desconto de títulos". Vários títulos ou recebíveis podem ser descontados: notas promissórias, carnês de faculdades, mensalidades de clubes ou taxas de condomínios e muitos outros. Dois tipos principais existem, no regime de capitalização simples.

a) Desconto por fora

Essa é a operação de desconto mais usual e é realizada pela simples multiplicação do valor nominal do título pela taxa de juro e pelo prazo. Seja:

- S = valor nominal do título que o responsável deverá pagar na data de vencimento;
- n = prazo, geralmente em dias, até o vencimento do título;
- i = taxa mensal de juro cobrada pela financeira.

Assim, o desconto é calculado como: $D = S \cdot n \cdot i$

O valor a receber pelo comerciante é: $P = S - D$

Exemplo

Um comerciante levou um cheque de R\$ 12.000,00 para desconto em um banco, que cobra 3,2% ao mês pela operação. O prazo para vencimento do cheque é de 112 dias. Qual é o valor que o comerciante receberá do banco imediatamente?

Cálculo do desconto: $D = 12.000 \times 112 \times 0,032/30 = 1.433,60$

Valor a receber: $P = 12.000 - 1.433,60 = 10.566,40$

b) Desconto por dentro

Nesse caso, a taxa de juro incide sobre o valor presente do título, ou seja, sobre o dinheiro que efetivamente o comerciante recebe do banco. É uma aplicação da fórmula do valor atual vista anteriormente.

O desconto é dado por: $D = P \cdot n \cdot i$

Como, na verdade, o valor que temos é o valor nominal S, devemos calcular:

$$P = \frac{S}{1 + i \cdot n}$$

O desconto é, então, calculado como: $D = S - P$

Se quisermos uma expressão única, podemos fazer:

$$D = S - \frac{S}{1 + i \cdot n} = \frac{S \cdot (1 + i \cdot n) - S}{1 + i \cdot n} = S \cdot \frac{i \cdot n}{1 + i \cdot n}$$

Exemplo

Considerando o título com valor nominal de R$ 12.000,00 e prazo de 112 dias do exemplo anterior, se o banco cobrasse 3,2% ao mês, com desconto por dentro, qual seria o desconto?

Temos:

$$D = S \cdot \frac{i \cdot n}{1 + i \cdot n} = 12.000 \cdot \frac{(0,032/30) \cdot 112}{1 + (0,032/30) \cdot 112} = 1.280,61$$

O comerciante receberia: $P = 12.000 - 1.280,61 = 10.719,39$

Comparando os dois valores recebidos pelo comerciante, podemos entender porque os agentes do mercado financeiro sempre praticam o desconto por fora.

2.4 CAPITALIZAÇÃO COMPOSTA

Nesse regime, após cada período de capitalização, os juros devidos são incorporados ao capital e passam a render juros também. Para analisarmos os processos de cálculo, vamos considerar dois grupos de problemas:

a) Fluxo de caixa com pagamento simples, ou seja, apenas um valor envolvido;

b) Fluxo de caixa com uma série de pagamentos, ou seja, vários valores em sequência envolvidos.

2.5 FLUXO DE CAIXA COM PAGAMENTO SIMPLES

São problemas que envolvem um só pagamento ou recebimento em determinada data quando queremos analisar o resultado financeiro em outra data.

2.5.1 Problema de Acumulação de Capital

Caracterização do problema

Dado um valor P (principal) na data atual, qual é o valor futuro S (montante), considerando um prazo n e uma taxa de juro i? A Figura 2.1 mostra o fluxo de caixa desse problema.

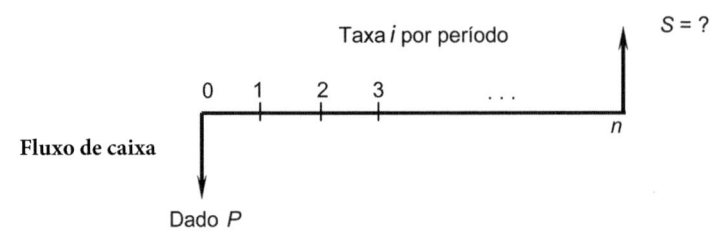

Figura 2.1 Fluxo de caixa representativo do problema de acumulação de capital.

Expressão de cálculo

A dedução da expressão geral é muito simples. Assim:

No período 1, temos: $\quad S_1 = P + i \times P = P(1 + i)$

No período 2: $\quad S_2 = P(1 + i) + i \times P(1 + i) = P(1 + i) \cdot (1 + i) = P(1 + i)^2$

No período 3: $\quad S_3 = P(1 + i)^2 + i \times P(1 + i)^2 = P(1 + i)^2 \times (1 + i) = P(1 + i)^3$

Sucessivamente, obtemos:

$$S = P \cdot (1 + i)^n$$

O fator que multiplica o principal P para produzir o montante S é chamado de Fator de Acumulação de Capital – Pagamento Simples:

$$FAC_s^{(i,\,n)} = (1 + i)^n$$

Exemplo

Uma pessoa aplica em um fundo de investimento a quantia de R$ 1.000,00 e pretende deixar a aplicação render por um prazo de 12 meses. Considerando que a poupança renda 1% ao mês, qual montante a pessoa poderá sacar ao final do período?

Com

$P = 1.000$

$n = 12$

$i = 1\%$ ao mês, temos

$$S = 1.000 \cdot (1 + 0{,}01)^{12} = 1.126{,}82$$

Uso da calculadora HP 12C:

1) tecle: **f → REG**

2) tecle: **1000 → CHS → PV**

3) tecle: **12 → n**

4) tecle: **1 → i**

5) tecle: **FV**

Uso da planilha MS-Excel:

As figuras abaixo mostram a resolução do problema acima através da utilização da função VF do programa MS-Excel. Essa função apresenta os seguintes argumentos:

    Taxa: taxa de juro por período de capitalização

    Nper: número de períodos de capitalização

    Pgto: pagamento por período (aplica-se no caso de séries uniformes)

    VP: valor do principal

Tipo: 1, caso os pagamentos sejam antecipados

0, para pagamentos no final do período.

A Figura 2.2 mostra a tela de argumentos da função VF e a Figura 2.3 mostra os resultados obtidos.

Nesse caso, temos que preencher o campo "Vp", porque temos um só pagamento atual para calcular o valor futuro.

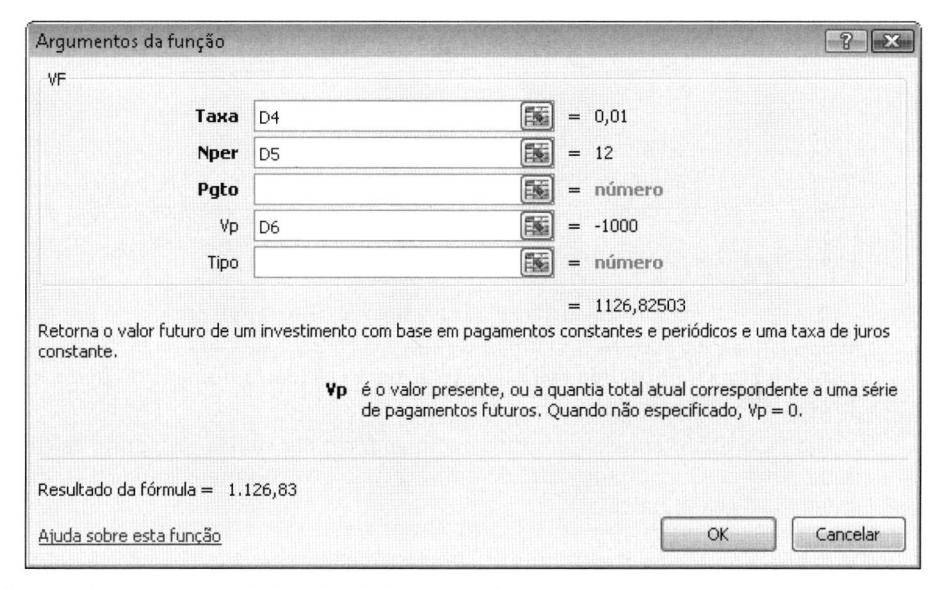

Figura 2.2 Argumentos da função VF de MS-Excel.

	A	B	C	D	E	F
1			Cálculo do valor futuro de um pagamento			
2			Aplicação em um fundo de investimento			
3						
4	Rendimento		(i)	1,0%	ao mês	
5	Prazo		(n)	12	meses	
6	Valor aplicado hoje		(P)	-1.000,00	R$	
7						
8						
9		Montante	(S)	1.126,83		
10						

Figura 2.3 Planilha de cálculo do montante da aplicação no fundo de investimento.

Podemos utilizar a mesma função VF para calcular o valor futuro de uma série de pagamentos. Vamos analisar o exemplo abaixo.

Exemplo

Uma pessoa faz uma sequência de aplicações em um fundo de investimentos que rende 1% ao mês, no início de cada mês, conforme o fluxo de caixa mostrado na Figura 2.4.

Queremos saber qual é o montante acumulado no final do período 6, como representado.

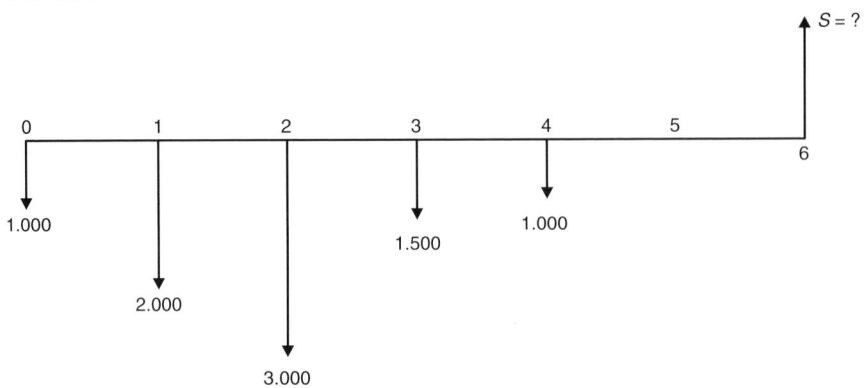

Figura 2.4 Fluxo de caixa das aplicações.

Esse problema é resolvido com a utilização da função VF para cada um dos pagamentos. A Figura 2.5 mostra a planilha de cálculo construída para a resolução do problema. Observe que criamos uma coluna auxiliar para calcular o número de períodos de capitalização de cada parcela.

Na Figura 2.5, apresentamos também as fórmulas utilizadas para o cálculo do VF de cada parcela. O resultado total da aplicação do investidor é a soma dos montantes acumulados de cada parcela.

A	B	C	D	E	F	G	H	I	J

Cálculo do valor futuro de uma série de pagamentos
Sequência de aplicações em um fundo de investimentos

Taxa de rendimento (i)		1,0%		
Período	**Valor aplicado**	**Períodos de capitalização**	**Valor futuro da parcela**	
0	-1.000,00	6	1.061,52	VF($E$5;E8;;C8;0)
1	-2.000,00	5	2.102,02	VF($E$5;E9;;C9;0)
2	-3.000,00	4	3.121,81	VF($E$5;E10;;C10;0)
3	-1.500,00	3	1.545,45	
4	-1.000,00	2	1.020,10	VF($E$5;E11;;C11;0)
5	0,00	1	0,00	
6	0,00	0	0,00	VF($E$5;E12;;E12;0)
	Valor futuro	(S)	8.850,90	SOMA(N8:N14)

Figura 2.5 Planilha de Excel para cálculo do valor futuro da sequência de aplicações.

2.5.2 Cálculo do Valor Atual de Pagamento Futuro

Caracterização do problema

Dado um valor S em uma data futura, qual é o valor atual ou presente P (principal), considerando um prazo n e uma taxa de juro i? Observe que esse problema é o inverso do problema anterior. A Figura 2.6 mostra o fluxo de caixa típico.

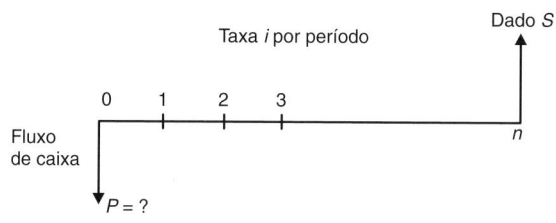

Figura 2.6 Fluxo de caixa representativo do cálculo do valor atual.

Expressão de cálculo

$$P = \frac{S}{(1+i)^n}$$

O fator que multiplica o montante para determinar o valor atual é chamado de Fator de Valor Atual – Pagamento Simples:

$$FVA_S(i, n) = \frac{1}{(1+i)^n}$$

Exemplo

Uma pessoa planeja aplicar um dinheiro em uma caderneta de poupança para possuir o montante de R$ 1.500,00 ao fim de um prazo de 12 meses. Considerando que a poupança renda 1% ao mês, qual valor deverá ser aplicado hoje?

Com

S = 1.500

n = 12

i = 1% ao mês, temos

$$P = 1.500 \cdot \frac{1}{(1 + 0,01)^{12}} = 1.331,17$$

Uso da calculadora HP 12C:

1) tecle: **f** → **REG**

2) tecle: **1500** → **CHS** → **FV**

3) tecle: **12** → **n**

4) tecle: **1** → **i**

5) tecle: **PV**

Uso da planilha MS-Excel:

As Figuras 2.7 e 2.8 mostram a resolução do problema acima com a utilização da função VP do programa MS-Excel. Essa função apresenta os seguintes argumentos:

Taxa: taxa de juro por período de capitalização

Nper: número de períodos de capitalização

Pgto: pagamento por período (aplica-se no caso de séries uniformes)

VF: valor do montante

Tipo: 1, caso os pagamentos sejam antecipados

　　　　0, para pagamentos no final do período.

Nesse caso, temos que preencher o campo "Vf", porque temos um só pagamento futuro.

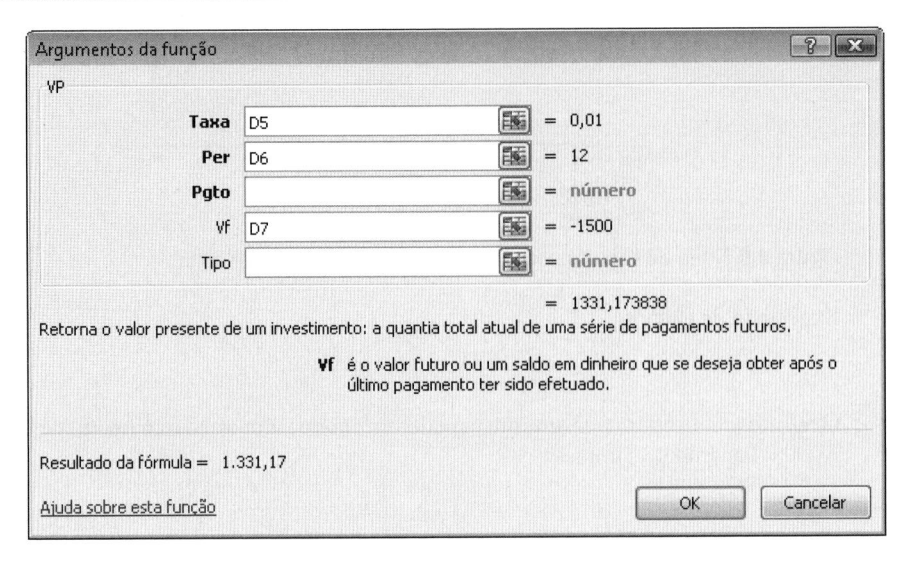

Figura 2.7 Parâmetros da função VP de MS-Excel.

	A	B	C	D	E	F
1		**Cálculo de valor presente (principal) de pagamento único**				
2		**Aplicação em caderneta de poupança**				
3						
4						
5	Taxa de desconto		(i)	1%		
6	Número de períodos		(n)	12		
7	Montante		(S)	-1.500,00		
8						
9	Valor presente		(P)	1.331,17		
10						

Figura 2.8 Planilha para cálculo do valor a aplicar.

A fórmula do valor atual também pode ser empregada para o cálculo do valor presente de uma sequência de valores futuros. Vamos analisar o exemplo abaixo.

Exemplo

Em um processo de avaliação de uma empresa para venda, a empresa de consultoria, contratada para definir o preço máximo aceitável pelos compradores, analisou os lucros líquidos futuros previstos para a empresa em foco, tendo encontrado os valores mostrados no fluxo de caixa abaixo (Figura 2.9). Para esse ramo de negócios, a taxa de atratividade que o setor considera natural é 24% ao ano. Assim, pede-se calcular o valor presente equivalente ao fluxo futuro de lucros líquidos, para que o candidato a comprador prepare sua oferta.

Para determinar o valor máximo a pagar, devemos calcular o valor presente total das parcelas do fluxo de caixa. É claro que, se o comprador conseguir fechar o negócio por um preço inferior, sua taxa de rentabilidade irá superar o mínimo de 24% ao ano.

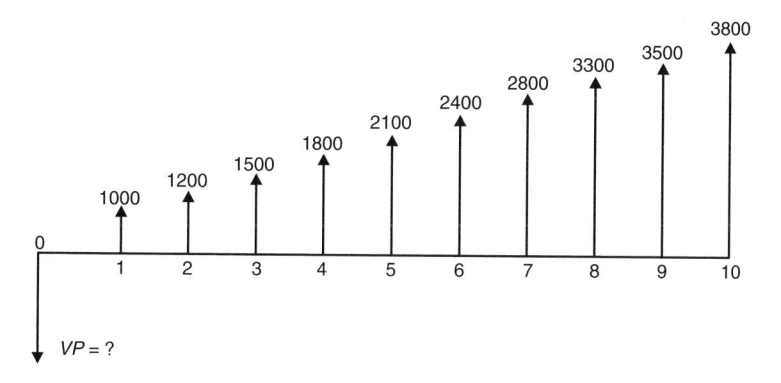

Figura 2.9 Fluxo de caixa de lucros líquidos da empresa em análise.

Para isso, vamos aplicar sucessivamente a função VP para cada uma das parcelas e somar o resultado final. A Figura 2.10 mostra a solução do exemplo com o uso do programa MS-Excel. São mostradas algumas funções utilizadas na planilha para o cálculo do valor presente das parcelas.

	A	B	C	D	E	F	G	H
1			Cálculo do valor presente de uma série de pagamentos futuros					
2			Sequência de lucros anuais de uma empresa					
3								
4	Taxa de desconto			(*i*)	24%			
5		Ano	Valor futuro do lucro		Valor presente da parcela			
6								
7	0					VP($E$5;A9;;C9;0))		
8	1		1.000,00		-806,45			
9	2		1.200,00		-780,44	VP($E$5;A11;;C11;0))		
10	3		1.500,00		-786,73			
11	4		1.800,00		-761,35	VP($E$5;A13;;C13;0))		
12	5		2.100,00		-716,33			
13	6		2.400,00		-660,21	VP($E$5;A15;;C15;0))		
14	7		2.800,00		-621,16			
15	8		3.300,00		-590,39	VP($E$5;A17;;C17;0))		
16	9		3.500,00		-504,98			
17	10		3.800,00		-442,15			
18						SOMA(E9:E18)		
19	Valor presente da série			(*P*)	-6.670,19			
20								

Figura 2.10 Planilha para cálculo do valor a pagar pela empresa.

2.5.3 Descontos com Capitalização Composta

Os descontos com capitalização composta não são praticados no mercado e serão apresentados aqui apenas como aplicação da teoria já vista.

a) Desconto por fora

Dado o valor nominal S do título, o valor a receber P é calculado da seguinte forma:

1º período: $\qquad\qquad P_1 = S - i \cdot S = S \cdot (1 - i),$

já que não houve desconto algum ainda;

2º período: $P_2 = S \cdot (1 - i) - i \cdot S \cdot (1 - i) = S \cdot (1 - i)^2,$

que é o valor descontado do período 1 menos o juro devido do segundo período sobre o valor descontado;

3º período: $P_2 = S \cdot (1 - i)^2 - i \cdot S \cdot (1 - i)^2 = S \cdot (1 - i)^3,$

que é o valor descontado do período 2 menos o juro devido do terceiro período sobre o valor descontado;

Assim, sucessivamente, encontramos o valor líquido a receber pelo título com valor nominal *S*, com taxa de desconto *i* pelo prazo *n*:

$$P = S \cdot (1 - i)^n$$

Exemplo

Um cheque pré-datado de R$ 5.000,00 para 60 dias foi descontado em uma "factoring" com a taxa de desconto de 4,5% ao mês. Vamos calcular o valor recebido pelo comerciante.

$S = 5.000$

$n = 60$ dias ou 2 meses

$i = 4,5\%$ ao mês

Logo: $P = 5.000 \times (1 - 0,045)^2 = 4.560,12$

Observação: compare com o desconto por fora com capitalização simples e você perceberá porque o mercado financeiro não utiliza o desconto composto.

b) Desconto por dentro

Esse cálculo é uma aplicação direta da fórmula do valor atual já vista. O valor do desconto é simplesmente a diferença entre o valor nominal *S* do título e seu valor presente *P*, calculado com a taxa de desconto *i* pelo prazo *n*.

Assim, o desconto pode ser calculado:

$$D = S - P = S - \frac{S}{(1 + i)^n}$$

Exemplo

O mesmo enunciado do exemplo anterior teria o seguinte desconto nesse caso:

$S = 5.000$

$n = 60$ dias ou 2 meses

$i = 4,5\%$ ao mês

$$D = 5.000 - \frac{5.000}{(1 + 0,045)^2} = 421,35$$

O valor recebido pelo comerciante seria: $P = 5.000 - 421,35 = 4.578,65$.

2.6 COMPARAÇÃO ENTRE OS REGIMES DE CAPITALIZAÇÃO SIMPLES E COMPOSTA

Para visualizar melhor como o capital cresce em cada um dos regimes de capitalização, vamos considerar o seguinte exemplo.

Exemplo

Dado o capital inicial (principal) de R$ 1.000,00, vamos calcular os montantes para os prazos de 1 a 60 meses, com a taxa de juros igual a 2% ao mês em ambos os processos de capitalização.

PERÍODO	CAPITALIZAÇÃO SIMPLES	CAPITALIZAÇÃO COMPOSTA
0	1.000,00	1.000,00
6	1.120,00	1.126,16
12	1.240,00	1.268,24
18	1.360,00	1.428,24
24	1.480,00	1.608,44
30	1.600,00	1.811,36
36	1.720,00	2.039,89
42	1.840,00	2.297,24
48	1.960,00	2.587,07
54	2.080,00	2.913,46
60	2.200,00	3.281,03

A Figura 2.11 mostra a evolução do total acumulado em cada um dos regimes de capitalização. Observe que, no caso da capitalização simples, o valor do montante cresce linearmente, enquanto na capitalização composta o crescimento é exponencial.

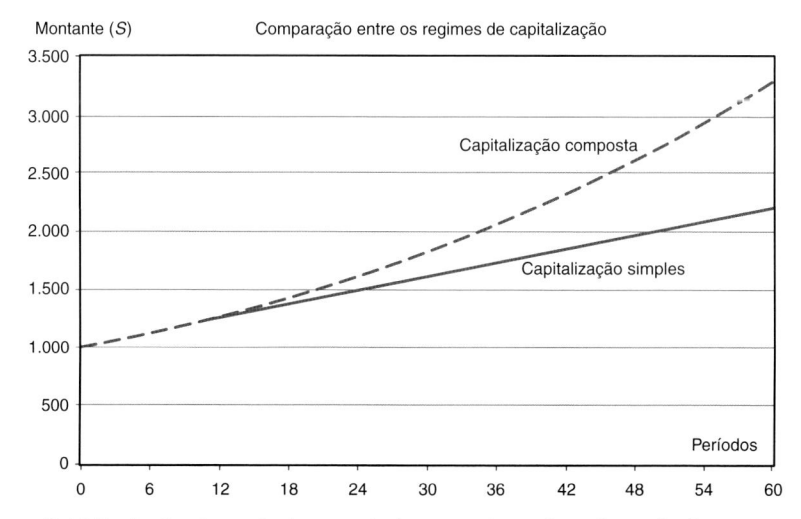

Figura 2.11 Evolução do capital acumulado em cada regime de capitalização.

2.7 TAXAS EQUIVALENTES

No regime de capitalização composta, duas taxas são equivalentes quando, ao serem aplicadas ao mesmo capital durante o mesmo período total de tempo, porém com períodos diferentes de capitalização, produzem o mesmo montante.

Vamos analisar o seguinte problema:

Capital aplicado: R$ 10.000,00

Período total da aplicação: 1 ano

Períodos para capitalização do juro:

a) Anual, com taxa $i_a = 15\%$ a.a.

b) Mensal, com taxa $i_m = 1,1715\%$ a.m.

Aplicando a fórmula:

$$S = P \cdot (1 + i)^n$$

Temos, para os dois casos:

a) $S = 10.000 \cdot (1 + 0,15)^1 = 11.500,00$

b) $S = 10.000 \cdot (1 + 0,011715)^{12} = 11.500,00$

Assim, como os montantes são iguais, podemos concluir que a taxa anual $i_a = 15\%$ é equivalente à taxa mensal $i_m = 1,1715\%$.

Generalizando, podemos concluir que, se duas taxas i_a e i_m são equivalentes, temos:

$$(1 + i_a)^1 = (1 + i_m)^{12}$$

Assim, se temos uma das taxas, podemos calcular a outra, conforme segue:

a) Temos a taxa mensal i_m e queremos a taxa anual i_a: $\quad i_a = (1 + i_m)^{12} - 1$

b) Temos a taxa anual i_a e queremos a taxa mensal i_m: $\quad i_m = \sqrt[12]{(1 + i_a)} - 1$

Com essa lógica, podemos calcular a equivalência entre taxas para quaisquer dois períodos. Por exemplo, as relações entre a taxa diária i_d e a taxa anual i_a são:

$$i_a = (1 + i_d)^{365} - 1 \quad \text{e} \quad i_d = \sqrt[365]{(1 + i_a)} - 1$$

Regra geral:

i_T = taxa de juro referente ao período total de capitalização (período maior)

i_P = taxa de juro referente ao período parcial de capitalização (período menor)

q = número de períodos de capitalização menor (parcial) contido no período total de capitalização (maior)

$$i_T = (1 + i_P)^q - 1 \quad \text{e} \quad i_P = \sqrt[q]{(1 + i_T)} - 1$$

2.8 TAXA NOMINAL E TAXA EFETIVA

Os contratos de financiamento frequentemente expressam o juro cobrado em uma *taxa nominal* anual, por exemplo, 24% ao ano. Caso os pagamentos sejam efetuados mensalmente, com base na taxa mensal de 2%, devemos calcular a *taxa efetiva* que realmente incide sobre o empréstimo.

Como o juro sobre o empréstimo é pago mensalmente, a taxa efetiva deve ser calculada como:

- Taxa nominal: $i_N = 0,24$ ao ano
- Número de períodos de capitalização por ano: $m = 12$

Taxa efetiva: $i_e = \left(1 + \dfrac{i_N}{m}\right)^m - 1 = \left(1 + \dfrac{0,24}{12}\right)^{12} - 1 = 0,2682$, ou 26,82% ao ano

Para generalizar, além das definições acima, vamos denominar:

i_N = taxa de juro nominal, por ano;

k = extensão do período de capitalização em fração do ano;

m = número de capitalizações por ano.

Com essas definições, podemos formular a expressão de cálculo da taxa efetiva

$$i_e = \left(1 + \frac{i_N}{m}\right)^{k \cdot m} - 1$$

Exemplo

Vamos calcular a taxa efetiva de juro correspondente à nominal de 12%, capitalizada mensalmente.

a) Taxa efetiva semestral:

- $m = 12$
- $k = 0,5$
- $i_N = 0,12$

$$i_e = \left(1 + \frac{0,12}{12}\right)^{0,5 \times 12} - 1 = 0,06152$$

b) Taxa efetiva trimestral:

- $m = 12$
- $k = 0,25$
- $i_N = 0,12$

$$i_e = \left(1 + \frac{0,12}{12}\right)^{0,25 \times 12} - 1 = 0,0303$$

Exemplo

Taxa nominal = 18% ao ano, capitalizada semanalmente

a) Taxa efetiva para 5 meses:

- $i_N = 0,18$
- $m = 52$
- $k = 5/12$

$$i_e = \left(1 + \frac{0,18}{52}\right)^{(5/12) \times 52} - 1 = 0,0777$$

b) Taxa efetiva para 7,5 meses

- $i_N = 0,18$
- $m = 52$

- $k = 7,5/12$

$$i_e = \left(1 + \frac{0,18}{52}\right)^{(7,5/12) \times 52} - 1 = 0,1188$$

Exemplo

Os jornais do dia 1º de agosto de 2011 publicaram a Taxa Referencial de juro (TR) para os 30 dias seguintes, que define o rendimento da caderneta de poupança no dia 1º de setembro de 2011. A correção mensal da caderneta de poupança é feita com base na TR, publicada pelo Banco Central, que deve compensar a inflação e um juro nominal de 6% ao ano. Para o cálculo do rendimento da poupança no dia 1º de setembro de 2008, temos os seguintes valores:

- TR = 0,1574%
- Juro nominal = 0,5%

A correção da poupança, nessa data, foi: 1,001574 × 1,005 = 1,006582 − 1 = 0,006582 ou 0,6582%

No entanto, a taxa efetiva anual de juro da caderneta de poupança não é 6% ao ano. Calculando:

$$i_e = \left(1 + \frac{0,06}{12}\right)^{1 \times 12} - 1 = 0,06168 \text{ ou } 6,168\% \text{ ao ano}$$

2.9 SÉRIES DE PAGAMENTO

Vários problemas de avaliação econômica de projetos são representados por fluxos de caixa compostos por sequências de pagamentos, que guardam uma lógica de variação de um para o outro. Veremos, neste capítulo, as séries uniformes de pagamento, em que os pagamentos são todos iguais. No Capítulo 9 (Problemas Típicos de Matemática Financeira – Métodos Avançados), estudaremos as séries em gradiente, em que os pagamentos apresentam uma determinada taxa de crescimento de um para o outro.

2.9.1 Modelos Típicos de Fluxo de Caixa para Séries Uniformes

As características básicas das séries uniformes são:

a) todos os pagamentos são iguais;

b) os períodos em que ocorrem os pagamentos também são iguais.

Para esse tipo de problema, podemos identificar dois modelos de séries uniformes:

a) Fluxo de caixa com pagamentos postecipados

Os pagamentos são efetivados no final dos períodos, conforme mostra a Figura 2.12. Assim, temos um pagamento no período final **n** e não temos pagamento no período inicial **0**.

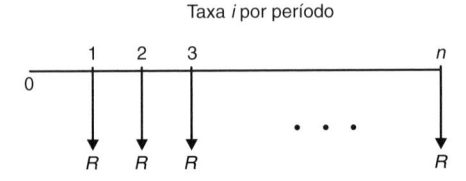

Figura **2.12** Modelo de uma série uniforme postecipada.

b) Fluxo de caixa com pagamentos antecipados

Nesse modelo, os pagamentos são efetivados no início dos períodos, conforme mostra a Figura 2.13. Assim, não temos um pagamento no período final n e temos pagamento no período inicial **0**.

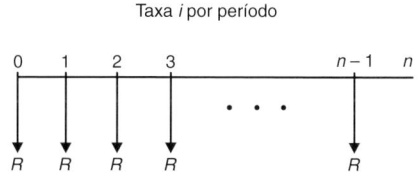

Figura 2.13 Modelo de uma série uniforme antecipada.

A identificação correta do modelo é fundamental, porque tanto as máquinas financeiras quanto a planilha MS-Excel exigem essa informação.

2.9.2 Problemas Típicos com Séries Uniformes de Pagamento

Para as séries uniformes de pagamentos, vamos estudar quatro problemas típicos, conforme mostra a Figura 2.13. Inicialmente, vamos analisar os problemas com séries postecipadas e, posteriormente, faremos as adaptações para as séries antecipadas.

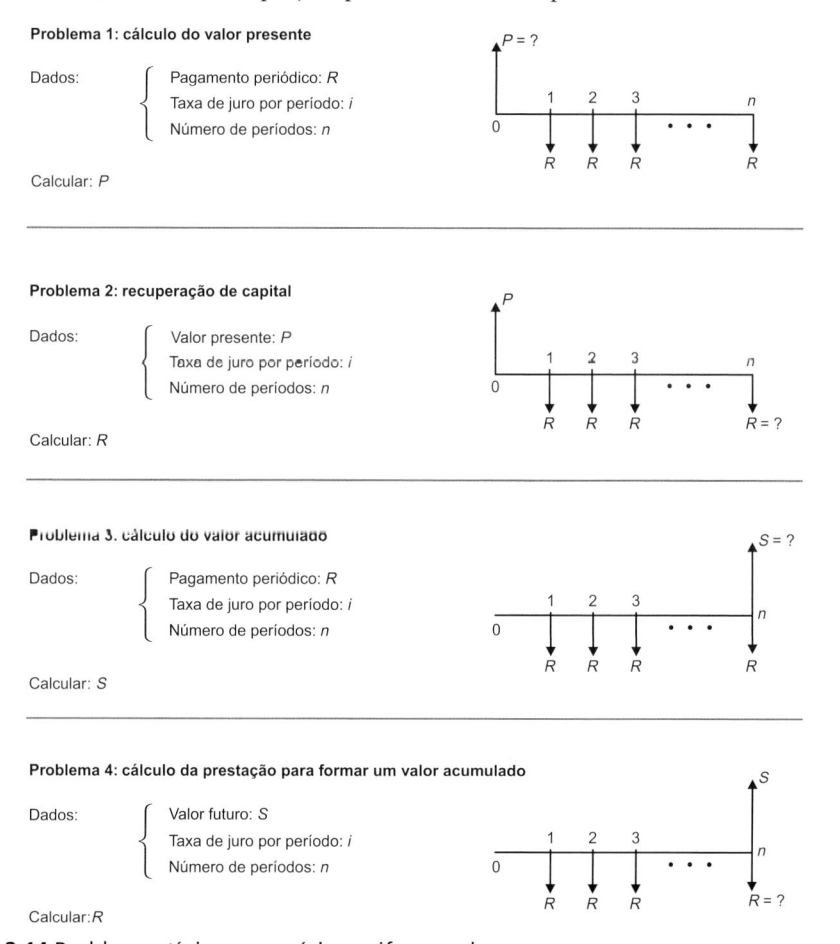

Figura 2.14 Problemas típicos com séries uniformes de pagamento.

2.10 MODELOS BÁSICOS DA SÉRIE UNIFORME POSTECIPADA

2.10.1 Problema do Valor Presente ou Atual

Caracterização do problema

Uma quantia R é aplicada regularmente (série uniforme de pagamentos) durante n períodos, a uma taxa de juro i; qual é o valor atual P de toda a série de pagamentos?

O fluxo de caixa que representa o problema é mostrado na Figura 2.15.

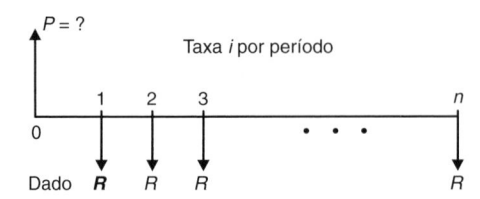

Figura 2.15 Fluxo de caixa para determinação do valor presente de uma série uniforme.

Observe que, na data **0**, não há pagamento, ou seja, a primeira prestação ocorre no fim do primeiro período. Porém, existe um pagamento na data **n**. Conforme já vimos, esse é o modelo de um fluxo de caixa postecipado.

Determinação do Valor Presente

Para deduzir a expressão do valor presente, podemos utilizar a fórmula de cálculo do valor presente de pagamento simples em cada um dos pagamentos acima.

Assim:

Período 1   Valor presente $\qquad P_1 = R \cdot \dfrac{1}{(1 + i)^1}$

Período 2   Valor presente $\qquad P_2 = R \cdot \dfrac{1}{(1 + i)^2}$

Período 3   Valor presente $\qquad P_3 = R \cdot \dfrac{1}{(1 + i)^3}$

e, assim, sucessivamente:

Período n Valor presente $\qquad P_n = R \cdot \dfrac{1}{(1 + i)^n}$

Somando, temos:

$$P = R \cdot \frac{1}{(1 + i)^1} + R \cdot \frac{1}{(1 + i)^2} + R \cdot \frac{1}{(1 + i)^3} + \ldots + R \cdot \frac{1}{(1 + i)^{n - 1}} + R \cdot \frac{1}{(1 + i)^n} \qquad (1)$$

Fatorando e multiplicando ambos os lados por $\dfrac{1}{(1 + i)}$, temos:

$$P \frac{1}{(1 + i)} = R \cdot \left[\frac{1}{(1 + i)^2} + \frac{1}{(1 + i)^3} + \frac{1}{(1 + i)^4} + \ldots + \frac{1}{(1 + i)^n} + \frac{1}{(1 + i)^{n + 1}} \right] \qquad (2)$$

Subtraindo a equação (1) de (2), temos:

$$P\left[\frac{1}{(1+i)} - 1\right] = P\left[\frac{-i}{(1+i)}\right] = R \cdot \left[\frac{1}{(1+i)^{n+1}} - \frac{1}{(1+i)}\right]$$

Dividindo ambos os lados por $\dfrac{-i}{(1+i)}$, temos a equação do valor presente de uma série uniforme de pagamentos:

$$P = R \cdot \left[\frac{(1+i)^n - 1}{i \cdot (1+i)^n}\right] \quad \text{ou} \quad P = R \cdot \left[\frac{1 - (1+i)^{-n}}{1}\right]$$

O fator que está dentro dos colchetes é chamado Fator de Valor Atual:

Fator de Valor Atual – Série Uniforme: $FVA(i, n) = \left[\dfrac{(1+i)^n - 1}{i \cdot (1+i)^n}\right] = \left[\dfrac{1 - (1+i)^{-n}}{1}\right]$

Outra forma de deduzir a expressão é verificar que o lado direito da expressão (1), após fatorado o valor **R**, é a soma de uma progressão geométrica com **n** termos.

Nessa progressão geométrica, temos:

Termo inicial: $\dfrac{1}{(1+i)}$

Razão: $\dfrac{1}{(1+i)}$

Último termo: $\dfrac{1}{(1+i)^n}$

A expressão da soma de uma PG com **n** termos é:

$$T = \frac{\text{Último termo} \times \text{Razão} - \text{Primeiro termo}}{\text{Razão} - 1} - \frac{\dfrac{1}{(1+i)^n} \times \dfrac{1}{(1+i)} - \dfrac{1}{(1+i)}}{\dfrac{1}{(1+i)} - 1} - \frac{(1+i)^n - 1}{i \cdot (1+i)^n}$$

Exemplo

Uma empresa está à venda, e uma análise cuidadosa de receitas e custos revelou que o negócio deve gerar, nos próximos 10 anos, lucros líquidos após o pagamento de imposto de renda no valor de R$ 200.000,00 ao ano. Considerando esse ganho como constante para os 10 anos e levando em conta que a taxa de desconto é 15% ao ano, quanto vale a empresa, na data de hoje, para o investidor?

Com

R = 200.000

n = 10

i = 15% ao ano, temos:

$$P = 200.000 \cdot \left[\frac{(1 + 0,15)^{10} - 1}{0,15 \cdot (1 + 0,15)^{10}}\right] = 1.003.753,72$$

Uso da calculadora HP 12C:

1) tecle: **f → REG**

2) tecle: **200.000 → CHS → PMT**

3) tecle: **10 → n**

4) tecle: **15 → i**

5) tecle: **PV**

Uso da planilha MS-Excel:

Devemos utilizar novamente a função VP, porém preenchendo agora o campo de "Pgto", no qual informamos o valor da prestação. A Figura 2.16 mostra os argumentos preenchidos dessa função.

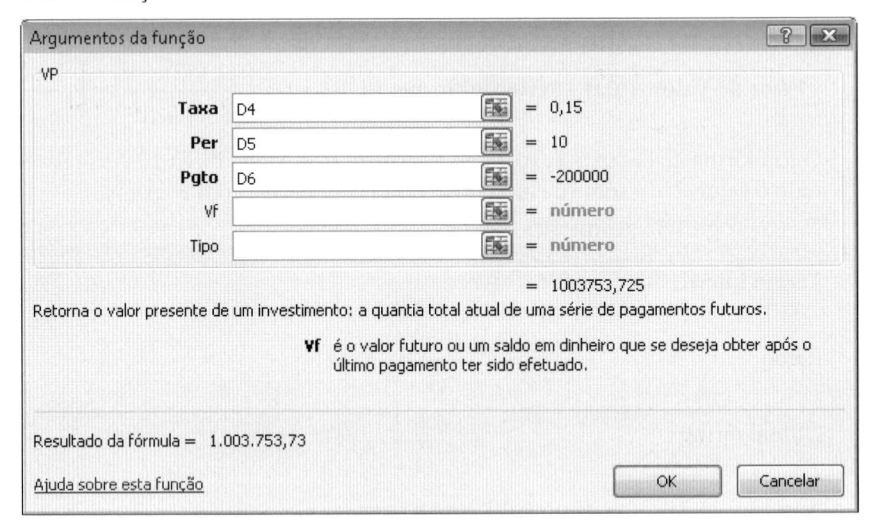

Figura 2.16 Argumentos da função VP para o cálculo do valor atual.

A Figura 2.17 mostra a planilha de cálculo utilizada.

D9	▾	f_x	=VP(D4;D5;D6)		
	A	B	C	D	E	F
1	Cálculo do valor presente de uma série uniforme					
2	Série de lucros líquidos da empresa					
3						
4	Taxa de desconto		(*i*)	15,0%	ao ano	
5	Número de períodos		(*n*)	10	anos	
6	Pagamento periódico		(*R*)	-200.000,00	R$	
7						
8						
9	Valor atual da série		(*P*)	1.003.753,73	R$	
10						

Figura 2.17 Planilha de cálculo para determinação do valor atual do exemplo.

2.10.2 Problema de Recuperação de Capital

Caracterização do problema

Nesse problema, queremos saber qual é a quantia R que deve ser aplicada regularmente (série uniforme de pagamentos) durante n períodos, a uma taxa de juro i, para ser equivalente a um valor **P** na data atual. Essa situação é muito comum na prática. Todos os contratos de crédito direto ao consumidor do comércio são baseados nesse problema.

O fluxo de caixa que representa o problema é mostrado na Figura 2.18.

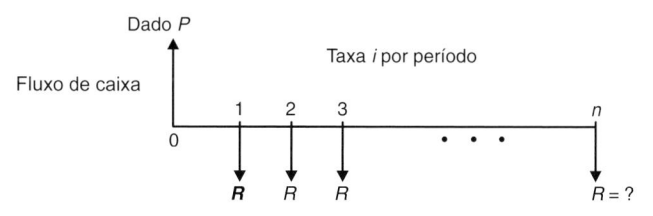

Figura 2.18 Fluxo de caixa para determinação da prestação **R** referente ao principal **P**.

Processo de cálculo

Observe que o problema acima é o inverso do problema do valor atual. Rearranjando a equação para o cálculo do valor presente de uma série uniforme, temos:

$$R = P \cdot \left[\frac{i \cdot (1 + i)^n}{(1 + i)^n - 1} \right] \quad \text{ou} \quad R = P \cdot \left[\frac{i}{1 - (1 + i)^{-n}} \right]$$

O fator entre os colchetes é chamado de Fator de Recuperação de Capital (FRC), que também é conhecido por Tabela Price, devido a uma tabela criada em meados do século XVIII pelo filósofo inglês Richard Price:

$$\text{FRC}(i, n) = \left[\frac{i \cdot (1 + i)^n}{(1 + i)^n - 1} \right]$$

Exemplo

Um veículo no valor de R$ 30.000,00 está sendo oferecido com um financiamento de R$ 20.000,00 a ser pago em 18 parcelas, com a taxa de juro de 2% ao mês. Qual é o valor da prestação?

Com

P = 20.000

n = 18

i = 2% ao mês, temos:

$$R = 20.000 \cdot \left[\frac{0,02(1 + 0,02)^{18}}{(1 + 0,02)^{18} - 1} \right] = 1.334,04$$

Uso da calculadora HP 12C:

1) tecle: **f** → **REG**

2) tecle: **20.000** → **CHS** → **PV**

3) tecle: **18** → **n**

4) tecle: **2** → **i**

5) tecle: **PMT**

Uso da planilha MS-Excel:

Na planilha MS-Excel, devemos utilizar a função PGTO para resolver esse problema. Os argumentos dessa função são mostrados na Figura 2.19.

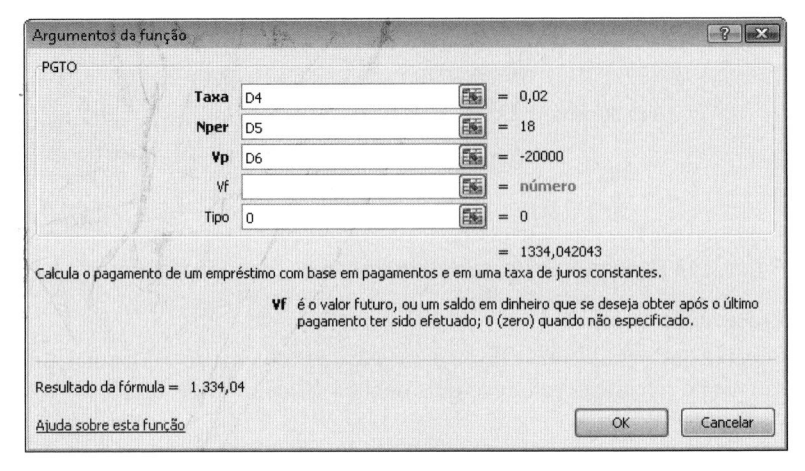

Figura 2.19 Argumentos da função PGTO para cálculo da prestação em uma série uniforme.

A Figura 2.20 mostra a planilha de cálculo utilizada.

D9			f_x =PGTO(D4;D5;D6;;0)		
	A	B	C	D	E	F
1	Cálculo do valor da presetação em uma série uniforme					
2	Prestação do financiamento do veículo					
3						
4	Taxa de juro		(i)	2,0%	ao mês	
5	Número de prestações		(n)	18		
6	Valor emprestado		(P)	-20.000,00	R$	
7						
8						
9	Prestação mensal		(R)	1.334,04	R$	
10						

Figura 2.20 Planilha utilizada para cálculo da prestação.

2.10.3 Problema de Formação de Capital

Caracterização do problema

Nesse caso, queremos saber qual é a quantia R que deverá ser aplicada regularmente (série uniforme de pagamentos) durante n períodos, a uma taxa de juro i, para formar o valor acumulado S ao final da aplicação.

O fluxo de caixa desse problema é mostrado na Figura 2.21:

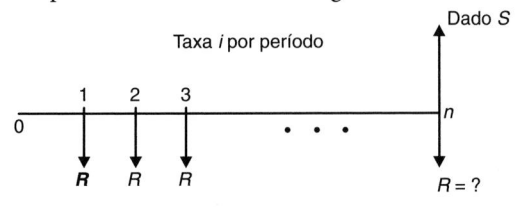

Figura 2.21 Fluxo de caixa para determinação da prestação R referente ao montante S.

Observe que também estamos utilizando aqui o modelo postecipado, ou seja, a primeira prestação ocorrerá no fim do primeiro período – na data **0** não haverá pagamento, porém existirá um pagamento na data **n**.

Processo de cálculo

Esse problema é semelhante ao anterior, com a diferença de que a prestação se refere ao montante **S**, e não ao principal **P**. Assim, a maneira mais fácil de encontrar a expressão de cálculo é utilizar a fórmula de cálculo da recuperação de capital e substituir **P** pela expressão:

$$P = \frac{S}{(1+i)^n}$$

Assim, temos:

$$R = \frac{S}{(1+i)^n} \cdot \left[\frac{i \cdot (1+i)^n}{(1+i)^n - 1} \right] = S \cdot \left[\frac{i}{(1+i)^n - 1} \right]$$

A equação para cálculo da prestação R é:

$$R = S \cdot \left[\frac{i}{(1+i)^n - 1} \right]$$

O fator dentro dos colchetes é chamado de Fator de Formação de Capital (FFC):

$$FFC(i, n) = \left[\frac{i}{(1+i)^n - 1} \right]$$

Exemplo

Uma pessoa deseja formar um capital de R$ 1.500,00 aplicando mensalmente em uma caderneta de poupança determinada quantia ao longo de um prazo de 12 meses, com os depósitos sendo feitos no fim de cada mês. Considerando que a poupança renda 1% ao mês, qual valor a pessoa deverá depositar mensalmente?

Com

S = 1.500

n = 12

i = 1% ao mês, temos:

$$R = 1.500 \cdot \left[\frac{0,01}{(1 + 0,01)^{12} - 1} \right] = 118,27$$

Uso da calculadora HP 12C:

1) tecle: **f** → **REG**

2) tecle: **1.500** → **CHS** → **FV**

3) tecle: **12** → **n**

4) tecle: **1** → **i**

5) tecle: **PMT**

Utilização da planilha MS-Excel:

Utilizamos a mesma função PGTO, mas devemos especificar o valor futuro (montante) conforme mostra a Figura 2.22.

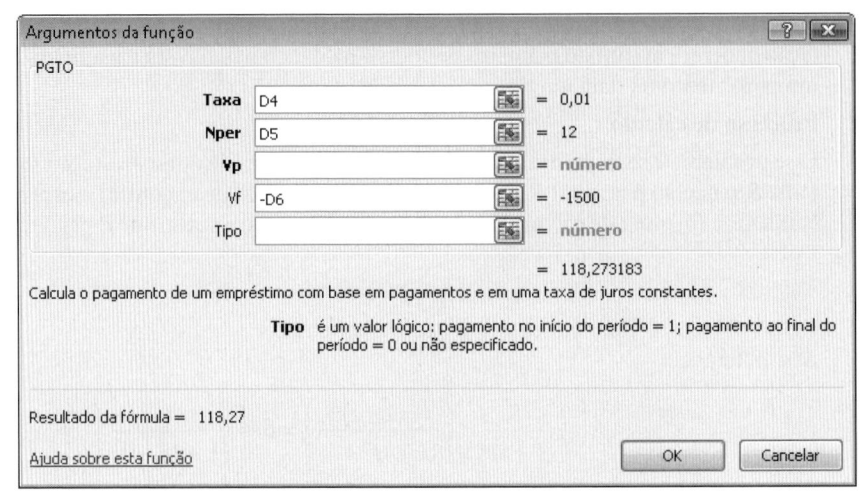

Figura 2.22 Argumentos da função PGTO para formação de capital futuro.

A Figura 2.23 mostra a planilha utilizada para o cálculo do valor mensal do depósito em nosso exemplo.

D9 ▾ *fx* =PGTO(D4;D5;;-D6)

	A	B	C	D	E	F
1	**Cálculo da prestação para formar um capital**					
2	Formação de capital na caderneta de poupança					
3						
4	Taxa de juro		(*i*)	1%	ao mês	
5	Número de prestações		(*n*)	12	meses	
6	Valor do montante		(*S*)	1.500,00	R$	
7						
8						
9	Prestação mensal		(*R*)	118,27	R$	
10						

Figura 2.23 Planilha de cálculo da prestação para formação de capital.

2.10.4 Problema de Acumulação de Capital

Caracterização do problema

Nesse caso, temos uma quantidade R que é aplicada regularmente (série uniforme de pagamentos) durante n períodos, a uma taxa de juro i; queremos saber o valor acumulado S ao final da aplicação.

O fluxo de caixa desse problema é mostrado na Figura 2.24.

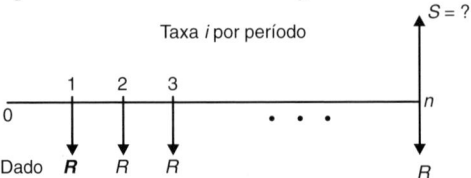

Figura 2.24 Fluxo de caixa para determinação do montante S referente à prestação R.

Processo de cálculo

Esse problema é o inverso do anterior. Podemos rearranjar a expressão de cálculo para achar a equação:

$$S = R \cdot \left[\frac{(1 + i)^n - 1}{i} \right]$$

O fator dentro dos colchetes é chamado Fator de Acumulação de Capital (FAC):

$$FAC(i, n) = \left[\frac{(1 + i)^n - 1}{i} \right]$$

Exemplo

Uma pessoa planeja aplicar mensalmente em um fundo privado de aposentadoria uma quantia de R$ 200,00 ao longo de um prazo de 35 anos, com os depósitos sendo feitos no fim de cada mês. Considerando que o rendimento médio do fundo seja 0,8% ao mês, qual valor a pessoa terá no final de 420 meses, quando pretende se aposentar?

Com

R = R$ 200,00

n = 420 meses

i = 0,8% ao mês, temos:

$$S = 200 \cdot \left[\frac{(1 + 0,008)^{420} - 1}{0,008} \right] = 685.171,92$$

Uso da calculadora HP 12C:

1) tecle: **f → REG**

2) tecle: **200 → CHS → PMT**

3) tecle: **420 → n**

4) tecle: **0,8 → i**

5) tecle: **FV**

Uso da planilha MS-Excel:

Nesse caso, temos que utilizar novamente a função VF especificando o valor do "Pgto", que é a prestação mensal depositada pelo aplicador. A Figura 2.25 mostra os argumentos da função.

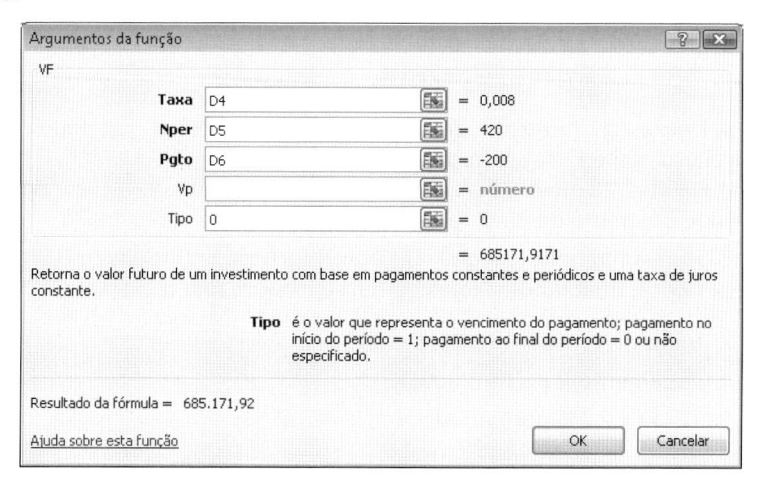

Figura 2.25 Argumentos da função VF para cálculo do montante acumulado.

A Figura 2.26 mostra a planilha de cálculo utilizada.

D9 ▾ f_x =VF(D4;D5;D6;;0)

	A	B	C	D	E	F
1	Cálculo do montante formado por uma prestação					
2	Valor acumulado no plano de aposentadoria					
3						
4	Taxa de juro		(i)	0,80%	ao mês	
5	Número de prestações		(n)	420	meses	
6	Valor da prestação		(R)	-200,00	R$	
7						
8						
9	Capital acumulado		(S)	685.171,92	R$	
10						

Figura 2.26 Planilha de cálculo para determinação do capital acumulado pelo aplicador.

2.11 OUTRAS FUNÇÕES IMPORTANTES DO MS-EXCEL

Vamos aplicar duas outras funções do MS-Excel que são importantes para problemas de análise financeira: NPER e TAXA.

2.11.1 Função NPER

Dados uma série uniforme de pagamentos, seu valor presente ou valor futuro e a taxa de juros praticada, a função NPER calcula o número de períodos da série.

Exemplo

Uma pessoa herdou uma dívida de R$ 25.000,00 de um parente que está sendo quitada em prestações de R$ 1.444,56. Ela sabe que a taxa de juro é 2,8% ao mês, e quer saber quantas prestações foram contratadas. Os dados do problema são:

- Valor presente P = R$ 25.000,00
- Pagamento R = – R$ 1.444,56
- Taxa i = 2,8% por período

A Figura 2.27 mostra os argumentos da função NPER que podem ser utilizados para calcular o número de prestações.

A Figura 2.28 mostra a planilha de cálculo criada para resolver o problema. Podemos ver que o número de prestações contratadas pelo devedor foi 24.

É interessante observar que o MS-Excel fornece resultados fracionários para o número de períodos, quando os valores permitem. Assim, seja o exemplo:

- Valor presente P = R$ 20.000,00
- Pagamento R = – R$ 1.600,00
- Taxa i = 2,0% por período

A Figura 2.29 mostra a planilha de cálculo que informa que o número de prestações no valor de R$ 1.600,00 para quitar um empréstimo de R$ 20.000,00 deveria ser 14,53.

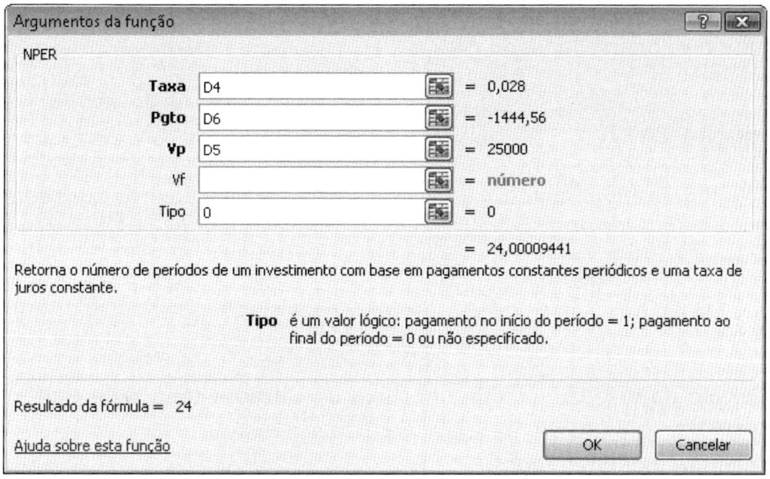

Figura 2.27 Argumentos da função NPER para cálculo do número de prestações.

D9 =NPER(D4;D6;D5;;0)

	A	B	C	D	E	F
1	Cálculo do número de períodos de uma série uniforme					
2						
3						
4	Taxa de juro		(i)	2,8%	ao mês	
5	Valor Presente		(P)	25.000,00	R$	
6	Pagamento periódico		(R)	-1.444,56	R$	
7						
8						
9	Número de pagamentos da série		(n)	24	prestações	
10						

Figura 2.28 Planilha para determinação do número de prestações.

D9 =NPER(D4;D6;D5)

	A	B	C	D	E	F
1	Cálculo do número de períodos de uma série uniforme					
2	Resultado fracionário					
3						
4	Taxa de juro		(i)	2%	por período	
5	Valor Presente		(P)	20.000,00		
6	Pagamento períodico		(R)	(1.600,00)		
7						
8						
9	Número de pagamentos da série		(n)	14,53	períodos	
10						

Figura 2.29 Exemplo de número fracionário de prestações.

Sugerimos ao leitor que utilize a planilha de cálculo da prestação de um empréstimo com os valores acima para a dívida (R$ 20.000,00), taxa de juro (2,0% ao mês) e número de períodos igual a 14,53 e verifique o valor da prestação.

Uma observação: podemos verificar, nesse exemplo, que a calculadora HP 12C nos fornece o valor arredondado para $n = 15$.

2.11.2 Função TAXA

Essa função nos permite calcular a taxa de juro para um fluxo de caixa de uma série uniforme, quando temos a prestação paga, o número de períodos e o valor presente ou o valor futuro correspondente.

Exemplo

Cálculo da taxa de juro de um fluxo de caixa de uma série uniforme, dado o valor presente.

Sejam os seguintes dados:

- P = R$ 10.000,00
- R = R$ 590,00
- $n = 24$ meses
- Qual é a taxa de juro mensal i = ?

A Figura 2.30 mostra os argumentos para a função TAXA quando é fornecido o valor presente da série uniforme.

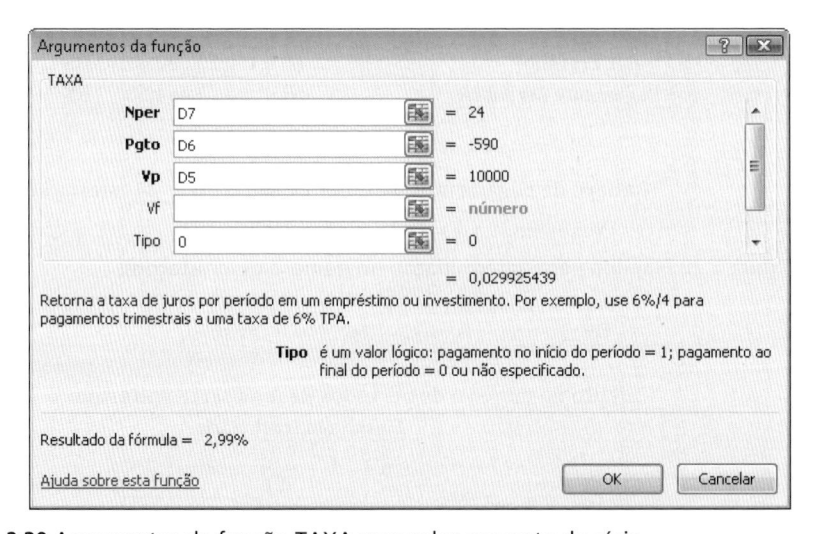

Figura 2.30 Argumentos da função TAXA com valor presente da série.

Exemplo

Cálculo da taxa de juro de um fluxo de caixa de uma série uniforme, dado o valor futuro.

Sejam os seguintes dados:

- S = R$ 20.000,00
- R = R$ 700,00
- $n = 24$ meses
- Qual é a taxa de juro mensal i = ?

A Figura 2.31 mostra os argumentos da função TAXA para esse caso.

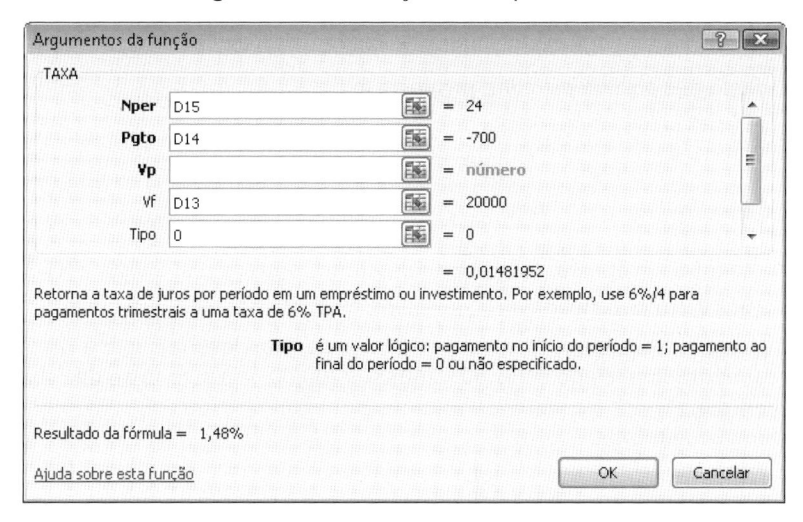

Figura 2.31 Argumentos da função TAXA quando é fornecido o valor futuro.

Podemos ver na Figura 2.32 os resultados obtidos para ambos os exemplos.

	A	B	C	D	E	F
1	Cálculo da taxa de juro de um fluxo de caixa					
2						
3	Caso 1: Dado o valor presente					
4						
5	Valor presente		(P)	10.000,00		
6	Prestação		(R)	(590,00)		
7	Prazo		(n)	24	periodos	
8						
9	Taxa de juro		(i)	2,99%		
10						
11	Caso 2: Dado do valor futuro					
12						
13	Valor futuro		(S)	20.000,00		
14	Prestação		(R)	(700,00)		
15	Prazo		(n)	24	periodos	
16						
17	Taxa de juro		(i)	1,48%		

D17 f_x =TAXA(D15;D14;;D13;0)

Figura 2.32 Resultados obtidos para as taxas de juros dos dois exemplos.

Exemplo

Vamos utilizar essa função para resolver um problema muito comum no dia a dia. Uma pessoa quer comprar um eletrodoméstico que custa R$ 1.000,00. O vendedor disse que pode pagar em quatro prestações sem juros, com o primeiro pagamento à vista. Como essa pessoa não é crédula, ela sabe que existe um juro embutido. Com uma pequena negociação, o vendedor faz outra proposta: 5% de desconto para pagamento à vista. Qual é a taxa de juro embutida na primeira oferta?

O fluxo de caixa da primeira proposta é:

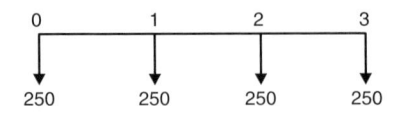

Na segunda proposta, com 5% de desconto, o preço real à vista é R$ 950,00.

Vamos calcular o fluxo de caixa real do financiamento.

Como o comprador, mesmo na primeira proposta, deveria pagar à vista R$ 250,00, o valor realmente financiado é 950,00 – 250,00 = 700,00. Assim, o fluxo de caixa real do financiamento é:

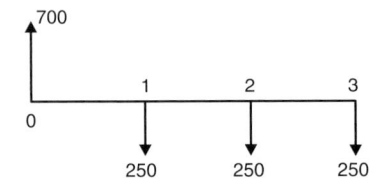

Utilizando a calculadora 12C, encontramos:

700 → PV

250 → CHS → PMT

3 → N

i = ?

Resposta: i = **3,531%** ao mês (e a loja ainda diz que o parcelamento tem taxa de juro zero!)

2.12 SÉRIE UNIFORME DE PAGAMENTOS COM TERMOS ANTECIPADOS

Os mesmos problemas acima podem ser resolvidos com uma série uniforme em que os pagamentos são efetuados no início de cada período, gerando assim uma série com pagamentos antecipados, conforme mostra a Figura 2.33 abaixo:

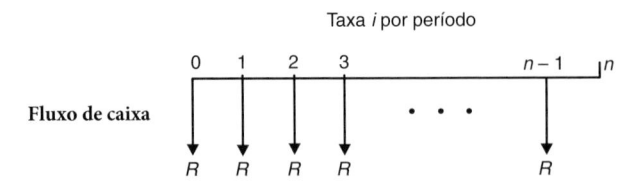

Figura 2.33 Fluxo de caixa da série uniforme antecipada.

Observe que, nesse caso, existe um pagamento **R** na data **0**, o que significa que a primeira prestação ocorre no início do primeiro período, porém não existe um pagamento na data **n**.

Para essa categoria de problemas, as fórmulas sofrem modificações, conforme se pode conferir a seguir:

2.12.1 Acumulação de Capital

Observe que, se aplicarmos a fórmula de cálculo do modelo postecipado, o valor acumulado S ocorrerá no período $(n - 1)$. Para levar este valor para o período n, basta multiplicar o valor obtido por $(1 + i)$, conforme a equação abaixo:

$$S = R \cdot (1 + i) \left[\frac{(1 + i)^n - 1}{i} \right]$$

2.12.2 Formação de Capital

Rearranjando a expressão acima, deduzimos facilmente a equação para cálculo da formação de capital:

$$R = S \cdot \frac{1}{(1 + i)} \left[\frac{i}{(1 + i)^n - 1} \right]$$

2.12.3 Valor Atual da Série de Pagamentos

Se analisarmos a série da Figura 2.33, veremos que a aplicação da fórmula de cálculo do valor atual da série postecipada dará como resultado o valor presente no período (-1). Para encontrar o valor no período 0, devemos multiplicar o resultado por $(1 + i)$, como mostra a equação abaixo:

$$P = R \cdot (1 + i) \left[\frac{(1 + i)^n - 1}{i \cdot (1 + i)^n} \right]$$

2.12.4 Recuperação de Capital de uma Série Uniforme

Da expressão acima, deduzimos facilmente:

$$R = P \cdot \frac{1}{(1 + i)} \left[\frac{i \cdot (1 + i)^n}{(1 + i)^n - 1} \right]$$

Uso da calculadora HP12C:

Quando estivermos trabalhando com séries de pagamentos antecipados, devemos programar a máquina para esse tipo de operação da seguinte forma:

Tecle: $g \rightarrow$ **BEG**

Exemplo

Uma pessoa deseja formar um capital de R$ 1.500,00 aplicando mensalmente em uma caderneta de poupança determinada quantia ao longo de um prazo de 12 meses, com os depósitos sendo feitos no início de cada mês. Considerando que a poupança renda 1% ao mês, qual valor a pessoa deverá depositar mensalmente?

Com

S = 1.500

n = 12

i = 1% ao mês, temos

$$R = 1500 \cdot \frac{1}{(1 + 0,01)} \left[\frac{0,01}{(1 + 0,01)^{12} - 1} \right] = 117,10$$

Uso da calculadora HP 12C:

1) tecle: **f → REG**

2) tecle: **g → BEG**

2) tecle: **1.500 → CHS → FV**

3) tecle: **12 → n**

4) tecle: **1 → i**

5) tecle: **PMT**

Uso da planilha MS-Excel:

Na utilização da planilha MS-Excel para o cálculo de valores da série uniforme antecipada, temos que digitar o número 1 na janela "Tipo", conforme mostra a Figura 2.34 a seguir, em que calculamos a prestação do exemplo acima.

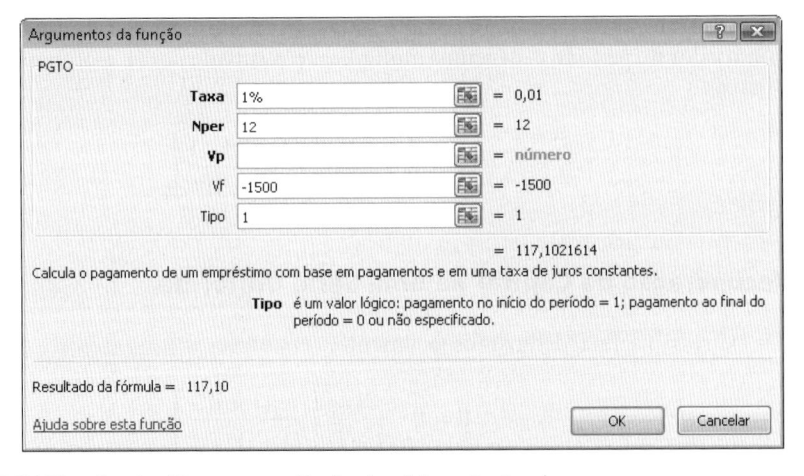

Figura 2.34 Uso da planilha para o cálculo da série antecipada.

2.13 EXERCÍCIOS PROPOSTOS

2.13.1 Quais são o valor dos juros (J) e o montante final (S) a serem pagos relativos a um empréstimo de $ 10.000,00 pelo prazo de 3 meses e à taxa de juros de 3% ao mês? Observação: os termos do contrato obedecem às regras de capitalização simples.

Resposta: S = 10.900,00 e J = 900,00.

2.13.2 Uma instituição financeira empresta $ 10.000,00 pelo prazo de 45 dias. Sabendo-se que a taxa de juros é de 2% ao mês, qual é o montante final (S) a ser pago pelo devedor, considerando o regime de capitalização simples?

Resposta: S = $ 10.300,00.

2.13.3 Foi feito um empréstimo de $ 200.000,00, a ser pago ao final de um ano e à taxa de juros de 5% ao bimestre. Sabendo-se que os termos do contrato obedecem às regras da capitalização simples, qual é o montante (S) a ser pago ao final do período (considere um ano de 360 dias)?

Resposta: S = $ 260.000,00.

2.13.4 O seguinte movimento financeiro foi registrado em uma conta especial durante o primeiro semestre do ano. Calcule o valor total do juro que deverá ser debitado no dia 30/06. O banco cobra 7,5% ao mês, no regime de capitalização simples e dias corridos.

MOVIMENTO DA CONTA CORRENTE			
Data	Histórico	Valor	D/C
01/01	Saldo inicial	5.000	C
15/01	Depósito	10.000	C
26/01	Cheque	18.000	D
12/02	Cheque	15.000	D
21/02	Depósito	12.000	C
10/03	Cheque	16.000	D
21/04	Cheque	6.000	D
05/05	Depósito	12.500	C
12/06	Depósito	10.000	C
30/06	Juro acumulado		

Resposta: R$ 5.812,50.

2.13.5 Os seguintes cheques pré-datados foram apresentados ao banco para desconto. Como a taxa de juro mensal é igual a 3%, pede-se calcular o valor que a loja receberá do banco, considerando o desconto simples por fora.

RELAÇÃO DE CHEQUES PARA DESCONTO		
Número do cheque	Prazo para vencimento (dias)	Valor R$
1	30	2.500
2	45	2.500
3	45	1.000
4	60	1.200
5	70	1.500
6	90	1.800
7	90	3.000
TOTAL		13.500

Resposta: R$ 12.658,50.

2.13.6 Um empréstimo, com prazo de 180 dias, foi pago no valor de R$ 60.000,00. Considerando que a taxa de juro é 2,5% ao mês em regime de capitalização composta, qual foi o valor emprestado (P)?

Resposta: P = R$ 51.737,81.

2.13.7 Uma instituição financeira empresta $ 10.000,00 pelo prazo de 45 dias. Sabendo-se que a taxa de juro é 2% ao mês, qual é o montante final (S) a ser pago pelo devedor, considerando a capitalização composta?

Resposta: S = $ 10.301,49.

2.13.8 Qual é a taxa anual (i_{ano}) equivalente a 1,08% ao mês, com capitalização composta?

Resposta: i_{ano} = 13,76%.

2.13.9 Uma aplicação financeira de R$ 10.000,00 foi feita no dia 10/09/XX em um fundo de investimentos com rendimento diário (dias úteis) e capitalização composta. Considerando que o rendimento mensal médio tenha sido de 1,05% ao mês (mês de 22 dias úteis), quanto será resgatado no dia 25/10 do mesmo ano, totalizando 31 dias úteis?

Resposta: S = R$ 10.148,27.

2.13.10 Uma pessoa, ao comprar um apartamento cujo valor à vista é R$ 120.000,00, deu 20% de sinal, concordando em pagar 2% ao mês de juros compostos sobre o saldo devedor. Se o devedor pagar R$ 40.000,00 2 meses após a compra e R$ 56.000,00 3 meses mais tarde, que pagamento teria que efetuar no fim de 9 meses a contar da data da compra para saldar a dívida?

Resposta: R$ 8.165,26.

2.13.11 Uma pessoa tem os seguintes compromissos financeiros a partir de hoje: R$ 4.000,00 para quitação no 3º mês; R$ 5.000,00 para o 6º mês e R$ 2.000,00 para o 9º mês. Como deseja alongar o prazo da dívida, pede ao financiador para trocar esses débitos por dois outros iguais, em 12 e 15 meses. Quais serão os valores desses pagamentos para uma taxa de juros composta de 2% ao mês?

Resposta: R$ 6.452,89.

2.13.12 Uma empresa recebe uma proposta para a aquisição de um equipamento a ser pago em 12 prestações mensais, iguais e consecutivas de $ 23.450,00, as quais incorporam uma taxa de juros de 2,85% ao mês e com a primeira prestação à vista. O diretor financeiro da empresa faz uma contraproposta de pagar também em 12 prestações mensais, porém com a primeira prestação se dando apenas em 45 dias. Assim sendo, qual será o valor da prestação, se tal contraproposta for aceita?

Resposta: $ 24.459,60.

2.13.13 Um imóvel foi colocado à venda nos seguintes termos: 24 parcelas mensais e consecutivas de $ 4.500,00, sendo a primeira em 30 dias, mais quatro parcelas semestrais de $ 25.000,00, com a primeira ao final de 6 meses. Sendo a taxa de juro do financiamento 1,75% ao mês, pergunta-se qual é o valor à vista do imóvel.

Resposta: $ 165.183,93.

2.13.14 Um lote está sendo oferecido nas seguintes condições:

À vista: R$ 150.000,00

A prazo: sinal de entrada = R$ 30.000,00

Final do 5º mês: R$ 65.000,00

Final do 10º mês: R$ 75.000,00

Considerando que o comprador consegue uma aplicação financeira que lhe garante 18% ao ano, como deverá comprar o lote? Se ele tomar a decisão errada, quanto estará gastando a mais?

Resposta: à vista, R$ 5.994,53.

2.13.15 Um investidor abriu uma conta em um banco e aplicou R$ 6.000,00. No final do primeiro mês, aplicou R$ 10.000,00 e, no final do 2º mês, aplicou R$ 5.000,00. A taxa nominal de rendimento dessa aplicação é 15% ao ano (ano de 360 dias) e o rendimento é capitalizado apenas nos dias úteis. Considere que o 1º mês teve 22 dias úteis, o 2º, 21 dias, e o terceiro, 20 dias úteis. Qual montante acumulado no final do 3º mês poderá ser sacado?

Resposta: R$ 21.355,90.

2.13.16 Uma aplicação de R$ 40.000,00 rendeu um resgate de R$ 42.967,79 ao final de 6 meses. Quais são as taxas mensal e anual dessa operação?

Resposta: $i_m = 1,2\%$ e $i_{ano} = 15,39\%$.

2.13.17 No processo de compra e venda de uma empresa, o comprador interessado contratou uma avaliação dos lucros futuros possíveis dos negócios e encontrou os valores da tabela abaixo.

Ano	Lucro líquido (R$)
1	50.000,00
2	60.000,00
3	70.000,00
4	80.000,00
5	90.000,00

Além disso, o consultor alertou ao comprador de que este deverá gastar, no ano 3, um valor de R$ 30.000,00 para substituir equipamentos que estão no fim da vida útil. Considerando que a taxa de atratividade do comprador é 20% ao ano, qual deve ser a oferta máxima que ele deverá fazer para o vendedor?

Resposta: R$ 181.230,71.

2.13.18 Uma aplicação rende 0,07% ao dia. Em que prazo o investidor poderá receber o dobro da aplicação?

Resposta: 990,5 dias.

2.13.19 Um banco cobra 45% ao ano para um financiamento de capital de giro. Quanto cobrará para uma operação de 185 dias (considere um ano de 360 dias)?

Resposta: $i_{185d} = 21,04\%$.

2.13.20 Uma empresa contratou um plano de financiamento futuro com as seguintes características:

1. Durante os primeiros 12 meses, a empresa depositará parcelas mensais iguais de R$ 5.000,00 em uma conta remunerada, com o primeiro depósito no ato da assinatura do contrato. Essa conta rende 1% ao mês (série antecipada).

2. Sessenta dias após o último depósito, a empresa poderá retirar o empréstimo de R$ 200.000,00, com juro de 1,5% ao mês, que será pago em 36 parcelas mensais, iguais e consecutivas.

3. O total depositado pela empresa poderá ser sacado também em 36 parcelas para abater o valor da prestação do empréstimo. O rendimento continuará 1% ao mês.

Determine o valor adicional que a empresa deverá pagar em cada prestação.

Resposta: R$ 5.081,94.

2.13.21 Uma empresa recebeu de um banco uma proposta de financiamento com juro nominal de 24% ao ano e 24 pagamentos mensais de R$ 5.000,00, com o primeiro pagamento ocorrendo um mês após o recebimento do dinheiro. Além desses, a empresa deve pagar nos meses 6, 12 e 18 três parcelas intermediárias de R$ 15.000,00.

A empresa fez uma contraproposta:

a) Fará 12 pagamentos bimestrais, com o primeiro ocorrendo 30 dias após o recebimento do dinheiro;

b) Continuará com os três pagamentos intermediários nos mesmos meses da proposta da empresa (6, 12 e 18).

Qual será o valor do pagamento bimestral?

Resposta: R$ 10.302,00.

No site da LTC você encontrará a continuação deste capítulo com o título "Capítulo 9 Problemas Típicos de Matemática Financeira – Modelos Avançados".

BIBLIOGRAFIA

BREALEY, R.; MYERS, S. *Principles of corporate finance.* New York: McGraw-Hill Int. Book Co, 1984.

CASAROTTO FILHO, N.; KOPITTKE, B.H. *Análise de investimentos.* 9ª ed. São Paulo: Atlas, 2000.

PUCCINI, A. L. *Matemática financeira.* 9ª ed. Rio de Janeiro: Campus, 2011.

ROSS, S.A.; WESTERFIELD, R.W.; JAFFE, J.F. *Administração financeira*: corporate finance. 2ª ed. São Paulo: Atlas, 2002.

SOBRINHO, J.D.V. *Matemática financeira.* 7ª ed. São Paulo: Atlas, 2000.

3

A Decisão Econômica na Avaliação de Projetos – Modelos Básicos

3.1 OS FUNDAMENTOS DA DECISÃO ECONÔMICA

Como já vimos no Capítulo 1, as organizações (e a maioria das pessoas) criam ou identificam, ao longo de sua existência, diversas oportunidades para investir seus recursos. O progresso das organizações e a criação e acumulação de riqueza dependem da qualidade das decisões tomadas quanto a essas oportunidades. Todos os recursos são escassos por natureza, e as melhores decisões podem produzir melhores resultados, o que, ao longo do tempo, leva a uma maior acumulação de riqueza. Assim, podemos entender a necessidade de métodos eficazes para a avaliação a priori da qualidade dessas decisões.

Os métodos que vamos estudar para a avaliação da atratividade econômica dos projetos de investimento procuram identificar o potencial de criação de riqueza futura dos projetos. Como os recursos são limitados, ao aplicarmos uma quantidade de recurso em um projeto, estamos, evidentemente, abrindo mão de outras oportunidades. Dessa forma, as oportunidades escolhidas têm que oferecer um maior potencial de ganho do que as oportunidades abandonadas.

Devemos também considerar que, para o efetivo desenvolvimento de uma oportunidade de investimento, outros fatores devem ser considerados, por exemplo, a capacidade física de realização do projeto (disponibilidade de mão de obra, capacidade gerencial, tempo etc.), a possibilidade de levantamento de recursos em fontes externas, os objetivos estratégicos da organização e muitos outros ligados à realidade do ambiente de negócios.

Um dos mais importantes fatores presentes no processo de avaliação de um projeto de investimento é a incerteza inerente a todas as previsões, que produzirá no conjunto um grau de incerteza dos resultados do projeto. Os métodos para análise e avaliação do grau de incerteza do projeto serão vistos no Capítulo 6.

3.2 CONCEITOS BÁSICOS PARA AVALIAÇÃO

3.2.1 Equivalência

Sempre que vamos comparar duas situações, devemos inicialmente escolher uma base de comparação, ou seja, estabelecer um critério de equivalência. Esse critério de equivalência deverá medir os efeitos (custos ou benefícios) das duas situações.

No caso das oportunidades de investimento, o conceito de equivalência se baseia no valor temporal do dinheiro e na taxa de juro, de forma a transformar diferentes somas de dinheiro, em datas diferentes, em *valores econômicos iguais*. Por exemplo: vamos supor que uma pessoa possui um terreno e pretende vendê-lo. Um comprador oferece o valor à vista de $ 50.000,00 ou uma sequência de 12 pagamentos mensais iguais a $ 5.000,00. Observe que são duas situações diferentes, cuja escolha não é tão simples, já que dependem dos objetivos e interesses do vendedor. A simples comparação aritmética dos totais recebidos não fornece elementos satisfatórios para a decisão. Se o vendedor recebe o valor à vista, ele poderá utilizá-lo para obter benefícios imediatos (aplicações financeiras, pagamento de dívidas, outras compras etc.), enquanto o pagamento parcelado também pode trazer outros benefícios (juro embutido maior que o pago pelo mercado financeiro, maior controle de fluxo de caixa caso o comprador seja muito confiável etc.).

Para a avaliação da equivalência das duas propostas, o vendedor inicialmente deve escolher uma taxa de juro que represente todos os seus objetivos e, em seguida, escolher uma medida de valor econômico que seja aplicável às duas situações. Se ele acha que a taxa de juro de 2% ao mês é atraente e que justifica deixar de receber o dinheiro imediatamente, poderá calcular o valor atual da série uniforme de pagamentos. Nesse caso, teremos:

$$VP = 5.000 \times FRC\ (2\%,\ 12) = 5.000 \times 10,5753 = 52.876,71$$

Finalmente, temos duas situações comparáveis, uma vez que ambos os valores estão referidos à data atual.

Assim, para determinada taxa de juro, podemos observar os dois princípios da equivalência:

1. Dois ou mais fluxos de caixa são equivalentes entre si quando são equivalentes ao mesmo fluxo de caixa.
2. A equivalência pode ser calculada para qualquer ponto no tempo (consequência do princípio acima).

3.2.2 Taxa Mínima de Atratividade

Em todas as considerações feitas até agora, estamos sempre falando de uma taxa de juro atrativa. Isso significa que todos os agentes econômicos racionais têm uma taxa de juro referencial que justifica aplicar recursos em um projeto, adiando assim o recebimento de benefícios. Esse é o conceito de taxa de atratividade ou taxa mínima de atratividade, que é utilizada para a determinação da equivalência entre oportunidades de investimento.

Dependendo da utilização no processo decisório, esse conceito recebe outros nomes e, às vezes, recebe pequenas alterações em sua interpretação. No Capítulo 1 discutimos algumas formas de determinação dessa taxa para as empresas.

3.3 MÉTODOS DE COMPARAÇÃO DE ALTERNATIVAS DE INVESTIMENTOS

Existem vários métodos para a avaliação e comparação de alternativas de investimento. Cada um deles tem vantagens e desvantagens e aplicações específicas.

Os principais são:

- método do valor presente líquido
- método do período de retorno do capital (*payback*)
- método do período de retorno descontado
- método da taxa interna de retorno
- método da receita ou custo anual uniforme

Na prática da avaliação econômica, o analista deve investigar o projeto segundo mais de um método, já que, como veremos ao longo deste estudo, cada método identifica e avalia um aspecto particular do problema global da decisão.

3.4 MÉTODO DO VALOR PRESENTE LÍQUIDO

O valor presente líquido (VPL) é definido como o valor presente das entradas de caixa (VPE) menos o valor presente dos investimentos ou saídas de caixa (VPS).

$$VPL = VPE - VPS$$

O primeiro passo para a aplicação deste método é a escolha de uma taxa de desconto que reflita o custo de oportunidade do dinheiro ou a rentabilidade mínima que a empresa deseja obter em seus projetos de investimento (sua taxa de atratividade).

A Figura 3.1 representa o processo de cálculo do VPL.

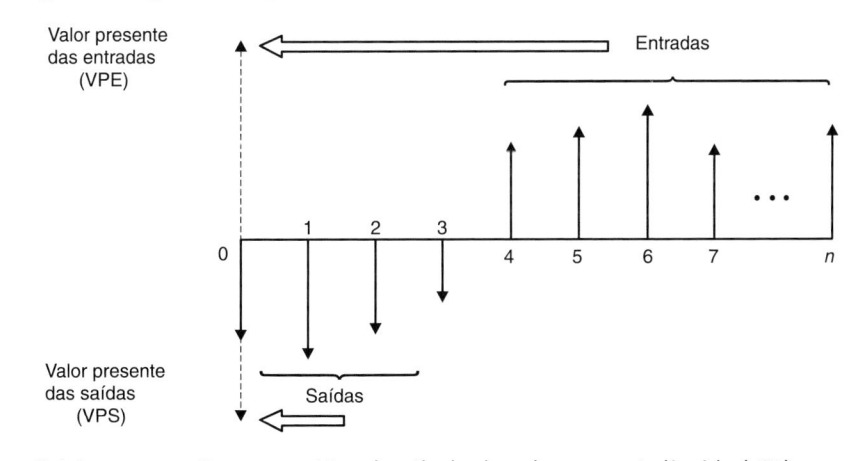

Figura 3.1 Representação esquemática do cálculo do valor presente líquido (VPL).

Para o cálculo manual, é importante analisar previamente o formato do fluxo de caixa, com o objetivo de escolher as fórmulas da matemática financeira mais apropriadas. É evidente que isto perde a importância quando o cálculo é feito com a utilização de calculadora ou computador.

Exemplo

O fluxo de caixa abaixo representa um projeto com dois aportes de capital (períodos 0 e 1) e quatro retornos crescentes (períodos 2 a 5). Vamos calcular o VPL para a taxa de desconto de 10% por período.

Período	Fluxo de caixa ($)
0	– 1.000,00
1	– 1.500,00
2	800,00
3	1.000,00
4	1.200,00
5	1.500,00

Utilizando a expressão do Fator de Valor Atual para um pagamento (FVA$_S$ – Capítulo 2) temos a seguinte equação:

$$\text{VPL} = -1000 - \frac{1500}{(1+0,1)} + \frac{800}{(1+0,1)^2} + \frac{1000}{(1+0,1)^3} + \frac{1200}{(1+0,1)^4} + \frac{1500}{(1+0,1)^5}$$

$$\text{VPL} = -1000 - 1363,63 + 661,16 + 751,31 + 819,62 + 931,38 = 799,84$$

Uso da calculadora HP 12C:

1) tecle: **f → REG**

2) tecle: **1000 → CHS → g → CFo**

3) tecle: **1500 → CHS →g → CFj**

4) tecle: **800 → g → CFj**

5) repita o passo 4 com os valores 1000, 1200 e 1500

6) tecle: **10 → i**

7) tecle: **f → NPV**

O projeto também pode apresentar um fluxo de retornos constantes, conforme mostra o exemplo a seguir.

Exemplo

Vamos calcular o VPL para o fluxo de caixa abaixo, observando que as entradas formam uma série uniforme de pagamentos.

Período	Fluxo de caixa ($)
0	– 1.000,00
1	– 1.500,00
2	1.000,00
3	1.000,00
4	1.000,00
5	1.000,00
6	1.000,00

A equação do VPL é:

$$\text{VPL} = -1000 - 1500 \times \frac{1}{(1+0,1)} + 1000 \times \textbf{FVA}\,(10\%,5) \times \frac{1}{(1+0,1)}$$

com FVA (10%,5) = 3,791

temos:

$$VPL = -1.000 - 1.500 \times 0,9091 + 1.000 \times 3,791 \times 0,9091 = 1.082,53$$

Uso da calculadora HP 12C:

1) tecle: **f → REG**

2) tecle: **1000 → CHS → g → CFo**

3) tecle: **1500 → CHS → g → CFj**

4) tecle: **1000 → g → CFj**

5) tecle: **5 → g → Nj**

6) tecle: **10 → i**

7) tecle: **f → NPV**

Observe no procedimento da calculadora HP 12C que, no passo 5, informamos a quantidade de pagamentos da série uniforme por meio da tecla **Nj**.

3.4.1 Uso do MS-Excel

As figuras abaixo mostram a resolução do primeiro exemplo com retornos crescentes com a utilização da função VPL do programa MS-Excel. Essa função apresenta os seguintes argumentos:

Taxa: é a taxa de desconto utilizada nos cálculos;

Valor 1: é a sequência de valores do fluxo de caixa.

A Figura 3.2 mostra a planilha criada para a solução desse exemplo. É importante observar que a função VPL apresenta uma particularidade: *o valor presente é calculado no período (–1)*, considerando que nosso fluxo de caixa começa no período 0. Por isso, o fluxo de caixa deve ser informado a partir do período 1, e o valor obtido deve ser somado ao pagamento do período 0, conforme mostra a fórmula da Figura 3.2.

Se informarmos todo o fluxo de caixa, a partir do período 0, deveremos corrigir o valor final multiplicando o VPL obtido pelo fator **(1 + Taxa)**.

	A	B	C	D	E	F	G
1		**Exemplo de cálculo do Valor Presente Líquido – VPL**					
2							
3		Taxa de desconto *(i)*		**10%**			
4							
5			Período	Valor ($)			
6			0	-1.000,00			
7			1	-1.500,00			
8			2	800,00			
9			3	1.000,00		Atenção para a fórmula:	
10			4	1.200,00		=VPL(D3;D7:D11)+D6	
11			5	1.500,00			
12							
13			VPL	799,83			

Figura 3.2 Planilha para cálculo do VPL no exemplo com retornos crescentes.

A Figura 3.3 mostra a janela com os argumentos da função. Observe que, antes de somarmos o valor do período 0, o valor do VPL apresentado é 1.799,83.

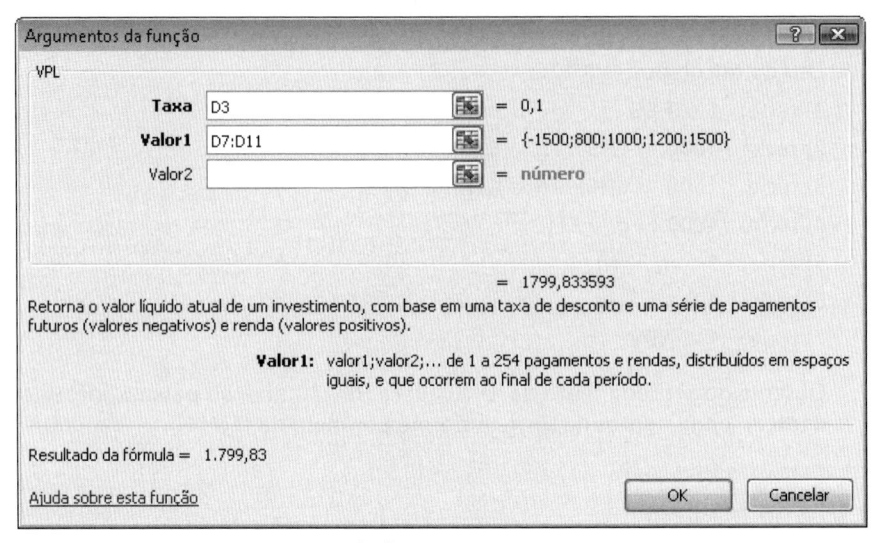

Figura 3.3 Janela com os argumentos da função VPL.

Para o segundo exemplo com a série uniforme de retornos, a planilha de entrada de cálculo do VPL e a tela de argumentos seriam exatamente iguais.

3.4.2 Interpretação

O VPL de uma alternativa de investimento significa o valor que será acrescido ao valor da empresa, ou seja, a sua riqueza na data de hoje. Dessa forma, no caso do exemplo com o fluxo de retornos crescentes, a oportunidade do investimento faz o valor da empresa crescer de $ 799,83 para os acionistas na data de hoje. É claro que, dadas várias oportunidades de investimento, a melhor é aquela que apresenta a maior VPL.

Para compreendermos melhor o significado do VPL, vamos considerar duas hipóteses para o dinheiro aplicado nesse projeto de investimento:

a) Aplicar o dinheiro em uma alternativa de investimento que renda exatamente a taxa de desconto utilizada na avaliação, isto é, 10%. Já vimos no Capítulo 2 que essa opção de investimento poderia ter sido utilizada para definir a taxa de desconto como o custo de oportunidade do dinheiro.

Nesse caso, o fluxo de aplicações é:

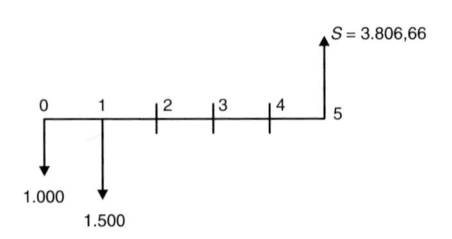

b) Reaplicar os ganhos do projeto com a mesma taxa de 10% para calcular o montante final que o projeto irá gerar no período 5.

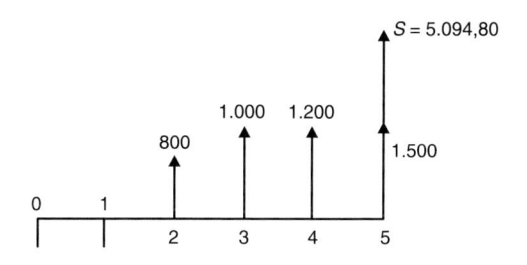

Podemos observar que os ganhos do projeto, acumulados no período 5, somam $ 5.094,80. No entanto, para ganhar esse valor, temos que abrir mão dos ganhos do dinheiro aplicado na oportunidade que definiu a taxa de desconto – caso **a** –, que acumulariam o valor $ 3.806,66. Dessa forma, o projeto agrega, no período 5, o valor líquido:

$$\$ 5.094,80 - \$ 3.806,66 = \$ 1.288,14$$

Observe que esse valor é a riqueza líquida que o projeto produzirá, e estará disponível apenas em seu final. No entanto, esse valor está expresso em valores do período 5. Para saber quanto vale hoje, basta atualizar para o período 0, resultando no VPL calculado originalmente:

$$\frac{\mathbf{1.288,14}}{(\mathbf{1 + 0,1})^5} = \mathbf{799,83}$$

Observação: No Capítulo 10, "A Decisão Econômica na Avaliação de Projetos - Métodos Avançados" você encontrará uma discussão sobre a hipótese de reinvestimento no método do VPL.

3.5 MÉTODO DO PERÍODO DE RETORNO DO CAPITAL (*PAYBACK*)

Este é um método simples e interessante, pois, com frequência, as empresas estabelecem uma regra quanto ao prazo em que o dinheiro do investimento deve retornar à companhia. O período de retorno do capital é uma *medida da liquidez do projeto* e, por isso, é uma informação importante, porque indica o prazo esperado em que o dinheiro ficará comprometido com o projeto.

O período de retorno do capital é obtido pela contagem da quantidade mínima de anos necessários para que a soma dos retornos gerados pelo projeto seja igual ao valor investido.

Seja o seguinte projeto de investimento:

Período	Valor da parcela ($)	Valor aplicado líquido
0	–1.000,00	–1.000,00
1	–1.500,00	–2.500,00
2	1.000,00	–1.500,00
3	1.200,00	–300,00
4	1.400,00	1.100,00
5	1.600,00	2.700,00

Podemos observar que o capital retornou para o aplicador no prazo compreendido entre os períodos 3 e 4. Para calcular o prazo exato, podemos fazer a seguinte interpolação, considerando que a parcela de $1.400,00 vai ser construída continuamente ao longo do período 4:

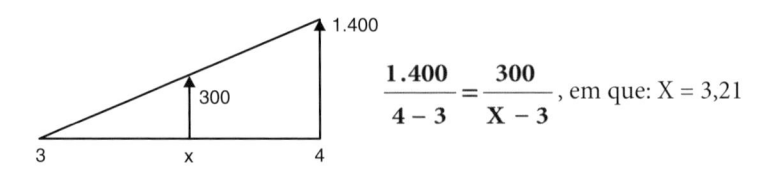

$$\frac{1.400}{4-3} = \frac{300}{X-3}, \text{ em que: } X = 3,21$$

3.5.1 Planilha de MS-Excel

Para calcular o período de retorno por meio de uma planilha de Excel, temos que construir uma função que compara os sinais dos valores líquidos aplicados no projeto, identificando a mudança de negativo para positivo. A Figura 3.4 mostra a planilha utilizada no exemplo acima, com as funções desenvolvidas para o cálculo.

	A	B	C	D	E
1				Cálculo do *payback* simples	
2					
3		Período	Fluxo de caixa	Saldo líquido do projeto	Cálculo do *payback*
4		0	-1.000,00	-1.000,00	
5		1	-1.500,00	-2.500,00	
6		2	1.000,00	-1.500,00	=SE(SINAL(D6)=SINAL(D5);"";ABS(D5)/(C6)+B5)
7		3	1.200,00	-300,00	
8		4	1.400,00	1.100,00	3,2143
9		5	1.600,00	2.700,00	
10					
11				*payback*	3,21
12					
13					=MÁXIMO(E4:E9)
14					

Figura 3.4 Planilha elaborada para cálculo do período de retorno.

Observe a função inserida na célula E6:

a) Compare o sinal da célula D6 com o sinal da célula anterior D5;

b) Se forem iguais, a célula E6 continua sem preenchimento;

c) Se forem diferentes, é calculada a interpolação, conforme indicado anteriormente.

d) Finalmente, para explicitar o valor do *payback*, é utilizada a função "Máximo" cobrindo todo o intervalo de cálculo.

3.5.2 Interpretação dos Resultados

Para aplicar corretamente esse método em uma decisão, precisamos tomar alguns cuidados quanto aos resultados obtidos. Vamos discutir esses aspectos por meio de exemplos.

Sejam os quatro projetos mostrados no quadro abaixo:

	Fluxo de caixa			
Período	Projeto A	Projeto B	Projeto C	Projeto D
0	– 4.800,00	– 4.800,00	– 4.800,00	– 4.800,00
1	4.800,00	0,00	2.400,00	2.400,00
2	200,00	4.800,00	2.400,00	2.400,00
3	0,00	4.322,56	4.000,00	6.000,00
VPL	– 354,85	2.103,24	2.103,24	3.526,80
Período de retorno	1	2	2	2

Se compararmos os quatro projetos apenas pelo período de retorno, observamos que a decisão incidirá sobre o projeto A. No entanto, o VPL mostra que A não é o melhor projeto. A razão dessa discrepância de conclusões entre os dois métodos é que o método do período do retorno do capital atribui peso igual a todas as entradas de dinheiro antes do período de retorno e peso zero às entradas subsequentes.

Comparando os Projetos A e B, podemos perceber claramente esse fato. No caso do Projeto A, a empresa investe $ 4.800,00 no período 0 e recebe de volta o mesmo valor no período 1. Assim, o período de retorno de capital é 1. No caso do Projeto B, ela investe o mesmo valor, mas recebe o dinheiro de volta somente no período 2. Dessa forma, seu período de retorno de capital é 2. Os valores recebidos após os períodos de retorno não foram computados.

Se compararmos os Projetos B e C, observamos que ambos têm os mesmos períodos de retorno e os mesmos VPL. No entanto, o Projeto C apresenta como vantagem sobre o Projeto B o fato de haver uma entrada de dinheiro no período 1, o que propicia um reforço de caixa para a empresa, que pode utilizar o dinheiro em outras necessidades.

Os Projetos C e D apresentam os mesmos períodos de retorno, os mesmos fluxos de caixa nos dois primeiros períodos, mas têm VPL diferentes. O Projeto D, evidentemente, é mais interessante para a empresa.

3.5.3 Critério de Decisão

Para utilizar a regra do retorno de capital como critério de decisão, a empresa deve escolher cuidadosamente o período de aceitação. Se um período de retorno de capital para aceitação de projetos (data limite) for estabelecido como constante, independentemente da vida dos projetos, a empresa corre o risco de privilegiar os projetos de curto prazo em detrimento dos projetos de prazos mais longos e, às vezes, bem mais lucrativos.

No entanto, o período de retorno do capital é uma informação muito útil para a decisão, principalmente para o processo de priorização dos investimentos. Também é muito utilizado para analisar investimentos em ambientes econômicos instáveis e de alto risco.

3.6 MÉTODO DO PERÍODO DE RETORNO DESCONTADO

É uma variante do método anterior, em que o fluxo de caixa é descontado antes do cálculo do período de retorno do capital. Nesse caso, procura-se descobrir por quanto tempo o projeto deve perdurar para que o valor presente líquido se torne positivo, ou seja, para que comece a adicionar riqueza à empresa, dada determinada taxa de atratividade.

Essa modificação no método do período de retorno visa a corrigir a deficiência da atribuição de pesos iguais aos ingressos e saídas de caixa antes da data limite. No entanto, continua com a desvantagem de não considerar o fluxo de caixa posterior, conforme podemos verificar no exemplo abaixo:

Exemplo

Vamos calcular os períodos de retorno para dois projetos de investimento, com as seguintes características:

Projeto A

- Aplicação: $ 20.000,00
- Horizonte: 6 anos
- Entrada de caixa por ano: $ 6.000,00

Projeto B

- Aplicação: $ 20.000,00
- Horizonte: 10 anos
- Entrada de caixa por ano: $ 5.000,00

Considerando a taxa de desconto de 10% por ano, podemos calcular o valor comprometido com cada um dos projetos por ano, ou seja, o VPL até o ano. A tabela abaixo mostra os resultados obtidos.

	Projeto A			Projeto B		
Ano	Fluxo de caixa	Fluxo de caixa descontado	VPL até o ano	Fluxo de caixa	Fluxo de caixa descontado	VPL até o ano
0	−20.000,00	−20.000,00	−20.000,00	−20.000,00	−20.000,00	−20.000,00
1	6.000,00	5.454,55	−14.545,45	5.000,00	4.545,45	−15.454,55
2	6.000,00	4.958,68	−9.586,78	5.000,00	4.132,23	−11.322,31
3	6.000,00	4.507,89	−5.078,89	5.000,00	3.756,57	−7.565,74
4	6.000,00	4.098,08	−980,81	5.000,00	3.415,07	−4.150,67
5	6.000,00	3.725,53	2.744,72	5.000,00	3.104,61	−1.046,07
6	6.000,00	3.386,84	6.131,56	5.000,00	2.822,37	1.776,30
7				5.000,00	2.565,79	4.342,09
8				5.000,00	2.332,54	6.674,63
9				5.000,00	2.120,49	8.795,12
10				5.000,00	1.927,72	10.722,84

Calculando os períodos de retorno, temos:

Projeto A

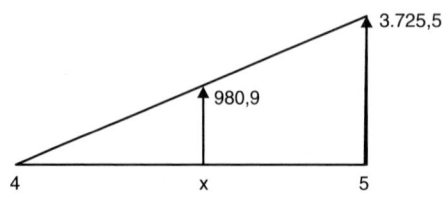

$$\frac{3.725,5}{5-4} = \frac{980,9}{X-4}, \text{ em que: } X = 4,26$$

Projeto B

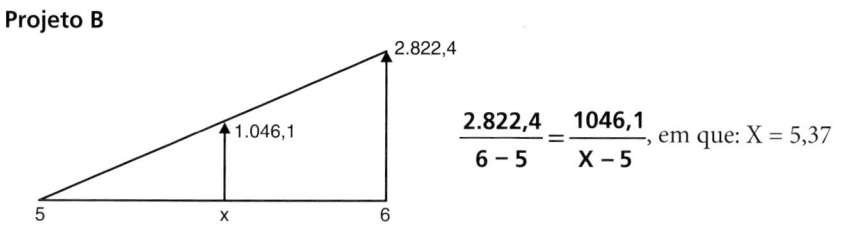

$$\frac{2.822,4}{6-5} = \frac{1046,1}{X-5}, \text{ em que: } X = 5,37$$

Pelos cálculos acima, pode-se ver que o projeto A tem o período de retorno menor do que o Projeto B. Por esse critério, a decisão recairia sobre o Projeto A, apesar de o Projeto B apresentar um VPL final superior.

3.6.1 Planilha de MS-Excel

Podemos utilizar as funções descritas anteriormente para calcular o período de retorno descontado com a utilização de uma planilha de MS-Excel, conforme mostra a Figura 3.5.

	A	B	C	D	E	F	G	H	I
1				Cálculo do *payback* descontado					
2									
3		Taxa de desconto	(*i*)	10%					
15					=SE(SINAL(E19)=SINAL(E18);"";ABS(E18)/(C19)+B18)				
16									
17		Período	Fluxo de caixa	Valor atual das parcelas	VPL até o período	Cálculo do *payback*			
18		0	-20.000	-20.000,00	-20.000,00				
19		1	6.000	5.454,55	-14.545,45				
20		2	6.000	4.958,68	-9.586,78				
21		3	6.000	4.507,89	-5.078,89				
22		4	6.000	4.098,08	-980,81				
23		5	6.000	3.725,53	2.744,72	4,2633		=MÁXIMO(F18:F24)	
24		6	6.000	3.386,84	6.131,56				
25									
26					*payback*	4,26	Períodos		

Figura 3.5 Planilha de Excel com as funções para cálculo do período de retorno descontado.

3.6.2 Forma Simplificada de Calcular

Outra forma de calcular o período de retorno descontado é dividir o valor presente das saídas de capital pelo valor presente médio das entradas, conforme a expressão abaixo:

$$PB = \frac{\sum_{j=0}^{N-1} \dfrac{I_j}{(1+i)^j}}{\dfrac{\left(\sum_{j=1}^{N} \dfrac{R_j}{(1+i)^j}\right)}{N}}$$

Em que:

PB = período de retorno

I_j = saídas de capital nos períodos j

R_j = entradas de benefícios nos períodos j

i = taxa de desconto por período

Como ambas as formas são aproximadas, os valores não coincidem exatamente.

Com os dados do exemplo anterior, podemos calcular os períodos de retorno aproximados:

Projeto A

- Valor médio das entradas: $ 4.355,26
- Período de retorno: 4,59

Projeto B

- Valor médio das entradas: $ 3.072,28
- Período de retorno: 6,51

Podemos observar que, no caso do Projeto B, o erro cometido foi maior. Isso se deve ao fato de que o horizonte do projeto é maior e, em consequência, as entradas de capital são mais descontadas.

3.6.3 Uso da Função NPER do Excel

A função NPER do Excel pode ser utilizada para o cálculo do período de retorno do capital, se o investimento tiver a forma de uma série uniforme de pagamentos.

Exemplo

Vamos calcular o período de retorno para um projeto de investimento que requer a aplicação inicial de $ 20.000,00 e apresenta uma série uniforme de seis pagamentos de $ 5.500,00.

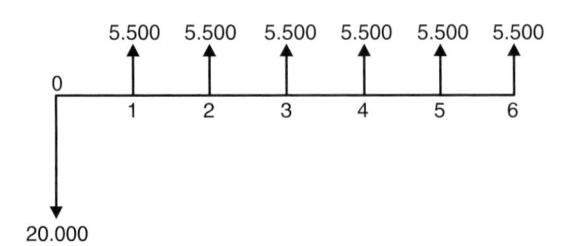

Período	Fluxo de caixa do projeto	Fluxo de caixa descontado	VPL até o período
0	–20.000,00	–20.000,00	–20.000,00
1	5.500,00	5.000,00	–15.000,00
2	5.500,00	4.545,45	–10.454,55
3	5.500,00	4.132,23	–6.322,31
4	5.500,00	3.756,57	–2.565,74
5	5.500,00	3.415,07	849,33
6	5.500,00	3.104,61	3.953,93

Calculando por interpolação, encontramos: $\dfrac{3.415,07}{5-4} = \dfrac{2.565,74}{X-4}$, em que X = 4,75.

Com a função NPER, cujos argumentos são mostrados na Figura 3.6, encontramos o período de retorno igual a 4,74.

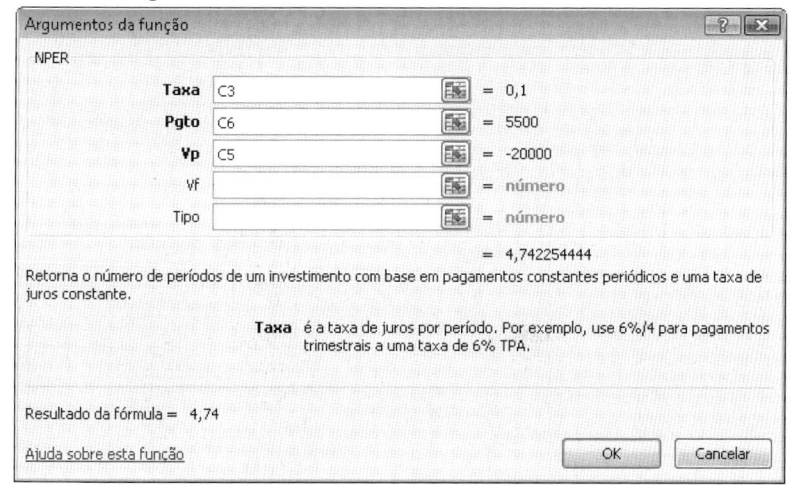

Figura 3.6 Argumentos da função NPER.

Quando o fluxo de caixa do projeto não tem a forma de uma série uniforme de pagamentos, devemos calcular uma série equivalente nesse formato, para poder aplicar a função NPER.

Exemplo

Seja o seguinte fluxo de caixa de um projeto, para o qual queremos calcular o período de retorno de capital.

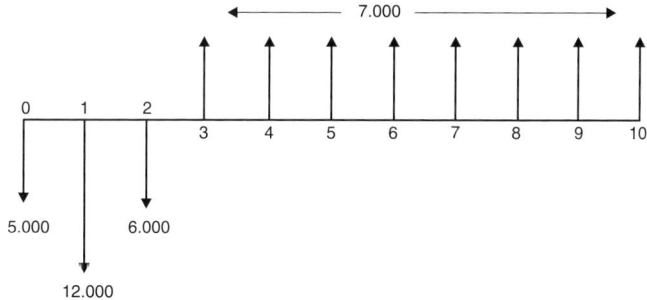

Para utilizar a função NPER, temos que calcular um fluxo de caixa equivalente no formato de uma série uniforme de pagamentos, como segue:

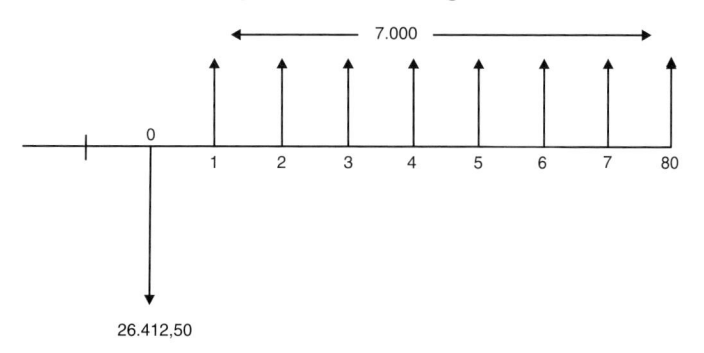

No período 2 da série original, que se torna o período 0 da série uniforme, calculamos o valor futuro dos pagamentos originais, calculado com a taxa de atratividade de 15%.

As Figuras 3.7 e 3.8 mostram as planilhas utilizadas para cálculo dos períodos de retorno.

	A	B	C	D	E
24					
25	Taxa de atratividade:		15%		
26					
27		Período	Fluxo de caixa do projeto	Fluxo de caixa descontado	VPL até o período
28		0	-5.000,00	-5.000,00	-5.000,00
29		1	-12.000,00	-10.434,78	-15.434,78
30		2	-6.000,00	-4.536,86	-19.971,64
31		3	7.000,00	4.602,61	-15.369,03
32		4	7.000,00	4.002,27	-11.366,76
33		5	7.000,00	3.480,24	-7.886,52
34		6	7.000,00	3.026,29	-4.860,23
35		7	7.000,00	2.631,56	-2.228,67
36		8	7.000,00	2.288,31	59,64
37		9	7.000,00	1.989,84	2.049,48
38		10	7.000,00	1.730,29	3.779,77
39					
40	VPL			3.779,77	R$
41	Período de retorno do capital			7,974	períodos
42					

Figura 3.7 Planilha para cálculo do período de retorno do fluxo de caixa original.

Período	Fluxo de caixa equivalente	Fluxo de caixa descontado	VPL até o período
	0,00		
	0,00		
0	− 26.412,50	− 26.412,50	− 26.412,50
1	7.000,00	6.086,96	− 20.325,54
2	7.000,00	5.293,01	−15.032,54
3	7.000,00	4.602,61	− 10.429,92
4	7.000,00	4.002,27	− 6.427,65
5	7.000,00	3.480,24	− 2.947,41
6	7.000,00	3.026,29	78,88
7	7.000,00	2.631,56	2.710,44
8	7.000,00	2.288,31	4.998,75
VPL	$3.779,77		
Período de retorno fluxo equivalente			5,974
Período de retorno com função NPER			5,972
Período de retorno fluxo original			7,972

= NPER(C25; H31;H30)

= NPER(C25; H31;H30) + 2

Figura 3.8 Planilha para cálculo do período de retorno do fluxo equivalente com uso da função NPER.

3.6.4 Variação do Período de Retorno com a Taxa de Desconto

Já discutimos a importância da informação do período de retorno para o processo de decisão de um investimento e os cuidados que temos que tomar com relação aos formatos dos fluxos de caixa.

Usando a função NPER do Excel, vamos discutir agora a variação do período de retorno com relação a dois fatores importantes de um projeto de investimento:

a) taxa de desconto utilizada ou custo do dinheiro;

b) valor relativo da entrada periódica de caixa quanto ao valor do investimento inicial.

A Figura 3.9 mostra um fluxo de caixa geral, no formato de uma série uniforme de pagamentos, em que as entradas são representadas como uma porcentagem do investimento I inicial.

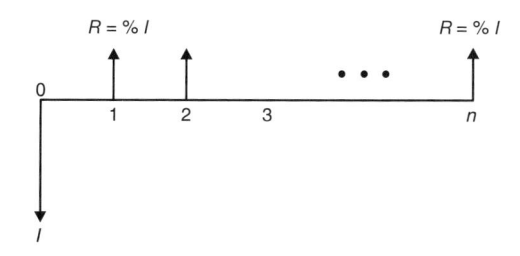

Figura 3.9 Fluxo de caixa utilizado para a análise das variações dos períodos de retorno.

A tabela abaixo mostra um exemplo de cálculo dos períodos de retorno de capital com a utilização da função NPER.

Taxa de desconto (%)	Valor da prestação R como % do investimento inicial I					
	5%	10%	15%	20%	25%	30%
	Períodos de retorno do capital					
0	20,00	10,00	6,67	5,00	4,00	3,33
1	22,43	10,59	6,93	5,15	4,10	3,41
2	25,80	11,27	7,23	5,32	4,21	3,48
3	31,00	12,07	7,55	5,50	4,32	3,56
4	41,04	13,02	7,91	5,69	4,45	3,65
5		14,21	8,31	5,90	4,57	3,74
6		15,73	8,77	6,12	4,71	3,83
7		17,79	9,29	6,37	4,86	3,93
8		19,17	9,58	6,50	4,93	3,98
9		26,72	10,63	6,94	5,18	4,14
10		35,11	11,15	7,13	5,29	4,21
11			12,67	7,65	5,56	4,38
12			14,20	8,09	5,77	4,51
13			16,49	8,59	6,01	4,65
14			20,67	9,19	6,27	4,80
15			33,26	9,80	6,51	4,93

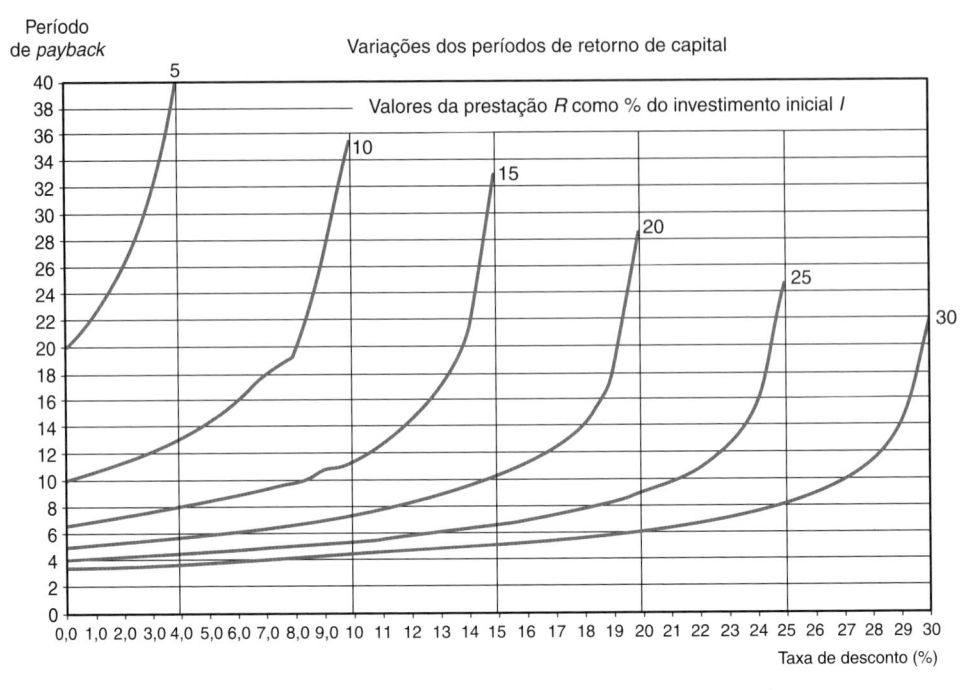

Figura 3.10 Variações dos períodos de retorno de capital com as taxas de desconto.

A Figura 3.10 mostra os resultados obtidos para as taxas de desconto variando de 0 a 30% e para as proporções de 5 a 30% da prestação **R** em relação ao investimento inicial **I**. Analisando os valores, podemos concluir:

1) Quanto maior o valor da entrada periódica de capital em relação ao investimento inicial, menor será o período de retorno de capital;

2) Para determinado valor da prestação **R** de entrada, quanto maior a taxa de desconto (custo do dinheiro), maiores serão os períodos de retorno do capital;

3) Para valores menores da prestação **R** de entrada, os períodos de retorno de capital são mais sensíveis às variações da taxa de desconto. Observe que, para os menores valores de **R**, as curvas são mais inclinadas para as taxas menores de desconto. As curvas das prestações maiores são mais planas para faixas maiores das taxas de desconto.

3.7 MÉTODO DA TAXA INTERNA DE RETORNO

Este é um método muito utilizado e, por isso, será examinado aqui cuidadosamente. A taxa interna de retorno (TIR) de um projeto é definida como a taxa de desconto que torna o valor presente das entradas de caixa igual ao valor presente das saídas. Ou seja, a TIR é a taxa de desconto tal que VPL = 0.

$$\sum_j \frac{R_j}{(1 + TIR)^j} - \sum_j \frac{I_j}{(1 + TIR)^j} = 0$$

Por exemplo, se tivermos apenas um aporte de capital, ou seja, uma única saída, a equação acima se transforma em:

$$- I + \frac{R_1}{(1 + TIR)} + \frac{R_2}{(1 + TIR)^2} + ... + \frac{R_N}{(1 + TIR)^N} = 0$$

O cálculo manual da TIR usualmente é um processo interativo que se encerra com uma interpolação.

Exemplo

Seja o fluxo de caixa abaixo, representativo de um projeto:

Período	Fluxo de caixa ($)
0	−15.700,00
1	2.500,00
2	3.500,00
3	4.500,00
4	5.500,00
5	6.500,00

Equação para cálculo da TIR

$$- 15.700 + \frac{2.500}{(1 + TIR)} + \frac{3.500}{(1 + TIR)^2} + \frac{4.500}{(1 + TIR)^3} + \frac{5.500}{(1 + TIR)^4} + \frac{6.500}{(1 + TIR)^5} = 0$$

Evidentemente que o processo de cálculo da equação é imediato, com a utilização de uma calculadora HP 12C, conforme mostra o procedimento a seguir.

Uso da calculadora HP 12C:

1) tecle: **f → REG**
2) tecle: **15700 → CHS → g → CFo**
3) tecle: **2500 → g → CFj**
4) repita o passo 3 para os valores 3.500, 4.500, 5.500 e 6.500
5) tecle: **f → IRR**

3.7.1 Uso do MS-Excel

A Figura 3.11 mostra a resolução do exemplo acima por meio da utilização da função TIR do programa MS-Excel. Essa função apresenta os seguintes argumentos:

Valores: são os valores do fluxo de caixa;

Estimativa: é um valor fornecido pelo usuário e que deve ser próximo à TIR, de forma a permitir um processo mais rápido e convergente de cálculo. O programa supõe 10%, quando não especificado.

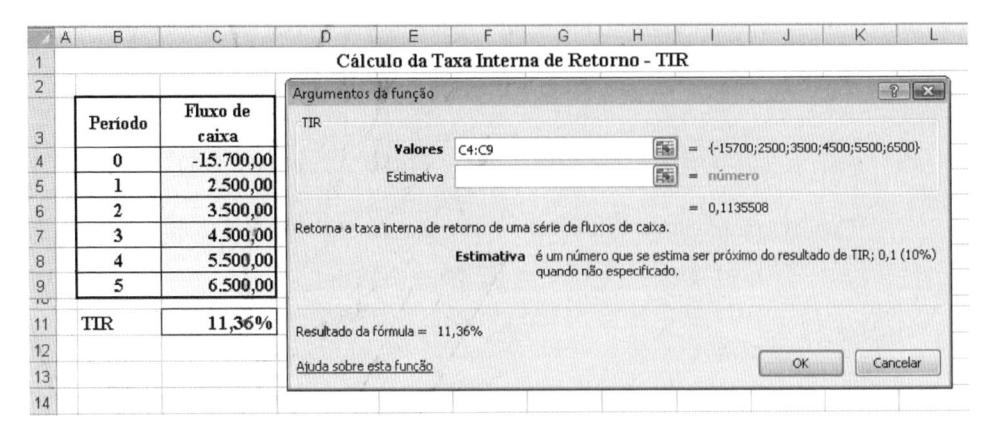

Figura 3.11 Planilha e tela de argumentos para cálculo da TIR.

3.7.2 Processo de Cálculo da TIR por Interpolação

a) Calcula-se o VPL para duas taxas de desconto próximas de um valor suposto para a TIR:

VPL (a 10%) = 838,77
VPL (a 13%) = − 526,68

b) Com uma interpolação linear, encontra-se a TIR:

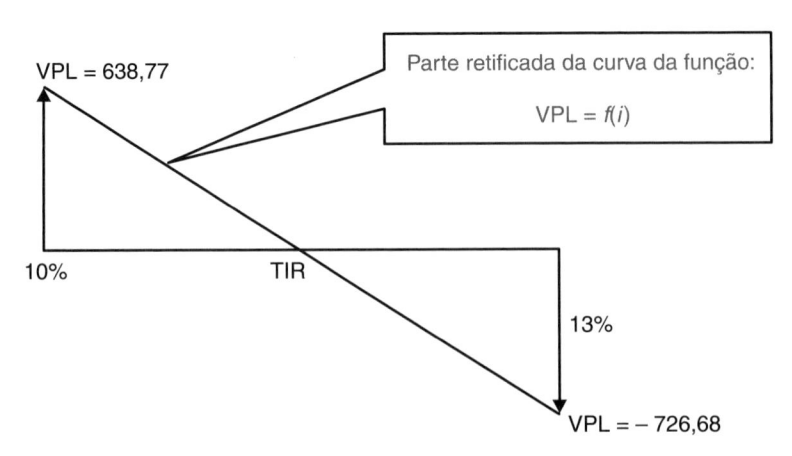

Por equivalência de triângulos:

$$\frac{638,77}{TIR - 10} = \frac{726,68}{13 - TIR}$$

Resolvendo, acha-se: **TIR = 11,4%**

3.7.3 Variação do VPL com a Taxa de Desconto

Para visualizar melhor a TIR, vamos analisar o desenvolvimento do VPL para o projeto do exemplo anterior com a variação da taxa de desconto *i*. A Figura 3.12 mostra essa variação com a planilha de cálculo do MS-Excel. Podemos verificar que a TIR do projeto é o ponto em que a curva do VPL cruza o eixo horizontal das taxas.

Outra observação importante para quem for utilizar a interpolação para calcular a TIR é que, pelo próprio formato não linear da curva, os pontos estimados para o VPL têm que ser próximos, para minimizar o erro cometido.

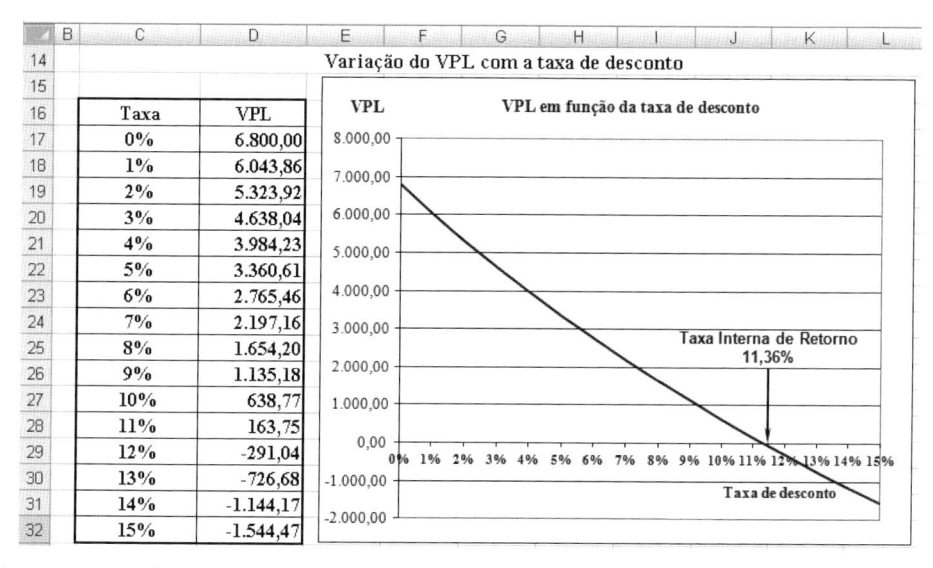

Figura 3.12 Gráfico de variação do VPL com a planilha de cálculo.

3.7.4 Critério de Decisão

Por esse método, o projeto de investimento deve ser aceito quando a TIR for superior ao custo de oportunidade do capital para a empresa.

Observe, pela figura anterior, que o VPL do projeto é positivo para custos de oportunidade do capital (taxas de desconto) inferiores a 11,36%, situação em que o projeto agrega riqueza ao patrimônio da companhia. Essa regra de decisão leva aos mesmos resultados do método do valor presente líquido, quando o VPL do projeto é uma função monotonamente decrescente com a variação da taxa de desconto.

3.8 CASOS ESPECIAIS: CUIDADOS AO APLICAR O CRITÉRIO DA TIR

No caso anterior, o projeto de investimento apresenta uma única taxa de retorno, mas esse não é o caso geral quando há mais de uma mudança de sinal no fluxo de caixa. Como, matematicamente, o cálculo da TIR é a resolução de um polinômio, poderemos encontrar tantas raízes quantas são as mudanças de sinal.

Vamos examinar alguns exemplos particulares.

3.8.1 Taxas de Retorno Múltiplas

Exemplo

Seja o projeto abaixo com o seguinte fluxo de caixa:

Período	Fluxo de caixa
0	–5.000,00
1	25.000,00
2	–22.000,00

O cálculo da TIR é a resolução da seguinte equação do 2° grau:

$$-5.000 + 25.000 \times \frac{1}{(1 + TIR)} - 22.000 \times \frac{1}{(1 + TIR)^2} = 0$$

As duas soluções da equação são: $TIR_1 = 13,99\%$ e $TIR_2 = 286,01\%$

A Figura 3.13 mostra a evolução do VPL com a variação da taxa de desconto.

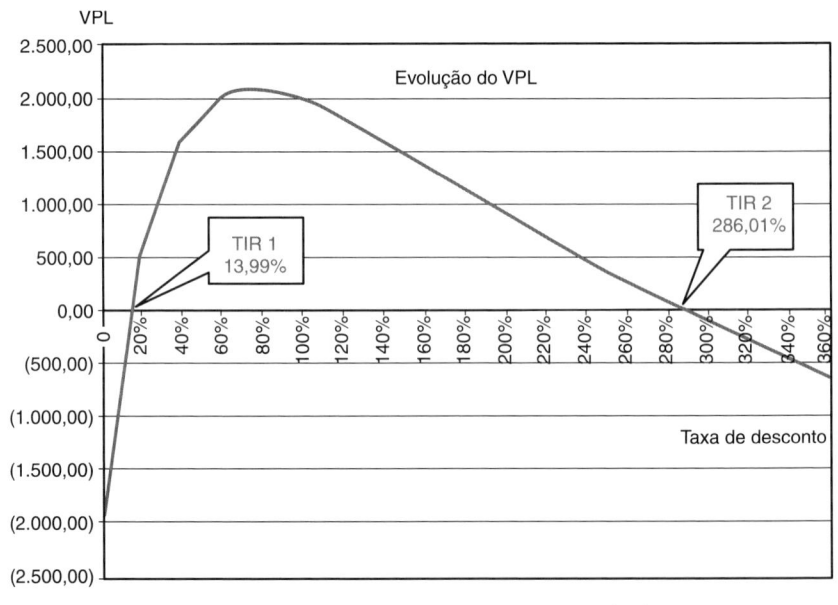

Figura 3.13 Projeto com duas TIRs – evolução do VPL com a taxa de desconto.

Cálculo das TIRs com o MS-Excel

Podemos calcular as duas TIRs do exemplo acima por meio da escolha de uma "estimativa" na janela de argumentos da função. A Figura 3.14 mostra uma janela de argumentos sem um valor para a estimativa. Nesse caso, o programa assume como valor-padrão 10% (0,1). O resultado da fórmula aparece na parte inferior da janela: 0,1398... ou 13,98%.

Se observarmos atentamente a curva do VPL na Figura 3.13, veremos que o maior valor de VPL ocorre para uma taxa próxima de 80%. Assim, se digitarmos na janela de argumentos uma estimativa acima de 0,8, o programa nos fornece a outra TIR. Na Figura 3.15, introduzimos o valor 0,85, e o resultado da fórmula devolvido pelo programa é 2,86014... ou 286,14%.

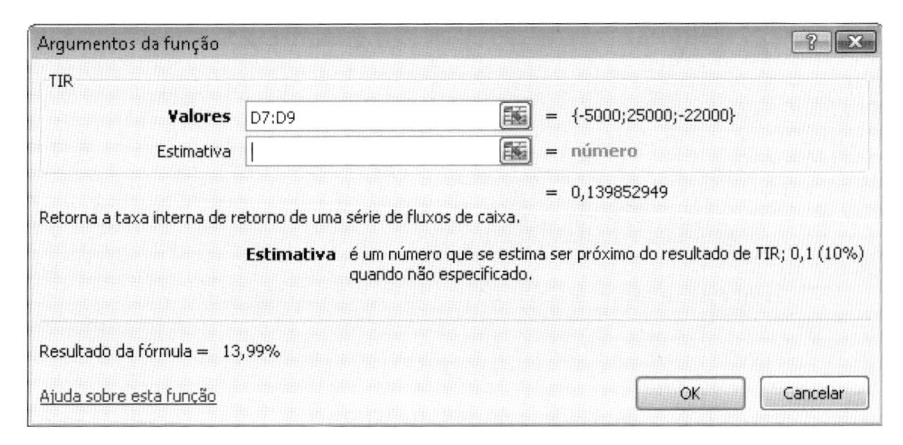

Figura 3.14 Janela de argumentos da função TIR sem estimativa.

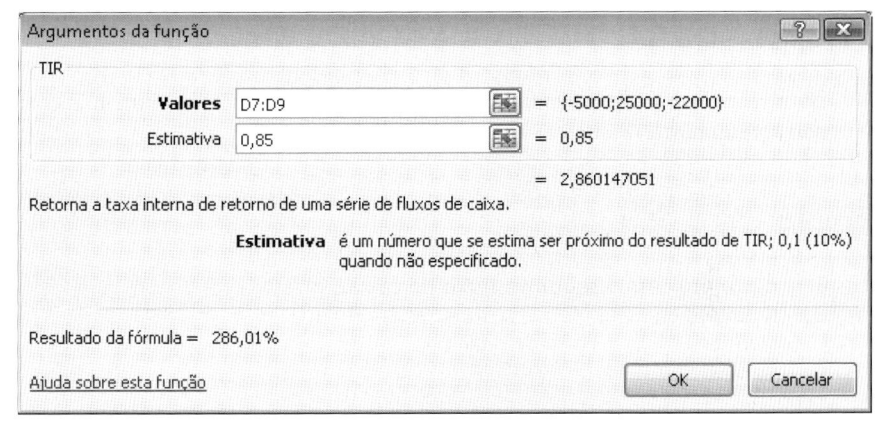

Figura 3.15 Janela de argumentos da função TIR com estimativa de 85%.

Exemplo

Vamos analisar o projeto abaixo:

Período	Fluxo de caixa ($)
0	–31.200,00
1	121.680,00
2	–157.870,00
3	68.140,00

A Figura 3.16 mostra o gráfico de evolução do VPL. Podemos ver que temos três valores para a TIR.

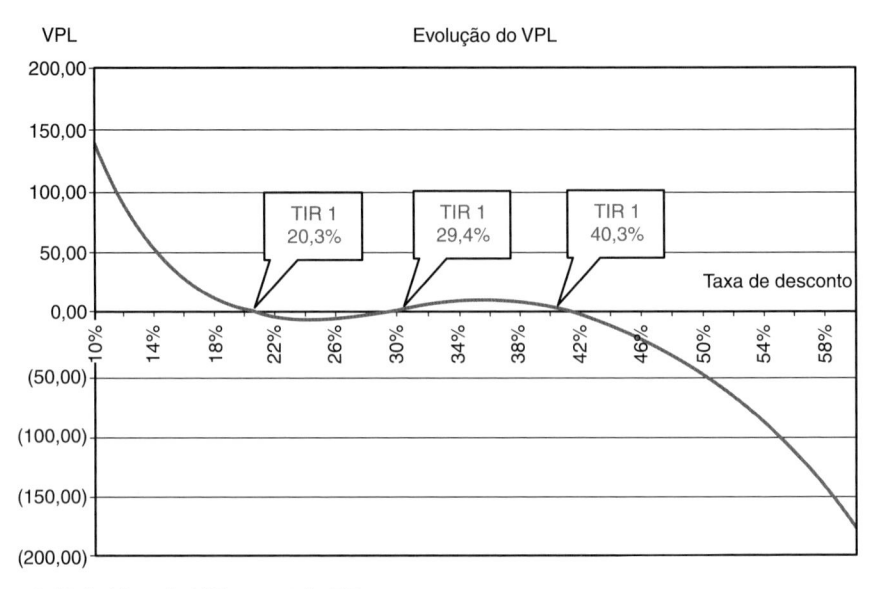

Figura 3.16 Gráfico do VPL com três TIRs.

3.8.2 Projetos sem TIR

Da mesma forma que podemos ter mais de uma TIR, há casos ainda mais complicados que não apresentam TIR alguma.

Exemplo

Seja o projeto com o seguinte fluxo de caixa:

Período	Fluxo de caixa ($)
0	4.000,00
1	(7.200,00)
2	4.600,00

É fácil verificar que a equação abaixo não tem raízes reais:

$$4.000 - 7.200 \times \frac{1}{(1 + i)} + 4.600 \times \frac{1}{(1 + i)^2} = 0$$

Fazendo $X = \dfrac{1}{(1 + i)}$, temos uma equação do 2º grau:

$4.000 \cdot X^2 - 7.200 \cdot X + 4.600 = 0$, que não tem raízes no campo real.

A Figura 3.17 mostra a evolução do VPL com variação da taxa de desconto. Podemos ver que o VPL não atinge o valor 0. É evidente que, neste caso, não se pode utilizar o Método da Taxa Interna de Retorno.

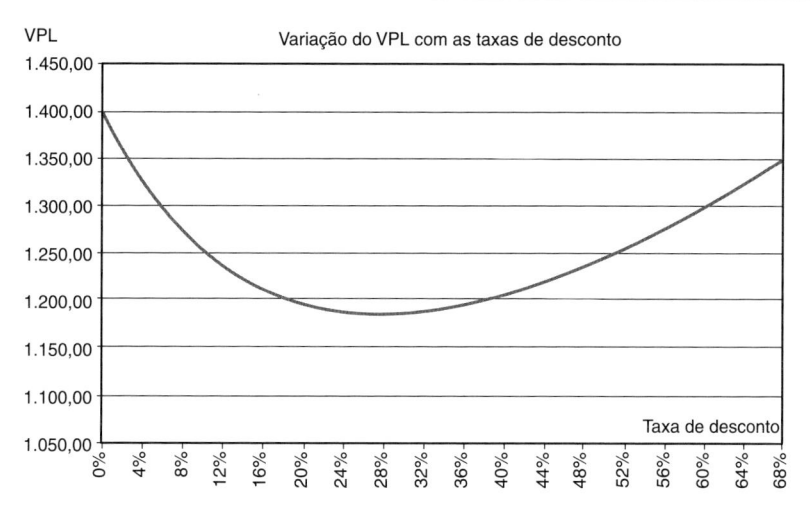

Figura 3.17 Variação do VPL para projeto sem TIR.

Exemplo

Seja o seguinte projeto:

Período	Fluxo de caixa
0	−1.170,00
1	4.000,00
2	−4.000,00
3	2.500,00
4	−4.000,00
5	4.000,00
6	−3.500,00

Podemos interpretar esse projeto como um mau negócio previsto pela empresa. Traçando o gráfico de evolução do VPL, vemos que esse projeto não tem TIR, apesar de que, para taxas em torno de 80%, os valores do VPL são próximos de zero, conforme mostra a Figura 3.18.

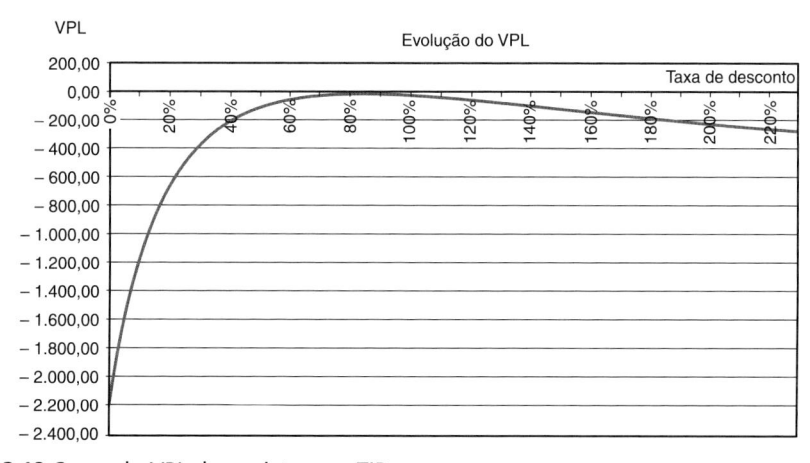

Figura 3.18 Curva do VPL do projeto sem TIR.

Podemos verificar que o cálculo da TIR é muito sensível aos valores do fluxo de caixa. Se, no exemplo atual, tivermos um acréscimo de 5% nas entradas do fluxo de caixa (período 1: $ 4.200,00; período 3: $ 2.625,00 e período 4: $ 4.200,00), o projeto passa a apresentar duas TIRs – 37,8% e 135,7% –, conforme mostra a Figura 3.19 abaixo.

Esse exemplo mostra a necessidade de realizarmos uma análise de risco do projeto, considerando que valores diferentes dos originalmente previstos poderão ocorrer, o que pode alterar radicalmente a decisão. Esse assunto será tratado no Capítulo 6.

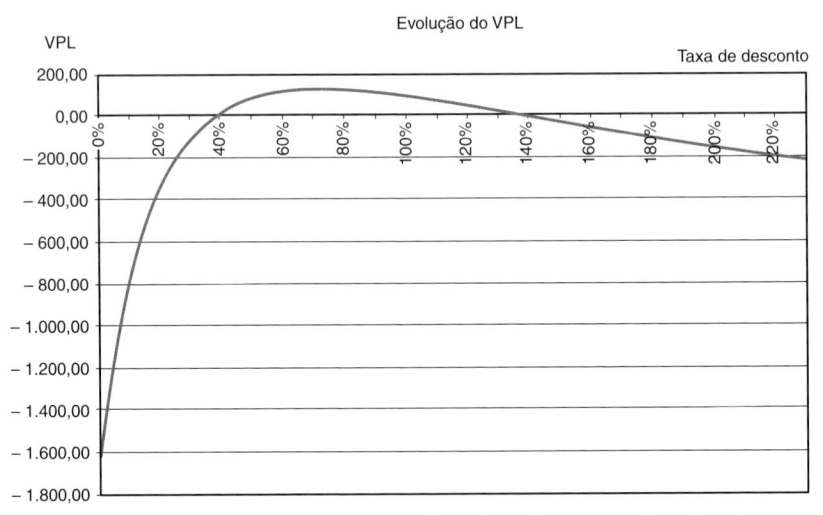

Figura 3.19 Curva do VPL do projeto com acréscimo de 5% nas entradas de caixa.

3.8.3 Critérios Diferentes para Tomar Empréstimo ou Emprestar

Nem todos os fluxos de caixa apresentam a propriedade de declínio suave do VPL com o aumento da taxa de desconto. Vamos analisar algumas situações especiais através de exemplos.

Sejam os projetos A e B do quadro abaixo:

	Fluxo de caixa ($)	
Período	Projeto A	Projeto B
0	–5.000,00	5.000,00
1	3.200,00	–3.200,00
2	3.200,00	–3.200,00
TIR	18,2%	18,2%
VPL(10%)	553,72	–553,72

Ambos os projetos têm TIR igual a 18,2%, o que não significa que os dois sejam igualmente atrativos.

No projeto A, estamos pagando inicialmente $ 5.000,00 para receber depois duas parcelas de $ 3.200,00; isto é, estamos fazendo um empréstimo a 18,2% de taxa. No projeto B, a situação é inversa, significando que estamos tomando um empréstimo. Isso mostra que as duas situações não podem ser igualmente atrativas, já que, ao aplicar dinheiro, queremos alta taxa de retorno e, ao contrário, quando captamos, queremos taxas baixas.

Exemplo

Vamos analisar outra situação, conforme mostra o quadro abaixo:

	Fluxo de caixa ($)	
Período	Projeto A	Projeto B
0	–3.150,00	3.150,00
1	10.200,00	–10.200,00
2	–13.140,00	13.140,00
3	6.456,00	–6.456,00
TIR	17%	17%

Podemos interpretar o projeto A como um contrato de captação de recurso por uma empresa, em que, inicialmente, um depósito é feito na forma de caução, para que depois o dinheiro seja recebido quando há necessidade no caixa da empresa (período 1), devolvendo no período 2 para receber novamente no período 3, de forma a suprir a falta de caixa.

O projeto B é o mesmo contrato de empréstimo, visto pela ótica do financiador. No início, ele capta dinheiro, que empresta no período 1. O empréstimo é recuperado no período 2 com o pagamento de uma nova caução, que é liquidada no período 3. Como aplicar o critério de decisão da TIR nesse caso? Depende do ponto de vista.

A Figura 3.20 mostra a evolução do VPL com a variação da taxa de desconto, do ponto de vista do tomador do empréstimo.

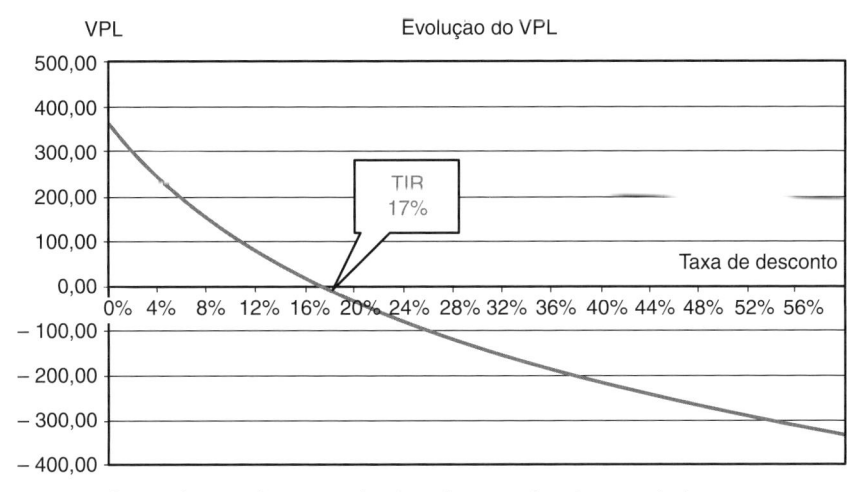

Figura 3.20 Evolução do VPL do ponto de vista do tomador do empréstimo.

Podemos verificar que o empréstimo é vantajoso para o tomador, desde que a taxa de juro seja, no máximo, igual a 17%. A Figura 3.21 mostra que, para o financiador, o negócio se torna interessante para taxas superiores a 17%.

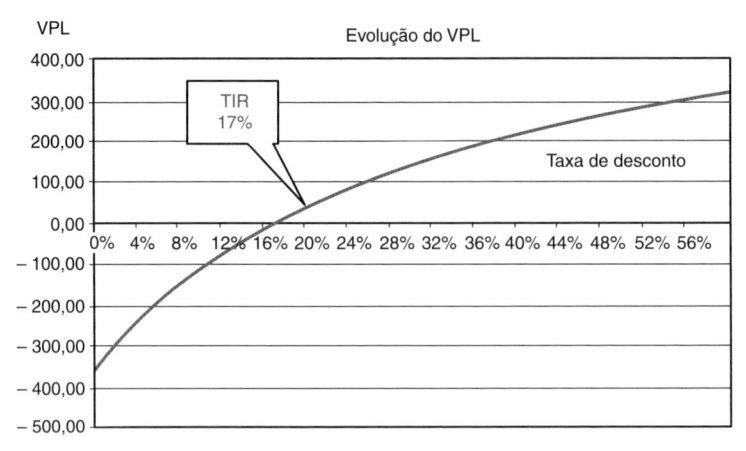

Figura 3.21 Evolução do VPL do ponto de vista do emprestador.

3.9 RESUMO DAS CARACTERÍSTICAS DOS PRINCIPAIS MÉTODOS

VALOR PRESENTE LÍQUIDO – VPL

1) Dados básicos: fluxo de caixa do projeto
2) Decisão preliminar: determina-se a taxa de atratividade **i**
3) Processo de cálculo: calcula-se VPL = VPE – VPS
4) Critério de decisão: quanto maior o VPL, mais prioritário o projeto
5) Relação do VPL com a taxa **i**: quanto maior a taxa de desconto, menor o VPL
6) Significado: aumento líquido da riqueza produzida pelo projeto na data atual

TAXA INTERNA DE RETORNO – TIR

1) Dados básicos: fluxo de caixa do projeto
2) Processo de cálculo: calcula-se a taxa **i** para a qual o VPL = 0 (raiz da equação obtida com VPL = 0)
3) Critério de decisão: o projeto deve ser aceito se a TIR for superior ao custo de oportunidade do capital
4) Características matemáticas: pode-se ter mais de uma TIR ou nenhuma TIR
5) Significado: rentabilidade própria do projeto de investimento

PERÍODO DE RETORNO DO CAPITAL DESCONTADO

1) Dados básicos: fluxo de caixa do projeto
2) Decisão preliminar: determina-se a taxa de atratividade **i**
3) Processo de cálculo:
   a) Calcula-se o valor presente de todas as parcelas do fluxo de caixa
   b) Calcula-se o VPL para cada um dos períodos
   c) Quando houver mudança de sinal no VPL, interpolar para encontrar a parcela do período necessária para produzir o VPL = 0
4) Critério de decisão: quanto menor o período de retorno, mais atrativo o projeto
5) Relação do VPL com a taxa **i**: quanto maior a taxa de desconto, maior o período de retorno
6) Significado: indica a liquidez do projeto

3.10 ÍNDICE BENEFÍCIO-CUSTO

O Índice Benefício-Custo (IBC) é um indicador da atratividade do projeto que resulta da divisão do valor presente dos benefícios gerados pelo projeto pelo valor presente dos custos totais incorridos. O projeto é interessante quando esse índice é superior a 1.

O Índice Benefício-Custo pode ser calculado pela seguinte expressão:

$$IBC = \frac{\displaystyle\sum_{t=0}^{N} \frac{B_t}{(1+i)^t}}{\left(\displaystyle\sum_{t=0}^{N} \frac{C_t}{(1+i)^t}\right)}$$

em que:

B_t = benefício no período t

C_t = custo ou investimento no período t

N = horizonte do projeto

i = taxa de desconto

3.11 MÉTODO DA RECEITA OU CUSTO ANUAL UNIFORME EQUIVALENTE

Este método é derivado do Método do Valor Presente Líquido. Calculado o VPL do projeto, este é transformado em uma série uniforme de prestações (receitas ou custos). A Figura 3.22 mostra esquematicamente o processo para o cálculo da Receita Anual Uniforme. O cálculo do Custo Anual Uniforme é análogo, com diferenças apenas nos sentidos das setas da série uniforme.

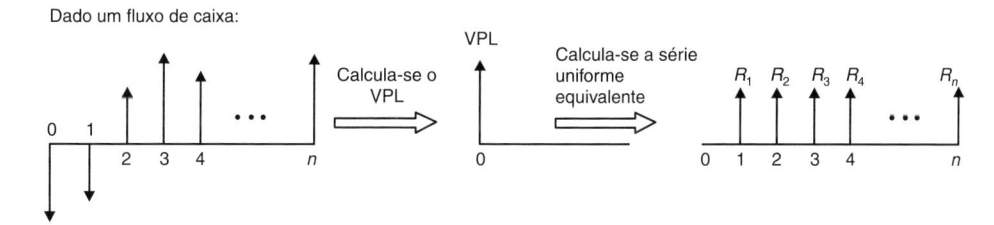

Figura 3.22 Processo de cálculo da Receita Anual Uniforme (RAU).

Seja o fluxo de caixa do projeto A mostrado abaixo:

Período	\$ Fluxo de caixa (\$)					VPL a 10 %
	0	1	2	3	4	
Projeto A	−12.000	3.000	4.000	5.000	6.000	1.887,7

Com o VPL= 1.887,7, a Receita Anual Uniforme (RAU) é calculada através da aplicação do Fator de Recuperação de Capital para quatro períodos e taxa de 10%.

RAU = 1.887,7 × FRC (10%, 4)

RAU = 1.887,7 × 0,3154 = 595,5

Dessa forma, o fluxo de caixa do projeto A é substituído pelo fluxo de caixa do projeto B equivalente, conforme mostra a Figura 3.23.

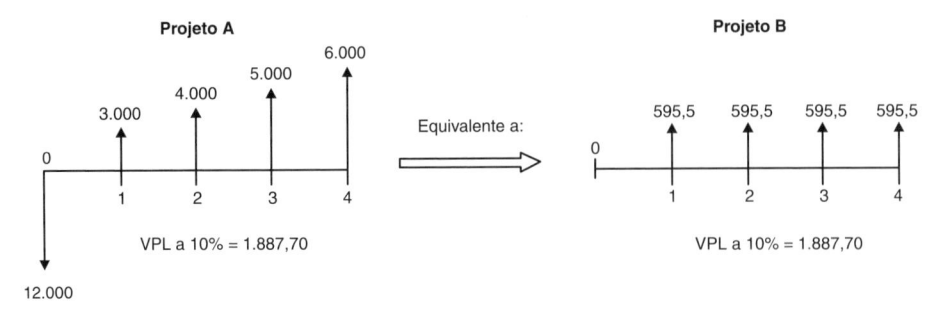

Figura 3.23 Processo de cálculo da Receita Anual Uniforme equivalente (RAU)

Genericamente, podemos escrever:

$$RAU\ (CAU) = VPL \times FRC\ (i,n)$$

Uso da calculadora HP 12C:

1) tecle: **f → REG**

2) tecle: **1887,7 → PV**

3) tecle: **10 → i**

4) tecle: **4 → n**

5) tecle: **PMT**

Este método é bastante empregado em duas situações:

A) Quando as alternativas têm vidas diferentes (este caso será estudado mais à frente);

B) Quando as alternativas fornecem exatamente o mesmo benefício ou há dificuldade em expressar o benefício em termos monetários, a análise deve-se concentrar apenas nos custos. Nessa situação, calcula-se o Custo Anual Uniforme.

Observação: no site da LTC Editora você encontrará a continuação deste capítulo com o título: "Capítulo 10 A Decisão Econômica na Avaliação de Projetos - Métodos Avançados."

3.12 EXERCÍCIOS PROPOSTOS

3.12.1   Um projeto de investimento de uma construtora está sendo avaliado e o fluxo de caixa de valores anuais esperados é mostrado a seguir. Com base nestes dados, determine se o projeto é viável economicamente, sabendo que a construtora trabalha com a taxa de desconto de 15% ao ano.

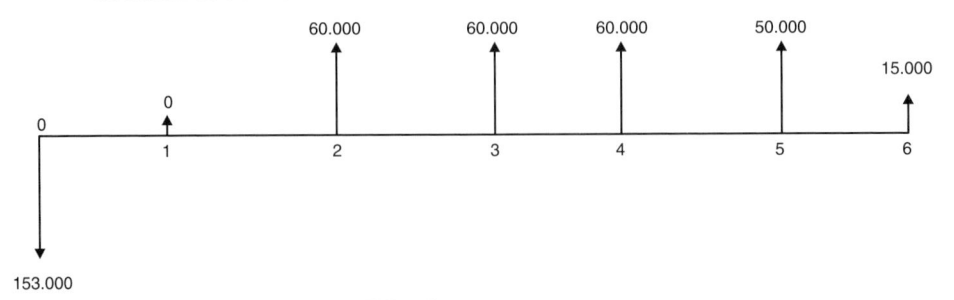

Resposta: TIR = 14,44% VPL = $ 2.531,46

3.12.2   Um empreendimento é colocado à venda de acordo com o seguinte esquema de pagamento: 12 prestações mensais de $ 15.000,00, além de quatro prestações trimestrais de $ 25.000,00, com as duas séries sendo iniciadas ao final de 30 dias. O planejamento estratégico indica que a empresa pode produzir um lucro líquido anual de $ 65.000,00 para os próximos 10 anos. Sabendo-se que a taxa de juros que este investidor normalmente obtém no mercado financeiro é de 1,15% ao mês, qual seria o valor máximo que ele estaria disposto a pagar pelo negócio?

Resposta: $ 68.682,92

3.12.3 Uma empresa está avaliando as possibilidades econômicas de um novo projeto industrial, o qual revelou o fluxo de caixa delineado pela linha de tempo a seguir. A partir destes valores (em $ mil), determine o valor presente líquido e a taxa de retorno do projeto, tendo em conta a taxa requerida de retorno de 15% ao ano para avaliação de projetos de um investimento por parte da empresa.

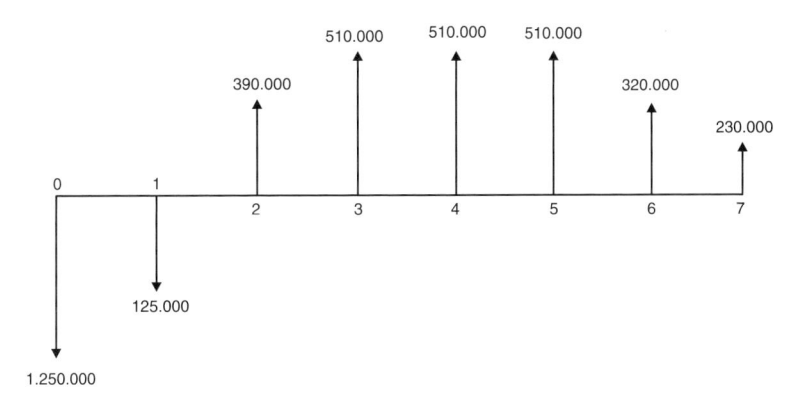

Resposta: VPL = $ 41.498.296,74 TIR = 15,91%

3.12.4 O valor à vista de um equipamento agrícola é de $ 170.000,00, que pode ser pago de acordo com o seguinte plano: 12 prestações mensais e consecutivas de $ 6.000,00 (sendo a primeira em 30 dias), quatro prestações trimestrais de $ 18.000,00 (a primeira em 90 dias) e duas prestações semestrais de $ 24.000,00 (a primeira em 180 dias). A partir destes dados, pergunta-se: qual é a taxa anual de juros do financiamento?

Resposta: 21,81%

3.12.5 Um apartamento está à venda de acordo com o seguinte plano de financiamento: $ 46.000,00 de entrada, 12 prestações de $ 5.600,00 (sendo a primeira em 30 dias), seguida por outras 12 de $ 8.000,00. Se você tivesse interesse em adquiri-lo à vista e se a taxa de juros disponível em aplicações alternativas fosse de 0,90% ao mês, até que valor você estaria disposto a pagar?

Resposta: Máximo a pagar = VPL = $ –190.803,75

3.12.6 Uma construtora oferece um apartamento com preço à vista de R$ 220.000,00. Para financiamento, a empresa oferece dois planos:

1) Plano A: 30% de entrada e 60 parcelas de R$ 4.647,37.

2) Plano B: 20% de entrada, 60 parcelas mensais de R$ 3.500,00 e 10 semestrais de R$ 12.314,37.

Verifique se os planos de financiamento são equivalentes do ponto de vista financeiro.

Resposta: Não são equivalentes.   Taxa de juro do Plano A = 2,2%

Taxa de juro do Plano B = 2,3%

3.12.7 Um equipamento industrial está à venda em 12 prestações mensais de $ 14.331,27, sendo a primeira em 30 dias. A taxa de juro cobrada pela instituição financiadora é 4,0% ao mês. A empresa interessada fez uma contraproposta nos seguintes termos: 20% de entrada, carência de 90 dias e dois pagamentos semestrais de R$ 30.000,00, com o primeiro ocorrendo três meses após a carência. As demais prestações, em número de 10, seriam mensais, com a primeira sendo quitada 30 dias após a carência. Para manter a equivalência das duas propostas, qual deve ser o valor da prestação mensal?

Resposta: Nova prestação mensal = $ 9.035,73

3.12.8 É concedido um empréstimo de $ 92.000,00, que deverá ser pago em 15 prestações mensais, à taxa de juros contratual de 40% ao ano. Sabendo-se que o valor de cada uma das oito primeiras parcelas é de $ 7.500,00 (com a primeira destas sendo paga em 30 dias), calcule o valor mensal e consecutivo das sete últimas prestações.

Resposta: R$ 7.788,40

3.12.9 Uma companhia tem duas possibilidades de investimento com os mesmos desembolsos iniciais, mas com fluxos de entrada de dinheiro diferentes. Observe que, no Projeto A, o total das entradas é maior do que o total das entradas do Projeto B. A empresa deseja comparar os dois projetos, pois somente tem dinheiro para empreender um deles. Um dos critérios mais importantes que a direção considera é a liquidez do projeto, já que, com as novas condições dos cenários futuros nacional e internacional, ela pretende diminuir o risco envolvido.

Projeto A	Projeto B
−20.000,00	−20.000,00
−30.000,00	−30.000,00
12.000,00	25.000,00
15.000,00	22.000,00
22.000,00	21.000,00
28.000,00	18.000,00
38.000,00	15.000,00

Analise os dois projetos com o critério indicado pela direção e indique a decisão que deve ser tomada. A taxa de desconto utilizada pela empresa é 15% por período.

Resposta: Projeto B. *Payback* de A = 5,04; *payback* de B = 4,08

3.12.10 Uma companhia tem duas possibilidades de investimento com os mesmos desembolsos iniciais, mas com fluxos de entrada de dinheiro diferentes, conforme mostra a tabela abaixo. A empresa deseja escolher um dos dois projetos, considerando que o critério do período de retorno descontado é o melhor para a decisão.

Projeto A	Projeto B
−2.000,00	−2.000,00
−3.000,00	−3.000,00
1.200,00	4.548,80
1.500,00	3.500,00
2.200,00	−2.800,00
2.800,00	1.800,00
3.800,00	1.800,00

Analise os dois projetos através dos critérios VPL, TIR e *payback* descontado e indique a decisão que deve ser tomada. A taxa de desconto utilizada pela empresa é 12% por período.

Resposta: Projeto A: TIR = 24,6%, VPL = 2.257,86 e PB = 4,79

Projeto B: TIR = 27,9%, VPL = 1.592,79 e PB = 4,33

Decisão: Projeto B

3.12.11 Uma empresa pretende fazer a substituição de alguns equipamentos ao longo de três meses, e o fluxo de caixa de pagamentos e recebimentos é o mostrado na tabela abaixo.

Mês	Valor ($)
0	–31.200,00
1	121.680,00
2	–157.970,00
3	68.270,00

A empresa precisa trocar os equipamentos, mas quer uma análise da rentabilidade do negócio. Para isso, pede-se:

a) Calcule o VPL para os seguintes custos do dinheiro: 15%, 25%, 30%, 35%, 40% e 45%.

b) Calcule as TIR do fluxo de caixa.

Resposta:

Taxas	VPL
15%	49,31
25%	–2,56
30%	0,82
35%	3,50
40%	–2,92
45%	–23,42

TIR 1 = 22,18%, TIR 2 = 29,15% e TIR 3 = 38,67%

3.12.12 Uma empresa brasileira pretende fazer uma ampliação nos EUA que resultará em um fluxo de caixa (em US$ mil) conforme a sequência abaixo:

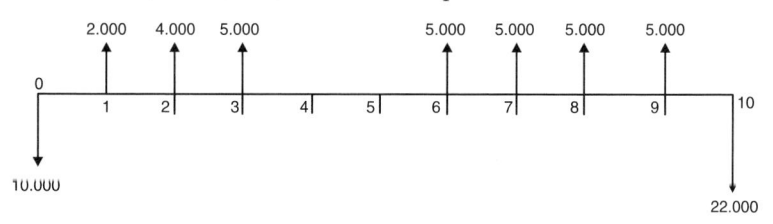

Para financiar o investimento, a empresa pretende contratar o financiamento que tem o fluxo de caixa abaixo:

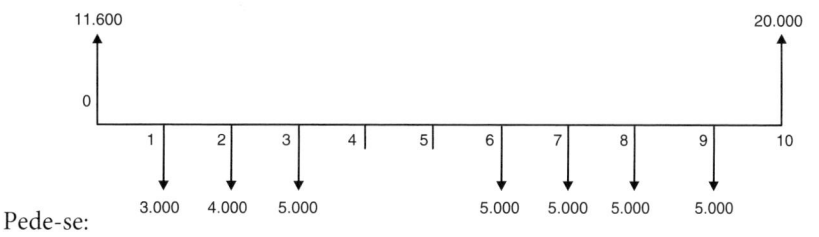

Pede-se:

a) Calcule o VPL para ambos os fluxos de caixa, para as seguintes taxas de desconto: 2%, 6%, 10%, 14% e 18%.

b) A partir dos resultados acima, faça um gráfico mostrando os intervalos de variação do VPL.

c) A partir do gráfico, estime as TIRs do fluxo do projeto.

d) Calcule a taxa de juro do financiamento.

e) Se a taxa de atratividade da empresa for 10%, é vantajoso fazer as duas operações casadas? Por quê?

f) Faça a mesma análise para a taxa de 14%. Explique.

Resposta: a)

Taxas	VPL Projeto	VPL Empréstimo
2%	−319,18	−768,19
6%	388,65	−986,87
10%	525,21	−767,32
14%	328,18	−306,49
18%	−55,76	276,22

b) O gráfico poderá ser confeccionado a partir dos dados da tabela anterior.

c) TIR 1 = 3,3% e TIR 2 = 17,5%

d) TIR = 16,2%

e) Não. VPL do fluxo conjunto a 10% = $ −80,18

f) Sim. VPL do fluxo conjunto a 14% = 183,32

3.12.13 Uma empresa comprou um equipamento e contratou um empréstimo que será quitado nas seguintes condições:

a) Entrada: R$ 50.000,00

b) Prazo: 24 meses

c) Parcelas mensais: R$ 20.000,00

d) Juro contratual: 32% ao ano

e) Nos meses 6, 12, 18 e 24, a empresa pagará uma parcela adicional fixa de R$ 30.000,00, além do pagamento normal.

No entanto, após a contratação do empréstimo, a empresa refez seu planejamento de fluxo de caixa e decidiu fazer alguns ajustes no plano de pagamentos, da seguinte forma:

a) Carência: 90 dias

b) Após a carência: 22 pagamentos mensais iguais, com o primeiro ocorrendo no dia de vencimento da carência (para manter o mesmo prazo final do contrato);

c) Além dos pagamentos iguais, a empresa pretende continuar pagando as parcelas adicionais de R$ 30.000,00, nas mesmas datas acordadas no plano original de pagamentos.

O novo equipamento promoverá benefícios mensais no valor de R$ 36.000,00. A taxa de atratividade da empresa é 15% ao ano.

Responda:

1) Qual é o valor do equipamento comprado?

2) Qual será o impacto do novo plano de pagamento do empréstimo no Índice Benefício-Custo calculado durante os 24 meses do contrato?

Resposta: Valor do equipamento = R$ 499.919,62

IBC para contrato original = 1,321

IBC para contrato proposto = 1,308

3.12.14 Uma empresa está planejando a ampliação de sua fábrica, onde deverá trocar alguns equipamentos antigos por outros mais novos. O plano de pagamento das obras e das aquisições dos novos equipamentos é mostrado na tabela abaixo:

Período	Valor (R$ mil)
0	2.000
1	5.000
2	3.000

No período 2, ao término da reforma, os equipamentos antigos serão vendidos por R$ 500 mil e prevê-se uma reforma no período 4 que custará R$ 800 mil. Esse projeto resultará em aumentos anuais nos lucros operacionais da empresa, conforme a tabela abaixo. Além dos lucros operacionais, também resultará em uma redução nos custos logísticos da empresa, conforme mostrado na mesma tabela.

Período	Lucro operacional (R$ mil)	Redução nos custos logísticos (R$ mil)
2	1.000	200
3	3.000	200
4	3.000	200
5	4.000	200
6	4.000	200

Considerando que a taxa de atratividade da empresa é 12% por período, pede-se calcular o VPL, a TIR e o período de *payback* descontado.

Resposta: TIR = 14,92%, VPL = 752,34 e *payback* = 6,65

3.12.15 Uma empresa planeja investir em um dos dois projetos mutuamente exclusivos mostrados na tabela abaixo.

Como os projetos apresentam requisitos diferentes de capital e vidas úteis diferentes, a empresa deseja saber se vale a pena aplicar mais dinheiro no projeto maior.

Considerando que a taxa de atratividade da empresa é 12%, escolha o projeto a ser implantado, com base no método do custo ou receita anual uniforme equivalente. Pede-se calcular também a TIR e VPL para os dois projetos.

Projeto A		Projeto B	
Período	Fluxo	Período	Fluxo
0	–12.000,00	0	–25.200,00
1	3.600,00	1	3.500,00
2	4.000,00	2	4.000,00
3	–1.600,00	3	5.000,00
4	5.200,00	4	5.500,00
5	5.400,00	5	6.500,00
6	5.600,00	6	7.500,00
		7	8.500,00
		8	9.500,00

Resposta: Projeto A: RAU = 600,80; TIR = 18,19%; VPL = 2470,15

Projeto B: RAU = 671,93;TIR = 15,08%; VPL = 3.337,89

BIBLIOGRAFIA

BLANK, L.T.; TARQUIM, A.J. *Engineering economy.* 4ª ed. Boston: McGraw-Hill, 1998.

BREALEY, R.; MYERS, S. *Principles of Corporate finance.* 7ª ed. New York: McGraw-Hill Int. Book Co. 2003.

CASAROTO FILHO, N.; KOPITTKE, B.H. *Análise de investimentos.* 9ª ed. São Paulo: Atlas, 2000.

CHRISSOS, J.; GILLET, R. *Décision d'investissement* – gestion appliquée. 1ª ed. Paris: Pearson Education France, 2003.

PUCCINI, A.L. *Matemática financeira.* 9ª ed. Rio de Janeiro: Campus, 2011.

SOBRINHO, J.D.V. *Matemática financeira.* 7ª ed. São Paulo: Atlas, 2000.

4 Modelos de Análise Econômica Aplicados em Decisões Empresariais

OBJETIVOS DO CAPÍTULO

AO TERMINAR O ESTUDO DESTE CAPÍTULO, VOCÊ ESTARÁ CAPACITADO PARA:

1. APLICAR OS MÉTODOS DE AVALIAÇÃO ECONÔMICA DE PROJETOS PARA A DECISÃO ENTRE ALTERNATIVAS MUTUAMENTE EXCLUSIVAS, COM NECESSIDADES IGUAIS OU DIFERENTES DE INVESTIMENTOS.

2. AVALIAR ALTERNATIVAS DE INVESTIMENTOS COM VIDAS ÚTEIS DIFERENTES, VALORANDO ADEQUADAMENTE OS BENEFÍCIOS EXCEDENTES DO PROJETO DE VIDA MAIS LONGA.

3. ANALISAR CORRETAMENTE UM GRUPO DE PROJETOS COM VIDAS DIFERENTES E INVESTIMENTOS DIFERENTES, DE FORMA A PROPOR A MELHOR DECISÃO PARA A EMPRESA.

4. CALCULAR O PERFIL DO VPL DE UM PROJETO PARA A HIPÓTESE DE INTERRUPÇÃO ANTECIPADA DE SUA IMPLE-MENTAÇÃO.

5. DETERMINAR O PONTO DE EQUILÍBRIO ECONÔMICO DE UM PROJETO, CONSIDERANDO O CUSTO DO CAPITAL APLICADO.

4.1 INTRODUÇÃO

Nos capítulos anteriores, estudamos as ferramentas necessárias para a análise econômica de projetos de investimento. Agora, vamos aplicar essas ferramentas a diversas situações típicas de decisões de investimento e discutir as formas como podemos adaptar os instrumentos de análise para o tratamento adequado das especificidades dos problemas reais.

4.2 ALTERNATIVAS MUTUAMENTE EXCLUSIVAS COM PORTES DIFERENTES

4.2.1 Investimentos Incrementais

Em muitas situações, as empresas têm que comparar duas ou mais alternativas exclusivas entre si. Ou seja, a escolha de uma delas implica a eliminação das demais, porque resolvem o mesmo problema. Na maioria das vezes, além de exclusivas, as alternativas requerem aportes diferentes de dinheiro para concretização, ou seja, são investimentos de portes diferentes.

Quando uma alternativa "domina" as demais, porque apresenta indicadores econômicos claramente superiores (VPL e TIR), a escolha é elementar. O problema ocorre quando os indicadores não oferecem claramente uma alternativa de decisão. Nesse caso, devemos calcular o investimento ou fluxo incremental e avaliar se este é atrativo para a empresa.

Quando os investimentos iniciais são diferentes, o fluxo incremental deve ser calculado pela subtração da alternativa de menor investimento da alternativa de maior investimento.

Regra geral de comparação:

- Sejam duas alternativas *A* e *B*;
- Seja (*B* – *A*) a diferença entre os fluxos de caixa de *B* e *A* (investimento incremental).

Com isso, temos:

a) Se (*B* – *A*) superar a atratividade mínima requerida, devemos preferir *B* sobre *A*;

b) Se (*B* – *A*) não superar a atratividade mínima requerida, devemos preferir *A* sobre *B*.

Como as alternativas requerem quantias diferentes, precisamos saber se a opção de maior porte apresenta uma oportunidade melhor de aplicação de dinheiro do que a oportunidade que deu origem à taxa mínima de atratividade. Essa é a razão para o cálculo do fluxo incremental.

Exemplo

Sejam os projetos *A* e *B* com os fluxos de caixa mostrados na tabela abaixo. A taxa de atratividade da empresa é 12% ao ano, baseada na melhor aplicação que se pode conseguir para o dinheiro.

Ano	Projeto A	Projeto B
0	–14.000,00	–33.000,00
1	3.000,00	14.000,00
2	4.000,00	12.000,00
3	5.000,00	10.000,00
4	6.000,00	8.000,00
5	7.000,00	4.000,00
VPL	3.211,34	3.537,98
TIR	19,66%	17,11%

Se analisarmos os valores de VPL e TIR, verificamos que não são muito claros para uma decisão, já que oferecem conclusões diferentes. Verifique que:

- VPL(Proj. *B*) > VPL(Proj. *A*)
- TIR(Proj. *B*) < TIR(Proj. *A*)

Devemos então calcular o investimento incremental (*B* – *A*), cujos resultados são mostrados na tabela abaixo.

Fluxo incremental (*B* – *A*)
–19.000,00
11.000,00
8.000,00
5.000,00
2.000,00
–3.000,00

Calculando os indicadores de atratividade, encontramos:

- **VPL** = 326,64
- **TIR** = 13,24%

Como os valores são satisfatórios, pois a TIR é superior à taxa de atratividade, o projeto *B* deve ser escolhido.

4.2.2 Comparação entre Várias Alternativas

Nesse caso, temos que comparar as alternativas duas a duas e, por um processo de eliminação sucessiva, escolher a melhor. Devemos, também, seguir o princípio de que, para estabelecermos a superioridade de uma alternativa sobre a outra, basta analisarmos as diferenças entre elas. Assim, podemos criar o seguinte procedimento para a comparação de várias alternativas mutuamente exclusivas:

Procedimento:

1. Classificar as alternativas por ordem crescente dos investimentos (saídas de capital);
2. Comparar a segunda alternativa com a primeira e escolher a melhor, calculando o investimento (fluxo) incremental. Esta alternativa será a base de comparação para o passo seguinte.
3. Comparar a melhor alternativa escolhida na etapa anterior com a terceira alternativa, também calculando o investimento incremental. Escolher a melhor entre elas, que será a base para a comparação seguinte.
4. Sucessivamente, comparar a alternativa seguinte com a base escolhida na comparação anterior, sempre com base no investimento incremental. Criar uma nova base ou manter a anterior.
5. O processo se encerra quando a última alternativa for comparada com a melhor base encontrada até esse momento.

Exemplo

Sejam as quatro propostas de investimento com os fluxos de caixa mostrados na tabela abaixo. As propostas já estão classificadas por ordem crescente de investimento inicial. A taxa de atratividade considerada no cálculo do VPL é 10% ao ano.

Ano	Fluxos de caixa das propostas			
	Proposta *A*	Proposta *B*	Proposta *C*	Proposta *D*
0	− 20.000,00	− 39.800,00	− 50.000,00	− 60.000,00
1	5.900,00	11.080,00	13.750,00	16.500,00
2	5.900,00	11.080,00	13.750,00	16.500,00
3	5.900,00	11.080,00	13.750,00	16.500,00
4	5.900,00	11.080,00	13.750,00	16.500,00
5	5.900,00	11.080,00	13.750,00	16.500,00
VPL	2.365,64	2.201,92	2.123,32	2.547,98
TIR	14,5%	12,1%	11,6%	11,6%

Podemos observar que os valores calculados para o VPL e a TIR não são conclusivos, porque temos dificuldade em classificar as propostas de forma que uma se mostre melhor do que todas as demais. Observe que a proposta A apresenta melhores resultados do que a B e a C, mas a proposta D apresenta um valor maior para o VPL. Assim, devemos calcular os fluxos incrementais. A tabela abaixo mostra os fluxos calculados, considerando o Projeto A como base.

Fluxos incrementais		
(B – A)	**(C – A)**	**(D – A)**
–19.800,00	–30.000,00	–40.000,00
5.180,00	7.850,00	10.600,00
5.180,00	7.850,00	10.600,00
5.180,00	7.850,00	10.600,00
5.180,00	7.850,00	10.600,00
5.180,00	7.850,00	10.600,00

Procedimento:

Inicialmente, calculamos o investimento (fluxo) incremental (B – A) e obtemos:

- **VPL (B – A)** = –163,72
- **TIR (B – A)** = 9,7%

Como os resultados não são favoráveis, a alternativa A continua melhor e será a base de comparação para o fluxo incremental (C – A). Os resultados são:

- **VPL (C – A)** = –242,32
- **TIR (C – A)** = 9,7%

A alternativa A continua melhor e será a base de cálculo para o investimento incremental (D – A). Os resultados são:

- **VPL (D – A)** = 182,34
- **TIR (D – A)** = 10,2%

Como o investimento incremental (D – A) apresentou VPL positivo e TIR superior à taxa de atratividade, a alternativa D deverá ser escolhida.

4.2.3 Investimento Incremental com Duas TIR

Quando o fluxo incremental apresenta duas taxas internas de retorno, a decisão se torna mais difícil, porque a comparação entre os dois investimentos perde o significado. Vamos analisar um exemplo.

Exemplo

Uma empresa tem três propostas técnicas diferentes para o lançamento de um produto, que diferem entre si pela extensão do mercado atendido. Os valores são mostrados na tabela abaixo. A taxa de atratividade a ser utilizada é 20% ao ano.

Proposta (valores em $ mil)	Investimento inicial	Lucro líquido anual (ano 1 ao 8)	Devolução do capital de giro
A1	1.200,00	400,00	160,00
A2	2.250,00	670,00	350,00
A3	1.000,00	310,00	750,00

Desenvolvendo os fluxos de caixa e classificando na ordem crescente de investimento inicial, temos:

Ano	Proposta		
	A3	A1	A2
0	−1.000,00	−1.200,00	−2.250,00
1	310,00	400,00	670,00
2	310,00	400,00	670,00
3	310,00	400,00	670,00
4	310,00	400,00	670,00
5	310,00	400,00	670,00
6	310,00	400,00	670,00
7	310,00	400,00	670,00
8	1.060,00	560,00	1.020,00
VPL	363,95	372,07	402,30
TIR	30,0%	29,7%	25,6%

Como os valores de VPL e TIR não permitem uma conclusão sólida, vamos calcular os fluxos incrementais. Assim:

Fluxos incrementais		
(A1-A3)	(A2-A1)	(A2-A3)
−200,00	−1.050,00	−1.250,00
90,00	270,00	360,00
90,00	270,00	360,00
90,00	270,00	360,00
90,00	270,00	360,00
90,00	270,00	360,00
90,00	270,00	360,00
90,00	270,00	360,00
−500,00	460,00	−40,00

Calculando os valores de VPL e TIR, temos:

a) Fluxo incremental **(A1-A3)**: VPL = 8,13

$$TIR = 8,1\% \ e \ 25,34\%$$

b) Fluxo incremental **(A2-A1)**: VPL = 30,22

$$TIR = 20,9\%$$

c) Fluxo incremental **(A2-A3)**: VPL = 38,35

$$TIR = 21,1\%$$

Para ilustrar, apresentamos na Figura 4.1 a variação do VPL do fluxo incremental (A1-A3) com as taxas de desconto.

Caso tivéssemos apenas as propostas A1 e A3, teríamos dificuldades em tomar uma decisão, já que as duas TIR do fluxo incremental dessas propostas dificultam a escolha.

No entanto, se analisarmos os resultados dos demais fluxos incrementais, veremos que a proposta A2 ganha da proposta A1 e ganha da proposta A3. Dessa forma, a proposta A2 domina as propostas A1 e A3, que estariam empatadas. Observe, pelos dados originais das três propostas, que essa ascendência da proposta A2 não é claramente demonstrada e que somente ficou evidenciada após a análise dos fluxos incrementais.

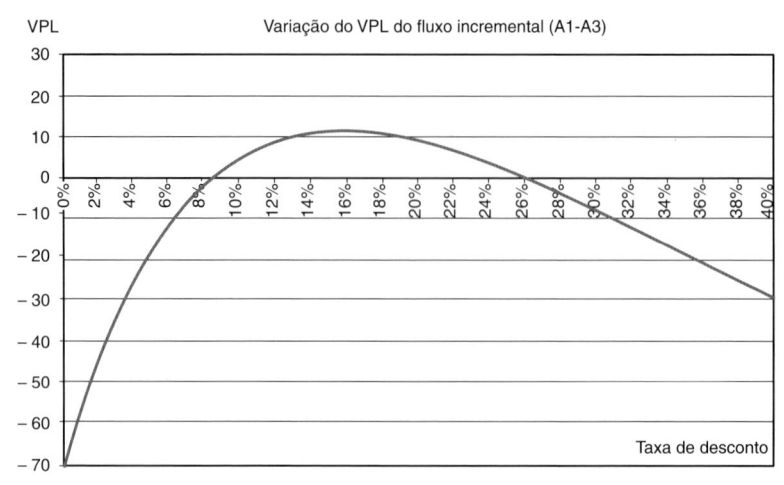

Figura 4.1 Variação do VPL do fluxo incremental (A1-A3) em relação às taxas de desconto.

4.3 PROJETOS MUTUAMENTE EXCLUSIVOS COM O MESMO PORTE

Podemos encontrar situações em que as alternativas mutuamente exclusivas requerem quantias de dinheiro iguais, ou seja, são investimentos de mesmo porte. Caso os fluxos de recebimentos tenham perfis diferentes, podemos ter situações que exigirão uma análise mais cuidadosa para a tomada de decisão.

Exemplo

Uma empresa de mineração analisa dois projetos de exploração de uma jazida que requerem o mesmo capital para desenvolvimento. No entanto, por causa de diferenças nas formas de exploração da reserva em análise, os fluxos de recebimentos líquidos apresentam perfis bem diferentes, conforme mostra a tabela a seguir.

Ano	Fluxo de caixa	
	Projeto *A*	Projeto *B*
0	–30.000,00	–30.000,00
1	3.000,00	10.200,00
2	4.000,00	9.200,00
3	5.000,00	8.200,00
4	6.000,00	7.200,00
5	7.000,00	6.000,00
6	8.000,00	5.000,00
7	9.000,00	4.000,00
8	10.000,00	3.000,00
9	11.000,00	2.000,00
10	12.000,00	1.000,00

Observe que o Projeto *A* apresenta um fluxo crescente de recebimentos, o que significa que a empresa aumentaria gradativamente o ritmo de exploração da mina. No Projeto *B*, a empresa inicia uma exploração intensiva da mina, mas que resultaria em uma gradativa exaustão das reservas ao longo da vida do projeto. Porém, receberia mais dinheiro no início do projeto.

Calculando os indicadores de rentabilidade, temos:

Indicador	Projeto *A*	Projeto *B*
VPL	7.204,76	6.855,61
TIR	16,38%	19,42%

Podemos observar que as informações calculadas não permitem identificar a dominância de um projeto sobre o outro. Por outro lado, como os portes dos investimentos são iguais, não temos uma ordem definida para o cálculo dos fluxos incrementais. Podemos, assim, considerar duas hipóteses:

a) Incremental (*B-A*): apresenta a característica de um fluxo de empréstimos, em que recebemos os aportes de dinheiro nos anos iniciais, que serão pagos nos anos futuros.

b) Incremental (*A-B*): apresenta a característica de um fluxo de aplicações com saídas de capital nos anos iniciais e recebimentos nos anos seguintes.

Ano	Fluxos incrementais	
	(*B-A*)	(*A-B*)
0	0	0
1	7.200,00	−7.200,00
2	5.200,00	−5.200,00
3	3.200,00	−3.200,00
4	1.200,00	−1.200,00
5	−1.000,00	1.000,00
6	−3.000,00	3.000,00
7	−5.000,00	5.000,00
8	−7.000,00	7.000,00
9	−9.000,00	9.000,00
10	−11.000,00	11.000,00

Calculando os indicadores de rentabilidade, temos:

Indicador	Projeto A	Projeto B
VPL	−349,15	349,15
TIR	12,44%	12,44%

Como interpretar esses resultados? Para isso, vamos analisar os gráficos dos VPL em função das taxas de desconto. A Figura 4.2 mostra esses gráficos.

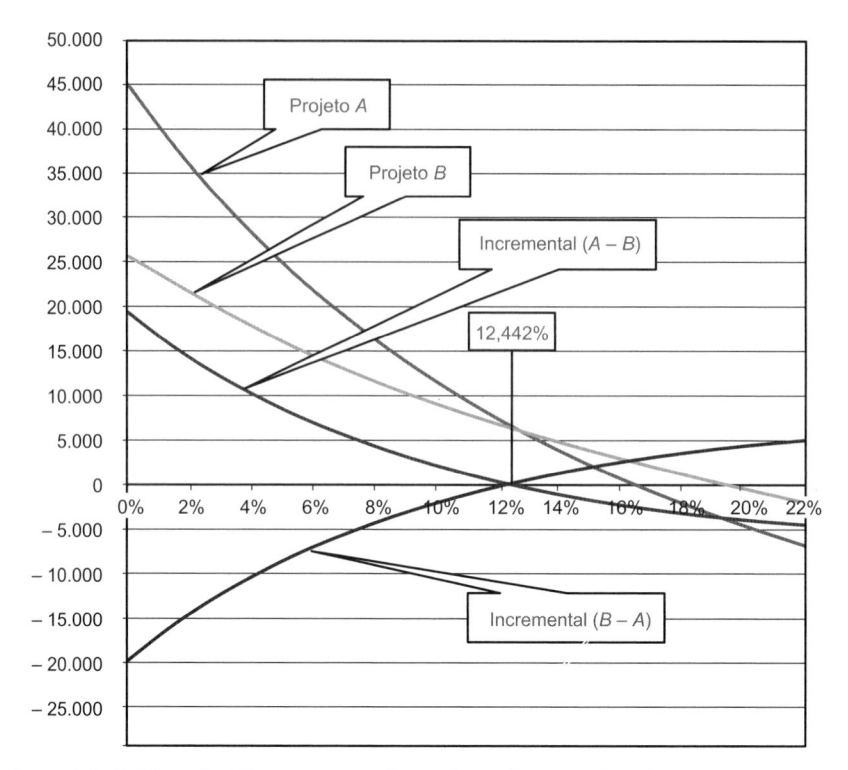

Figura 4.2 Gráficos de VPL para os projetos de exploração da mina.

Observamos que a decisão da empresa dependerá da taxa de atratividade que deverá ser considerada, que, logicamente, também dependerá dos custos futuros do dinheiro.

A TIR para os fluxos incrementais é de 12,442%, que é o valor de corte para nossa análise. Assim:

a) Se a empresa optar pela exploração mais intensa nos anos iniciais (Projeto *B*) e o custo do dinheiro permanecer inferior a 12,442% ao ano, a empresa receberá mais dinheiro inicialmente, mas estará criando menos riqueza para seus acionistas, já que o VPL do projeto será menor. Observe que a curva do VPL para o incremental (*B-A*) é negativa até a taxa de corte. Essa forma de exploração somente se tornará vantajosa caso o custo do dinheiro seja superior a 12,442% ao ano.

b) Caso opte pela exploração gradualmente crescente (Projeto *A*), o fluxo incremental (*A-B*) tem as características de uma aplicação financeira, com VPL positivo para taxas inferiores a 12,442%. Nesse caso, a empresa receberá menos dinheiro inicialmente, mas a riqueza criada para os acionistas será maior, já que temos VPL maiores até a taxa de corte. Essas considerações são importantes para o caso de a empresa, após implantar o projeto, querer vendê-lo.

4.4 PROJETOS COM VIDAS ÚTEIS DIFERENTES

Essa é uma situação muito comum na avaliação de investimentos, em que o encarregado da decisão deve escolher entre projetos com vidas úteis diferentes. Isso representa um complicador para a aplicação dos métodos VPL e TIR porque, como se baseiam no cálculo de valor atual de benefícios futuros, exigem que o horizonte de comparação seja o mesmo para todas as alternativas. Com o mesmo horizonte de tempo para análise, garantimos que os serviços prestados ou benefícios produzidos pelos projetos possam ser comparados por meio de suas características próprias, sem interferência do elemento tempo.

Se não observarmos a condição de igualdade em termos de duração do serviço prestado em projetos que envolvem apenas custos (aquisição de equipamentos, por exemplo), a decisão recairá sempre em projetos de curto prazo, porque apresentam menos parcelas de custo. No entanto, pode ocorrer de não serem os mais econômicos. A exigência de serviços comparáveis pode ser satisfeita por meio de três critérios de adequação dos projetos de investimento com vidas úteis diferentes:

a) Comparar os projetos durante um intervalo de tempo igual ao mínimo múltiplo comum (MMC) das vidas úteis das alternativas.

b) Escolher um horizonte de comparação adequado para a decisão em análise que pode não ter relação direta com as vidas úteis dos projetos.

c) Utilizar o custo (ou lucro) anual uniforme equivalente.

Em qualquer uma das possibilidades, o critério de decisão será sempre o menor valor presente (VP) total para projetos que apresentam apenas custos e o maior valor presente líquido (VPL) para projetos com entradas de capital.

4.4.1 Mínimo Múltiplo Comum das Vidas Úteis

Para igualarmos os horizontes dos projetos, devemos proceder da seguinte forma:

a) Calculamos o mínimo múltiplo comum (MMC) das vidas úteis dos projetos, de forma a definir o horizonte de análise;

b) Reproduzimos os projetos, com os mesmos fluxos de caixa, tantas vezes quantas forem necessárias para que ambos atinjam o horizonte de análise calculado.

É claro que, quando reproduzimos o mesmo projeto, estamos aceitando as hipóteses de que os serviços prestados continuarão sendo requisitados e que as soluções permanecerão as mesmas nos anos futuros. Dessa forma, estamos fazendo uma comparação com base apenas nas características financeiras dos projetos. A Figura 4.3 representa esse processo de análise e decisão.

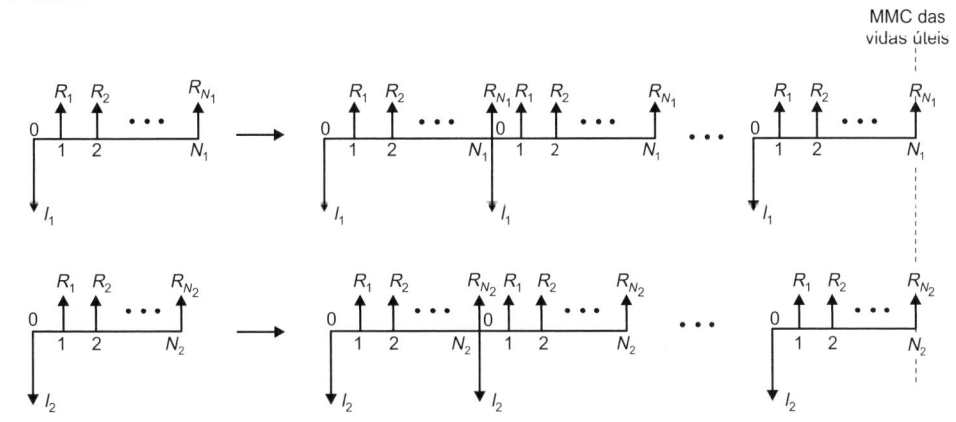

Figura 4.3 Processo de equalização dos horizontes de análise dos projetos.

Exemplo

Seja o caso de uma empresa que deve decidir entre dois equipamentos *A* e *B* que resolvem determinado problema da mesma forma (com o mesmo grau de eficácia), mas têm custos de aquisição, custos operacionais e vidas úteis diferentes, conforme mostram os fluxos de caixa abaixo. A taxa de atratividade da empresa é 12% ao ano.

Período	Fluxo de caixa	
	Equipamento A	Equipamento B
0	−5.500,00	−3.500,00
1	−1.100,00	−1.400,00
2	−1.100,00	−1.400,00
3	−1.100,00	
Valor presente	−8.142,01	−5.866,07

Como os equipamentos oferecem à empresa o mesmo benefício, basta analisarmos o valor presente dos custos, que, no caso, está apontando para o equipamento B. No entanto, é importante observar que o equipamento B deve ser substituído mais cedo. Ou seja, dependendo da escolha, poderá haver novo investimento no período 3.

Considerando que o problema resolvido continuará existindo após o término da vida útil dos equipamentos, poderemos calcular o MMC das vidas e reproduzir os fluxos de caixa, conforme mostra a tabela abaixo. Dessa forma, estamos considerando a hipótese de que os equipamentos sejam substituídos, ao final das respectivas vidas úteis, por equipamentos semelhantes, até que os dois fluxos de custos tenham o mesmo número de períodos.

Período	Fluxo de caixa			
	Equipamento A	Equipamento A replicado 2 vezes	Equipamento B	Equipamento B replicado 3 vezes
0	−5.500,00	−5.500,00	−3.500,00	−3.500,00
1	−1.100,00	−1.100,00	−1.400,00	−1.400,00
2	−1.100,00	−1.100,00	−1.400,00	−4.900,00
3	−1.100,00	−6.600,00		−1.400,00
4		−1.100,00		−4.900,00
5		−1.100,00		−1.400,00
6		−1.100,00		−1.400,00
Valor presente	−8.142,01	−13.937,34	−5.866,07	−14.270,46

No prazo de seis períodos, a empresa teria utilizado duas máquinas do tipo A ou três máquinas do tipo B; a partir desse ponto, a série se iniciaria outra vez. Calculando o valor presente dos dois fluxos de custos, podemos ver que, para a empresa, a melhor decisão é investir em uma sequência de equipamentos A.

4.4.2 Horizonte Comum de Análise

Nesse processo, escolhemos um horizonte comum para a comparação dos dois projetos e desconsideramos todos os valores dos fluxos de caixa após este período de tempo, tanto as entradas de dinheiro como as saídas.

O horizonte de análise depende dos objetivos da empresa quanto aos projetos e das características do ambiente externo relativas aos projetos (incertezas, previsões tecnológicas etc.). A seleção adequada do horizonte de análise é particularmente importante na análise de substituição de equipamentos.

Dois casos podem ocorrer:

1. O horizonte de análise é inferior ao horizonte dos projetos

   Para os projetos cuja vida ultrapassa o horizonte escolhido, devemos estimar um valor residual (valor recuperável) correspondente ao capital aplicado e não utilizado na análise. Essa estimativa pode ser feita diretamente com base no conhecimento do mercado ou pelo cálculo do Valor Residual Implícito (VRI) do projeto.

2. O horizonte de análise é superior ao horizonte dos projetos

   Para as alternativas com vida útil inferior ao horizonte de análise, devemos fazer suposições quanto ao capital necessário para fornecer o serviço adicional que o projeto não oferece durante os anos que faltam para o horizonte do estudo. Vamos analisar as duas situações no exemplo abaixo.

Observação: o VRI é a parte do capital investido que ainda não foi recuperado no período intermediário, considerando os benefícios esperados no momento da decisão pelo projeto. O estudo completo desse assunto você encontrará no Capítulo 10 "A Decisão Econômica na Avaliação de Projetos – Métodos Avançados".

Exemplo

Uma empresa de logística está selecionando equipamentos de movimentação de carga para seu galpão de carga geral, que recebe as cargas dos clientes na entrada do armazém e presta serviços de armazenagem, controle de estoques e despacho para os clientes. Duas propostas de paleteira-empilhadeira foram selecionadas a partir de várias enviadas pelos fabricantes dos equipamentos, conforme a tabela abaixo. A taxa de atratividade utilizada pela empresa é 12% ao ano.

Características	Proposta *A*	Proposta *B*
Custo do equipamento ($)	12.000,00	18.000,00
Custo operacional anual ($)	6.000,00	4.400,00
Vida útil (anos)	5	8
Valor residual ($)	3.600,00	5.400,00

Caso 1 Vamos escolher o horizonte de análise de cinco anos. Para isso, deveremos estimar o valor residual do equipamento da Proposta *B*, no ano 5.

Para termos uma base melhor para essa estimativa do valor residual, vamos formular duas hipóteses:

1ª hipótese Como o equipamento tem vida útil de oito anos, vamos considerar que sua vida contábil também seja de oito anos. Ao anteciparmos sua retirada, estamos perdendo o benefício fiscal da depreciação durante três anos. Considerando a alíquota de imposto de renda em 34%, o valor residual real no ano 5 pode ser calculado como:

Benefício fiscal da depreciação + Valor residual do equipamento:

Quota de depreciação do equipamento B: $\dfrac{18.000 - 5.400}{8} = 1.575,00$

0,34 × (3 quotas de depreciação) = 0,34 × 3 × 1.575 = 1.606,50

Valor Residual no ano 5 = 1.606,50 + 5.400,00 = 7.006,50

Com esses valores, os fluxos de caixa das duas propostas apresentam as conformações mostradas na Figura 4.4.

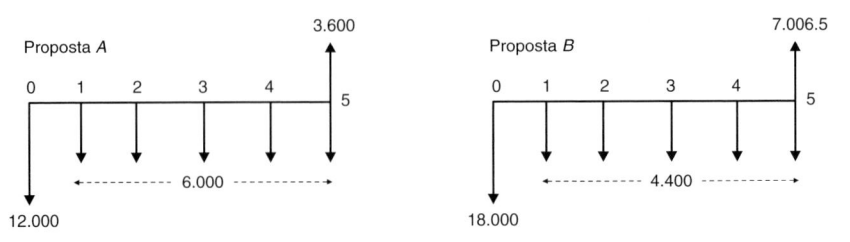

Figura 4.4 Fluxos de caixa para a primeira hipótese de valor residual.

A tabela abaixo mostra o cálculo dos valores presentes para as duas propostas. Percebemos que a Proposta *B* apresenta uma vantagem de R$ 1.700,58 sobre a Proposta *A*.

Ano	Fluxo de caixa	
	Proposta *A*	Proposta *B*
0	−12.000,00	−18.000,00
1	−6.000,00	−4.400,00
2	−6.000,00	−4.400,00
3	−6.000,00	−4.400,00
4	−6.000,00	−4.400,00
5	−2.400,00	2.606,50
Valor presente	−31.585,92	−29.885,34

2ª hipótese Vamos calcular o VRI no ano 5.

Para compreender o conceito de VRI, estude o item 10.6 do Capítulo 10.

$$\text{VRI} = \frac{\text{I} \times [\text{FRC(i, n*)} - \text{FRC(i, n)}] + \text{F} \times \text{FFC(i, n)}}{\text{FFC(i, n*)}}$$

$$\text{VRI} = \frac{18.000 \times [\text{FRC(12\%, 8 − 3)} - \text{FRC(12\%, 8)}] + \text{F} \times \text{FFC(12\%, 8)}}{\text{FFC(12\%, 8 − 3)}} = 11.492,04$$

Os fluxos de caixa são semelhantes aos mostrados na Figura 4.4, mudando apenas o valor residual da Proposta *B*. A tabela abaixo mostra o cálculo dos valores atuais das duas propostas. Podemos ver que a Proposta *B* apresenta, agora, uma vantagem em custo de R$ 4.245,80.

Ano	Fluxo de caixa	
	Proposta *A*	Proposta *B*
0	−12.000,00	−18.000,00
1	−6.000,00	−4.400,00
2	−6.000,00	−4.400,00
3	−6.000,00	−4.400,00
4	−6.000,00	−4.400,00
5	−2.400,00	7.092,04
Valor presente	−31.585,92	−27.340,12

Caso 2   Vamos escolher o horizonte de análise de oito anos. Como a Proposta *A* apresenta uma solução para o problema de movimentação de mercadorias para cinco anos apenas, teremos que formular uma hipótese para o fornecimento do mesmo serviço para os demais três anos.

A alternativa para uma empresa resolver esse problema sem comprar equipamento é o aluguel de empilhadeira, e existem várias empresas no mercado que oferecem esse serviço.

Para estimarmos o valor anual do aluguel, vamos considerar os seguintes elementos de composição de custo do locador:

- Depreciação anual: (12.000 – 3.600)/5 =   1.680,00
- Remuneração do capital (12% ao ano):   1.440,00
- Seguro (5% do valor do equipamento):   600,00
- Bonificação e Despesas Indiretas (BDI = 35% das despesas acima):   1.554,00
  Custo anual do aluguel: **5.022,00**

Adicionando esse valor ao custo operacional anual e completando o fluxo de caixa da Proposta *A* nos três últimos anos, temos os valores mostrados na tabela abaixo.

Ano	Fluxo de caixa	
	Proposta *A*	Proposta *B*
0	–12.000,00	–18.000,00
1	–6.000,00	–4.400,00
2	–6.000,00	–4.400,00
3	–6.000,00	–4.400,00
4	–6.000,00	–4.400,00
5	–2.400,00	–4.400,00
6	–11.022,00	–4.400,00
7	–11.022,00	–4.400,00
8	–11.022,00	1.000,00
Valor presente	**–46.607,40**	**–37.676,65**

Percebemos que, com essas hipóteses, a proposta *B* apresenta uma vantagem em custo de R$ 8.930,76 sobre a proposta *A*.

4.4.3 Comparação pelo Custo (Lucro) Anual Equivalente

Outra forma de avaliarmos projetos com vidas diferentes, sem criarmos hipóteses de equalização dos serviços prestados, é baseada no cálculo das séries anuais uniformes equivalentes dos projetos. No caso de projetos que apresentam apenas custos, calcularemos o custo anual uniforme equivalente (CAU) (critério: menor CAU) e, no caso dos projetos com entradas de capital, calcularemos a receita anual uniforme equivalente (RAU) (critério: maior RAU).

Vamos resolver os dois exemplos por meio do cálculo das séries uniformes equivalentes.

Exemplo

Vamos resolver novamente o problema abaixo.

Período	Fluxo de caixa	
	Equipamento *A*	Equipamento *B*
0	–5.500,00	–3.500,00
1	–1.100,00	–1.400,00
2	–1.100,00	–1.400,00
3	–1.100,00	
Valor presente	**–8.142,01**	**–5.866,07**

Custo anual equivalente de *A*: **8.142,01** × **FRC (12%, 3)** = **3.389,92**

Custo anual equivalente de *B*: **5.866,07** × **FRC (12%, 2)** = **3.470,94**.

Observe que, com esse critério, a decisão recai novamente no equipamento *A*.

Se utilizarmos a sequência de repetição dos equipamentos, encontraremos a mesma resposta. A partir dos dados da tabela com o MMC das vidas (item 4.4.1), podemos calcular:

Custo anual equivalente da sequência de *A*: **13.937,34** × **FRC (12%, 6)** = **3.389,92**

Custo anual equivalente da sequência de *B*: **14.270,46** × **FRC (12%, 6)** = **3.470,94**.

Observe que os resultados são idênticos.

Exemplo

No caso das propostas das empilhadeiras, podemos utilizar o mesmo método.

Características	Proposta *A*	Proposta *B*
Custo do equipamento ($)	12.000,00	18.000,00
Custo operacional anual ($)	6.000,00	4.400,00
Vida útil (anos)	5	8
Valor residual ($)	3.600,00	5.400,00

Calculando os fluxos de caixa das duas propostas, encontramos:

Ano	Proposta *A*	Proposta *B*
0	–12.000,00	–18.000,00
1	–6.000,00	–4.400,00
2	–6.000,00	–4.400,00
3	–6.000,00	–4.400,00
4	–6.000,00	–4.400,00
5	–2.400,00	–4.400,00
6		–4.400,00
7		–4.400,00
8		1.000,00
Valor presente	**–31.585,92**	**–37.676,65**

Calculando o custo anual uniforme equivalente para as propostas, temos:

Custo anual equivalente da proposta A: **31.585,92 × FRC (12%, 5) = 8.762,24**

Custo anual equivalente da proposta B: **37.676,65 × FRC (12%, 8) = 7.584,42**

Novamente, confirmamos que a proposta B é mais vantajosa.

4.5 COMPARAÇÃO ENTRE PROJETOS COM VIDAS DIFERENTES E INVESTIMENTOS DIFERENTES

Quando os projetos são mutuamente exclusivos e apresentam valores diferentes de investimento e vidas diferentes, a comparação pura e simples entre VPL e TIR pode apresentar resultados discrepantes.

Sejam os projetos com os fluxos de caixa mostrados na tabela abaixo:

Ano	Projeto A	Projeto B	Projeto C
0	–600.000,00	–300.000,00	–200.000,00
1	75.000,00	28.000,00	42.000,00
2	65.000,00	34.000,00	44.000,00
3	68.000,00	46.000,00	46.000,00
4	82.000,00	64.000,00	50.000,00
5	100.000,00	78.000,00	220.000,00
6	104.000,00	380.000,00	
7	120.000,00		
8	660.000,00		
VPL	119.268,60	94.759,02	79.859,30
TIR	13,61%	16,61%	20,80%

Nas duas últimas linhas da tabela, podemos observar os valores dos VPL para a taxa de atratividade de 10% ao ano e das TIR dos três projetos. Podemos verificar que os valores não nos esclarecem muito quanto ao melhor projeto. Tomando o VPL como base de comparação, a ordem de interesse dos projetos seria A, B e C. Se nos basearmos na TIR, a ordem de comparação será C, B e A.

Para chegar a uma decisão correta, devemos harmonizar tanto os valores investidos quanto as vidas úteis dos projetos. Para isso, temos que estabelecer algumas hipóteses que serão baseadas nas seguintes condições:

1. Se o projeto A está em julgamento, significa que a empresa dispõe do valor necessário para investir: $ 600.000,00;

2. Da mesma forma, o prazo de oito anos é perfeitamente aceitável para a empresa;

3. A taxa de atratividade de 10% foi escolhida por representar a melhor rentabilidade obtida pela empresa fora dos três projetos em análise (custo de oportunidade).

Com base nas condições acima, podemos criar as seguintes hipóteses:

1. O projeto A, por exigir mais dinheiro e apresentar prazo mais longo, será considerado o projeto base de comparação;

2. As quantidades disponíveis de dinheiro não aplicadas nos projetos B e C, respectivamente $ 300.000,00 (600.000 – 300.000) e $ 400.000,00 (600.000 – 200.000), podem ser aplicadas com a taxa de atratividade, caso se escolha um dos projetos B ou C. Com isso, estaremos igualando o valor total investido;

3. Os valores das entradas (recebimentos) dos projetos *B* e *C* serão reaplicados imediatamente com a taxa de atratividade;

4. Os valores futuros acumulados dos recebimentos serão aplicados com a taxa de atratividade, durante os anos finais, até completar os oito anos do projeto base *A*.

As tabelas abaixo mostram os resultados obtidos para os valores futuros das entradas dos dois projetos, *B* e *C*.

Ano	Fluxo de caixa projeto *B*	Valor futuro das entradas
0	–300.000,00	
1	28.000,00	45.094,28
2	34.000,00	49.779,40
3	46.000,00	61.226,00
4	64.000,00	77.440,00
5	78.000,00	85.800,00
6	380.000,00	380.000,00
7	0	0
8	0	0
Valor futuro acumulado no ano 6		699.339,68

Ano	Fluxo de caixa projeto *C*	Valor futuro das entradas
0	–200.000,00	
1	42.000,00	61.492,20
2	44.000,00	58.564,00
3	46.000,00	55.660,00
4	50.000,00	55.000,00
5	220.000,00	220.000,00
6	0	0
7	0	0
8	0	0
Valor futuro acumulado no ano 5		450.716,20

Para calcularmos os valores futuros finais acumulados dos dois projetos no ano 8, vamos calcular:

a) Valores acumulados do investimento excedente:

Projeto *B*: $300.000 \times (1 + 0,1)^8 = 643.076,64$

Projeto *C*: $400.000 \times (1 + 0,1)^8 = 857.435,52$

b) Valores acumulados no ano 8 dos recebimentos aplicados até os finais das vidas úteis:

Projeto *B*: $699.339,68 \times (1 + 0,1)^2 = 846.201,01$

Projeto *C*: $450.716,20 \times (1 + 0,1)^3 = 599.903,26$

c) Valores acumulados totais dos projetos no ano 8:

Projeto B: 643.076,64 + 846.201,01 = 1.489.277,66

Projeto C: 857.435,52 + 599.903,26 = 1.457.338,79

Com base nesses valores acumulados finais, podemos calcular as novas TIR dos projetos B e C da seguinte forma:

$$\text{TIR} = \sqrt[n]{\frac{\textbf{Valor Acumulado Final}}{\textbf{Valor Presente das Saídas}}} - 1$$

Projeto B: $\text{TIR} = \sqrt[8]{\dfrac{1.489.277,66}{600.000,00}} - 1 = \textbf{0,1203}$ ou 12,03%

Projeto C: $\text{TIR} = \sqrt[8]{\dfrac{1.457.338,79}{600.000,00}} - 1 = \textbf{0,1173}$ ou 11,73%

Como aplicamos com a taxa de atratividade as quantias excedentes do projeto A com relação aos projetos B e C, os valores presentes das saídas são todos iguais a $ 600.000,00.

É interessante observar que o procedimento que utilizamos é o mesmo para o cálculo da Taxa Interna de Retorno Modificada (TIRM) (Capítulo 10).

4.6 PROJETOS DE CURTO PRAZO *VERSUS* LONGO PRAZO

Outra situação muito comum em empresas é a decisão entre projetos de curto prazo e projetos de longo prazo. Esse tipo de decisão apresenta várias implicações estratégicas, mas, aqui, analisaremos apenas do ponto de vista da influência da taxa de atratividade escolhida para a escolha final, quando consideramos como critério de decisão o VPL.

Isso ocorre pela própria natureza de cálculo do VPL, conforme mostra a equação abaixo:

$$\text{VPL} = -I + \sum_{j=1}^{n} \frac{R_j}{(1 + i)^n}$$

Observe que, quanto maior a taxa i, maiores serão os denominadores, e, consequentemente, menores serão as contribuições das entradas R_j para o valor final do VPL.

Para ilustrar essa afirmação, vamos considerar cinco projetos com o mesmo valor de investimento inicial, a mesma TIR (20%) e horizontes variados: 4, 8, 12, 16 e 20 períodos.

Dado	Projeto A	Projeto B	Projeto C	Projeto D	Projeto E
Investimento inicial	−15.000,00	−15.000,00	−15.000,00	−15.000,00	−15.000,00
Entrada por período	5.800,00	3.920,00	3.390,00	3.180,00	3.100,00
Horizonte	4	8	12	16	20

Calculando o VPL para cada um e traçando um gráfico, podemos verificar que, quanto maior o prazo, mais atraente é o projeto para taxas menores, conforme mostra a Figura 4.5.

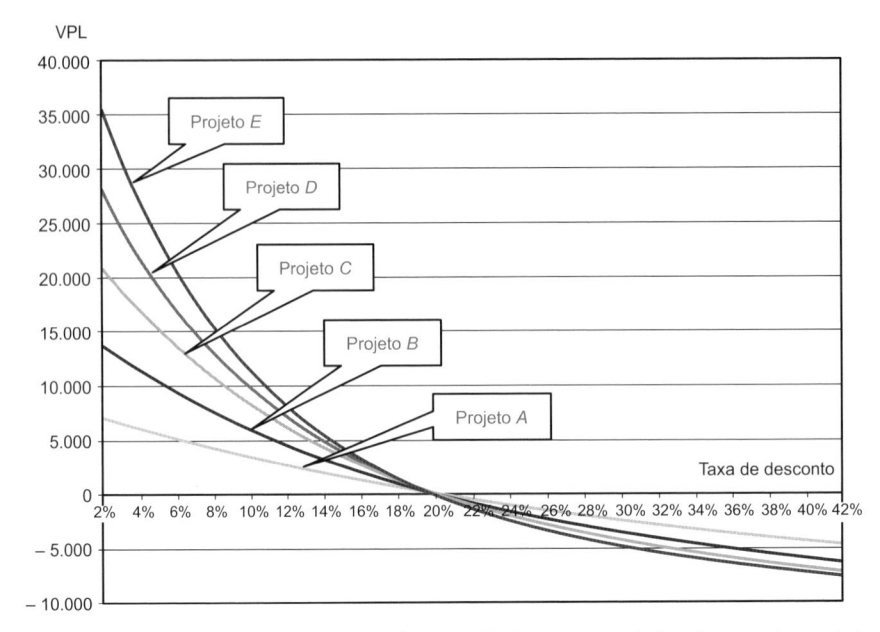

Figura 4.5 Valores de VPL em termos da taxa de desconto e do horizonte do projeto.

Exemplo

Sejam os projetos *A* e *B* com os fluxos de caixa mostrados na tabela abaixo:

Ano	Projeto *A*	Projeto *B*
0	–25.000,00	–25.000,00
1	10.000,00	4.000,00
2	10.000,00	4.000,00
3	10.000,00	4.000,00
4	10.000,00	4.000,00
5		4.000,00
6		4.000,00
7		4.000,00
8		4.000,00
9		4.000,00
10		4.000,00
11		4.000,00
12		4.000,00
13		4.000,00
14		4.000,00
15		4.000,00
VPL (12%)	5.373,49	2.243,46
TIR	21,9%	13,7%

Devemos observar que os dois projetos exigem o mesmo investimento inicial, mas têm características diferentes quanto ao horizonte: o projeto *A* é de curto prazo e o projeto *B* tem horizonte de longo prazo.

Se analisarmos apenas os indicadores VPL a 12% e a TIR, veremos que o projeto de curto prazo é mais atrativo para a empresa. No entanto, se calcularmos o VPL para os projetos com uma taxa de atratividade mais baixa, digamos 8%, encontraremos valores diferentes. Assim:

- Projeto *A*: VPL (8%) = 8.121,27
- Projeto *B*: VPL (8%) = 9.237,91

Com essa taxa, o projeto *B* se tornaria mais atrativo, se a decisão tomasse como base apenas o VPL.

Podemos ver que a taxa de atratividade influencia a escolha.

Se traçarmos o gráfico de VPL para ambos os projetos, constataremos que esse fato se verifica. A Figura 4.6 mostra os gráficos para os dois projetos.

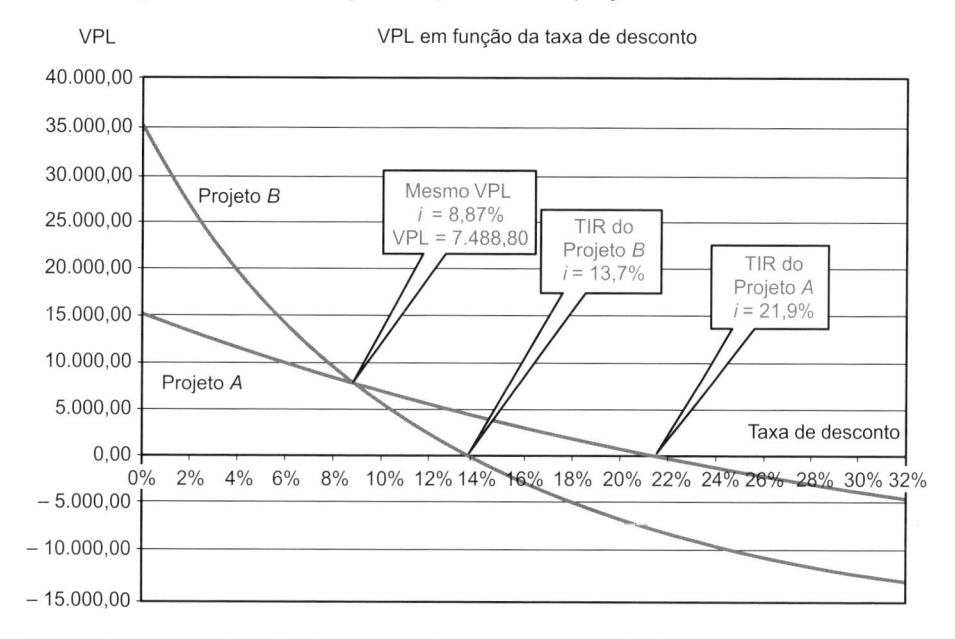

Figura 4.6 Evolução do VPL dos dois projetos com a taxa de desconto.

A Figura 4.6 mostra que, para taxas de desconto inferiores a 8,87%, o projeto *B* é melhor do que o projeto *A*. Para taxas superiores, a conclusão se inverte. A razão desse comportamento é a diferença na forma dos fluxos de entrada de caixa:

- No projeto *A*, que tem recebimento total menor, como o dinheiro entra em prazo mais curto, os valores das entradas são menos descontados;
- No projeto *B*, pelo fato de oferecer recebimentos menores, mas em um prazo muito maior, estes são mais descontados quando as taxas são maiores.

Exemplo

Vamos comparar um projeto de curto prazo com um projeto de horizonte infinito, ou seja, um projeto cujas entradas formam uma série perpétua de pagamentos. Para cálculo do VPL, vamos considerar a taxa de atratividade de 10% ao ano.

Ano	Projeto *A*	Projeto *B*
0	–15.000,00	–15.000,00
1	6.000,00	2.100,00
2	6.000,00	2.100,00
3	6.000,00	2.100,00
4	6.000,00	2.100,00
5		2.100,00
6		2.100,00
7		2.100,00
8		2.100,00
Infinito		2.100,00
TIR	21,9%	14,0%
VPL	4.019,19	6.000,00

Como no projeto *B*, o fluxo de recebimentos forma uma série perpétua, e podemos calcular o VPL pela expressão abaixo (no caso, com a taxa igual a 10%):

$$VPL = -15.000 + \frac{2.100}{i} = -15.000 + \frac{2.100}{0,10} = 6.000,00$$

A Figura 4.7 ilustra o comportamento do valor presente líquido de cada projeto, sob variação da taxa de desconto.

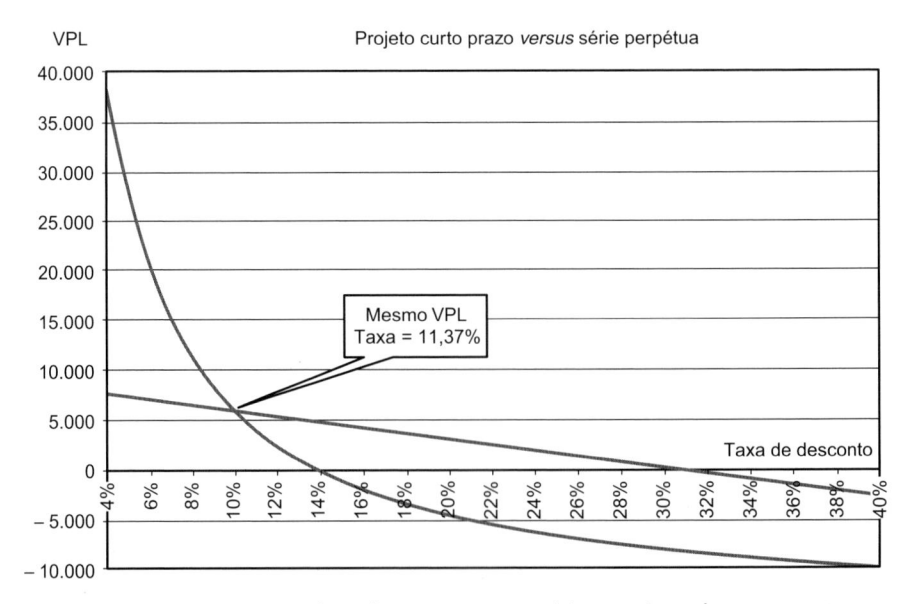

Figura 4.7 Comparação entre projeto de curto prazo e série perpétua de pagamentos.

4.6.1 Análise da Decisão

Neste caso, a análise da decisão comporta algumas considerações interessantes.

a) Influência da Taxa de Desconto na Decisão

Como vimos pelas figuras apresentadas, para taxas de desconto inferiores às taxas que resultam no mesmo VPL, a decisão recai sempre nos projetos que têm características de projeto de longo prazo. Para taxas superiores, a decisão se desloca para os projetos com características de curto prazo.

Podemos generalizar essa conclusão dizendo que taxas de desconto elevadas tendem a deslocar a decisão para projetos de curto prazo e taxas baixas levam a decisão para projetos de longo prazo.

Essa é uma das razões pelas quais os governos, para incentivar projetos em infraestrutura que têm características de longo prazo (saneamento, água, energia elétrica etc.), propiciam linhas de crédito com taxas de juros reduzidas, através de bancos de desenvolvimento [Taxa de Juro de Longo Prazo (TJLP) do BNDES].

b) Decisão sob Regime de Restrição de Capital

Como a maioria das companhias se encontra em um regime de restrição de capital, ou seja, não tem dinheiro para tocar todos os projetos, os projetos de curto prazo apresentam um atrativo extra para o encarregado da decisão, devido ao seu *payback* mais baixo (o dinheiro volta mais depressa).

Se não houver uma imposição estratégica que force a aceitação do projeto de longo prazo, a companhia pode achar interessante assumir um projeto de curto prazo e financiar outros projetos existentes em sua carteira com os ingressos de caixa resultantes do projeto empreendido.

Exemplo

Vamos supor que, no caso do exemplo de comparação de um projeto de curto prazo com a série perpétua, a empresa decida aceitar o projeto de curto prazo, apesar de apresentar menor VPL a 10% ao ano, e financiar outros projetos de sua carteira com o dinheiro arrecadado. Vamos supor que esses outros projetos tenham características de perpetuidade e que tenham taxas de retorno igual a 12%. Vamos chamá-los de projetos L1, L2, L3 e L4.

Analisando a tabela abaixo, podemos verificar que o resultado final é melhor para a empresa, porque a carteira total resulta em um VPL superior.

Ano	Projeto A	Projeto L1	Projeto L2	Projeto L3	Projeto L4	Total da carteira	Fluxo equivalente
0	−15.000,00					−15.000,00	−15.000,00
1	6.000,00	−6.000,00				0,00	0,00
2	6.000,00	720,00	−6.000,00			720,00	720,00
3	6.000,00	720,00	720,00	−6.000,00		1.440,00	1.440,00
4	6.000,00	720,00	720,00	720,00	−6.000,00	2.160,00	30.960,00
5		720,00	720,00	720,00	720,00	2.880,00	
6		720,00	720,00	720,00	720,00	2.880,00	
Infinito		...	...	...	...	...	
VPL							R$ 7.823,03

4.7 PERFIL DO VPL PARA ENCERRAMENTO ANTECIPADO DO PROJETO

Uma vez empreendido um projeto, podemos imaginar várias situações em que ele poderá ser interrompido ou reavaliado antes do final de sua vida útil. Caso surja uma necessidade desse tipo, os critérios de avaliação econômica – VPL e TIR – calculados com as previsões efetuadas sobre toda a vida útil perdem o significado, porque o projeto foi interrompido antes de obter todos os benefícios.

Por exemplo, no lançamento de um prédio de apartamentos, uma construtora procura vender as unidades durante a construção. No entanto, se a velocidade das vendas não acompanhar o ritmo da obra, a construtora terá aplicado o capital total no prédio antes de vender todos os apartamentos. Essa é uma situação em que a empresa tem interesse em reavaliar periodicamente o projeto antes do final de sua vida útil.

Podemos fazer avaliações parciais do projeto por meio do cálculo do perfil de evolução do VPL, para vidas úteis sucessivas do período 1 até o prazo final. Para isso, precisamos:

1. Estabelecer um critério para determinar o consumo anual do capital investido no projeto ao longo da vida útil;
2. Calcular ou estimar o valor residual que seria obtido para cada período intermediário do projeto (valor recuperado);
3. Calcular o VPL para cada ano da vida útil do projeto, considerando os benefícios recebidos até a data considerada e o valor recuperado relativo aos anos seguintes.

Exemplo

Para analisarmos melhor a técnica, vamos supor que temos dois projetos em análise, conforme mostram as duas tabelas abaixo.

Investimento e estimativa de benefícios e custos para o Projeto *A*

Ano	Investimento	Lucro operacional líquido	Benefício fiscal da depreciação	Valor de revenda	Variação da necessidade do capital de giro
0	–340.000,00				–36.000,00
1		65.000,00	24.000,00		–2.500,00
2		78.000,00	24.000,00		–2.700,00
3		90.000,00	24.000,00		–2.900,00
4		102.000,00	24.000,00		–3.100,00
5		112.000,00	24.000,00	280.000,00	44.865,00

Investimento e estimativa de benefícios e custos para o Projeto *B*

Ano	Investimento	Lucro operacional líquido	Benefício fiscal da depreciação	Valor de revenda	Variação da necessidade do capital de giro
0	–600.000,00				–220.000,00
1		102.000,00	42.000,00		–7.600,00
2		118.000,00	42.000,00		–8.000,00
3		132.000,00	42.000,00		–8.400,00
4		150.000,00	42.000,00		–8.800,00
5		166.000,00	42.000,00	424.000,00	252.800,00

Para a análise dos projetos, vamos considerar:

a) Taxa de atratividade: 10% ao ano

b) Consumo anual do capital investido: 20% ao ano (uniforme ao longo da vida útil)

Cálculo do VPL e TIR para os dois projetos

Inicialmente, vamos criar uma planilha para a montagem do fluxo de caixa de cada projeto, para calcularmos o VPL e a TIR. A Figura 4.8 mostra a planilha de MS-Excel criada para o Projeto A.

	A	B	C	D	E	F	G	H
16			Projeto A - Cálculo do fluxo de caixa final					
17		Ano	0	1	2	3	4	5
18		Lucro operacional líquido		65.000,00	78.000,00	90.000,00	102.000,00	112.000,00
19		Economia fiscal resultante da depreciação		24.000,00	24.000,00	24.000,00	24.000,00	24.000,00
20		Valor de revenda						280.000,00
21		Benefícios líquidos totais		89.000,00	102.000,00	114.000,00	126.000,00	416.000,00
22		Variação da necessidade de capital de giro (N.C.G.)	-36.000,00	-2.500,00	-2.700,00	-2.900,00	-3.100,00	44.865,00
23		Investimento	-340.000,00					
24		Fluxo de caixa total	-376.000,00	86.500,00	99.300,00	111.100,00	122.900,00	460.865,00

Figura 4.8 Planilha do fluxo de caixa do Projeto A.

Calculando os indicadores de atratividade, temos:

- VPL = 238.276,81
- TIR = 26,46%

Na Figura 4.9, temos a planilha criada para o cálculo do fluxo de caixa do Projeto B.

	A	B	C	D	E	F	G	H
15			Projeto B - Cálculo do fluxo de caixa final					
16		Ano	0	1	2	3	4	5
17		Lucro operacional líquido		102.000,00	118.000,00	132.000,00	150.000,00	166.000,00
18		Economia fiscal resultante da depreciação		42.000,00	42.000,00	42.000,00	42.000,00	42.000,00
19		Valor de revenda						424.000,00
20		Benefícios líquidos totais		144.000,00	160.000,00	174.000,00	192.000,00	632.000,00
21		Variação da necessidade de capital de giro (N.C.G.)	-220.000,00	-7.600,00	-8.000,00	-8.400,00	-8.800,00	252.800,00
22		Investimento	-600.000,00					
23		Fluxo de caixa total	-820.000,00	136.400,00	152.000,00	165.600,00	183.200,00	884.800,00

Figura 4.9 Planilha do fluxo de caixa do Projeto B.

Calculando os indicadores de atratividade, temos:

- VPL = 304.907,90
- TIR = 17,48%

Cálculo dos VPL para as vidas úteis sucessivas

Para calcularmos o VPL para cada ano intermediário dos projetos, necessitamos inicialmente determinar o valor recuperado para cada ano. Nesse caso, vamos considerar duas hipóteses:

1. Recuperaremos o capital de giro aplicado até a data;

2. Recuperaremos a parcela do capital inicial investido, não consumida nos anos anteriores. Nesse caso, como já explicado, a recuperação será equivalente a 20% do capital investido para cada ano que falta para completar o horizonte.

Aplicando esses dois critérios, podemos calcular os valores recuperados ou residuais para cada ano a partir do ano 1, para os dois projetos, conforme mostram as tabelas abaixo.

Cálculo dos valores residuais intermediários para o Projeto *A*

Ano de liquidação	Capital de giro anual recuperado	Valor de cessão intermediário	Valor residual intermediário
0			
1	36.000,00	272.000,00	308.000,00
2	38.500,00	204.000,00	242.500,00
3	41.200,00	136.000,00	177.200,00
4	44.100,00	68.000,00	112.100,00

Cálculo dos valores residuais intermediários para o Projeto *B*

Ano de liquidação	Capital de giro anual recuperado	Valor de cessão intermediário	Valor residual intermediário
0			
1	220.000,00	480.000,00	700.000,00
2	227.600,00	360.000,00	587.600,00
3	235.600,00	240.000,00	475.600,00
4	244.000,00	120.000,00	364.000,00

De posse de todos esses dados, podemos calcular os fluxos de caixa sucessivos e os VPL para os projetos para horizontes de tempo variando de um a cinco anos, conforme mostram as Figuras 4.10 e 4.11.

	A	B	C	D	E	F	G	H	I
29		VPL do Projeto A para horizontes de 1 a 5 anos							
30		Ano	0	1	2	3	4	5	
31		*Horizonte: 1 ano*							VPL
32		Benefícios líquidos até o ano	-340.000	89.000					
33		Variação da nec. de cap. de giro (Δ NCG)	-36.000						
34		Valor residual intermediário		308.000					
35		Fluxo de caixa do projeto até o ano	-376.000	397.000					-15.091
36		*Horizonte: 2 anos*							VPL
37		Benefícios líquidos até o ano	-340.000	89.000	102.000				
38		Variação da nec. de cap. de giro (Δ NCG)	-36.000	-2.500					
39		Valor residual intermediário			242.500				
40		Fluxo de caixa do projeto até o ano	-376.000	86.500	344.500				-12.653
41		*Horizonte: 3 anos*							VPL
42		Benefícios líquidos até o ano	-340.000	89.000	102.000	114.000			
43		Variação da nec. de cap. de giro (Δ NCG)	-36.000	-2.500	-2.700				
44		Valor residual intermediário			0	177.200			
45		Fluxo de caixa do projeto até o ano	-376.000	86.500	99.300	291.200			3.485
46		*Horizonte: 4 anos*							VPL
47		Benefícios líquidos até o ano	-340.000	89.000	102.000	114.000	126.000		
48		Variação da nec. de cap. de giro (Δ NCG)	-36.000	-2.500	-2.700	-2.900			
49		Valor residual intermediário			0	0	112.100		
50		Fluxo de caixa do projeto até o ano	-376.000	86.500	99.300	111.100	238.100		30.799
51		*Horizonte: 5 anos*							VPL
52		Benefícios líquidos até o ano	-340.000	89.000	102.000	114.000	126.000	416.000	
53		Variação da nec. de cap. de giro (Δ NCG)	-36.000	-2.500	-2.700	-2.900	-3.100	44.865	
54		Valor residual intermediário			0	0	0	0	
55		Fluxo de caixa do projeto até o ano	-376.000	86.500	99.300	111.100	122.900	460.865	238.277

Figura 4.10 Cálculo dos VPL sucessivos para o Projeto *A*.

A	B	C	D	E	F	G	H	I
28	VPL do Projeto B para horizontes de 1 a 5 anos							
29	Ano	0	1	2	3	4	5	
30	*Horizonte: 1 ano*							VPL
31	Benefícios líquidos até o ano	-600.000	144.000					
32	Variação da nec. de cap. de giro (Δ NCG)	-220.000						
33	Valor residual intermediário		700.000					
34	Fluxo de caixa do projeto até o ano	-820.000	844.000					-38.519
35	*Horizonte: 2 anos*							VPL
36	Benefícios líquidos até o ano	-600.000	144.000	160.000				
37	Variação da nec. de cap. de giro (Δ NCG)	-220.000	-7.600					
38	Valor residual intermediário			587.600				
39	Fluxo de caixa do projeto até o ano	-820.000	136.400	747.600				-52.757
40	*Horizonte: 3 anos*							VPL
41	Benefícios líquidos até o ano	-600.000	144.000	160.000	174.000			
42	Variação da nec. de cap. de giro (Δ NCG)	-220.000	-7.600	-8.000				
43	Valor residual intermediário				475.600			
44	Fluxo de caixa do projeto até o ano	-820.000	136.400	152.000	649.600			-47.715
45	*Horizonte: 4 anos*							VPL
46	Benefícios líquidos até o ano	-600.000	144.000	160.000	174.000	192.000		
47	Variação da nec. de cap. de giro (Δ NCG)	-220.000	-7.600	-8.000	-8.400			
48	Valor residual intermediário			0	0	364.000		
49	Fluxo de caixa do projeto até o ano	-820.000	136.400	152.000	165.600	556.000		-23.253
50	*Horizonte: 5 anos*							VPL
51	Benefícios líquidos até o ano	-600.000	144.000	160.000	174.000	192.000	632.000	
52	Variação da nec. de cap. de giro (Δ NCG)	-220.000	-7.600	-8.000	-8.400	-8.800	252.800	
53	Valor residual intermediário			0	0	0	0	
54	Fluxo de caixa do projeto até o ano	-820.000	136.400	152.000	165.600	183.200	884.800	304.908

Figura 4.11 Cálculo dos VPL sucessivos para o Projeto *B*.

Com os dados das Figuras 4.10 e 4.11, podemos construir um gráfico que mostra os dois perfis de VPL, em que podemos identificar os valores mínimos, os pontos neutros que correspondem às estimativas dos períodos de retorno de capital (períodos de *payback* descontados) e os VPL finais dos projetos. A Figura 4.12 mostra os gráficos dos perfis dos VPL.

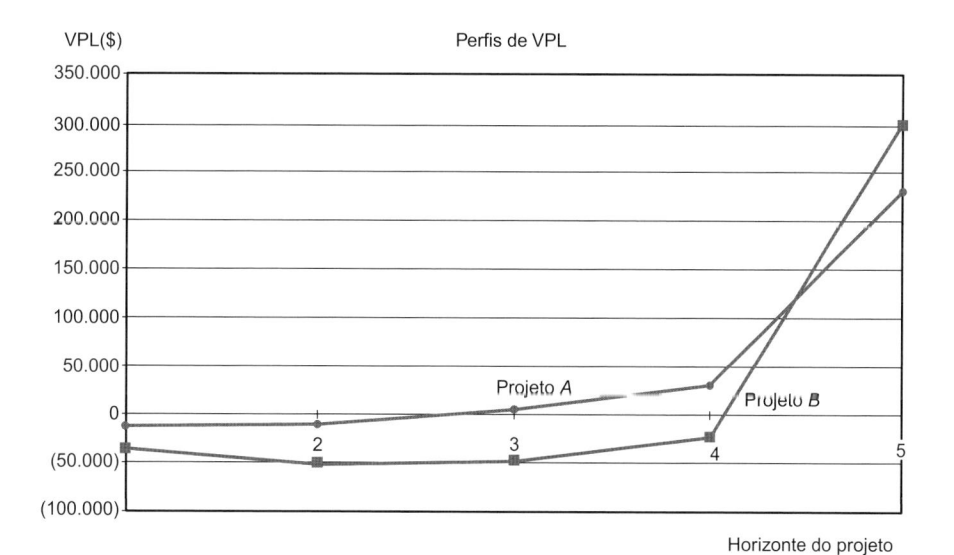

Figura 4.12 Perfis dos VPL.

Podemos verificar que, mesmo o Projeto *B* apresentando VPL final superior ao VPL do Projeto *A*, este mostra um perfil de evolução do VPL melhor do que o Projeto *B*, o que significa que o risco para a empresa é menor.

4.7.1 Alternativa Projeto A com Aplicação do Capital Adicional

Exemplo

Considerando que a empresa disponha do capital maior de $ 600.000,00 e que o projeto A atenda aos critérios de planejamento da empresa, podemos considerar uma terceira alternativa (Projeto C), que é aplicar $ 340.000,00 no Projeto A e aplicar a diferença (600.000 – 340.000) no mercado, à taxa de atratividade de 10% ao ano.

Podemos calcular o fluxo de caixa do projeto, conforme mostra a Figura 4.13 abaixo:

A	B	C	D	E	F	G	H
16	Decisão pelo projeto A com aplicação adicional no mercado						
17	Ano	0	1	2	3	4	5
18	Lucro operacional líquido		65.000,00	78.000,00	90.000,00	102.000,00	112.000,00
19	Economia fiscal resultante da depreciação		24.000,00	24.000,00	24.000,00	24.000,00	24.000,00
20	Valor de revenda						280.000,00
21	Aplicação do capital adicional (Projeto B - Projeto. A)	-260.000,00	78.000,00	72.800,00	67.600,00	62.400,00	57.200,00
22	Benefícios líquidos totais		167.000,00	174.800,00	181.600,00	188.400,00	473.200,00
23	Variação da neces. de cap. de giro (Δ NCG)	-36.000,00	-2.500,00	-2.700,00	-2.900,00	-3.100,00	44.865,00
24	Investimento	-340.000,00					
25	Fluxo de caixa total do projeto	-636.000,00	164.500,00	172.100,00	178.700,00	185.300,00	518.065,00

Figura 4.13 Fluxo de caixa do projeto com aplicação do capital adicional.

Para calcularmos o perfil do VPL, devemos calcular os valores residuais intermediários, conforme mostra a tabela abaixo.

Ano de liquidação	Capital de giro anual recuperado	Valor de cessão intermediário	Valor residual intermediário
0			
1	36.000,00	480.000,00	516.000,00
2	38.500,00	360.000,00	398.500,00
3	41.200,00	240.000,00	281.200,00
4	43.900,00	120.000,00	163.900,00

A Figura 4.14 mostra o cálculo dos sucessivos VPL, para os diversos horizontes da vida útil do projeto.

A	B	C	D	E	F	G	H	I
30	VPL do Projeto A com aplicação adicional - horizontes de 1 a 5 anos							
31	Ano	0	1	2	3	4	5	
32	Horizonte: 1 ano							VPL
33	Benefícios líquidos até o ano	-600.000	167.000					
34	Variação da nec. de cap. de giro (Δ NCG)	-36.000						
35	Valor residual intermediário		516.000					
36	Fluxo de caixa do projeto até o ano	-636.000	683.000					-15.091
37	Horizonte: 2 anos							VPL
38	Benefícios líquidos até o ano	-600.000	167.000	174.800				
39	Variação da nec. de cap. de giro (Δ NCG)	-36.000	-2.500					
40	Valor residual intermediário			398.500				
41	Fluxo de caixa do projeto até o ano	-636.000	164.500	573.300				-12.653
42	Horizonte: 3 anos							VPL
43	Benefícios líquidos até o ano	-600.000	167.000	174.800	181.600			
44	Variação da nec. de cap. de giro (Δ NCG)	-36.000	-2.500	-2.700				
45	Valor residual intermediário			-52.757	281.200			
46	Fluxo de caixa do projeto até o ano	-636.000	164.500	119.343	462.800			-40.116
47	Horizonte: 4 anos							VPL
48	Benefícios líquidos até o ano	-600.000	167.000	174.800	181.600	188.400		
49	Variação da nec. de cap. de giro (Δ NCG)	-36.000	-2.500	-2.700	-2.900			
50	Valor residual intermediário			0	-47.715	163.900		
51	Fluxo de caixa do projeto até o ano	-636.000	164.500	172.100	130.985	352.300		-5.186
52	Horizonte: 5 anos							VPL
53	Benefícios líquidos até o ano	-600.000	167.000	174.800	181.600	188.400	473.200	
54	Variação da nec. de cap. de giro (Δ NCG)	-36.000	-2.500	-2.700	-2.900	-3.100	44.865	
55	Valor residual intermediário			0	0	-23.253	0	
56	Fluxo de caixa do projeto até o ano	-636.000	164.500	172.100	178.700	162.047	518.065	222.395

Figura 4.14 Cálculo dos VPL sucessivos para o projeto com capital adicional.

Colocando os valores em um gráfico e comparando com os Projetos *A* e *B* anteriores, podemos verificar que a aplicação conjunta do Projeto *A* com o dinheiro a mais, necessário para o Projeto *B*, apresenta um perfil de VPL intermediário. Isso significa que a opção pelo Projeto *A* e a aplicação do resto do dinheiro com a taxa de atratividade é uma decisão de menor risco para a empresa do que empreender o Projeto *B*. A Figura 4.15 mostra os perfis de VPL dos projetos.

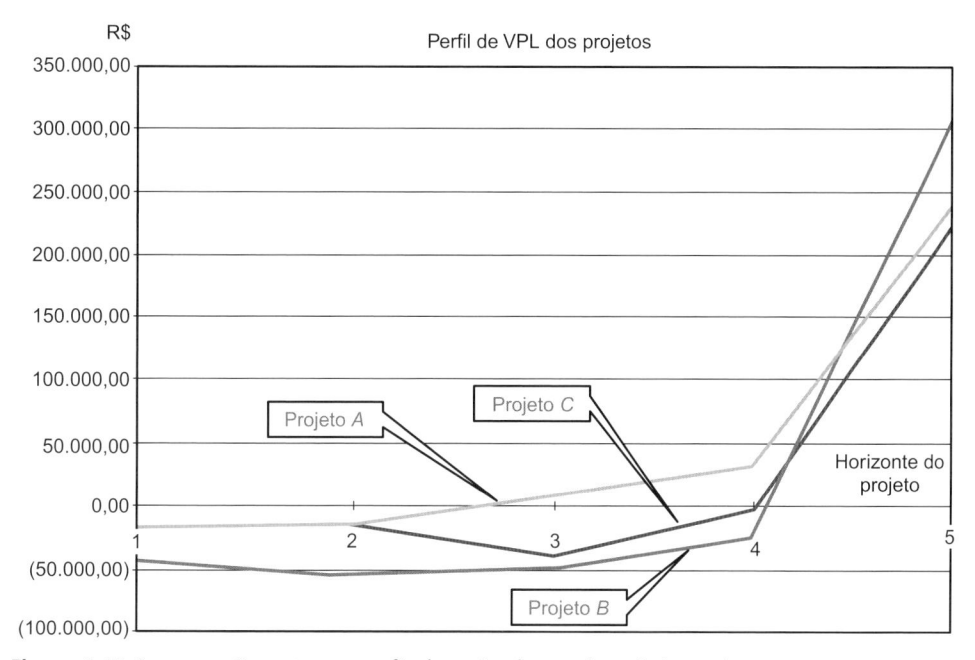

Figura 4.15 Comparação entre os perfis das três alternativas de investimento.

4.8 BENEFÍCIOS FISCAIS NOS PROJETOS

Como vimos, os projetos de investimento, geralmente, implicam a implantação ou expansão de ativos reais (imóveis, equipamentos etc.) com o objetivo de propiciar ao investidor a realização de lucros. Evidentemente, todas essas ações de aquisição de ativos e de obtenção de lucros são passíveis de tributação.

Se observarmos a estrutura de uma Demonstração do Resultado do Exercício (DRE), veremos que todas as decisões tomadas relativas à implantação e operação de um projeto de investimento (custos, financiamentos etc.) e as previsões realizadas quanto aos resultados obtidos, ou seja, receitas, estão contempladas na DRE.

A DRE é a peça de um balanço da empresa que visa a apurar, de maneira esquematizada, os resultados positivos ou negativos conseguidos em determinado exercício social, que serão transferidos para as contas do patrimônio líquido, ou seja, o lucro líquido final retido pela empresa. O quadro abaixo mostra uma estrutura padrão da DRE.

Estrutura da Demonstração do Resultado do Exercício

RECEITA BRUTA DE VENDAS E SERVIÇOS
(-) Deduções, descontos concedidos e devoluções
(-) Impostos sobre vendas
(=) RECEITA LÍQUIDA
(-) Custo dos Produtos Vendidos e dos Serviços Prestados
(=) LUCRO BRUTO
(-) Despesas de Vendas
(-) Despesas Administrativas
(-) Despesas Financeiras Líquidas
(-) Outras Despesas Operacionais
(+) Outras Receitas Operacionais
(-) Depreciação
(=) LUCRO OPERACIONAL
(-) Despesas Não Operacionais
(+) Receitas Não Operacionais
(=) LUCRO ANTES DO IMPOSTO DE RENDA
(-) Provisão para Imposto de Renda
(=) LUCRO LÍQUIDO ANTES DE PARTICIPAÇÕES
(-) Participações
(=) LUCRO LÍQUIDO DO EXERCÍCIO

Na implantação de um projeto de investimento, temos que decidir sobre questões que estarão refletidas, no final do exercício, em todas as contas da DRE, apresentando, portanto, consequências fiscais (custos ou benefícios). No entanto, duas decisões fundamentais para a análise dos projetos de investimento devem ser tomadas antecipadamente e vão influenciar o resultado líquido final alcançado: a posse ou não dos ativos (conta: depreciação) e o financiamento ou não do projeto (conta: despesas financeiras).

Vamos analisar essas duas decisões e avaliar seus impactos e benefícios fiscais no resultado líquido do projeto.

4.8.1 Depreciação

A depreciação é definida, em termos contábeis, como uma despesa referente à perda de valor dos ativos (exceto terrenos) utilizados pelas organizações para a produção e comercialização de seus produtos. A perda de valor ocorre por deterioração física ou obsolescência tecnológica, e a depreciação é vista como um aprovisionamento de capital que a empresa faz para repor o bem ao final de sua vida útil, dessa forma perpetuando sua capacidade produtiva.

Esse valor, embora represente uma parcela importante do custo de produção, não constitui um desembolso, ou seja, saída de dinheiro. Os valores correspondentes à depreciação deveriam teoricamente compor um fundo ou reserva de depreciação. Mas, como ninguém vai guardar esse dinheiro até a data da reposição do ativo, ele é reinvestido nas operações normais da empresa, tornando-se assim uma fonte de capitalização. Esse é o conceito econômico da depreciação que vamos utilizar na análise dos projetos de investimento e que, juntamente com a reserva de lucros retidos, forma o autofinanciamento da empresa.

A diminuição de valor dos ativos imobilizados é registrada periodicamente nas contas contábeis de:

Depreciação: quando corresponde à perda de valor por desgaste ou perda de utilidade por ação da natureza ou obsolescência tecnológica.

Exaustão: quando corresponde à perda de valor devido à exploração sem possibilidade de reposição, como jazidas de minérios.

Existem várias formas de contabilizar a depreciação, mas a legislação brasileira permite a depreciação linear, exceto em casos excepcionais comprovados. A depreciação linear é calculada da seguinte forma:

$$\text{QUOTA DE DEPRECIAÇÃO} = \frac{\text{CUSTO ORIGINAL} - \text{VALOR RESIDUAL}}{\text{VIDA ÚTIL ESPERADA}}$$

Vamos definir os valores da expressão acima:

Valor residual: corresponde ao valor que poderá ser apurado com sua venda, após o término de sua vida útil.

Vida útil: é o período de tempo em que o ativo permanece operacional, cumprindo suas finalidades originais. A vida útil é afetada por fatores normais de envelhecimento, como desgaste, e funcionais, como inadequação ou obsoletismo, resultantes do surgimento de substitutos mais aperfeiçoados.

No Brasil, a depreciação dos bens do ativo é um direito das empresas, regulado pela Secretaria da Receita Federal que determina taxas máximas e períodos de depreciação. A tabela abaixo mostra algumas taxas usuais:

Tipos de ativos	Alíquota (%)	Vida útil (anos)
Prédios e construções	4	25
Máquinas e equipamentos	10	10
Móveis e utensílios	10	10
Veículos e ferramentas	20	5

Para alguns tipos de bens, a lei permite coeficientes de depreciação acelerados, de acordo com sua utilização. Assim, se tomarmos como base o turno de 8 horas, aplicando o coeficiente 1, teremos para outras jornadas:

- dois turnos de 8 horas: coeficiente = 1,5
- três turnos de 8 horas: coeficiente = 2,0.

Esses coeficientes devem multiplicar as alíquotas de depreciação. Em caso de dúvida ou divergência quanto à real depreciação do bem devido a condições especiais de operação, a empresa pode solicitar uma perícia técnica que comprove a necessidade de uma depreciação mais acelerada.

Exemplo

Um projeto de investimento prevê a aplicação de $ 150.000,00, e, desse total, o valor de $ 100.000,00 refere-se à aquisição de equipamentos, cuja vida esperada é de 5 anos e o valor residual, $ 20.000,00. A tabela abaixo mostra as previsões de lucro bruto, já deduzidas todas as despesas, exceto depreciação, para os primeiros 5 anos de operação do projeto. Considerando a alíquota de imposto de renda de 34%, vamos calcular o benefício fiscal resultante da depreciação e a TIR do projeto, com e sem o benefício fiscal. A taxa de atratividade da empresa é 12% ao ano.

Ano	Lucro bruto
1	45.000,00
2	55.000,00
3	65.000,00
4	75.000,00
5	85.000,00

$$\text{QUOTA DE DEPRECIAÇÃO} = \frac{100.000 - 20.000}{5} = 16.000$$

Planilha com DRE:

Ano	0	1	2	3	4	5
Lucro bruto		45.000,00	55.000,00	65.000,00	75.000,00	85.000,00
(-) Depreciação		–16.000,00	–16.000,00	–16.000,00	–16.000,00	–16.000,00
(=) Lucro operacional		29.000,00	39.000,00	49.000,00	59.000,00	69.000,00
(-) Imposto de renda		–9.860,00	–13.260,00	–16.660,00	–20.060,00	–23.460,00
(=) Lucro líquido		19.140,00	25.740,00	32.340,00	38.940,00	45.540,00

Com os lucros líquidos calculados, podemos elaborar o fluxo de caixa final do projeto. Como a quota de depreciação foi deduzida na DRE para o cálculo do imposto, temos que retornar o seu valor, já que esse dinheiro pertence à empresa. A planilha abaixo mostra o fluxo de caixa do projeto.

Fluxo de caixa do projeto

Ano	0	1	2	3	4	5
Investimento	–150.000,00					
Lucro líquido		19.140,00	25.740,00	32.340,00	38.940,00	45.540,00
(+) Depreciação		16.000,00	16.000,00	16.000,00	16.000,00	16.000,00
Fluxo de caixa do projeto	–150.000,00	35.140,00	41.740,00	48.340,00	54.940,00	61.540,00

Calculando os indicadores de rentabilidade para o fluxo de caixa final do projeto, encontramos:

- TIR = 16,5%.
- VPL = R$ 28.496,14

Se utilizarmos a mesma DRE acima, mas desprezando o valor da quota de depreciação, encontraremos o seguinte fluxo de caixa do projeto:

Fluxo de caixa do projeto

Ano	0	1	2	3	4	5
Investimento	–150.000,00					
Lucro líquido		29.700,00	36.300,00	42.900,00	49.500,00	56.100,00
(+) Depreciação		0,00	0,00	0,00	0,00	0,00
Fluxo de caixa do projeto	–150.000,00	29.700,00	36.300,00	42.900,00	49.500,00	56.100,00

Calculando, encontramos:

- TIR = 11,8%.
- VPL = R$ 7.874,26

Assim, podemos observar que a utilização da depreciação para o cálculo do lucro líquido resultou no acréscimo de R$ 20.621,88 no VPL do projeto. É fácil calcular que esse valor corresponde exatamente ao valor presente dos benefícios fiscais anuais causados pela depreciação.

- Benefício fiscal anual = 0,34 × 16.000,00 = 5.440,00
- Valor presente da série uniforme resultante (10%, 5 anos) = 20.621,88

4.9 PONTO DE EQUILÍBRIO DO VPL

A rentabilidade de um projeto depende das previsões de receita e de custos, nestes incluídos os custos de depreciação. Por isso, torna-se importante a análise do ponto de equilíbrio econômico de um projeto como primeira avaliação do risco envolvido, na qual incluímos o custo do capital aplicado. Inicialmente, vamos ver o conceito contábil de ponto de equilíbrio.

O ponto de equilíbrio, em quantidades físicas, é calculado como o volume de vendas que deve ser obtido de forma a igualar o custo total e a receita total, conforme mostra a Figura 4.16.

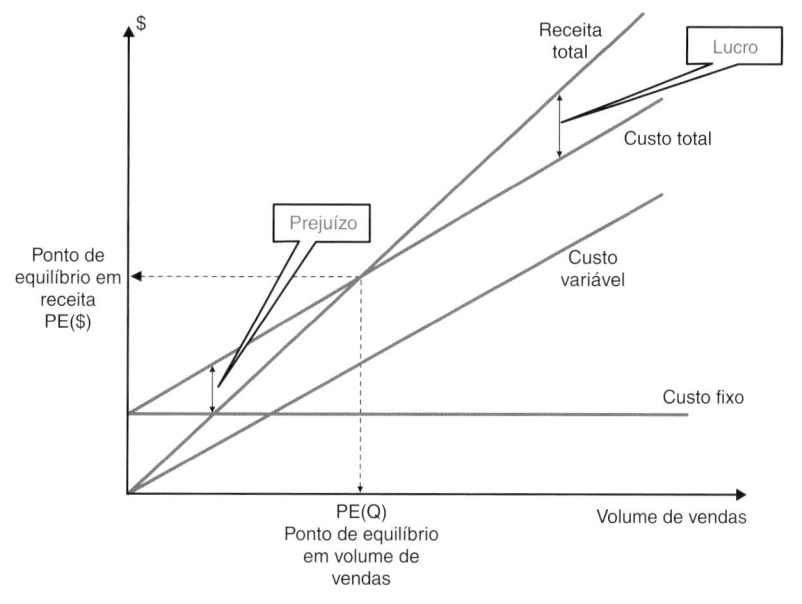

Figura 4.16 Ponto de equilíbrio.

Definindo:

PE(Q):   volume de vendas no ponto de equilíbrio

P: preço unitário do produto

CF: custo fixo, incluindo depreciação

CV: custo variável unitário

No ponto de equilíbrio: **RECEITA TOTAL = CUSTO TOTAL**

Logo: $\mathbf{P \times PE(Q) = CF + PE(Q) \times CV}$

Em que:

$$\mathbf{PE(Q) = \frac{CF}{P - CV}}$$

Em receita, o ponto de equilíbrio é calculado como:

$$\mathbf{PE(Q) \times P = \frac{CF}{P - CV} \times P}, \text{ou}$$

$$PE(\$) = \frac{CF}{1 - \frac{CV}{P}}$$

É claro que um projeto que apresenta previsões de venda apenas no nível do PE($) terá lucro líquido igual a zero e, com isso, sua TIR também será zero. No entanto, como o custo do capital aplicado no projeto não foi remunerado, na verdade estaremos obtendo uma TIR negativa. Dessa forma, para analisarmos o ponto de equilíbrio real de um projeto, precisamos incluir no custo fixo um componente que remunere o custo do capital aplicado.

Devemos, então, calcular o ponto de equilíbrio em VPL, ou seja, a receita que deve ser obtida para que o VPL seja igual a zero. Para isso, vamos desenvolver uma DRE paramétrica, em função das variáveis de um projeto.

Exemplo

DRE paramétrica

Simbologia:

VENDA = volume de vendas no ano

CVAR = custo variável unitário

CFIX = custo fixo total sem depreciação

DEP = depreciação anual

P = preço unitário

Além disso, para montar o fluxo de caixa do investimento, devemos considerar:

INV = Investimento ou valor investido no projeto = DEP × Vida útil

Vida útil = horizonte considerado do projeto

Receita	Venda
(-) Custo variável	$\text{VENDA} \times \dfrac{\text{CVAR}}{\text{P}}$
(-) Custo fixo	CFIX + DEP
(=) **Lucro tributável**	$\text{VENDA} - (\text{VENDA} \times \dfrac{\text{CVAR}}{\text{P}}) - (\text{CFIX} + \text{DEP})$
(-) Imposto de renda	$0,34 \cdot (\text{VENDA} - (\text{VENDA} \times \dfrac{\text{CVAR}}{\text{P}}) - (\text{CFIX} + \text{DEP}))$
(=) **Lucro líquido**	$0,66. \ (\text{VENDA} - (\text{VENDA} \times \dfrac{\text{CVAR}}{\text{P}}) - (\text{CFIX} + \text{DEP}))$

Fluxo de entradas do projeto = $\text{DEP} + 0,66. \ (\text{VENDA} - (\text{VENDA} \times \dfrac{\text{CVAR}}{\text{P}}) - (\text{CFIX} + \text{DEP})$

Vamos supor os seguintes dados:

1. CVAR = 8,00
2. CFIX = 80
3. DEP = 30

4. **P** = 10,00
5. **Vida útil** = 10 anos
6. **Investimento** = 10 × 30 = 300

O ponto de equilíbrio contábil é: **PE($)** = $\dfrac{110,00}{1 - \dfrac{8}{10}}$ = \$ 550,00

Para calcular o ponto de equilíbrio em VPL, devemos calcular VENDA de forma que o valor presente da série de entradas do projeto seja igual ao investimento. Ou seja:

Valor presente de (DEP + 0,66 · (VENDA – (VENDA × $\dfrac{CVAR}{P}$) – (CFIX + DEP))) = INV

Da expressão acima, concluímos que o ponto de equilíbrio em receita é dado por:

$$\text{VENDA} = \frac{\text{INV} + \text{FVA(i\%, n)} \cdot [0,66. (\text{CFIX} + \text{DEP}) - \text{DEP}]}{\text{FVA(i\%, n)} \times 0,66 \times (1 - \dfrac{\text{CVAR}}{\text{P}})}$$

Considerando a taxa de atratividade de 10%, podemos calcular:

Fator de valor atual da série de entradas: FVA (10%,10) = 6,1446

$$\text{VENDA} = \frac{300 + 6,1446 \cdot [0,66 \cdot (80 + 30) - 30]}{6,1446 \times 0,66 \times (1 - \dfrac{8}{10})} = 692,6$$

Podemos verificar que, quando consideramos a taxa de atratividade e calculamos o VPL nulo, o volume de vendas no ponto de equilíbrio passa de 550 para 692,6, ou seja, 26% a mais.

Com uma planilha de Excel, podemos avaliar a evolução do VPL com o volume de venda do produto. A Figura 4.17 mostra uma simulação para esse exemplo.

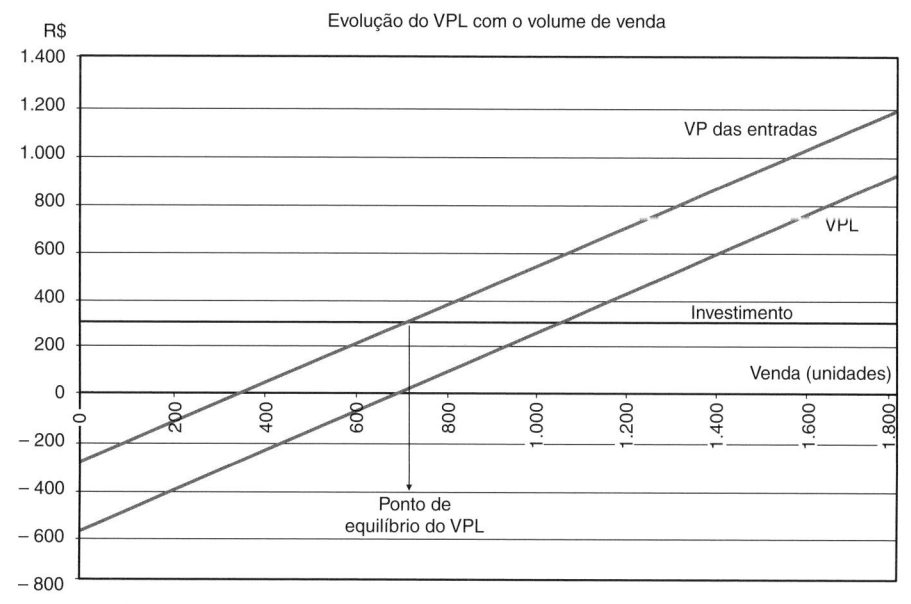

Figura 4.17 Evolução do VPL com o volume de venda.

Analisando a evolução da TIR para os vários níveis de venda, percebemos que, no ponto de equilíbrio, a TIR é exatamente igual ao custo do capital, o que comprova que, no ponto de equilíbrio, o capital está sendo remunerado. A Figura 4.18 mostra essa evolução da TIR.

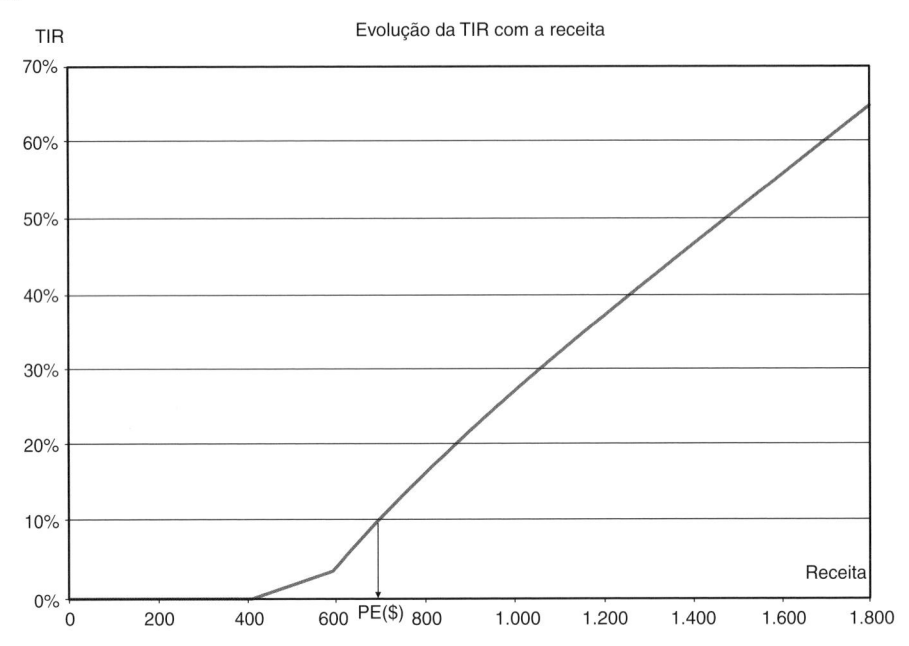

Figura 4.18 Evolução da taxa interna de retorno com a receita.

4.10 EXERCÍCIOS PROPOSTOS

4.10.1 Uma empresa de construção pesada analisa dois editais para privatização de duas rodovias. Após um levantamento cuidadoso das condições atuais das rodovias, a empresa elaborou os orçamentos para a recuperação das condições operativas das estradas. Com base na análise dos fluxos atuais de veículos e das perspectivas econômicas das regiões atendidas, a empresa concebeu dois projetos alternativos, com investimentos e fluxos de lucros líquidos. A tabela abaixo mostra os fluxos dos projetos. A taxa de atratividade, garantida pelo governo, é de 12% ao ano. Para a empresa, os projetos são mutuamente exclusivos, uma vez que ela pretende concorrer no leilão para uma só estrada. Pede-se determinar qual projeto deve ser empreendido por meio da análise do VPL e da TIR.

Ano	Projeto *A*	Projeto *B*
0	–120.000,00	–228.000,00
1	–75.000,00	82.000,00
2	32.000,00	–115.000,00
3	35.000,00	–46.800,00
4	38.000,00	65.000,00
5	41.000,00	75.000,00
6	44.000,00	85.000,00

(Continua)

Ano	Projeto *A*	Projeto *B*
7	47.000,00	95.000,00
8	50.000,00	105.000,00
9	53.000,00	115.000,00
10	56.000,00	125.000,00

Resposta: Projeto *B* – Fluxo incremental: TIR = 12,4%; VPL = $ 2.491,14.

4.10.2 Dois projetos mutuamente exclusivos estão sendo analisados por uma empresa, para a escolha de um deles. Os fluxos de caixa são mostrados na tabela abaixo. A taxa de atratividade da empresa é de 14,29%, mas ela só assumirá o projeto maior se a TIR do fluxo incremental for acima de 16%, porque não pretende imobilizar uma quantia muito grande nesse tipo de projeto para poder aproveitar outras oportunidades mais adiante. Verifique qual dos dois projetos a empresa deve empreender.

Ano	Projeto *A*	Projeto *B*
0	–12.000,00	–33.450,00
1	4.400,00	5.400,00
2	4.400,00	6.400,00
3	–6.500,00	6.800,00
4	4.400,00	7.800,00
5	4.800,00	8.800,00
6	5.200,00	9.800,00
7	5.600,00	10.800,00
8	6.000,00	11.800,00

Resposta: Projeto *A* – Fluxo incremental: TIR = 14,3% e VPL = $ 14,84.

4.10.3 O planejamento operacional de uma grande usina siderúrgica apresentou à direção geral cinco propostas para melhoria nos sistemas de abastecimento de água e gás da linha de laminação a quente. As propostas têm custos iniciais diferentes e apresentam vantagens de redução dos custos de produção. Por causa das características técnicas diferentes, em algumas propostas as reduções dos custos são crescentes e, em outros casos, as reduções são decrescentes. A tabela abaixo mostra os custos das propostas, as reduções dos custos do primeiro ano e as variações para mais ou para menos dos anos seguintes. Todas as propostas foram analisadas no horizonte de 6 anos. A taxa de atratividade da usina siderúrgica, para esse tipo de decisão, é de 10,8% ao ano. Decida qual das propostas deve ser implementada em primeiro lugar.

Elemento	Proposta *A*	Proposta *B*	Proposta *C*	Proposta *D*	Proposta *E*
Investimento inicial	71.000,00	25.000,00	62.000,00	48.800,00	86.300,00
Redução de custo no primeiro ano	16.600,00	5.500,00	15.750,00	13.600,00	20.000,00
Variação anual da redução do custo	+ 450	+ 400	–150	–600	+ 520

Resposta: Proposta *D*.

4.10.4 Uma distribuidora de bebidas planeja a construção de um novo centro de distribuição para atender uma determinada região. Quatro propostas foram apresentadas, com portes diferentes, em função da área geográfica que pode ser atendida.

Foram levantados os custos de implantação e os lucros líquidos esperados. A tabela abaixo apresenta os resultados desse levantamento, e, no último ano considerado, além do lucro líquido, os fluxos de caixa preveem o retorno do capital de giro empregado.

Ano	Fluxos de caixa das propostas			
	Proposta *A*	Proposta *B*	Proposta *C*	Proposta *D*
0	–48.000,00	–54.400,00	–60.100,00	–64.000,00
1	11.500,00	14.200,00	15.750,00	16.000,00
2	12.000,00	14.500,00	15.750,00	16.200,00
3	12.500,00	14.800,00	15.750,00	16.400,00
4	13.000,00	15.100,00	15.750,00	16.600,00
5	13.500,00	15.400,00	15.750,00	16.800,00
6	19.800,00	16.000,00	19.750,00	24.800,00

Para uma taxa de atratividade de 12% ao ano, qual das propostas é a mais vantajosa para a empresa?

Resposta: Proposta *D* – Fluxo incremental (*D-B*): VPL = $ 707,25 e TIR = 14%.

4.10.5 Uma empresa metalúrgica necessita comprar um equipamento para corte e dobra de chapa metálica e dois modelos foram oferecidos. O equipamento *A* tem vida útil estimada de 5 anos e custa R$ 85.000,00. O equipamento *B* é mais simples, custa R$ 51.499,00 e tem vida útil de apenas 3 anos. A tabela abaixo mostra os custos de aquisição e os custos anuais de manutenção dos dois equipamentos.

Ano	Fluxo de caixa	
	Equipamento *A*	Equipamento *B*
0	–85.000,00	–51.499,00
1	–5.500,00	–8.800,00
2	–6.000,00	–9.200,00
3	–6.500,00	–9.600,00
4	–7.000,00	
5	–7.500,00	

A empresa considera que, uma vez terminadas as vidas úteis, outros equipamentos similares poderão ser encontrados no mercado. Considerando que a taxa de atratividade da empresa é de 12% ao ano, qual dos dois equipamentos deve ser adquirido?

Resposta: Equipamento *A*.

4.10.6 A empresa metalúrgica do Exercício 4.10.5 acima pediu ao analista para realizar um teste de sensibilidade da decisão para outras taxas de atratividade. Caso a empresa adote as taxas de 15% ao ano e 16% ao ano, a decisão anterior ainda continua válida?

Resposta: Com 15% - indiferença; com 16% - equipamento *B*.

4.10.7 Uma cooperativa agrícola estuda a compra de um trator para reforçar sua frota de aluguel para os associados. Duas máquinas estão à venda no concessionário local do fabricante, sendo uma reformada, com 10 anos de vida útil e outra, nova, com vida útil estimada de 15 anos. O trator reformado tem um custo de aquisição de R$ 385.000,00, com valor residual de R$ 40.000,00. Para operá-lo, a cooperativa arcará com um custo médio de R$ 32.000,00 por ano, entre combustível, manutenção e seguros. A máquina nova tem o custo de aquisição de R$ 500.000,00, com valor residual de R$ 160.000,00. Por ser mais moderna, seu custo operacional anual é de R$ 20.000,00. Outros custos operacionais, como mão de obra de tratorista, não estão sendo considerados por serem comuns. A taxa de atratividade da cooperativa é de 12% ao ano. Qual deve ser o trator escolhido? Qual será a diferença de custo?

Resposta: Máquina nova – diferença de custo em 10 anos = R$ 3.846,17.

4.10.8 No Exercício 4.10.7, a diferença de custo final em 10 anos resultou em um valor pequeno, o que torna as máquinas praticamente equivalentes para a decisão. Assim, a direção da cooperativa pediu uma análise mais acurada, considerando que a sobrevida da máquina nova sobre a reformada deve ser avaliada pelo VRI. No entanto, a direção acredita que o custo inicial de manutenção será de R$ 27.500,00 por ano, com acréscimos anuais constantes de R$ 1.000,00, de forma que a média continue igual a R$ 32.000,00. Também quer alterar a taxa de atratividade para 13,2% ao ano. Qual será a decisão?

Resposta: Máquina nova – diferença de custo em 10 anos = R$ 32.809,07.

4.10.9 Uma empresa de agronegócios pretende arrendar áreas de fazendeiros de uma região do estado para a implantação de culturas de cana-de-açúcar destinadas à produção de etanol. Após visitas às fazendas da região, o planejamento da empresa concebeu dois projetos com áreas arrendadas de portes diferentes, em função dos requisitos específicos para a plantação da cana. O projeto A, de maior porte, requer um investimento inicial de R$ 20.600.000,00 e pode ser explorado por 10 anos. Exige um aporte de capital de giro de R$ 3.600.000,00 no ano de implantação e produz um lucro líquido anual inicial de R$ 4.100.000,00. Este lucro pode crescer 6% ao ano. O projeto B, de menor porte, requer um investimento inicial de R$ 14.600.000,00, aporte de capital de giro de R$ 2.400.000,00, produzindo um lucro líquido anual de R$ 3.680.000,00. O crescimento previsto para o lucro líquido é de 10% ao ano e o horizonte de exploração é de 6 anos. Com a taxa de atratividade de 15%, qual deve ser a decisão da empresa?

Resposta: Projeto A – TIR = 16,94%, Projeto B = TIR = 15,59%.

4.10.10 Um banco ofereceu para um cliente três opções de aplicação financeira em títulos vinculados a recebíveis de clientes comerciais. A pessoa aplica o dinheiro e recebe anualmente um rendimento que depende dos documentos de crédito dos clientes que são descontados nos bancos. O primeiro título, com prazo de 8 anos, requer uma aplicação de R$ 600.000,00 e garante uma remuneração no primeiro ano de R$ 72.000,00. O crescimento previsto da remuneração é de 5% ao ano. O segundo título requer uma aplicação de R$ 280.000,00, tem prazo de 6 anos e promete uma remuneração inicial de R$ 36.000,00, com crescimento anual de 10%. O título C exige uma aplicação de R$ 200.000,00, tem prazo de 5 anos e oferece remuneração inicial de R$ 28.000,00, com crescimento de 12%. O cliente quer ter uma remuneração mínima de 12%, que é oferecida por uma aplicação com mesmo nível de risco. No último ano do prazo da aplicação, além do rendimento, o aplicador recebe o capital integral de volta. Ele quer saber que decisão tomar: aplicar o valor maior no título A ou valor menor em outro título e o resto do dinheiro aplicar na oportunidade que lhe paga 12%?

Resposta: Título A: TIR = 13,86%;

Aplicação combinada B: TIR = 13,05%,

Aplicação combinada C: TIR = 12,87%

4.10.11 Uma construtora de apartamentos lançou no mercado de capitais dois certificados de recebíveis imobiliários (CRI) para captar dinheiro para financiar seus clientes. Ambos os certificados exigem uma aplicação inicial de R$ 250.000,00. O primeiro garante um retorno anual de R$ 100.000,00, durante 4 anos. O segundo garante um retorno anual de R$ 35.000,00, sem prazo de vencimento, ou seja, é um título perpétuo. A melhor opção de mercado garante ao investidor uma taxa de 10% ao ano. Ele quer saber se deve comprar o título perpétuo ou se é melhor aplicar no título de menor prazo e aplicar os valores recebidos no mercado de capitais.

Resposta: Aplicação conjunta: TIR = 17,8%; VPL = $ 53.734,93.

Série perpétua: TIR = 14%, VPL = 41.666,67.

BIBLIOGRAFIA

BLANK, L.T.; TARQUIM, A.J. *Engineering economy.* 4ª ed. Boston: McGraw-Hill, 1998.

BREALEY, R.; MYERS, S. *Principles of corporate finance.* 7ª ed. New York: McGraw-Hill Int. Book Co., 2003.

BREALEY, R.A.; MYERS, S.C.; MARCUS, A.J. *Fundamentals of corporate finance.* 3ª ed. New York: McGraw-Hill Higher Education, 2001.

CASAROTO FILHO, N.; KOPITTKE, B.H. *Análise de investimentos.* 9ª ed. São Paulo: Atlas, 2000.

CHRISSOS, J.; GILLET, R. *Décision d'investissement – gestion appliquée.* Paris: Pearson Education France, 2003.

EMERY, G.W. *Corporate finance principles and pratice.* Massachusetts: Addison-Wesley, 1998.

LAMBERT, G. *Choix d'investissements:* un nouvel outil de décision. Paris: Revue Française de Gestion: Março-Abril-Maio, p. 20-35,1988.

REBELATO, D. *Projeto de investimento.* Barueri: Manole, 2004.

SAMANEZ, C.P. *Gestão de investimentos e geração de valor.* São Paulo: Pearson Prentice-Hall, 2007.

THUESEN, G.J.; FABRYCKY, W.J. *Engineering economy.* 8ª ed. New Jersey: Prentice-Hall Int., 1993.

5

Modelos de Análise Econômica Aplicados em Decisões de Financiamento de Projetos

5.1 FINANCIAMENTO DO PROJETO

Até o presente momento, não fizemos consideração alguma sobre a origem do dinheiro. No entanto, a maior parte dos projetos recebe algum tipo de financiamento, e essa condição tem que ser tratada na avaliação da viabilidade.

Geralmente, consideramos a análise da viabilidade sob dois pontos de vista:

a) análise da viabilidade intrínseca do projeto, que depende apenas de seus méritos próprios (benefícios e custos): usualmente chamada de *avaliação econômica*;

b) análise da viabilidade do projeto condicionada à origem dos recursos, considerando benefícios e custos decorrentes do processo de financiamento: usualmente chamada de *avaliação econômico-financeira*.

A empresa, vista como um processo de criação de riqueza, recebe fundos de duas origens distintas:

Capital próprio: capital pertencente aos acionistas, representado pelos aportes externos e pelos lucros gerados pela empresa;

Capital de terceiros: é o capital que entra na empresa através dos financiamentos e empréstimos de qualquer natureza: bancos, fornecedores, retenção de impostos etc.

A Figura 5.1 mostra os fluxos financeiros que ligam as origens com as aplicações em projetos de investimento.

Para a análise da atratividade de um projeto, é importante considerar cuidadosamente os fluxos de financiamento, já que estes poderão alterar significativamente a atratividade dos projetos. Além disso, o tratamento fiscal dado aos componentes de uma prestação de um empréstimo é diferente:

a) Despesas financeiras de capital: são dedutíveis do lucro tributável para cálculo do imposto de renda, gerando um benefício fiscal;

b) Amortizações dos financiamentos: são deduzidas do lucro após o imposto de renda, ou seja, do dinheiro do acionista.

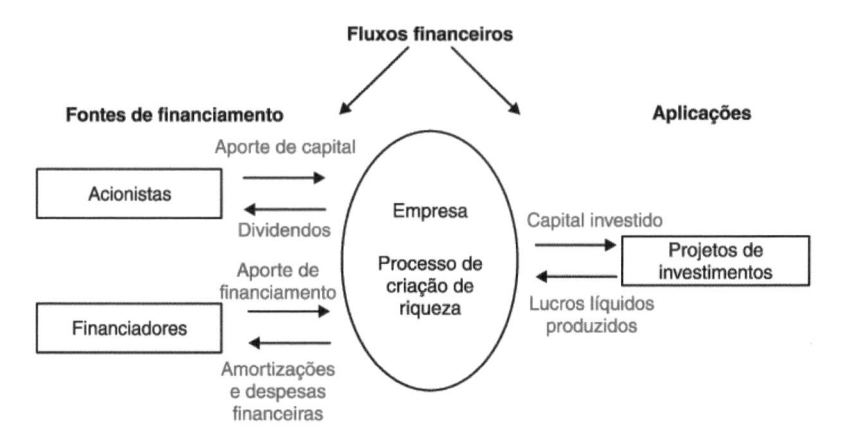

Figura 5.1 Representação dos fluxos financeiros da empresa.

5.2 BENEFÍCIO FISCAL DO FINANCIAMENTO

O benefício fiscal do financiamento de um projeto aparece porque as despesas financeiras são deduzidas do lucro bruto para efeito de cálculo do lucro tributável. Ou seja, o juro pago pelo empréstimo é considerado um custo de produção (Capítulo 4, item 4.8).

As alíquotas de imposto de renda (IR) e da contribuição social sobre o lucro líquido (CSLL) são definidas pela Secretaria da Receita Federal e, atualmente, estão em:

IR = 15% sobre o lucro tributável (mais 10% sobre a parcela que exceder R$ 240.000,00 – R$ 20.000,00 por mês)

CSLL = 9,0% sobre o lucro tributável

Para obtermos o juro final pago pelo empréstimo, temos que excluir do valor da prestação o valor da amortização, que é a devolução do dinheiro emprestado. Vamos, então, analisar os sistemas usuais de amortização de dívidas, para visualizarmos melhor a parcela de juro embutida na prestação.

5.3 SISTEMAS DE AMORTIZAÇÃO DE DÍVIDAS

A forma de pagamento de uma dívida tem grande importância para uma empresa ou para a avaliação da atratividade de um projeto, já que o tratamento fiscal dado à amortização é diferente do tratamento fiscal do juro pago.

Os três principais sistemas de amortização de dívidas são:

a) Sistema de Prestação Constante ou Sistema Francês de Amortização;

b) Sistema de Amortização Constante;

c) Sistema Misto de Amortização.

5.3.1 Sistema de Prestações Constantes

É também conhecido como Sistema Francês de Amortização ou Sistema Price (Tabela Price), por ter sido desenvolvido originalmente na França. O nome Tabela Price se originou do matemático francês Richard Price, que produziu tabelas com juros compostos para o cálculo de pagamentos de dívidas.

É o sistema mais utilizado no Brasil para pagamento de dívidas no chamado Crédito Direto ao Consumidor, quando as pessoas compram bens financiados em lojas, ou tomam empréstimos bancários, principalmente vinculados à compra de bens.

Matematicamente, o conjunto de pagamentos forma uma Série Uniforme de Pagamentos e é calculado pelo Fator de Recuperação de Capital (FRC). Assim, temos:

Valor da dívida contraída: P

Prazo: n $\qquad$ **Prestação** $= R = P \times \mathbf{FRC}(i, n)$

Taxa de juro: i

A prestação é composta de duas parcelas:

$$\text{PRESTAÇÃO} = \text{AMORTIZAÇÃO} + \text{JURO}.$$

Por se tratar de uma série uniforme de pagamentos, veremos que a parcela de juro decresce ao longo do período de pagamento, enquanto a parcela da amortização cresce. A Figura 5.2 mostra a evolução das duas parcelas.

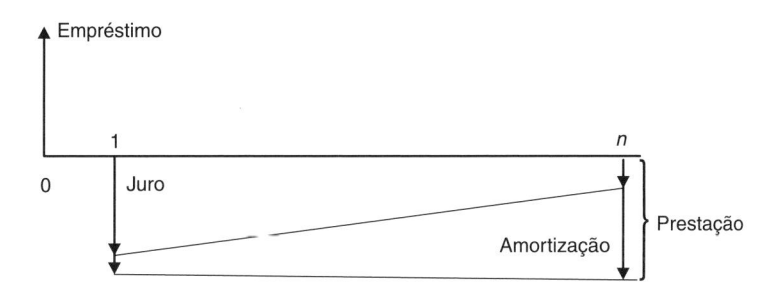

Figura 5.2 Evolução das parcelas de juros e amortização.

Exemplo

Uma empresa financia um caminhão tomando um empréstimo de R$ 100.000,00 para pagamento em 10 prestações, com a taxa de juro igual a 2,5% ao mês. Vamos calcular o valor da prestação e calcular mensalmente a parcela relativa à amortização e a parcela correspondente aos juros pagos.

- FRC (2,5%, 10) = 0,114259
- Prestação mensal: 100.000 × 0,114259 = R$ 11.425,90

Vamos agora detalhar as parcelas de juro e amortização, usando o MS-Excel para calcular os valores. A Figura 5.3 mostra os resultados. Observe que as funções utilizadas para cálculo das parcelas estão mostradas em destaque.

	A	B	C	D	E	F	G	H
1	Sistema de prestações constantes (Tabela Price) - Cálculo dos juros pagos							
2								
3	Valor do empréstimo			100.000,00	R$			
4	Taxa de juro			2,5%	ao mês			
5	Número de prestações			10				
6					=-IPGTO($D$4;B13;$D$5;$C$10)			
7	=-PGTO(D4;D5;D3)		=-PPGTO($D$4;B12;$D$5;$C$10)					
8	Planilha do empréstimo							
9		Mês	Saldo devedor	Prestação	Parcela de amortização	Parcela de juro		
10		0	100.000,00					
11		1	91.074,12	11.425,88	8.925,88	2.500,00		
12		2	81.925,10	11.425,88	9.149,02	2.276,85		
13		3	72.547,35	11.425,88	9.377,75	2.048,13		
14		4	62.935,16	11.425,88	9.612,19	1.813,68		
15		5	53.082,66	11.425,88	9.852,50	1.573,38		
16		6	42.983,85	11.425,88	10.098,81	1.327,07		
17		7	32.632,57	11.425,88	10.351,28	1.074,60		
18		8	22.022,51	11.425,88	10.610,06	815,81		
19		9	11.147,20	11.425,88	10.875,31	550,56		
20		10	0,00	11.425,88	11.147,20	278,68		

Figura 5.3 Detalhamento das parcelas de juros e amortizações no sistema Tabela Price.

5.3.2 Sistema de Amortizações Constantes (SAC)

Ao contrário do sistema anterior, em que as amortizações crescem à medida que os pagamentos são efetuados, no SAC, como o próprio nome indica, todas as amortizações são iguais. Nesse caso, então, as prestações são decrescentes, uma vez que os juros decrescem. A Figura 5.4 mostra simbolicamente a evolução das parcelas.

Figura 5.4 Evolução das parcelas de juros e amortização no SAC.

Vamos desenvolver as expressões matemáticas. Para isso, seja:

P = valor do financiamento

i = taxa efetiva de juro por período

A = amortização

J_k = juro no período k

PR_k = prestação do período k

SD_k = saldo devedor no período k

n = prazo do financiamento

Amortização: $A = \dfrac{P}{n}$

Cálculo do valor do juro por período:

Período 1: $J_1 = i \cdot P$

Período 2: $J_2 = i \cdot (P - A) = i \cdot (P - P/n)$

Período 3: $J_3 = i \cdot (P - P/n - P/n) = i \cdot (P - 2 \cdot P/n)$

$\vdots \qquad\qquad \vdots$

Período k: $J_k = i \cdot [P - \dfrac{(k-1) \cdot P}{n}]$

Cálculo da prestação: $PR_k = A + J_k$

Cálculo do saldo devedor por período:

Período 0: $SD_0 = P$

Período 1: $SD_1 = P - \dfrac{P}{n}$

Período 2: $SD_2 = P - \dfrac{2 \cdot P}{n}$

$\vdots \qquad\qquad \vdots$

Período k: $SD_2 = P - \dfrac{k \cdot P}{n}$

O juro por período também pode ser escrito: $J_k = i \cdot SD_{k-1}$

Exemplo

Para o mesmo exemplo acima, vamos calcular a evolução das parcelas de amortização e juros através da planilha de MS-Excel. A Figura 5.5 mostra os resultados.

	A	B	C	D	E	F	G
1			Sistema de amortização constante - Cálculo dos juros pagos				
2							
3	Valor do empréstimo			100.000,00	R$		
4	Taxa de juro			2,5%	ao mês		
5	Número de prestações			10			
6		=E12+F12)			=D3/D5		
7							
8	Amortização mensal			10.000,00		=C11*$D$4	
9	Planilha do empréstimo						
10		Mês	Saldo devedor	Prestação	Parcela de amortização	Parcela de juro	
11		0	100.000,00				
12		1	90.000,00	12.500,00	10.000,00	2.500,00	
13		2	80.000,00	12.250,00	10.000,00	2.250,00	
14		3	70.000,00	12.000,00	10.000,00	2.000,00	
15		4	60.000,00	11.750,00	10.000,00	1.750,00	
16		5	50.000,00	11.500,00	10.000,00	1.500,00	
17		6	40.000,00	11.250,00	10.000,00	1.250,00	
18		7	30.000,00	11.000,00	10.000,00	1.000,00	
19		8	20.000,00	10.750,00	10.000,00	750,00	
20		9	10.000,00	10.500,00	10.000,00	500,00	
21		10	0,00	10.250,00	10.000,00	250,00	

Figura 5.5 Evolução das parcelas de amortização e juro no sistema SAC.

5.3.3 Sistema de Amortização Misto (SAM)

Criado pelo Sistema Financeiro da Habitação para uso nos contratos de financiamento de imóveis, esse sistema é uma média dos dois sistemas anteriores. As prestações, amortizações e parcelas de juros são calculadas como as médias aritméticas das prestações, amortizações e juros dos Métodos de Prestações Constantes e de Amortizações Constantes.

Exemplo

Vamos usar o mesmo exemplo anterior e calcular os valores pelo Método SAM, usando uma planilha de MS-Excel. A Figura 5.6 mostra os resultados. Nessa figura, reproduzimos as planilhas do Sistema de Pagamentos Constantes e de Amortização Constante.

Observe que todos os elementos da planilha no SAM são calculados como a média aritmética dos correspondentes elementos nas duas outras planilhas. As fórmulas estão mostradas a seguir na Figura 5.6.

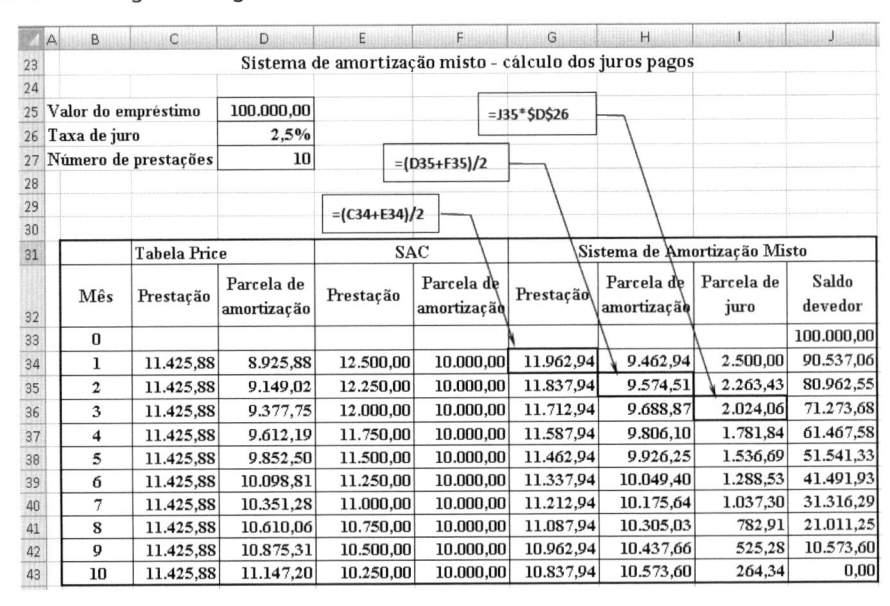

Figura 5.6 Cálculo dos elementos do SAM.

Exemplo

Um apartamento está sendo negociado com um financiamento de R$ 100.000,00, por um prazo de 15 anos. A taxa de juro é de 1% ao mês. Usando a planilha acima, vamos analisar cada um dos sistemas de amortização para verificar os efeitos para o comprador, conforme mostra a Figura 5.7. Não vamos considerar nenhuma correção devido à inflação.

Vamos comparar o total de juros pagos em cada sistema:

Sistema Tabela Price: R$ 116.025,30

Sistema SAC: R$ 90.500,00

Sistema SAM: R$ 103.265,13

	Mês	Sistema de prestação constante				Sistema de amortização constante				Sistema de amortização misto			
		Saldo devedor	Prestação	Parcela de amortização	Parcela de juro	Saldo devedor	Prestação	Parcela de amortização	Parcela de juro	Prestação	Parcela de amortização	Parcela de juro	Saldo devedor
	0	100.000,00	0,00	0,00	0,00	100.000,00	0,00	0,00	0,00	0,00	0,00	0,00	100.000,00
	1	99.799,83	1.200,17	200,17	1.000,00	99.444,44	1.555,56	555,56	1.000,00	1.377,86	377,86	1.000,00	99.622,14
	2	99.597,66	1.200,17	202,17	998,00	98.888,89	1.550,00	555,56	994,44	1.375,08	378,86	996,22	99.243,28
	3	99.393,47	1.200,17	204,19	995,98	98.333,33	1.544,44	555,56	988,89	1.372,31	379,87	992,43	98.863,40
	4	99.187,24	1.200,17	206,23	993,93	97.777,78	1.538,89	555,56	983,33	1.369,53	380,89	988,63	98.482,51
	5	98.978,94	1.200,17	208,30	991,87	97.222,22	1.533,33	555,56	977,78	1.366,75	381,93	984,83	98.100,58
	6	98.768,56	1.200,17	210,38	989,79	96.666,67	1.527,78	555,56	972,22	1.363,97	382,97	981,01	97.717,61
	7	98.556,08	1.200,17	212,48	987,69	96.111,11	1.522,22	555,56	966,67	1.361,20	384,02	977,18	97.333,60
	8	98.341,47	1.200,17	214,61	985,56	95.555,56	1.516,67	555,56	961,11	1.358,42	385,08	973,34	96.948,51
	9	98.124,72	1.200,17	216,75	983,41	95.000,00	1.511,11	555,56	955,56	1.355,64	386,15	969,49	96.562,36
	10	97.905,80	1.200,17	218,92	981,25	94.444,44	1.505,56	555,56	950,00	1.352,86	387,24	965,62	96.175,12
	⋮	⋮	⋮	⋮	⋮	⋮	⋮	⋮	⋮	⋮	⋮	⋮	⋮
	174	6.955,55	1.200,17	1.119,42	80,75	3.333,33	594,44	555,56	38,89	897,31	837,49	59,82	5.144,44
	175	5.824,93	1.200,17	1.130,61	69,56	2.777,78	588,89	555,56	33,33	894,53	843,08	51,44	4.301,36
	176	4.683,01	1.200,17	1.141,92	58,25	2.222,22	583,33	555,56	27,78	891,75	848,74	43,01	3.452,62
	177	3.529,68	1.200,17	1.153,34	46,83	1.666,67	577,78	555,56	22,22	888,97	854,45	34,53	2.598,17
	178	2.364,81	1.200,17	1.164,87	35,30	1.111,11	572,22	555,56	16,67	886,20	860,21	25,98	1.737,96
	179	1.188,29	1.200,17	1.176,52	23,65	555,56	566,67	555,56	11,11	883,42	866,04	17,38	871,92
	180	0,00	1.200,17	1.188,29	11,88	0,00	561,11	555,56	5,56	880,64	871,92	8,72	0,00
	TOTAIS		216.030,25		116.030,25		190.500,00		90.500,00	203.265,13		103.265,13	

Comparação entre os três sistemas de amortização de uma dívida

Valor do empréstimo	100.000,00	R$
Taxa de juro	1,0%	ao mês
Número de prestações	180	

Figura 5.7 Comparação dos sistemas de pagamento do empréstimo.

Observe que, no Sistema SAC, o tomador do empréstimo paga uma quantia bem menor de juros. Isso se deve ao fato de que ele paga uma amortização bem maior no início do contrato. A grande desvantagem, para o tomador, é que as prestações iniciais são muito mais elevadas.

O Sistema SAM é exatamente um meio termo, de forma a tornar o processo de pagamento mais suave para o tomador do empréstimo e não onerá-lo muito nos encargos de juros.

A Figura 5.8 mostra a evolução das prestações nos três sistemas. No caso desse financiamento (prazo 180 meses e juros de 1% ao mês), o número de prestações em que os sistemas se igualam é 65.

Caso o financiador permita a escolha do sistema de amortização e caso o tomador tenha condições de arcar com prestações iniciais mais elevadas, não há dúvida de que o Sistema SAC é melhor.

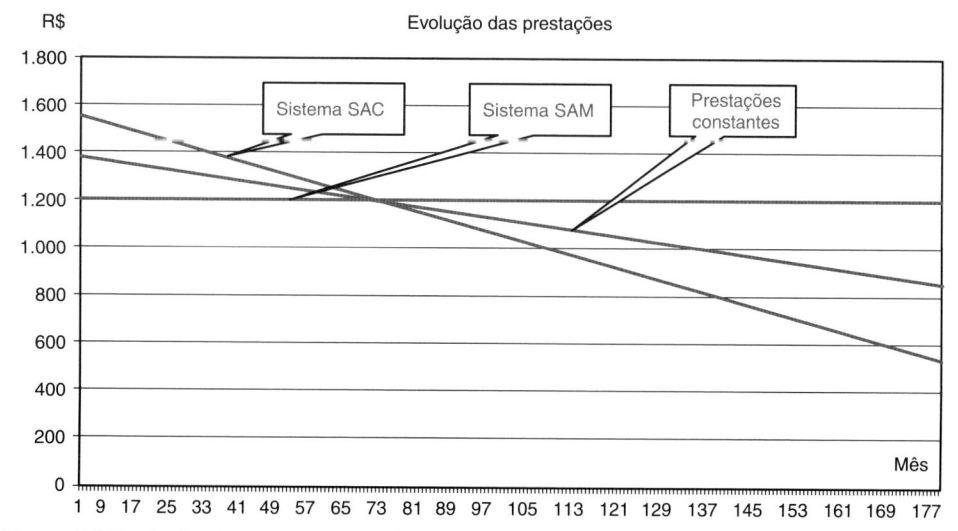

Figura 5.8 Evolução das prestações ao longo do prazo de financiamento.

Exemplo

Um candidato a financiamento habitacional analisa uma proposta com as seguintes características:

Valor do financiamento: R$ 50.000,00

Taxa de juro: 12% ao ano, mais correção pela taxa referencial (TR)

Prazo: 10 anos.

Vamos simular a evolução das prestações em dois planos de financiamento: Tabela Price e Sistema SAC, levando em conta a correção das prestações e do saldo devedor pela TR. A TR será estimada em 0,2149% ao mês.

a) Financiamento pela Tabela Price

Os valores estão mostrados na Figura 5.9. Observe que as fórmulas utilizadas na planilha de MS-Excel estão mostradas em destaque. Nesse sistema de financiamento, temos:

- Prestação inicial: R$ 699,74
- Prestação final: R$ 926,20
- Valor total pago ao agente financiador: R$ 96.278,70
- Valor total dos juros pagos: R$ 37.881,20

Figura 5.9 Simulação do financiamento pela Tabela Price.

b) Financiamento pelo sistema SAC

Os valores estão mostrados na Figura 5.10. As fórmulas utilizadas na planilha de MS-Excel para o cálculo do valor do juro mensal e da atualização do saldo devedor são idênticas às mostradas acima para a planilha da Tabela Price.

Nesse sistema de financiamento, temos:

- Prestação inicial: R$ 891,11
- Prestação final: R$ 552,48
- Valor total pago ao agente financiador: R$ 88.682,14
- Valor total dos juros pagos: R$ 31.627,60

						Mês		Saldo devedor	Prestação	Amortização	Juro

Sistema SAC aplicado a financiamento imobiliário - correção pela TR

	A	B	C	D	E	F	G	H	I	J	K	L	M	N
3	Valor do empréstimo			50.000,00		Mês		Saldo devedor		Prestação		Amorti-zação		Juro
4														
5	Taxa mensal de juro			0,949%		0		50.000,00						
6						1		49.691,80		891,11		415,65		475,46
7	Prazo em meses			120		2		49.382,94		888,18		415,65		472,53
8						3		49.073,42		885,24		415,65		469,59
9						4		48.763,23		882,30		415,65		466,65
10						5		48.452,38		879,35		415,65		463,70
11	Taxa Referencial - TR			0,2149%		6		48.140,85		876,39		415,65		460,74
12						7		47.828,66		873,43		415,65		457,78
13	*Cálculo da prestação inicial*					8		47.515,80		870,46		415,65		454,81
14	Amortização Inicial			416,67		9		47.202,26		867,48		415,65		451,84
15	Juro inicial			474,44		10		46.888,05		864,50		415,65		448,85
16	Prestação inicial			891,11		11		46.573,17		861,51		415,65		445,87
17						12		46.257,61		858,52		415,65		442,87
18	*Cálculo da prestação do mês 13*					13		45.929,65		867,24		427,37		439,87
19	Amortização			428,31		14		45.600,98		864,12		427,37		436,75
20	Juro			438,93		15		45.271,61		861,00		427,37		433,63
21	Prestação do mês 13			867,24		16		44.941,53		857,86		427,37		430,50
121						⋮		⋮		⋮		⋮		⋮
122														
123						118		1.186,36		564,14		547,69		16,45
124						119		641,22		558,97		547,69		11,28
125						120		94,91		553,78		547,69		6,10
126								TOTAL:		88.708,47		57.057,87		31.650,60

Figura 5.10 Simulação do financiamento pelo Sistema SAC.

Observe que, se o comprador puder escolher o plano de financiamento, certamente escolherá o sistema SAC.

5.3.4 Compensação do Imposto de Renda e da Contribuição Social

A legislação brasileira permite que o prejuízo apurado em um exercício fiscal seja compensado nos exercícios seguintes por prazo indeterminado, com a restrição de não ultrapassar 30% do lucro do exercício por compensação. Na prática, cabe à empresa decidir se deve ou não compensar o prejuízo de um exercício nos exercícios futuros.

Para a avaliação econômica dos projetos de investimento, essa compensação introduz um fator exógeno que tem impacto na rentabilidade final do projeto, podendo interferir na decisão.

5.4 AVALIAÇÃO DE UM PROJETO CONSIDERANDO OS BENEFÍCIOS FISCAIS

Podemos agora avaliar um projeto de investimento levando em consideração os benefícios fiscais obtidos com a depreciação e com o financiamento contratado. Vamos analisar o exemplo seguinte.

Exemplo

Uma empresa planeja realizar um investimento no valor total de R$ 500.000,00, com desembolso previsto de 20% imediatamente, de 70% no final do primeiro ano e 10% no segundo ano. Além desse valor, haverá ainda a necessidade de um aporte de R$ 100.000,00 para acréscimo do capital de giro, no segundo ano. As receitas e custos totais previstos para o projeto, a partir do segundo ano, são mostrados na tabela a seguir:

Ano	Receitas previstas R$	Custos e despesas totais R$
2	280.000,00	150.000,00
3	350.000,00	220.000,00
4	400.000,00	240.000,00
5	500.000,00	300.000,00
6	550.000,00	310.000,00

A empresa recebeu uma proposta de um financiamento para os equipamentos no valor de R$ 300.000,00, com as seguintes condições:

1. R$ 150.000,00 no início do projeto
2. R$ 150.000,00 no ano 1
3. Taxa de juro: 20% ao ano
4. Carência no primeiro ano, com incorporação do juro ao saldo devedor
5. Pagamentos semestrais, pela Tabela Price
6. Número de parcelas: 6

A vida útil da instalação está prevista para 5 anos, com um valor residual estimado de R$ 150.000,00. A taxa de atratividade da empresa é 12% ao ano.

Planilhas para cálculo dos valores

1) Cálculo das prestações e dos juros pagos no financiamento

A planilha abaixo mostra o cálculo da dívida acumulada no período de carência, as prestações semestrais e o juro semestral. Como o fluxo de caixa do projeto será desenvolvido na base anual, calculamos também o total pago por ano e o juro anual para o cálculo do imposto de renda.

Planilha de cálculo de prestações e juros

Ano	Semestre	Dívida	Prestação	Juro	Amortização	Pagamento do ano	Juro pago no ano
0		150.000,00					
1		330.000,00					
	1		74.761,84	31.496,89	43.264,96		
2	2		74.761,84	27.367,46	47.394,38	149.523,69	58.864,35
	1		74.761,84	22.843,90	51.917,95		
3	2		74.761,84	17.888,58	56.873,26	149.523,69	40.732,48
	1		74.761,84	12.460,31	62.301,54		
4	2		74.761,84	6.513,93	68.247,91	149.523,69	18.974,24

Total   448.571,06 118.571,06

2) Cálculo da quota de depreciação

Cálculo da depreciação: $QUOTA\ ANUAL = \dfrac{500.000 - 150.000}{5} = 70.000$

3) Cálculo da demonstração de resultados do exercício (DRE) – Lucro líquido do projeto

A tabela abaixo calcula o lucro líquido produzido pelo projeto após a consideração dos benefícios fiscais produzidos pela depreciação e pelos juros pagos pelo empréstimo.

DRE – Cálculo do lucro líquido

Ano	2	3	4	5	6
Receita prevista	280.000,00	350.000,00	400.000,00	500.000,00	550.000,00
(–) Custos e despesas totais	–150.000,00	–220.000,00	–240.000,00	–300.000,00	–310.000,00
(=) Lucro bruto	130.000,00	130.000,00	160.000,00	200.000,00	240.000,00
(–) Depreciação	–70.000,00	–70.000,00	–70.000,00	–70.000,00	–70.000,00
(–) Despesas financeiras	–58.864,35	–40.732,48	–18.974,24		
(=) Lucro operacional	1.135,65	19.267,52	71.025,76	130.000,00	170.000,00
(–) IR + CSLL (34%)	–386,12	–6.550,96	–24.148,76	–44.200,00	–57.800,00
(=) Lucro líquido	749,53	12.716,56	46.877,00	85.800,00	112.200,00

4) Fluxo de caixa do projeto (primeira versão da planilha)

Finalmente, podemos montar o fluxo de caixa do projeto com as seguintes considerações:

a) Fluxo do investimento: representa o dinheiro total aplicado no projeto, segundo o cronograma de desembolso;

b) Fluxo de aporte do financiamento: valores recebidos do financiador, conforme cronograma;

c) Pagamento das amortizações: é a devolução do capital para o financiador, conforme regras contratuais;

d) Aporte de capital de giro: valor aplicado no início das operações e que estará disponível no final do projeto na forma de dinheiro ou de bens em estoque;

e) Valor residual: é o valor estimado final dos bens depreciáveis;

f) Fluxo de lucros líquidos: são os lucros líquidos produzidos pelo projeto, já descontados os juros pagos e considerados os benefícios fiscais;

g) Depreciações: são incluídas no fluxo do projeto porque foram deduzidas na DRE para cálculos dos lucros líquidos, mas representam dinheiro para a empresa.

Planilha do fluxo de caixa total do projeto – primeira versão

Ano	0	1	2	3	4	5	6
Fluxo de investimento	–100.000	–350.000	50.000,00				
Fluxo de aporte do financiamento	150.000	150.000					
Fluxo de pagamento das amortizações			–90.659,34	–108.791,21	–130.549,45		
Aporte de capital de giro			–100.000,00				100.000,00
Valor residual							150.000,00
Fluxo dos lucros líquidos			749,53	12.716,56	46.877,00	85.800,00	112.200,00
Depreciações anuais			70.000,00	70.000,00	70.000,00	70.000,00	70.000,00
Fluxo de caixa do projeto	50.000	–200.000	–169.909,81	–26.074,64	–13.672,45	155.800,00	432.200,00

Aplicando as funções financeiras do MS-Excel no fluxo de caixa do projeto, encontramos:

- **TIR = 13,6%**
- **VPL** (a 12%) = **$ 16.100,08**

Segunda versão da planilha do fluxo de caixa do projeto

Podemos construir outra planilha para o fluxo de caixa do projeto, sob a óptica de fluxos reais de recebimentos e pagamentos, da seguinte forma:

a) Fluxo de investimento: saídas reais do dinheiro, conforme planilha anterior;

b) Fluxo de financiamento: recebimentos conforme cronograma e pagamentos das prestações do empréstimo;

c) Fluxo de lucros brutos reais produzidos pelo projeto (receitas menos custos e despesas);

d) Fluxo de pagamento do imposto de renda, já considerando os benefícios fiscais;

e) Capital de giro e valor residual: iguais à versão anterior.

Planilha do fluxo de caixa do projeto – segunda versão

Ano	0	1	2	3	4	5	6
Fluxo de investimento	−100.000,00	−350.000,00	−50.000,00				
Fluxo do financiamento	150.000,00	150.000,00	−149.523,69	−149.523,69	−149.523,69		
Fluxo dos lucros brutos			130.000,00	130.000,00	160.000,00	200.000,00	240.000,00
Fluxo do IR			−386,12	−6.550,96	−24.148,76	−44.200,00	−57.800,00
Aporte de capital de giro			−100.000,00				100.000,00
Valor residual							150.000,00
Fluxo de caixa do projeto	50.000,00	−200.000,00	−169.909,81	−26.074,64	−13.672,45	155.800,00	432.200,00

Evidentemente, os indicadores de atratividade são os mesmos:

- **TIR = 13,6%**
- **VPL** (a 12%) = **$ 16.100,08**

Observação Se tentarmos calcular a TIR com a utilização da HP 12C, vamos encontrar uma indicação de "**Error 3**". Isso significa que o fluxo de caixa do projeto apresenta duas TIR. Se analisarmos o gráfico do VPL em função da taxa de desconto, vamos encontrar a segunda TIR igual a 373,4%.

5.5 ANÁLISE DA INFLUÊNCIA DO FINANCIAMENTO NO RESULTADO DO PROJETO

O financiamento de um projeto pode ter reflexos positivos nos indicadores de rentabilidade TIR e VPL, aumentando os valores, ou reflexos negativos, com redução dos valores, dependendo da relação entre a taxa de juro do financiamento e a taxa de desconto utilizada.

Em nosso exemplo anterior, a taxa de juro do financiamento foi de 20%, superior à taxa de desconto de 12%. Para analisarmos a influência da taxa de juro superior à taxa de desconto, vamos resolver o mesmo problema, porém considerando que a empresa utilizará apenas recursos próprios, sem financiamento algum.

Em uma segunda etapa, vamos resolver outra vez o problema, considerando que a empresa pode obter, em algum órgão de fomento do governo, uma taxa de juro subsidiada para o financiamento. Utilizaremos a taxa de 8% e compararemos os resultados com o projeto sem financiamento.

Primeiro caso   Projeto executado com recursos próprios

Nesse caso, como não temos financiamento, não teremos o benefício fiscal produzido pelo juro. Assim, não temos que calcular a planilha do financiamento.

a) Cálculo do imposto de renda e do lucro líquido – DRE

Utilizamos a mesma planilha do caso anterior, apenas considerando que o juro pago tem valor zero. O resultado pode ser visto na planilha abaixo.

Planilha para cálculo do lucro líquido

Ano	2	3	4	5	6
Receita prevista	280.000,00	350.000,00	400.000,00	500.000,00	550.000,00
(–) Custos totais	–150.000,00	–220.000,00	–240.000,00	–300.000,00	–310.000,00
(=) Lucro bruto	130.000,00	130.000,00	160.000,00	200.000,00	240.000,00
(–) Depreciação	–70.000,00	–70.000,00	–70.000,00	–70.000,00	–70.000,00
(–) Despesas financeiras	0,00	0,00	0,00		
(=) Lucro operacional	60.000,00	60.000,00	90.000,00	130.000,00	170.000,00
(–) IR + CSLL (34%)	–20.400,00	–20.400,00	–30.600,00	–44.200,00	–57.800,00
(=) Lucro líquido	39.600,00	39.600,00	59.400,00	85.800,00	112.200,00

Planilha do fluxo de caixa do projeto

Ano	0	1	2	3	4	5	6
Fluxo de investimento	–100.000,00	–350.000,00	–50.000,00				
Fluxo do financiamento	0,00	0,00	0,00	0,00	0,00		
Fluxo dos lucros brutos			130.000,00	130.000,00	160.000,00	200.000,00	240.000,00
Fluxo do IR			–20.400,00	–20.400,00	–30.600,00	–44.200,00	–57.800,00
Aporte de capital de giro			100.000,00				100.000,00
Valor residual							150.000,00
Fluxo de caixa do projeto	–100.000,00	–350.000,00	–40.400,00	109.600,00	129.400,00	155.800,00	432.200,00

Calculando a TIR e o VPL, temos:

- **TIR = 13,4%**
- **VPL = $ 22.911,60**

Análise dos resultados

Encontramos os seguintes valores de VPL (riqueza criada para o acionista, a preço atual) para os dois casos:

- Projeto sem financiamento: VPL = $ 22.911,60;

- Projeto com financiamento (taxa de 20%): VPL = $ 16.100,08 (exemplo do item 5.6)

Observação Há uma redução no VPL de $ 6.811,52. Essa redução, que corresponde a uma transferência de riqueza para o emprestador, é o resultado líquido das parcelas pagas de juros, deduzidos os benefícios fiscais causados pelas despesas financeiras. Para percebermos isso, vamos lançar mão das duas planilhas dos fluxos de caixa do projeto com financiamento (item 5.6), e planilha acima sem financiamento. Subtraindo uma da outra, encontramos:

Fluxo incremental (Projeto com financiamento – Projeto sem financiamento)

Os resultados são vistos na planilha abaixo.

Planilha para análise dos resultados do financiamento

Ano	0	1	2	3	4	5 e 6
Fluxo de investimento						
Fluxo do financiamento	150.000,00	150.000,00	–149.523,69	–149.523,69	–149.523,69	0,00
Fluxo dos lucros brutos						
Fluxo do IR	0,00	0,00	20.013,88	13.849,04	6.451,24	0,00
Aporte de capital de giro						
Valor residual						
Fluxo de caixa líquido do financiamento	150.000,00	150.000,00	–129.509,81	–135.674,64	–143.072,45	0,00

Observe os valores da planilha:

- Fluxo de financiamento: são os valores recebidos e os valores pagos anualmente;
- Fluxo de imposto de renda: são os benefícios fiscais causados pelas despesas financeiras do financiamento.

Calculando o VPL do fluxo líquido do financiamento, temos: VPL = –6.811,52.

O valor negativo do VPL mostra o custo real do financiamento para o projeto (riqueza transferida para o financiador). É importante lembrar que o juro total real pago foi de $ 118.571,06. Se calcularmos a TIR do fluxo de caixa líquido do financiamento da planilha acima, encontramos 13,07%, que é o custo efetivo do financiamento, apesar de termos uma taxa nominal de 20%.

Segundo caso Projeto com financiamento do banco de fomento com taxa de 8%

Podemos utilizar as mesmas planilhas para a análise do projeto na hipótese de um financiamento com taxa de juro de 8% ao ano. Os cálculos estão mostrados abaixo.

Planilha de cálculo de prestações e juros para o banco de fomento

Ano	Semestre	Dívida	Prestação	Juro	Amortização	Pagamento do ano	Juro pago no ano
0		150.000,00					
1		312.000,00					
	1		59.368,70	12.239,91	47.128,79		
2	2		59.368,70	10.391,03	48.977,67	118.737,39	22.630,94
	1		59.368,70	8.469,61	50.899,09		
3	2		59.368,70	6.472,81	52.895,88	118.737,39	14.942,42
	1		59.368,70	4.397,68	54.971,02		
4	2		59.368,70	2.241,14	57.127,56	118.737,39	6.638,82

DRE: Cálculo do imposto de renda e do lucro líquido

Ano	2	3	4	5	6
Receita prevista	280.000,00	350.000,00	400.000,00	500.000,00	550.000,00
(–) Custos totais	–150.000,00	–220.000,00	–240.000,00	–300.000,00	–310.000,00
(=) Lucro bruto	130.000,00	130.000,00	160.000,00	200.000,00	240.000,00
(–) Depreciação	–70.000,00	–70.000,00	–70.000,00	–70.000,00	–70.000,00
(–) Despesas financeiras	–22.630,94	–14.942,42	–6.638,82		
(=) Lucro operacional	37.369,06	45.057,58	83.361,18	130.000,00	170.000,00
(–) IR + CSLL (34%)	–12.705,48	–15.319,58	–28.342,80	–44.200,00	–57.800,00
(=) Lucro líquido	24.663,58	29.738,00	55.018,38	85.800,00	112.200,00

Planilha do fluxo de caixa do projeto

Ano	0	1	2	3	4	5	6
Fluxo de investimento	–100.000,00	–350.000,00	–50.000,00				
Fluxo de aporte do financiamento	150.000,00	150.000,00					
Fluxo de pagamento das amortizações			–96.106,46	–103.794,97	–112.098,57		
Aporte de capital de giro			–100.000,00				100.000,00
Valor residual							150.000,00
Fluxo dos lucros líquidos			24.663,58	29.738,00	55.018,38	85.800,00	112.200,00
Depreciações anuais			70.000,00	70.000,00	70.000,00	70.000,00	70.000,00
Fluxo de caixa do projeto	50.000,00	–200.000,00	–151.442,87	–4.056,97	12.919,81	155.800,00	432.200,00

Com base no fluxo de caixa acima, calculamos:

- **TIR = 18,5%**
- **VPL = $ 63.393,41**

Análise dos resultados

Encontramos os seguintes valores de VPL (riqueza criada para o acionista, a preço atual) para os dois casos:

- Projeto sem financiamento: VPL = $ 22.911,60;
- Projeto com financiamento (taxa de 8%): VPL = $ 63.393,41

O aumento do valor do VPL de $ 40.481,82 é o subsídio recebido pelo projeto do órgão de fomento por meio da taxa de juro inferior à taxa de desconto, também considerando os benefícios fiscais.

Da mesma forma, para verificar esse valor, podemos utilizar as duas planilhas do fluxo de caixa do projeto, com e sem o financiamento do banco de fomento, e calcular:

Fluxo incremental (Projeto com financiamento subsidiado – Projeto sem financiamento)

Os resultados são vistos na planilha abaixo.

Planilha para análise dos resultados do financiamento

Ano	0	1	2	3	4	5 e 6
Fluxo de investimento						
Fluxo do financiamento	150.000,00	150.000,00	–118.737,39	–118.737,39	–118.737,39	0,00
Fluxo dos lucros brutos						
Fluxo do IR	0,00	0,00	7.694,52	5.080,42	2.257,20	0,00
Aporte de capital de giro						
Valor residual						
Fluxo de caixa líquido do financiamento	150.000,00	150.000,00	–111.042,87	–113.656,97	–116.480,19	0,00

Também nesse caso temos os seguintes valores da planilha:

- Fluxo de financiamento: são os valores recebidos e os valores pagos anualmente;
- Fluxo de IR: são os benefícios fiscais causados pelas despesas financeiras do financiamento.

Calculando o VPL do fluxo líquido do financiamento, temos: VPL = $ 40.481,82.

Dessa análise, podemos concluir que, independentemente da relação entre a taxa de juro do financiamento e a taxa de desconto, o benefício fiscal causado pelo juro pago tem grande importância para o resultado do projeto. Vamos resumir os dois casos analisados:

a) No caso da taxa normal de juro (maior do que a taxa de desconto), a empresa pagou um total de R$ 118.571,06 de juro, além do valor de R$ 30.000,00 de juro que foi incorporado ao saldo devedor. No entanto, o benefício fiscal reduziu a transferência de VPL para o financiador para o valor de R$ 6.811,52.

b) No caso do financiamento com juro subsidiado, conseguimos um acréscimo no VPL do projeto de $ 40.481,82. Também nesse caso, os benefícios fiscais foram significativos para esse valor, como se pode ver por meio do cálculo do VPL para cada um dos fluxos acima:

- VPL do fluxo de financiamento = $ 29.297,16
- VPL do fluxo dos benefícios fiscais = $ 11.184,66

5.6 *LEASING* E *LEASEBACK*

5.6.1 *Leasing*

Outra forma de financiamento das empresas é o arrendamento mercantil, conhecido como *leasing*. A empresa, em vez de comprar um bem com recursos próprios ou com financiamento, simplesmente arrenda-o de uma empresa especializada nesse tipo de operação.

Na operação de *leasing* de equipamentos, comumente podemos identificar os seguintes agentes:

- **Arrendatário**: é a empresa que vai usar o bem e que o contrata na forma de aluguel;
- **Arrendador**: é a empresa que compra o bem e o cede em troca do aluguel;

- **Fabricante**: é o produtor do equipamento, que muitas vezes o produz segundo especificações do arrendatário;
- **Instituição financeira**: é a que frequentemente financia a construção do equipamento, tendo como garantia o contrato de *leasing* do arrendatário.

Os contratos de *leasing* apresentam muitas nuanças que os diferenciam uns dos outros, mas existem três tipos básicos de arrendamento mercantil:

- *Leasing* financeiro
- *Leasing* operacional
- *Leaseback*

1) *Leasing* financeiro

A empresa que necessita do equipamento (arrendatária) faz as especificações técnicas, escolhe o fornecedor e negocia as condições. Paralelamente, negocia com uma empresa de *leasing* os termos do arrendamento e esta compra o equipamento especificado, que é instalado na planta da empresa. O arrendatário paga prestações que permitem ao arrendador recuperar o custo do bem arrendado e ainda obter um lucro sobre os recursos investidos. Ao final do contrato, o arrendatário pode adquirir o bem pelo preço estipulado no contrato.

2) *Leasing* operacional

Nessa forma de arrendamento, o arrendador fornece o equipamento e alguns serviços necessários para sua boa operação, como manutenção, assistência técnica etc. As prestações pagas pelo arrendatário são calculadas de forma a cobrir o custo de arrendamento do bem e os demais serviços prestados pelo arrendador, e o período do contrato, geralmente, é menor do que a vida útil do bem. Não há opção de compra no contrato e, no caso de interesse do arrendatário pela compra do bem, deverá ser levantado o valor de mercado na ocasião. Geralmente existe uma cláusula de cancelamento que permite ao arrendatário a desistência do negócio no caso, por exemplo, de obsolescência do equipamento.

3) *Leaseback*

Nesse caso, a empresa que possui bens como imóveis, equipamentos etc. vende a propriedade para o arrendador e, ao mesmo tempo, faz um acordo para arrendar os bens por um período determinado. É uma forma de obter um financiamento, geralmente voltado para capital de giro. Os pagamentos do arrendamento são estabelecidos de forma a devolver o capital ao arrendador no período do contrato, além de garantir uma remuneração sobre o valor investido. A diferença básica entre as formas de *leasing* anteriores e o *leaseback* está no objetivo da operação: enquanto no *leasing* normal a empresa recebe um equipamento que vai incorporar a seu processo produtivo, no *leaseback* a empresa recebe dinheiro, dando em garantia a propriedade de um bem que já está em operação.

Para o arrendatário, o *leasing* apresenta algumas vantagens e desvantagens que devem ser consideradas no momento da decisão. As principais vantagens são:

a) Liberação de recursos financeiros para capital de giro ou para outros investimentos;

b) Eliminação dos riscos de obsolescência;

c) Redução dos custos de manutenção, devido à renovação mais frequente dos equipamentos;

d) Para efeitos fiscais, o arrendamento é debitado como despesa, reduzindo o lucro tributável;

e) Contabilização no Ativo e Passivo: transparência nos índices de balanço.

Como desvantagens, podemos citar:

a) Perda da dedução correspondente à depreciação, já que o bem pertence ao arrendador;

b) Perda de um eventual ganho correspondente ao valor residual do equipamento, caso não seja adquirido;

c) Redução do valor do ativo líquido para utilização como garantia de empréstimos.

5.6.2 Fluxo Financeiro da Operação de *Leasing*

O fluxo financeiro de uma operação tradicional de *leasing* apresenta a forma de uma série uniforme de pagamentos, com um valor residual a ser quitado na última prestação. A Figura 5.11 mostra o fluxo mais comum.

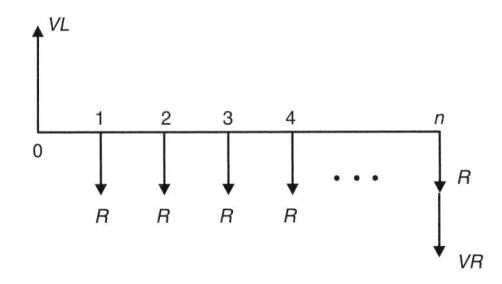

Figura 5.11 Fluxo tradicional de uma operação de *leasing*.

Em que:

- **VL** = valor total da operação de *leasing*
- **VR** = valor residual contratual, que pode ser uma porcentagem do valor total da operação
- *R* = contraprestação periódica contratual
- *n* = número de períodos ou prazo da operação

Para calcularmos o valor da contraprestação, notamos que:

VL = Valor presente da série *R* + Valor presente de VR

$$VL = R \cdot FVA(i\%, n) + \frac{VR}{(1+i)^n}$$

Transformando:

$$R \cdot FVA(i\%, n) = VL - \frac{VR}{(1+i)^n}$$

Logo: $R = \dfrac{VL - \dfrac{VR}{(1+i)^n}}{FVA(i\%, n)} = \dfrac{VL - VR \cdot FVA_S(i\%, n)}{FVA(i\%, n)}$

Em que:

- *i* = taxa de juro da operação
- **FVA$_S$ (*i%*, *n*)** é o fator de valor atual de um só pagamento
- **FVA (*i%*, *n*)** é o fator de valor atual da série uniforme

Exemplo

Uma empresa pretende fazer uma operação de *leasing* para a troca de caminhões de sua frota. Cada caminhão custa R$ 200.000,00, e o agente financeiro ofereceu as seguintes condições:

- Taxa de juro: 22% ao ano
- Prazo: 48 meses
- Valor residual garantido: 25% do valor da operação

Qual deverá ser o valor da contraprestação mensal, por caminhão?

Aplicando a expressão acima, temos:

- $VL = 200.000,00$
- $VR = 50.000,00$
- $i_{mês} = \sqrt[12]{(1 + i)} - 1 = 0,0167$ ou $1,67\%$
- $FVA_S(1,67\%, 48) = 0,4516$
- $FVA(1,67\%, 48) = 32,8389$

Logo: $R = \dfrac{200.000 - 50.000 \times 0,4516}{32,8389} = 5.402,74$

Exemplo

Para reforço de seu capital de giro, uma empresa agrícola pretende fazer uma operação de *leaseback* de suas colheitadeiras. São 10 unidades no valor contábil total de $ 480.000,00 cada uma. A vida útil contábil de cada colheitadeira, atualmente, é de 8 anos. A alíquota de imposto de renda e CSLL é de 34%. A operação está sendo contratada pelo prazo de 4 anos com pagamentos anuais, com a taxa de juro de 30% ao ano. Após o prazo da operação, o valor residual dos equipamentos será igual ao valor contábil restante. Vamos determinar o custo financeiro real para a cooperativa arrendatária.

Montagem da planilha

Para calcularmos o valor da contraprestação, temos:

- $FVA_S (30\%, 4) = 0,35013$
- $FVA (30\%, 4) = 2,16624$

Logo: $R = \dfrac{480.000 - 240.000 \times 0,35013}{2,16624} = 182.791,01$ por equipamento

O fluxo de caixa do financiamento, por equipamento, é mostrado na Figura 5.12.

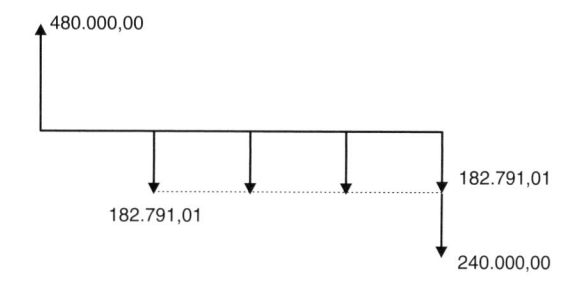

Figura 5.12 Fluxo de caixa por equipamento.

No entanto, para calcular o custo financeiro real para o arrendatário, temos que calcular o benefício fiscal resultante das prestações pagas, uma vez que estas podem entrar como deduções no cálculo do IR. A Figura 5.13 mostra a planilha com o resultado.

	Cálculo do fluxo de caixa do leaseback				
Ano	0	1	2	3	4
Deduções do lucro tributável da empresa					
Prestações pagas		-1.827.910,13	-1.827.910,13	-1.827.910,13	-1.827.910,13
(+) Quotas anuais de depreciação		600.000,00	600.000,00	600.000,00	600.000,00
(=) Deduções do lucro tributável		-1.227.910,13	-1.227.910,13	-1.227.910,13	-1.227.910,13
(+)Benefício fiscal do imp. de renda		417.489,45	417.489,45	417.489,45	417.489,45
Contrato					
Valor contratado	4.800.000,00				
Valor residual					-2.400.000,00
Fluxo de caixa do contrato	4.800.000,00	-1.410.420,69	-1.410.420,69	-1.410.420,69	-3.810.420,69

Figura 5.13 Fluxo de caixa do financiamento com *leaseback*.

Na planilha acima, temos as seguintes observações:

a) As quotas anuais da depreciação estão sendo somadas às prestações pagas porque, como as máquinas passam a pertencer ao agente financiador, a empresa arrendatária não mais se beneficia de seu ganho fiscal.

b) O benefício fiscal líquido final também é somado às prestações pagas porque representa um ganho real com a redução do imposto a pagar.

Dessa forma, temos um fluxo de caixa do contrato diferente do inicial. Calculando, encontramos:

TIR = 20,1%, que é o custo real do financiamento

5.7 ESTUDO DE CASO: COMPARAÇÃO ENTRE FORMAS DE FINANCIAMENTO

O departamento de engenharia industrial de uma fábrica de cimento está planejando a substituição de alguns equipamentos antigos, já totalmente depreciados, que estão ocasionando muitas horas de interrupção de serviço para manutenção, com perda de produção, e exigindo gastos elevados com substituição e reparos.

Os novos equipamentos representam um investimento total de R$ 2.500.000,00, incluindo projeto, aquisição, instalação e testes pré-operacionais. O departamento calcula que a troca dos equipamentos resultará em uma economia operacional de R$ 850.000,00 por ano, ao longo dos 5 anos, que é a vida útil estimada, com valor residual igual a R$ 500.000,00. Nesse caso, a quota anual de depreciação é de R$ 400.000,00.

A taxa de atratividade que a empresa considera para esse tipo de projeto é 12% ao ano.

Para o financiamento dos equipamentos, três possibilidades estão sendo consideradas:

a) Compra com recursos próprios;

b) Compra com um financiamento de um banco de fomento;

c) Realização de uma operação de *leasing*.

Vamos analisar cada uma das opções, utilizando para os cálculos uma planilha de MS-Excel.

1) Compra com recursos próprios

A Figura 5.14 mostra a planilha utilizada para avaliar a opção.

	A	B	C	D	E	F	G	H	I
19				Compra com recursos próprios					
20			Ano	0	1	2	3	4	5
21		D.R.E							
22	Economia operacional				850.000,00	850.000,00	850.000,00	850.000,00	850.000,00
23	(-) Depreciação				-400.000,00	-400.000,00	-400.000,00	-400.000,00	-400.000,00
24	(=) Lucro tributável				450.000,00	450.000,00	450.000,00	450.000,00	450.000,00
25	(-) Imposto de renda (34%)				-153.000,00	-153.000,00	-153.000,00	-153.000,00	-153.000,00
26	(=) Fluxo de benefícios líquidos				697.000,00	697.000,00	697.000,00	697.000,00	697.000,00
27	Cálculo do fluxo de caixa do projeto								
28	Fluxo do investimento			-2.500.000,00					
29	Valor residual								500.000,00
30	Fluxo de caixa do projeto			-2.500.000,00	697.000,00	697.000,00	697.000,00	697.000,00	1.197.000,00

Figura 5.14 Avaliação da compra com recursos próprios.

Calculando, temos: **VPL = $ 296.242,44**

$$\text{TIR} = 16,3\%$$

2) Compra com financiamento

As condições para financiamento do banco de fomento, para o tipo de indústria e os equipamentos em causa, são:

a) Valor financiado: 80% do custo do projeto = R$ 2.000.000,00;

b) Prazo total do financiamento: 5 anos;

c) Encargos: taxa de juro de 20% ao ano;

d) Forma de pagamento: Tabela Price.

A Figura 5.15 mostra a planilha de cálculos.

	A	B	C	D	E	F	G	H	I
35				Compra com financiamento do banco de fomento					
36	Planilha do financiamento								
37			Ano	0	1	2	3	4	5
38	Valor financiado			2.000.000,00					
39	Prestação anual				-668.759,41	-668.759,41	-668.759,41	-668.759,41	-668.759,41
40	Juro anual pago				-400.000,00	-346.248,12	-281.745,86	-204.343,15	-111.459,90
41	D.R.E								
42	Economia operacional				850.000,00	850.000,00	850.000,00	850.000,00	850.000,00
43	(-) Depreciação				-400.000,00	-400.000,00	-400.000,00	-400.000,00	-400.000,00
44	(-) Despesa financeira				-400.000,00	-346.248,12	-281.745,86	-204.343,15	-111.459,90
45	(=) Lucro tributável				50.000,00	103.751,88	168.254,14	245.656,85	338.540,10
46	(-) Imposto de renda (34%)				-17.000,00	-35.275,64	-57.206,41	-83.523,33	-115.103,63
47	(=) Fluxo de benefícios líquidos				833.000,00	814.724,36	792.793,59	766.476,67	734.896,37
48	Cálculo do fluxo de caixa do projeto								
49	Fluxo do investimento			-2.500.000,00					
50	Fluxo de benefícios totais				833.000,00	814.724,36	792.793,59	766.476,67	734.896,37
51	Fluxo do financiamento			2.000.000,00	-668.759,41	-668.759,41	-668.759,41	-668.759,41	-668.759,41
52	Valor residual								500.000,00
53	Fluxo de caixa do projeto			-500.000,00	164.240,59	145.964,95	124.034,19	97.717,27	566.136,96

Figura 5.15 Avaliação da compra com financiamento Finame.

Calculando, encontramos: **VPL = 234.633,24**

$$\text{TIR} = 24,0\%$$

Observe na planilha que as deduções possíveis para o cálculo do lucro tributável são: depreciação e juro pago pelo financiamento. Por essa razão, o financiamento elevou a TIR, como resultado do benefício fiscal. É claro que, se a taxa de financiamento for mais elevada, o benefício fiscal não compensará a transferência de ganho para o financiador. Essa simulação pode ser feita na planilha de MS-Excel do exercício.

3) Operação de *leasing*

A companhia pode também contratar uma operação de *leasing* com um banco de investimento, nas seguintes condições:

a) Valor do contrato: R$ 2.000.000,00 (valor dos equipamentos, sem projeto, instalação e testes);

b) Custo financeiro: 20% ao ano, no sistema de pagamentos constantes anuais (Tabela Price);

c) Prazo: 5 anos;

d) O valor residual contratual para os equipamentos é $ 500.000,00.

Cálculo do valor da contraprestação

- $FVA_S (20\%, 5) = 0,40187$
- $FVA (20\%, 5) = 2,99061$

$$\text{Logo: } R = \frac{2.000.000 - 500.000 \times 0,40187}{2,99061} = 601.569,55$$

Nesse caso, os valores totais das prestações pagas são dedutíveis do lucro operacional para cálculo do lucro tributável, conforme mostra a planilha da Figura 5.16.

No último ano, a empresa deverá pagar a contraprestação e desembolsar o valor residual para continuar com os equipamentos.

	A	B	C	D	E	F	G	H	I
64					Operação de leasing				
65	Planilha da operação de leasing								
66			Ano	0	1	2	3	4	5
67	Valor da operação			2.000.000,00					
68	Contraprestação anual				-601.569,55	-601.569,55	-601.569,55	-601.569,55	-601.569,55
69	Valor residual								-500.000,00
70	D.R.E								
71	Economia operacional				850.000,00	850.000,00	850.000,00	850.000,00	850.000,00
72	(-) Contraprestação do leasing				-601.569,55	-601.569,55	-601.569,55	-601.569,55	-601.569,55
73	(=) Lucro tributável				248.430,45	248.430,45	248.430,45	248.430,45	248.430,45
74	(-) Imposto de renda (34%)				-84.466,35	-84.466,35	-84.466,35	-84.466,35	-84.466,35
75	(=) Fluxo de benefícios líquidos				765.533,65	765.533,65	765.533,65	765.533,65	765.533,65
76	Cálculo do fluxo de caixa do projeto								
77	Fluxo do investimento			-2.500.000,00					
78	Fluxo de benefícios líquidos				765.533,65	765.533,65	765.533,65	765.533,65	765.533,65
79	Fluxo do leasing			2.000.000,00	-601.569,55	-601.569,55	-601.569,55	-601.569,55	-1.101.569,55
80	Valor residual								500.000,00
81	Fluxo de caixa do projeto			-500.000,00	163.964,09	163.964,09	163.964,09	163.964,09	163.964,09

Figura 5.16 Avaliação da operação de *leasing*.

Calculando, encontramos: **VPL** = 91.053,86

$$\textbf{TIR} = 19,1\%$$

Podemos observar que, nas condições propostas, a operação de *leasing* é danosa para a empresa porque ela somente pode utilizar a contraprestação como dedução para efeito do benefício fiscal.

Assim, a melhor opção para a empresa é contratar o financiamento com o banco de fomento industrial, caso a empresa necessite de financiamento.

5.8 FORMAÇÃO DA CARTEIRA DE INVESTIMENTOS SOB LIMITAÇÃO DE CAPITAL

Conforme explicamos no Capítulo 1 (veja a Figura 1.1: Etapas do processo de formação do plano de investimentos empresariais), todas as análises no processo de decisão de um projeto de investimento têm por objetivo a composição da carteira de investimentos que uma empresa vai empreender ao longo de seu ciclo de planejamento.

Nesse processo, as principais condições que devemos observar na composição do plano de investimento são as diretrizes e os objetivos estratégicos. No entanto, existem alguns aspectos econômico-financeiros e gerenciais que devem ser observados.

Um dos principais aspectos gerenciais que interferem na formação final da carteira de investimentos é a limitação do capital disponível para aplicação em investimentos. Essa limitação ocorre por duas razões principais:

1. Decisão dos sócios ou da direção da empresa: muitas vezes, atendendo a seus próprios interesses, os sócios definem um valor máximo que pode ser utilizado para projetos de investimento. Por exemplo, por uma razão particular do grupo acionista, a empresa pode distribuir uma parcela maior de lucro, diminuindo assim a disponibilidade de capital próprio para investimentos. Outra forma de limitação é o estabelecimento de uma taxa mínima de atratividade elevada.

2. Limitações impostas pelo mercado de capitais (escassez de capital e consequente elevação da taxa de juro cobrada) ou pelo grau elevado de endividamento da empresa, que já não comporta mais a captação do volume necessário de capital para o plano de investimento.

Essas limitações criam condições rigorosas para o processo de preparação e aprovação do orçamento de capital de investimento. Esse processo tem as seguintes características:

1. Os projetos de investimento devem estar identificados, analisados e devem ser independentes uns dos outros;

2. Cada projeto deve ser incluído no orçamento em sua integridade, ou seja, partes de um projeto não podem ser consideradas (a menos que tecnicamente seja admitido);

3. A restrição orçamentária limita o capital total a ser investido no primeiro ano ou nos anos que compõem o horizonte de planejamento;

4. O objetivo é maximizar o valor total dos benefícios líquidos produzidos pela carteira de investimentos selecionada, respeitando a limitação de capital.

5.8.1 Tipos de Propostas de Investimento

a) Investimentos independentes

Projetos de investimentos independentes podem ser aceitos sem causar qualquer consequência nos demais projetos da carteira, já que dependem apenas de suas próprias condições internas. Na vida empresarial, são poucos os projetos realmente independentes, porque sempre existe uma competição entre todos pelos recursos da empresa (dinheiro, capacidade de execução e outros).

b) Investimentos dependentes

Muitas propostas de investimento apresentam algum grau de vinculação com outra ou outras, de forma que a aceitação de uma cria alguma condição que influenciará a decisão sobre a aceitação de outra. Nesse caso, podemos identificar tipos de dependência:

1. Investimentos mutuamente exclusivos: a aceitação de uma proposta exclui a possibilidade de aceitação da outra. Já tratamos do processo de análise desses projetos no começo deste capítulo.

2. Investimentos com dependência direta: a aceitação de uma proposta requer a aceitação de outra ou cria condições para que a outra seja aceita também; por conveniência do processo decisório, as duas estão sendo analisadas isoladamente para aferição do mérito de cada uma.

No caso desses investimentos, devemos agrupá-los em conjuntos que respeitem a lógica de dependência, mas que sejam independentes uns dos outros. Assim, no processo de decisão final da composição do plano de investimentos, devemos ter somente projetos ou grupos de projetos independentes, para que possamos aplicar as regras gerenciais de seleção.

Exemplo

Vamos supor que temos quatro propostas de investimento com as seguintes características:

Elemento do fluxo de caixa	Projeto 1	Projeto 2	Projeto 3	Projeto 4
Investimento inicial	40.000,00	32.000,00	65.000,00	56.000,00
Benefício líquido anual	12.000,00	9.700,00	18.400,00	15.800,00
Horizonte	5	5	5	5
VPL	5.489,44	4.770,63	4.750,48	3.894,43

Analisando as questões específicas de planejamento que levaram à concepção desses projetos de investimento, podemos levantar as seguintes inter-relações de dependência:

- Os Projetos 1 e 3 são mutuamente exclusivos;
- O Projeto 2 é dependente do Projeto 1;
- O Projeto 4 é contingente com o Projeto 1 ou 3.

Vamos agrupá-los em conjuntos independentes que respeitem as condições de interdependência acima. Para isso, vamos listar todas as possíveis combinações e analisá-las de acordo com as regras enunciadas.

Com essas relações, podemos criar os seguintes grupos independentes que entrarão no processo de decisão final:

Grupo	Projeto 1	Projeto 2	Projeto 3	Projeto 4	Análise da combinação
1	*				Possível
2		*			Não. Depende do Projeto 1
3			*		Possível
4				*	Não. Depende do Projeto 1 ou 3
5	*	*			Possível
6	*		*		Não. Mutuamente exclusivos
7	*			*	Possível
8	*	*	*		Não. Projetos 1 e 3 mutuamente exclusivos
9	*	*		*	Possível
10	*		*	*	Não. Projetos 1 e 3 mutuamente exclusivos
11	*	*	*	*	Não. Projetos 1 e 3 mutuamente exclusivos
12		*	*		Não. Projeto 2 depende do Projeto 1
13		*		*	Não. Projeto 2 depende do Projeto 1
14		*	*	*	Não. Projeto 2 depende do Projeto 1
15			*	*	Possível

Com isso, criamos os seguintes grupos independentes para a análise da formação da carteira de projetos:

Grupo	Investimento inicial
Projeto 1	40.000,00
Projeto 3	65.000,00
Projetos 1 e 2	72.000,00
Projetos 1 e 4	96.000,00
Projetos 1, 2 e 4	128.000,00
Projetos 3 e 4	121.000,00

5.8.2 Processo de Elaboração do Orçamento sob Restrição de Capital

Uma vez criados os grupos independentes de projetos de investimento, temos que executar o seguinte procedimento para criar a carteira de projetos sob restrição de capital:

1. Para cada grupo independente, desenvolver o fluxo de caixa conjunto composto da soma dos investimentos e da soma dos benefícios líquidos anuais;
2. Classificar os conjuntos independentes por ordem crescente do investimento inicial total;
3. Eliminar os conjuntos que excedem o limite orçamentário estipulado;
4. Calcular o VPL para os conjuntos selecionados;
5. Escolher o conjunto com o investimento total mais próximo do limite e com maior VPL total.

Exemplo

No problema acima, vamos supor que o limite estabelecido para o capital total aplicado na carteira de investimentos seja igual a $ 100.000,00. A taxa de atratividade da empresa é 10% ao ano. Vamos aplicar o procedimento para seleção da carteira de projetos.

A tabela abaixo mostra os projetos já classificados, o benefício líquido total para cada conjunto e o VPL respectivo.

Ordem	Grupo	Investimento inicial	Benefício líquido anual	Horizonte	VPL
1	Projeto 1	40.000,00	12.000,00	5	5.489,44
2	Projeto 3	65.000,00	18.400,00	5	4.750,48
3	Projetos 1 e 2	72.000,00	21.700,00	5	10.260,07
4	Projetos 1 e 4	96.000,00	27.800,00	5	9.383,87
5	Projetos 1, 2 e 4	128.000,00	37.500,00	5	14.154,50
6	Projetos 3 e 4	121.000,00	34.200,00	5	8.644,91

1. Os grupos 5 e 6 devem ser eliminados porque ultrapassam o limite estipulado.
2. Ao aplicarmos a regra acima, devemos escolher o grupo número 4 (Projetos 1 e 4) com investimento total de $ 96.000,00.

Observe que, se olharmos o VPL, o grupo 3 apresenta o maior valor. No entanto, como haveria uma sobra de capital de $ 28.000,00 em relação ao limite, nenhum outro projeto completo poderia ser empreendido. Nesse caso, essa sobra deveria ser aplicada com a taxa de atratividade de 10%. Da mesma forma, a sobra de $ 4.000,00, produzida pelo grupo 4, também deve ser aplicada a 10%.

Se as sobras forem aplicadas, e supondo que os benefícios líquidos produzidos também formem séries uniformes de pagamentos, teremos os benefícios líquidos totais abaixo:

Origem	Investimento adicional	Benefício líquido anual	Benefício anual total
Sobra do grupo 3	28.000,00	7.386,33	29.086,33
Sobra do grupo 4	4.000,00	1.055,19	28.855,19

Ao compararmos os valores totais dos benefícios anuais produzidos pelos grupos 3 e 4 com as aplicações das sobras em oportunidade que renda a taxa de atratividade de 10%, o grupo 3 apresenta pequena vantagem. A empresa terá que aplicar outros critérios gerenciais para decidir entre os dois grupos.

5.8.3 Composição da Carteira com Investimentos com Vidas Diferentes

De forma geral, os projetos de investimentos de uma empresa não têm, necessariamente, a mesma vida útil ou horizonte de planejamento, como foi o caso do exemplo anterior.

Quando os projetos têm vidas diferentes, vamos assumir a hipótese de que os investimentos terão sempre a **maior vida** do conjunto. Quando a vida útil for inferior, o projeto de investimento completará a diferença de vida com reinvestimento das entradas líquidas totais à taxa de atratividade utilizada para o processo decisório. Dessa forma, as reaplicações não alterarão os indicadores VPL e TIR.

Assim, não precisamos fazer nenhuma hipótese quanto ao prazo excedente e, consequentemente, os métodos anteriores para análise e decisão de projetos com vidas diferentes não são aplicáveis aqui.

Exemplo

Vamos supor que, no exemplo anterior, as vidas úteis dos investimentos sejam diferentes, conforme mostra a tabela abaixo. Também são mostrados novos valores para os benefícios anuais líquidos e, logicamente, para os VPL. São mantidas as mesmas regras de dependência.

Elemento do fluxo de caixa	Projeto 1	Projeto 2	Projeto 3	Projeto 4
Investimento inicial	40.000,00	32.000,00	65.000,00	56.000,00
Benefício líquido anual	12.000,00	7.500,00	15.500,00	10.200,00
Horizonte	5	8	6	10
VPL	5.489,44	8.011,95	2.506,54	6.674,58

Como as regras de dependência foram mantidas, os grupos de projetos independentes também são os mesmos, porém com novos valores de benefícios anuais líquidos, conforme mostra a tabela abaixo.

Como os horizontes são diferentes, observe que a sequência de benefícios líquidos de cada grupo mostra uma redução no valor, quando os projetos de vidas mais curtas vão se encerrando.

				Benefício líquido anual				
Ordem	Grupo	Investimento inicial	Parcela 1	Primeiro horizonte	Parcela 2	Segundo horizonte	Parcela 3	Terceiro horizonte
1	Projeto 1	40.000,00	12.000,00	5				
2	Projeto 3	65.000,00	15.500,00	6				
3	Projeto 1 e 2	72.000,00	19.500,00	5	7.500,00	3		
4	Projeto 1 e 4	96.000,00	22.200,00	5	10.200,00	5		
5	Projeto 1, 2 e 4	128.000,00	29.700,00	5	19.500,00	3	10.200,00	2
6	Projeto 3 e 4	121.000,00	25.700,00	6	10.200,00	4		

Com a utilização de uma planilha de MS-Excel, podemos calcular o VPL e a TIR de cada grupo independente. A Figura 5.17 mostra os resultados. Podemos verificar que o Grupo 3 apresenta os melhores resultados.

	A	B	C	D	E	F	G	H
23		Fluxos de caixa dos grupos independentes						
24		Ano	Grupo 1	Grupo 2	Grupo 3	Grupo 4	Grupo 5	Grupo 6
25		0	-40.000,00	-65.000,00	-72.000,00	-96.000,00	-128.000,00	-121.000,00
26		1	12.000,00	15.500,00	19.500,00	22.200,00	29.700,00	25.700,00
27		2	12.000,00	15.500,00	19.500,00	22.200,00	29.700,00	25.700,00
28		3	12.000,00	15.500,00	19.500,00	22.200,00	29.700,00	25.700,00
29		4	12.000,00	15.500,00	19.500,00	22.200,00	29.700,00	25.700,00
30		5	12.000,00	15.500,00	19.500,00	22.200,00	29.700,00	25.700,00
31		6		15.500,00	7.500,00	10.200,00	19.500,00	25.700,00
32		7			7.500,00	10.200,00	19.500,00	10.200,00
33		8			7.500,00	10.200,00	19.500,00	10.200,00
34		9					10.200,00	10.200,00
35		10					10.200,00	10.200,00
36		VPL	5.489,44	2.506,54	13.501,39	3.905,69	22.955,42	9.181,13
37		TIR	15,2%	11,3%	15,9%	11,3%	14,8%	12,1%

Figura 5.17 Planilha de MS-Excel para análise dos grupos independentes de projetos.

5.8.4 Determinação da Necessidade de Financiamento

Para o financiamento de sua carteira de projetos, a empresa pode contar com recursos gerados internamente por suas atividades – o autofinanciamento – e recursos externos, obtidos por meio de diversos mecanismos de captação. Para avaliar o montante de recurso externo que deve ser captado, vamos correlacionar as rentabilidades próprias dos projetos (TIR) com as taxas de juros praticadas nos mercados financeiros.

Para isso, vamos montar uma função de demanda de capital, da seguinte forma:

a) Calculamos as TIR de todos os projetos;

b) Classificamos os projetos por ordem decrescente de TIR;

c) Calculamos a necessidade acumulada de aporte de capital, agrupando os projetos um a um.

Exemplo

Vamos criar a função de demanda de capital para os projetos teóricos abaixo, já classificados por ordem decrescente de TIR.

Projeto	TIR	Investimento necessário	Aporte de capital acumulado
A	30%	I_A	I_A
B	27%	I_B	$I_A + I_B$
C	24%	I_C	$I_A + I_B + I_C$
D	18%	I_D	$I_A + I_B + I_C + I_D$
E	15%	I_E	$I_A + I_B + I_C + I_D + I_E$
F	11%	I_F	$I_A + I_B + I_C + I_D + I_E + I_F$
G	10%	I_G	$I_A + I_B + I_C + I_D + I_E + I_F + I_G$

Com esses valores podemos criar a função de demanda de capital, conforme mostra a Figura 5.18. Mostramos também a taxa mínima de atratividade, que define o limite mínimo de TIR para a aceitação dos projetos.

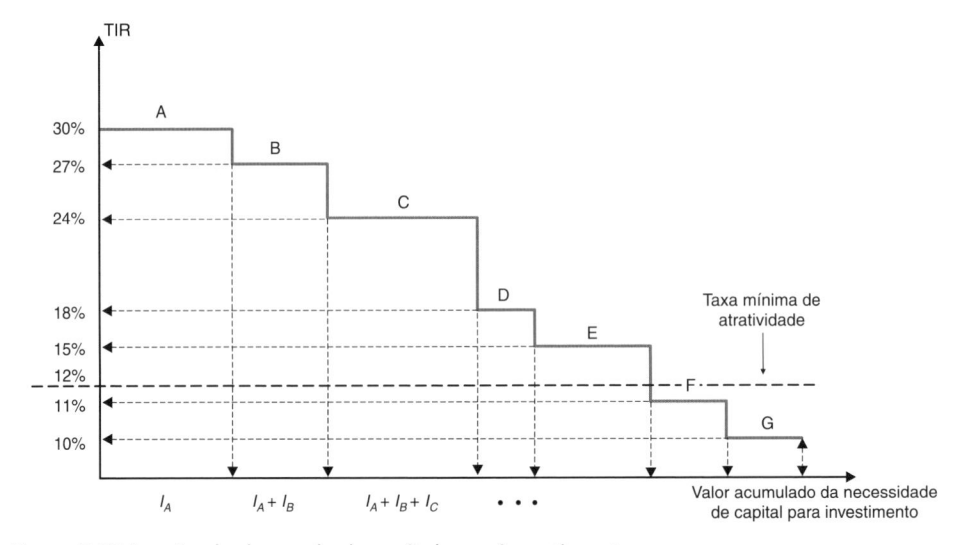

Figura 5.18 Função de demanda de capital para investimento.

Comparação com as taxas de juros do mercado

Nos mercados de capitais, encontramos duas taxas de juros diferentes:

1. **Taxa para aplicação de dinheiro:** é a taxa utilizada pelos bancos para remunerar as aplicações dos clientes. Muitas vezes é utilizada pelas empresas para a definição da taxa mínima de atratividade. Vamos chamá-la de t_A.

2. **Taxa de captação de dinheiro:** é a taxa que a empresa paga ao banco quando capta um recurso, ou seja, toma um empréstimo para financiar suas atividades. Vamos chamá-la de t_C.

Necessariamente, temos $t_C > t_A$, devido ao *spread* bancário e aos impostos.

Também vamos chamar de K_I a quantidade de capital interno disponível ou assegurado para investimento. Colocando essas informações na função de demanda de capital, podemos encontrar três situações (para simplificar, vamos retificar a função de demanda de capital).

Situação 1: a quantidade K_I localiza-se à esquerda do ponto S, em que a TIR do projeto iguala a taxa de captação, conforme a Figura 5.19.

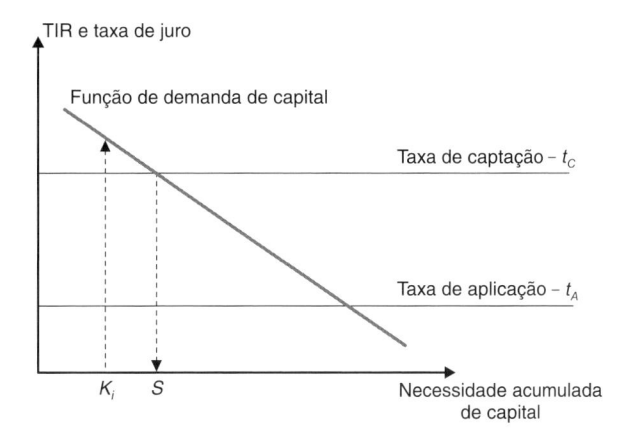

Figura 5.19 Capital interno suficiente para projetos com TIR superior à taxa de captação.

Podemos ver que a quantidade de dinheiro disponível corta a função de demanda em uma TIR superior à taxa de captação t_C. Dessa forma, é interessante para a empresa captar no mercado o montante $S - K_I$, para financiar os projetos compreendidos nesse intervalo.

Situação 2: a quantidade K_I localiza-se à direita do ponto S, em que a TIR do projeto iguala a taxa de aplicação, conforme a Figura 5.20.

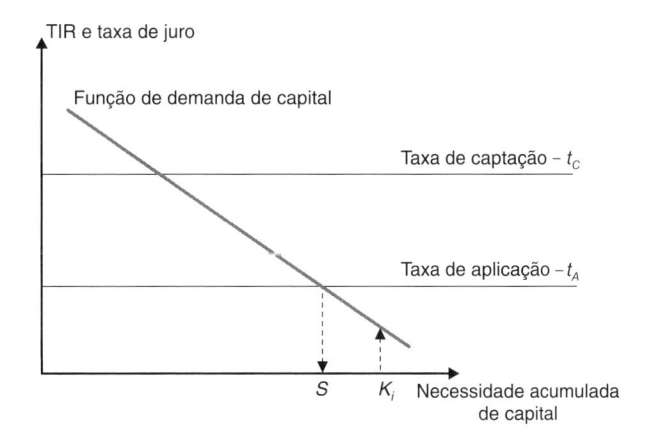

Figura 5.20 Capital interno suficiente para projetos com TIR inferior à taxa de aplicação.

Nessa situação, a empresa tem excesso de capital interno para financiar seus projetos. Evidentemente, para maximizar seu ganho total, a empresa deve empreender os projetos até o montante S e aplicar o excesso $K_I - S$ na oportunidade de mercado que paga a taxa t_A.

Situação 3: a quantidade K_I localiza-se em um ponto intermediário entre as duas taxas t_C e t_A, conforme a Figura 5.21.

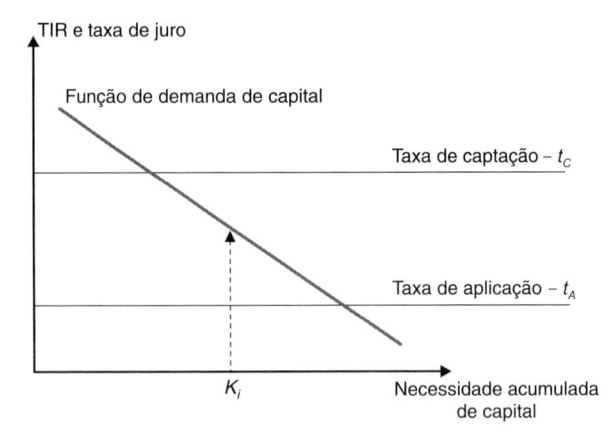

Figura 5.21 Capital interno suficiente para projetos com TIR superior à taxa de captação.

Nesse caso, não interessa à empresa tomar empréstimos para financiar outros projetos porque a taxa de captação é superior à TIR de qualquer projeto adicional com aporte além de K_i. Logicamente, não terá dinheiro para aplicar no mercado de capitais.

5.9 EXERCÍCIOS PROPOSTOS

5.9.1 Um financiamento de R$ 12.000.000,00, com taxa de juro de 22,5% ao ano, deve ser pago no prazo de 6 anos, com pagamentos semestrais. Deseja-se saber qual é o total anual de juro pago, considerando que o sistema de amortização é a Tabela Price.

Resposta: R$ 2.505.606,09; R$ 2.250.270,36; R$ 1.937.484,09; R$ 1.554.320,92; R$ 1.084.946,02 e R$ 509.961,78.

5.9.2 Um financiamento de R$ 1.000.000,00 para aquisição de máquinas pode ser quitado em 36 meses, com pagamentos trimestrais. A taxa anual de juro é de 28% e as prestações serão calculadas pelo sistema de amortizações constantes (SAC). Calcule os juros anuais totais pagos na operação.

Resposta: R$ 222.807,13; R$ 137.928,22; R$ 53.049,32.

5.9.3 Uma empresa analisa duas propostas para a captação de um empréstimo. O valor a ser emprestado é de R$ 2.400.000,00, o prazo de pagamento é de 48 meses com pagamentos mensais e a taxa anual de juro é de 25%. A primeira proposta utiliza a Tabela Price para o cálculo das prestações, e a segunda utiliza o sistema de amortizações constantes. Calcule o juro total anual pago em cada uma das propostas.

Resposta: Juro SAC = R$ 1.103.632,79 e juro Price = R$ 1.262.295,63.

5.9.4 A cooperativa agrícola da cidade pretende montar uma fábrica de ração para galinhas para venda a seus associados. O valor total do investimento é de R$ 5.800.000,00, com possibilidade de captar um financiamento em um banco público de fomento no valor de R$ 4.800.000,00, com taxa de juro de 9,6% ao ano. Esse financiamento se destina à compra de todos os equipamentos necessários, que têm vida útil de 5 anos, com valor residual de R$ 1.000.000,00. Os pagamentos serão mensais, sem carência, no prazo total de 36 meses. O banco permite que o tomador escolha o sistema de amortização: SAC ou Tabela Price. A taxa de atratividade da cooperativa é de 12% e a alíquota de imposto de renda é 30%. Durante a vida útil da fábrica, a venda da ração proporcionará à cooperativa uma receita líquida, já deduzidos todos os custos, conforme a tabela abaixo:

Ano	Receita líquida
1	1.300.000,00
2	1.460.000,00
3	1.580.000,00
4	1.680.000,00
5	1.820.000,00

A cooperativa deseja saber qual dos dois sistemas de amortização é mais vantajoso. Calcule a TIR e o VPL para ambos.

Resposta: Tabela Price: TIR = 15,6%; VPL = $ 256.756,08.

SAC: TIR = 15,3%; VPL = $ 247.128,30

5.9.5   Uma empresa está planejando uma ampliação em sua fábrica que custará R$ 900.000,00 no total. Os desembolsos desse valor estão previstos da seguinte forma:

Início: R$ 500.000,00

Ano 1: R$ 400.000,00.

A empresa contratará um financiamento correspondente a 60% do desembolso de cada ano, com carência de um ano. Considere que as entradas do empréstimo coincidem com os desembolsos anuais do projeto. As condições do financiamento são as seguintes:

1.   Taxa de juro de 25,44% ao ano;

2.   Os pagamentos dos empréstimos só começarão no primeiro semestre do segundo ano, após a carência de um ano;

3.   Os juros serão incorporados ao capital nos anos de carência e, após esta data, os pagamentos serão semestrais, com os juros capitalizados semestralmente;

4.   Pagamentos pelo Sistema de Amortizações Constantes, durante os 3 próximos anos após o vencimento da carência.

Ano	Lucro operacional
2	300.000,00
3	350.000,00
4	400.000,00
5	450.000,00
6	500.000,00

A vida útil do projeto é de 5 anos, com o valor residual de R$ 200.000,00. Calcule a TIR e o VPL do projeto, considerando que o custo do capital da empresa seja de 15% ao ano.

Resposta: TIR = 22,04% e VPL = 123.494,51.

5.9.6   Um projeto de investimento exige um aporte total de R$ 800.000,00 com desembolso inicial de 40%, 50% no ano 1 e 10% no ano 2. Desse total, o valor de R$ 700.000,00 corresponde a máquinas e equipamentos que têm vida útil de 10 anos, com valor residual de R$ 100.000,00. Como o horizonte da análise do projeto é de 6 anos, as quatro últimas parcelas de depreciação serão creditadas ao projeto no último ano da análise, junto com o valor presente (no ano 6) do valor residual.

Além do valor aportado ao investimento, a empresa necessita de um reforço de capital de giro no valor de R$ 200.000,00 que deverá ser disponibilizado no ano 2.

Para financiar parte do projeto, a empresa pretende captar o valor de R$ 500.000,00 em um banco, que cobra a taxa de juro de 20%. Há uma carência de dois anos (primeiro pagamento durante o ano 3) com pagamento anual do juro. Após a carência, o empréstimo será quitado em oito parcelas semestrais (a primeira no mês 6 do ano 3) pelo sistema de amortizações constantes. A alíquota do IR é de 30% e a taxa de atratividade da empresa é de 15%. A tabela abaixo mostra os lucros brutos previstos para o projeto, já deduzidos todos os custos e as despesas.

Ano	Lucros Brutos
2	200.000,00
3	300.000,00
4	450.000,00
5	500.000,00
6	550.000,00

Pede-se calcular a TIR e o VPL. Verifique, por meio de um gráfico do VPL, se existem duas TIR e calcule as duas.

Resposta: VPL = $ 183.031,89; TIR 1 = 29,5% e TIR 2 = 187,8%.

5.9.7 Um supermercado de bairro está planejando a criação de um serviço de entrega em domicílio para ampliar suas vendas e garantir a fidelização de seus clientes, devido à ameaça de uma nova concorrência. O investimento total para a criação da nova unidade é de R$ 185.000,00, incluindo a ampliação de sua rede de telefonia, reformas dos escritórios e compra de um veículo urbano de carga. O valor do veículo é de R$ 105.000,00, com vida útil de 5 anos e valor residual de R$ 50.000,00. Para análise da decisão, a empresa fez uma estimativa do aumento dos lucros líquidos produzidos pelas operações de entrega em domicílio, já computadas todas as despesas (inclusive os custos operacionais do veículo, exceto depreciação) e custos dos produtos vendidos, encontrando os valores abaixo:

Ano	Lucro líquido
1	60.000,00
2	66.000,00
3	72.000,00
4	80.000,00
5	88.000,00

Uma possibilidade em análise é financiar o veículo em 24 meses, dando-se 40% de seu valor de entrada, com juro de 2,3% ao mês, pelo sistema de prestações constantes. A taxa mínima de atratividade da empresa é de 12% ao ano, e a alíquota de IR é de 30%. A empresa deseja saber qual é a rentabilidade da operação com e sem o financiamento. Calcule as TIR.

Resposta: Com financiamento: TIR = 19,4%.

Sem financiamento: TIR = 18,5%.

5.9.8 No Exercício 5.9.7, considere que o supermercado tenha todo o capital para aplicar na compra do veículo. Caso ele faça o financiamento, o dinheiro será aplicado no banco, com rendimento igual à taxa de atratividade de 12%. Determine qual é o acréscimo do VPL que ele obtém quando contrata o financiamento e aplica o dinheiro no banco.

Resposta: VPL com financiamento = $ 43.200,25; VPL sem financiamento = $ 36.013,69.

5.9.9　Uma empresa lucrativa pretende fazer uma ampliação de suas instalações e está analisando a viabilidade econômica do empreendimento. Após cuidadosa análise do mercado, a empresa estima que essa ampliação aumentará seu Fluxo de Lucros Operacionais, conforme os dados mostrados na tabela abaixo. É importante observar que esse aumento dos lucros operacionais corresponde a aproximadamente 10% dos lucros operacionais totais da empresa.

Elementos	Anos de operação				
	2	3	4	5	6
Receitas líquidas	350.000	420.000	570.000	650.000	750.000
Custos totais	180.000	240.000	290.000	330.000	370.000

Para fazer a ampliação, a equipe de engenheiros elaborou um orçamento que prevê gastos de R$ 600.000,00 com desembolsos de 70% imediatamente, 20% no ano 1 e 10% no ano 2. Do dinheiro gasto no primeiro ano de implantação, o valor R$ 4.500.000,00 corresponde a máquinas e equipamentos que a empresa pretende financiar em um banco de fomento, com taxa de juro de 10,8% ao ano. As condições de financiamento são: recebimento imediato, carência de um ano com pagamento do juro e, após a carência, seis pagamentos semestrais pela Tabela Price (primeiro pagamento no 18º mês após o recebimento). Essas máquinas têm uma vida útil de 5 anos, com valor residual igual a R$ 60.000,00. A alíquota total do imposto de renda e da CSLL é de 30%. Para iniciar as operações de projeto, a empresa necessita de um capital de giro de R$ 80.000,00 no primeiro ano e acréscimos anuais de R$ 10.000,00 até o ano 5. A taxa de atratividade da empresa é de 12% ao ano. Como a taxa de juro do financiamento é subsidiada pelo banco de fomento, calcule o acréscimo que o subsídio provoca no VPL do projeto.

Resposta: R$ 46.540,01.

5.9.10　Uma empresa locadora de veículos pretende adquirir 50 carros para ampliar sua frota, que está alugada para uma grande companhia. Esse contrato de locação garante à locadora uma receita fixa mensal, independentemente da quilometragem utilizada em cada veículo pelo locador. Os veículos ficarão à disposição da empresa locatária por 24 meses, com todas as despesas de manutenção por conta da locadora. A previsão de receitas líquidas mensais produzidas pelos novos veículos é de R$ 248.000,00.

O investimento total nos equipamentos é de R$ 2.900.000,00, e o valor residual dos 50 veículos, após 2 anos de uso, é estimado em R$ 1.600.000,00. A empresa locadora estuda duas possibilidades para financiamento: contratação de um financiamento bancário ou *leasing* financeiro.

As duas opções em estudo têm as seguintes condições:

a) Financiamento bancário: valor financiado igual a 90% do custo total, taxa de juro de 2,2% ao mês, prazo de 24 meses e amortização pela Tabela Price;

b) *Leasing*: financiamento total, taxa de juro de 1,88% ao mês, prazo de 24 meses, opção de compra dos equipamentos no final do contrato pelo valor residual.

A taxa de atratividade da empresa é igual a 15% ao ano, e a alíquota de imposto de renda é de 30%. Com base no VPL da operação, qual das duas opções é a melhor?

Resposta: VPL do financiamento = R$ 153.588,78; VPL do *leasing* = R$ 138.175,76.

5.9.11 No exercício 5.9.10, calcule os custos mensais reais das duas operações de financia-mento, levando em consideração os benefícios fiscais.

Resposta: Custos reais anuais: financiamento = 3,9%; *Leasing* = 6,7%.

5.9.12 Uma empresa particular de produção de petróleo tem uma carteira grande de projetos de expansão e melhoria das instalações de exploração. Para a sua área de concessão, o planejamento da empresa concebeu cinco projetos que têm a mesma vida útil de 5 anos, mas que apresentam algumas inter-relações que devem ser respeitadas. A tabela mostra os projetos e suas características. A empresa pretende aplicar, nessa região, o valor máximo de R$ 750.000,00. Com taxa de atratividade de 12%, quais projetos deverão ser executados?

Características	Projeto 1	Projeto 2	Projeto 3	Projeto 4	Projeto 5
Investimento inicial	276.000,00	195.000,00	290.000,00	328.000,00	255.000,00
Benefício líquido anual	82.600,00	59.900,00	84.500,00	102.500,00	84.600,00
Horizonte	5	5	5	5	5
VPL	21.754,51	20.926,09	14.603,59	41.489,56	49.964,07

Relações de dependência

Projeto 1: Dependente dos Projetos 2 e 5

      Mutuamente exclusivo com Projeto 4

Projeto 2: Mutuamente exclusivo com Projeto 3

Projeto 3: Dependente do Projeto 4

Projeto 4: Independente

Projeto 5: Independente

Resposta: Projetos 1, 2 e 5 – Investimento total = $ 726.000,00 e VPL total = $ 92.644,68.

5.9.13 Uma grande usina siderúrgica preparou um conjunto de projetos de melhoria de sua linha de trefilaria. Esses projetos guardam algumas relações de dependência e apre-sentam vidas úteis diferentes, conforme mostra a tabela abaixo. O planejamento cen-tral da siderúrgica disponibilizou uma verba de R$ 900.000,00 para a execução dos projetos. Escolha, com base no VPL, o melhor conjunto de projetos que pode ser rea-lizado, considerando que a taxa de atratividade é de 12%.

Características	Projeto 1	Projeto 2	Projeto 3	Projeto 4	Projeto 5
Investimento inicial	304.000,00	260.000,00	360.000,00	312.000,00	340.000,00
Benefício líquido anual	90.320,00	84.560,00	93.040,00	89.400,00	79.400,00
Horizonte	6	5	8	7	10
VPL	67.342,31	44.819,88	102.189,20	95.999,83	108.627,71

As relações de dependência são:

Projeto 1: Dependente dos Projetos 2 e 4

      Mutuamente exclusivo com Projeto 3

Projeto 2: Mutuamente exclusivo com Projeto 5

Projeto 3: Dependente do Projeto 2

Projeto 4: Independente

Projeto 5: Dependente do Projeto 4

Resposta: Projetos 4 e 5 – VPL conjunto = $ 204.627,54 e TIR = 20,2%.

BIBLIOGRAFIA

BLANK, L.T.; TARQUIM, A.J. *Engineering economy*. 4ª ed. Boston: McGraw-Hill, 1998.

BREALEY, R.; MYERS, S. *Principles of corporate finance*. 7ª ed. New York: McGraw-Hill Int. Book Co., 2003.

BREALEY, R.A.; MYERS, S.C.; MARCUS, A.J. *Fundamentals of corporate finance*. 3ª ed. New York: McGraw-Hill Higher Education, 2001.

CASAROTO FILHO, N.; KOPITTKE, B.H. *Análise de investimentos*. 9ª ed. São Paulo: Atlas, 2000.

CHRISSOS, J.; GILLET, R. *Décision d'investissement*: gestion appliquée. Paris: Pearson Education France, 2003.

EMERY, G.W. *Corporate finance principles and pratice*. Massachusetts: Addison-Wesley, 1998.

LAMBERT, G. *Choix d'investissements*: un nouvel outil de décision. Paris: Revue Française de Gestion. Março-Abril-Maio, p. 20-35, 1988.

REBELATO, D. *Projeto de investimento*. Barueri: Manole, 2004.

SAMANEZ, C.P. *Gestão de investimentos e geração de valor*. São Paulo: Pearson Prentice-Hall, 2007.

THUESEN, G.J.; FABRYCKY, W.J. *Engineering economy*. 8ª ed. New Jersey: Prentice-Hall Int., 1993.

6

Avaliação de Risco em Projetos – Métodos Básicos

OBJETIVOS DO CAPÍTULO

AO TERMINAR O ESTUDO DESTE CAPÍTULO, VOCÊ ESTARÁ CAPACITADO PARA:

1. IDENTIFICAR OS FATORES DE RISCO DE UM PROJETO DE INVESTIMENTO.

2. QUANTIFICAR AS INCERTEZAS INERENTES AOS PARÂMETROS DO PROJETO PARA AVALIAÇÃO DO RISCO.

3. APLICAR O MÉTODO DE MONTE CARLO PARA QUANTIFICAR O RISCO DO PROJETO EM FUNÇÃO DAS VARIÁVEIS ATRIBUÍDAS AOS PARÂMETROS.

4. ESTRUTURAR UM MODELO DE QUANTIFICAÇÃO DO RISCO COM A UTILIZAÇÃO DE FUNÇÕES DO MS-EXCEL.

5. REALIZAR ANÁLISES DE SENSIBILIDADE NOS PARÂMETROS DEFINIDORES DO PROJETO.

6. APLICAR CRITÉRIOS DE CLASSIFICAÇÃO DE PROJETOS SOB CONDIÇÕES DE INCERTEZA.

6.1 CONCEITOS DE RISCO

Um elemento presente em todas as decisões e análises de projetos é a incerteza nas estimativas, tanto nos gastos para implantação quanto nos benefícios auferidos. A incerteza aparece porque a maior parte das decisões relativas ao projeto é tomada com base em algum tipo de previsão; além disso, outro fator complicador é a insuficiência de informações.

Dessa forma, a avaliação do grau de risco que o projeto oferece é fundamental para a tomada de decisão. Uma rentabilidade alta associada a um grau elevado de risco pode não ser desejável para a empresa, uma vez que poderá estar elevando desnecessariamente o nível de risco do negócio global, colocando em perigo negócios já consolidados.

Risco é definido como uma estimativa do grau de incerteza que se tem sobre a obtenção de resultados futuros desejados de uma ação ou projeto. Por exemplo, quanto mais ampla for a faixa de valores previsíveis para o retorno de um investimento, tanto maior será o grau de risco do investimento. Vamos analisar os investimentos A e B da tabela abaixo.

Investimento	Retorno	Probabilidade
A	1.000,00	100%
	800,00	30%
B	1.000,00	40%
	1.200,00	30%

O investimento A dá um retorno de $ 1.000,00 com probabilidade de ocorrência de 100%. O investimento B, por outro lado, oferece o mesmo retorno médio de $ 1.000,00, mas há 30% de probabilidade de que o retorno seja só de $ 800,00 e também 30% de probabilidade de que seja

$ 1.200,00. Na verdade, enquanto o investimento *A* garante o retorno de $ 1.000,00 com 100% de probabilidade – sendo, portanto, um investimento sem risco –, no investimento *B* esta probabilidade é só de 40%. Neste caso, podemos dizer que o investimento apresenta um risco de 30% de ter um resultado inferior ao esperado e também de 30% de obter um resultado superior.

6.2 CARACTERÍSTICAS DAS DECISÕES SOB INCERTEZA

Muitas vezes, os processos decisórios das empresas não contemplam explicitamente o tratamento da incerteza presente nas informações, porque as pessoas envolvidas têm grande confiança em seu conhecimento do problema e, além disso, formulam soluções de contingência para corrigir os rumos se algo inesperado acontecer.

No entanto, em muitas situações, o tratamento analítico adequado da incerteza tem que ser realizado para que os encarregados da decisão tenham, previamente, uma informação objetiva do risco que se está correndo. Esse tratamento depende da qualidade das informações disponíveis, o que nos permite classificar as decisões em duas categorias:

Decisão sob risco   Quando o projeto de investimento em análise apresenta um ou mais parâmetros cujas previsões de resultados podem apresentar valores diferentes, e, para estes valores, podemos produzir e associar estimativas de chances de sucesso (probabilidades), dizemos que temos um *processo de decisão sob risco*. Como exemplo, podemos pensar no lançamento de um produto em determinada região da qual podemos estimar, por análise comparativa com os resultados de outra região similar, alguns valores para a fatia de mercado conquistada e a chance de sucesso associada a cada valor.

Decisão sob incerteza   é a mesma situação acima, porém a própria natureza do problema não permite produzir e associar estimativas de chances de sucesso ou probabilidades. Nesse caso, os resultados dos parâmetros podem ser previstos, porém não temos informações consistentes sobre sua possibilidade de ocorrência. Como exemplo, podemos citar o resultado financeiro final de uma plantação de maçã, que depende de condições climáticas difíceis de estimar (se fosse possível evitá-las, as chuvas não causariam tantos prejuízos).

6.2.1 Análise de uma Decisão sob Risco

Nesse caso, a metodologia de análise de decisões apresenta duas abordagens principais:

1. Análise do valor esperado e da variância

Para que possamos adotar essa abordagem, precisamos dispor de informações estatísticas dos parâmetros dos projetos de investimento que podem variar e as distribuições de probabilidades associadas a eles. Assim, por meio de técnicas analíticas, calculamos o valor esperado dos índices de mérito escolhidos (VPL, TIR e outros) e as variâncias e os respectivos desvios padrão que indicarão o grau de risco associado.

2. Análise de simulação

Nesse caso, vamos utilizar os resultados estimados e as probabilidades associadas para produzir, em um computador, sequências de índices de mérito possíveis por meio de combinações aleatórias dos valores dos parâmetros que respeitam as chances de sucesso de cada um. Essa técnica, chamada de Simulação de Monte Carlo, será discutida mais adiante neste capítulo.

6.2.2 Análise de Decisão sob Incerteza

Como, em algumas situações, não podemos associar probabilidades aos valores possíveis dos parâmetros do projeto de investimento, as análises acima não são apropriadas. Veremos, neste capítulo, algumas técnicas e regras desenvolvidas para comparar e classificar resultados que permitem um tratamento da incerteza no processo de decisão.

6.3 APLICAÇÕES DOS CONCEITOS DE ESTATÍSTICA À AVALIAÇÃO DO RISCO

De forma geral, todo investimento é submetido a uma série grande de influências e fatores que fazem o resultado final se deslocar com relação à expectativa que o empreendedor tem de retorno ou com relação ao valor que naturalmente se poderia esperar.

Conforme vimos no Capítulo 1, o processo de decisão de qualquer projeto de investimento se baseia em um conjunto muito grande de estimativas e previsões e, por isso mesmo, está sujeito a um grau significativo de incerteza. Vimos que, no processo de análise de um projeto, a empresa deve realizar um *trade-off* entre o tempo necessário e os recursos alocados para a captação de informações e o grau de risco admissível no projeto (Capítulo 1, item 1.4.2).

Do ponto de vista estatístico, conforme o Teorema do Limite Central, o retorno final de um investimento, submetido a um conjunto grande de variáveis aleatórias, tende a apresentar o comportamento de uma Distribuição Normal, conforme mostra a Figura 6.1, não importando as distribuições de probabilidades que caracterizam os diversos fatores. Essas distribuições podem ser obtidas por meio de amostragens (quando for possível) ou por meio de estimativas baseadas nas percepções e experiências dos gerentes, produzindo informações como **valor esperado, valor máximo e valor mínimo**.

A Figura 6.1 exemplifica os padrões de incerteza de alguns parâmetros de um projeto (custos, demanda do produto, prazo de entrega) e o processo de "contaminação" da rentabilidade do projeto.

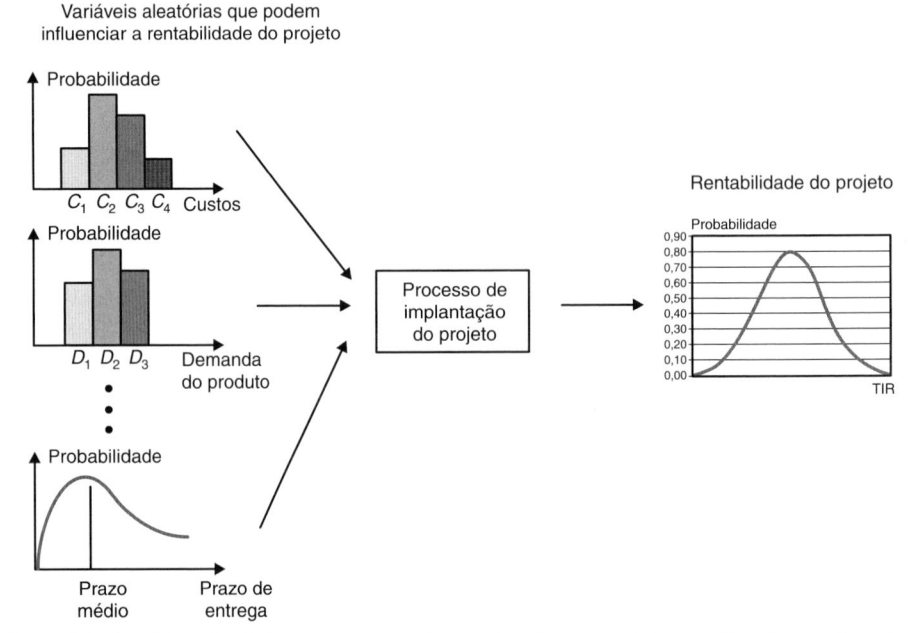

Figura 6.1 Combinação de incertezas nos elementos de um projeto resultando em risco da TIR.

Podemos ver que todas as incertezas associadas aos parâmetros de um projeto se combinam para formar um resultado da rentabilidade; a TIR, por exemplo, que tem a forma de uma Distribuição Normal. A Figura 6.2 nos mostra que o retorno esperado do investimento está posicionado na média da distribuição, mas temos possibilidade de obter retornos superiores e inferiores. No caso da Figura 6.2, os dois investimentos *A* e *B* têm o mesmo retorno esperado, porém o investimento *B* apresenta uma dispersão de resultados superior ao investimento *A*, ou seja, tem um grau de risco maior.

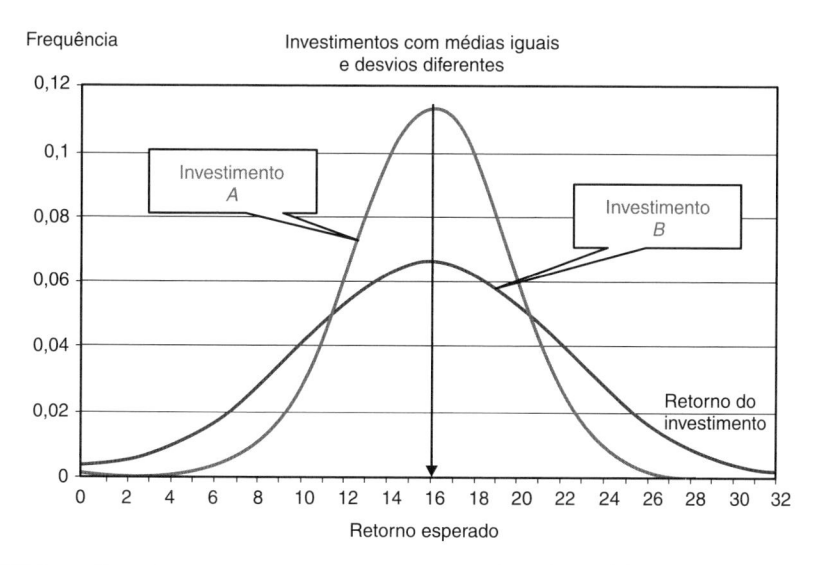

Figura 6.2 Investimentos com o mesmo retorno esperado e riscos diferentes.

No caso mostrado na Figura 6.3, o investimento *B* tem retorno esperado e grau de risco superiores aos do investimento *A*, porque o desvio em relação à média é maior.

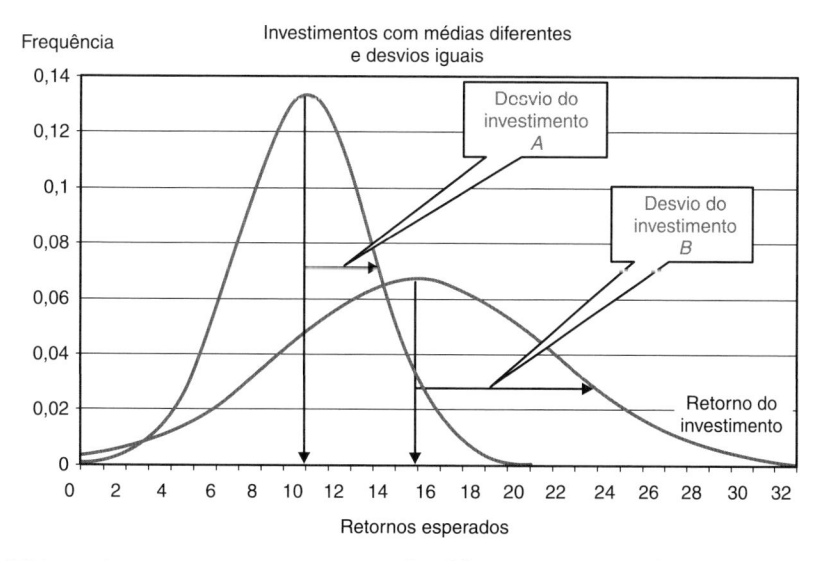

Figura 6.3 Investimentos com retornos esperados diferentes e riscos diferentes.

Uma propriedade muito importante da Distribuição Normal com grande aplicação na análise de risco é a distribuição de valores possíveis com relação à área ocupada sob a curva normal em função do desvio padrão, conforme mostra a Figura 6.4.

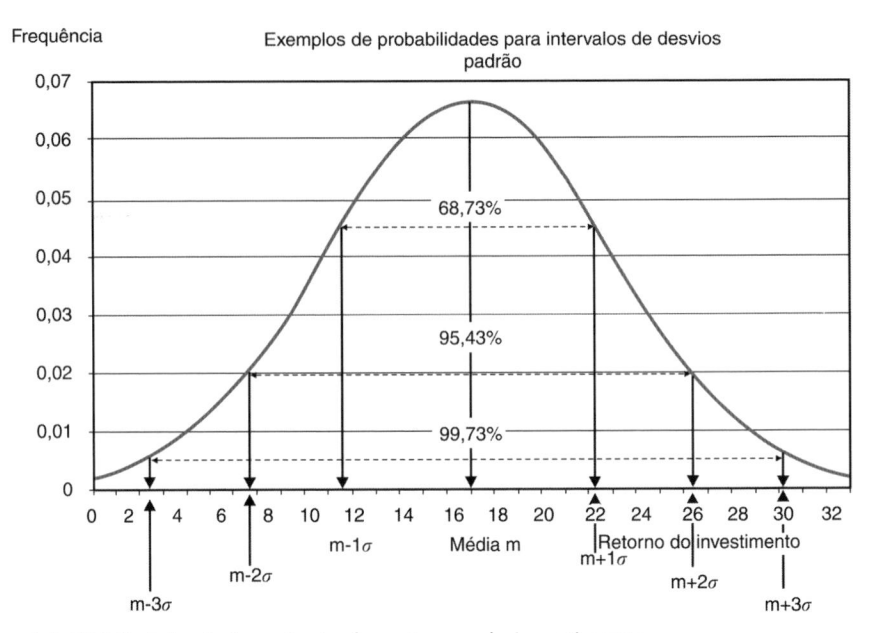

Figura 6.4 Distribuição de frequência dos retornos do investimento.

Conforme mostra a Figura 6.4, temos os seguintes resultados importantes para a Distribuição Normal dos retornos de um investimento:

Probabilidade de o retorno estar entre média ± 1 desvio padrão:

$$\blacklozenge \text{ \textbf{Prob} } (-\sigma < r_e < \sigma) = \textbf{0,6827}$$

Probabilidade de o retorno estar entre média ± 2 desvios padrão:

$$\blacklozenge \text{ \textbf{Prob} } (-2\sigma < r_e < 2\sigma) = \textbf{0,9543}$$

Probabilidade de o retorno estar entre média ± 3 desvios padrão:

$$\blacklozenge \text{ \textbf{Prob}}(-3\sigma < r_e < 3\sigma) = \textbf{0,9973}$$

Exemplo

Os resultados acima podem ser interpretados da seguinte forma:

Vamos supor que determinado investimento tenha um retorno esperado r_e igual a 20% ao ano e um desvio padrão igual a 5%.

Dessa forma, podemos concluir que:

a) A probabilidade de que o retorno do investimento esteja entre 15% e 25% ao ano é de 68,27%;

b) A probabilidade de que o retorno do investimento esteja entre 10% e 30% ao ano é de 95,43%;

c) A probabilidade de que o retorno do investimento esteja entre 05% e 35% ao ano é de 99,73%.

Caso o investidor deseje ganhar no mínimo 15% ao ano, o risco que ele corre é de:

$$Probabilidade\ (retorno < 15\%) = \frac{1 - 0,6827}{2} = 0,01586\ ou\ 15,86\%$$

Ou seja, o risco do investidor, que é a probabilidade de seu desejo não se realizar, é de 15,86%.

Resumindo, o risco é a **probabilidade** de haver variações nos resultados previstos, não importando se essas variações são para mais ou para menos. É lógico que o analista do projeto deve se preocupar muito mais com a probabilidade das variações que podem lhe trazer prejuízo ou frustrar o resultado do empreendimento.

6.4 CONCEITO DE PROBABILIDADES SUBJETIVAS

O problema mais difícil em uma análise de risco é justamente a estimativa das probabilidades. O processo de decisão não oferece condições para o cálculo de probabilidades como acontece, por exemplo, em um jogo de dados ou de baralhos. Em certos casos, mesmo análises estatísticas de dados históricos não são possíveis, já que muitas vezes o administrador se vê incumbido de resolver um problema inteiramente novo.

O que se pode fazer, nesse caso, de forma a aplicar as técnicas que serão apresentadas neste capítulo, é lançar mão do conceito de **probabilidade subjetiva**.

A probabilidade é uma medida de incerteza. Assim, mesmo que o problema seja novo para o administrador, ele sempre terá informações a respeito (sem informação alguma o problema fica realmente difícil!), que lhe dão alguma sensibilidade acerca da incerteza dos fatores envolvidos. Com um pouco de esforço de imaginação, ele pode quantificar o grau de certeza (ou incerteza) que tem sobre cada fator. Com isso, estará definindo, em termos numéricos, a probabilidade de ocorrência do fator que ele acha razoável.

O processo de atribuição de probabilidades subjetivas pode ser assim detalhado:

- analisar o problema de forma a identificar os fatores que mais contribuem para a incerteza do resultado final;
- para cada fator importante, estimar os valores com maiores possibilidades de ocorrência;
- atribuir, de forma numérica, graus de certeza de ocorrência a esses valores;
- procurar conferir os resultados atribuídos com outras pessoas que conhecem o problema, de forma a tentar obter um consenso sobre os graus de certeza.

6.5 CLASSIFICAÇÃO DOS RISCOS

Todos os projetos são submetidos a um conjunto de riscos que podem ser classificados conforme a tipologia abaixo:

1. Risco do fluxo de receitas

De forma geral, a rentabilidade de um projeto empresarial depende do fluxo de receitas geradas pelo processo produtivo implantado. A análise da viabilidade do projeto para decisão é baseada em previsões de mercado, que evidentemente estão sempre sujeitas às incertezas. O grau de incerteza presente nas previsões depende das características próprias do mercado para o qual o projeto vai ser desenvolvido. Isso significa que o projeto pode gerar receitas diferentes das previstas.

2. Riscos de construção

Todos os projetos, para sua implementação, requerem diversos tipos de recursos financeiros, materiais, de mão de obra e gerenciais. Os orçamentos são feitos previamente na fase de planejamento, e com base neles são criados os fluxos de caixa para a análise de viabilidade do empreendimento. É claro que na fase de construção existem riscos oriundos de falhas técnicas, atrasos nas obras, incapacidade técnica e gerencial dos contratados, custos extraordinários não previstos e outros.

3. Riscos legais e políticos

Todas as empresas estão submetidas a riscos do macroambiente político e legal, como mudanças na legislação e no marco regulatório do negócio, alterações nas políticas monetária e fiscal, variações nas taxas de juros e regras de crédito, incertezas jurídicas, entre outros.

4. Riscos ambientais

Mesmo com planejamento prévio para levantamento das questões ambientais e sua mitigação, com consequente incorporação dos custos nos fluxos de caixa, existe um grau de incerteza quanto a questões que podem aparecer e, principalmente, quanto ao comportamento de entidades de preservação, que podem apresentar novas demandas ao longo do processo de implementação do projeto.

5. Riscos financeiros

Como muitas vezes os projetos são desenvolvidos com base em captação de financiamentos (podem existir arranjos de engenharia financeira bastante complexos), estão presentes riscos específicos oriundos do mercado financeiro, como, por exemplo, riscos de crédito ou de liquidez (quando uma das partes de um contrato de crédito não consegue cumprir suas obrigações contratuais). É o caso, por exemplo, de um fornecedor que exige uma antecipação de pagamento de equipamento porque ocorreu uma falta de capital de giro não prevista.

6.6 MÉTODOS PARA ANÁLISE DE RISCO

Existem alguns métodos quantitativos para análise de risco que podem ser utilizados pelos analistas no processo de avaliação econômica de um projeto. Vamos estudar os principais:

a) Aplicação do método de simulação de Monte Carlo, utilizando probabilidades estimadas a partir de análise estatística ou atribuídas às variáveis por um processo subjetivo.

b) Utilização de uma taxa de desconto acrescida de valor correspondente ao risco do investimento, de forma que, quanto maior o risco do projeto, mais elevada a taxa utilizada para cálculo do valor presente.

6.7 APLICAÇÃO DO MÉTODO DE MONTE CARLO PARA ANÁLISE DE RISCO

O Método de Monte Carlo pode ser utilizado para avaliar o risco de um investimento. Os passos da análise podem ser descritos conforme a sequência mostrada na Figura 6.5.

6.7.1 Método de Monte Carlo

O Método de Monte Carlo é um processo de geração de resultados aleatórios que obedecem à distribuição de probabilidades da variável em análise. Esse processo de simulação de resultados apresenta algumas vantagens sobre o processo analítico de variáveis aleatórias:

1. Simplicidade: pelo fato de realizar simulações, evitamos desenvolvimentos analíticos complexos envolvendo equações de distribuições de probabilidades;

2. Rapidez: com a proliferação de programas específicos (muitos apresentando a técnica de simulação visual) como GPSS, Promodel, Arena e outros, ou com auxílio da planilha de MS-Excel, temos um ferramental de grande eficácia e simplicidade para as análises;

3. Aplicabilidade universal: as técnicas analíticas de tratamento das distribuições de probabilidades requerem o uso de equações matemáticas das distribuições, o que, na prática, muitas vezes não é simples de se obter.

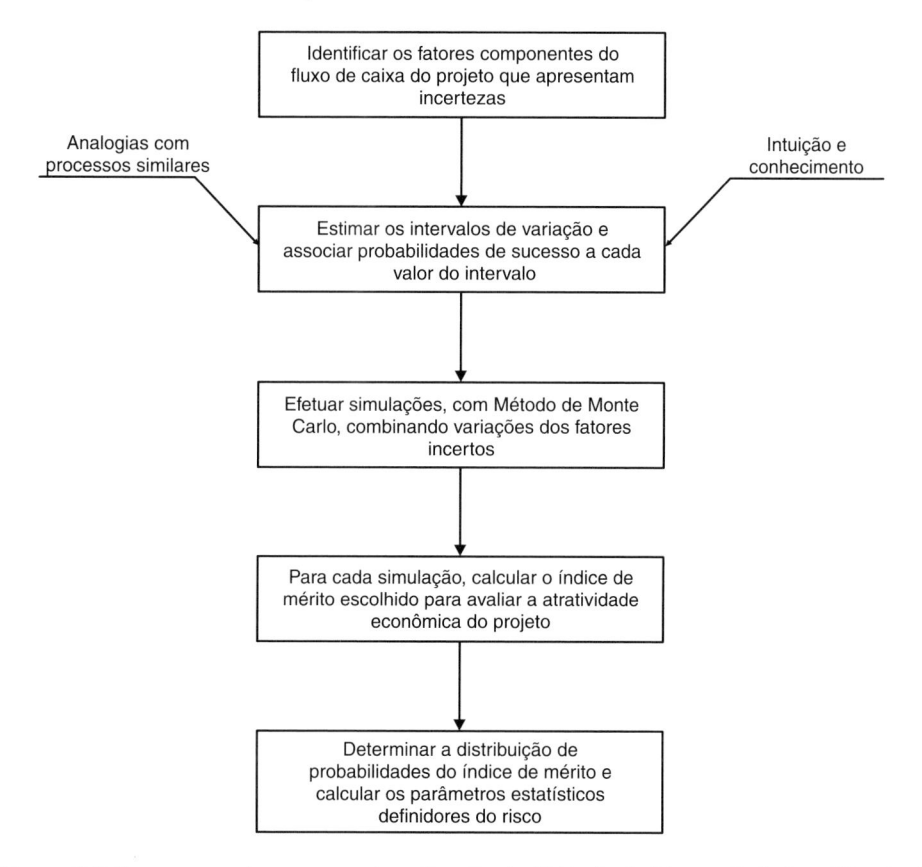

Figura 6.5 Fluxograma do processo de aplicação do Método de Monte Carlo à análise de risco de um projeto.

O método se baseia em uma característica da função acumulada de probabilidade $y = F(X)$ que representa as características aleatórias da variável em questão e é uma relação entre duas variáveis:

- variável aleatória X, com distribuição de probabilidade própria;
- variável y, com distribuição uniforme, entre 0 e 1, como mostra a Figura 6.6.

Podemos observar que, em qualquer função acumulada de probabilidade, a variável aleatória X tem seus valores próprios, enquanto a variável Y sempre terá uma distribuição uniforme de 0 a 1 (0 a 100 em porcentagem).

Se sortearmos aleatoriamente um número no intervalo (0 - 1), seja 0,67, por exemplo, podemos obter a simulação do valor 18 para a variável aleatória X, conforme mostra a Figura 6.6.

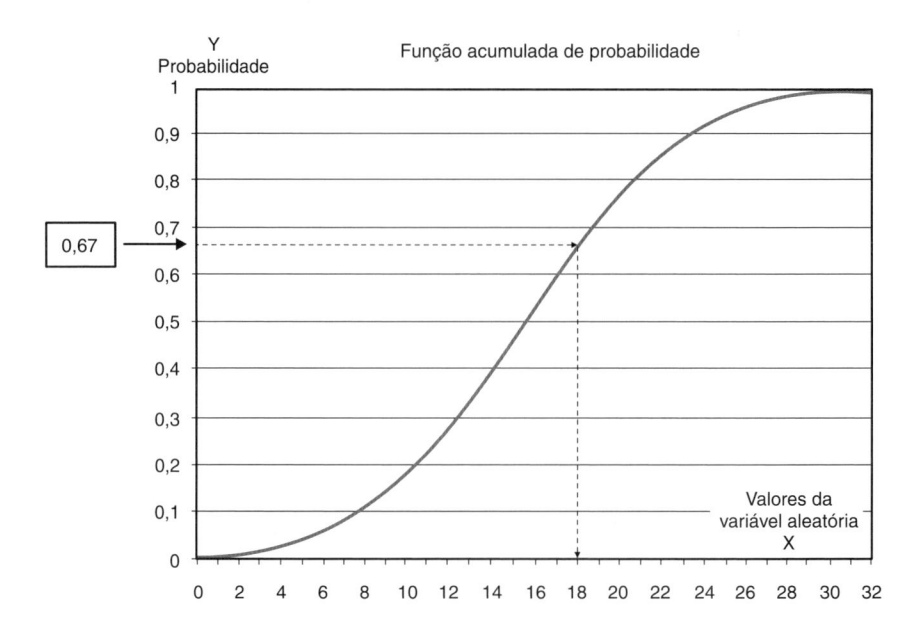

Figura 6.6 Função acumulada de probabilidade e simulação de um valor para X.

Estruturando um modelo que representa as inter-relações entre as variáveis aleatórias, podemos, com essa técnica, simular diversos resultados, conforme mostra o exemplo a seguir.

6.7.2 Geração de Números Aleatórios e Procura dos Resultados

Podemos utilizar a planilha MS-Excel para a realização de uma simulação pelo Método de Monte Carlo com a utilização de duas funções:

1. **ALEATÓRIO( )**: função utilizada para a geração de números aleatórios no intervalo (0 a 1);

2. **PROCV(valor_procurado;matriz_tabela;num_índice_col;procurar_intervalo)**: função utilizada para a procura dos resultados associados aos números aleatórios na tabela de frequência acumulada.

A função ALEATÓRIO( ) não possui argumentos. A função PROCV possui quatro argumentos conforme mostra a Figura 6.7.

Exemplo

Vamos utilizar o Método de Monte Carlo para simular o lucro unitário de um produto, que depende de duas variáveis: do preço que se consegue no mercado e do custo total, que é a função de acordos com os fornecedores. Por meio de análises de mercado, a empresa acredita que poderá praticar os preços mostrados na Tabela 6.1. As probabilidades associadas representam os graus de certeza que os gerentes têm sobre a possibilidade de cada preço. No caso do custo total, a empresa acredita que os resultados poderão ocorrer conforme a Tabela 6.2, também com os graus de certeza mostrados.

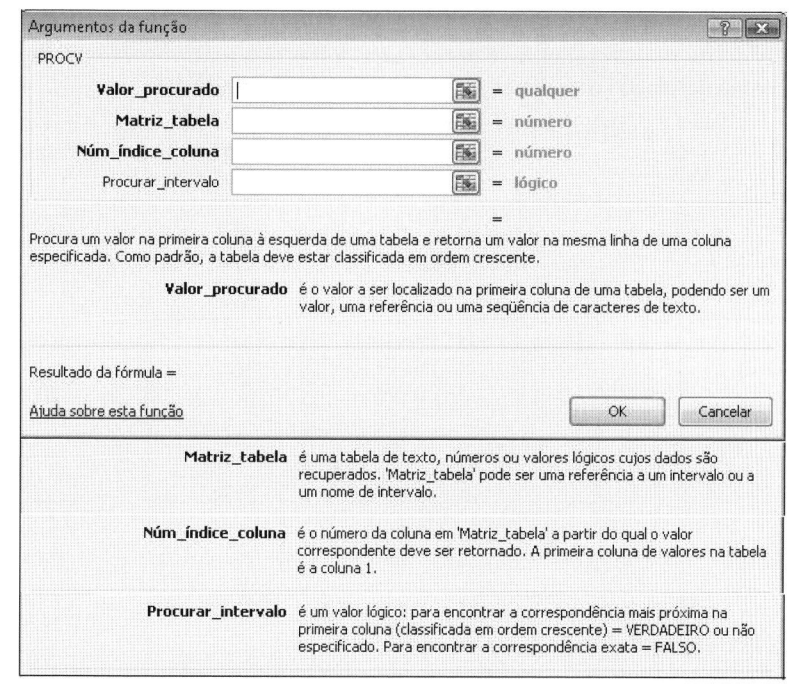

Figura 6.7 Argumentos da função PROCV para a simulação de Monte Carlo.

Tabela 6.1

Hipótese	Preço	Probabilidade
Pessimista	95,00	30%
Provável	100,00	50%
Otimista	105,00	20%

Tabela 6.2

Hipótese	Custo	Probabilidade
Provável	70,00	60%
Pessimista	80,00	40%

Passo 1 Calcular as funções acumuladas de probabilidades

Preço	Probabilidade acumulada
95,00	30%
100,00	80%
105,00	100%

Custo	Probabilidade
70,00	60%
80,00	100%

Passo 2 Modelo de inter-relação

Lucro = Preço – Custo

Passo 3 Geração de números aleatórios e simulação de 50 resultados para o lucro.

Se formos utilizar tabelas de geração de números aleatórios, vamos precisar das distribuições acumuladas de probabilidades, conforme a Figura 6.8.

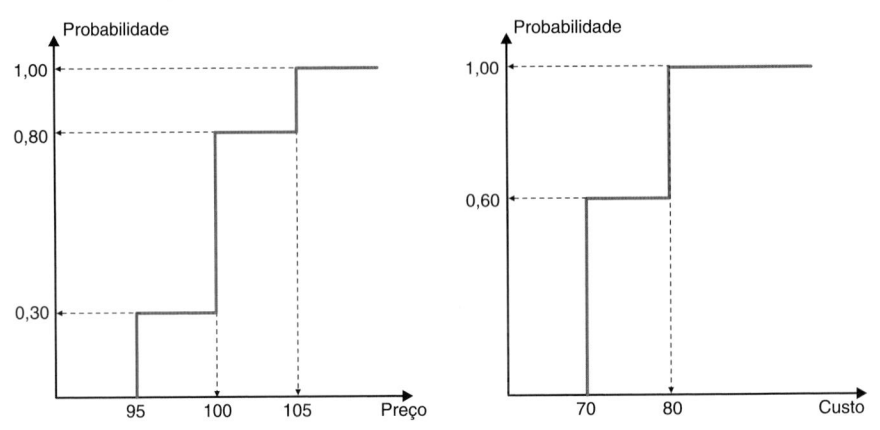

Figura 6.8 Distribuições acumuladas para as variáveis aleatórias do exemplo.

Para utilizarmos as funções do MS-Excel, precisamos construir as tabelas abaixo das funções de probabilidade acumulada.

Probabilidade acumulada	Preço
0	95
0,30	100
0,80	105
1,00	

Probabilidade acumulada	Custo
0,00	70
0,60	80
1,00	

Os resultados aleatórios gerados pela simulação podem ser vistos na Figura 6.9:

	V	W	X	Y	Z	AA	AB	AC
16		Método de Monte Carlo para simulação do lucro						
17	ALEATÓRIO ( )				=PROCV(J18:J67;$F$12:$G$15;2)			
18		Experimento n°.	Número aleatório	Preço	Número aleatório	Custo	Lucro	
19		1	0,90	105	0,77	80	25	
20		2	0,21	95	0,45	70	25	
21		3	0,64	100	0,51	70	30	
22		4	0,99	105	0,96	80	25	
23		5	0,14	95	0,45	70	25	
24		⋮	⋮	⋮	⋮	⋮	⋮	
25								
26		46	0,65	100	0,93	80	20	
27		47	0,09	95	0,66	80	15	
28		48	0,43	100	0,51	70	30	
29		49	0,33	100	0,17	70	30	
30		50	0,60	100	0,45	70	30	

Figura 6.9 Tabela para simulação dos lucros.

Passo 4 Análise da distribuição de frequência do lucro.

Com os resultados das 50 simulações, podemos calcular as distribuições de frequências relativa e acumulada para o lucro, conforme mostra a tabela abaixo.

Lucro	Frequência absoluta	Frequência relativa	Frequência acumulada
15	5	10%	10%
20	14	28%	38%
25	13	26%	64%
30	12	24%	88%
35	6	12%	100%

6.8 APLICAÇÃO À ANÁLISE DE RISCO DE PROJETOS DE INVESTIMENTO

Por meio de exemplos, vamos utilizar o processo acima para o cálculo de indicadores de rentabilidade de um projeto de investimento e analisar o risco envolvido. Vamos considerar dois casos:

1. Projetos com variáveis aleatórias com distribuição de Gauss
2. Projetos com variáveis aleatórias com distribuições empíricas

6.8.1 Análise de Risco com Variáveis Aleatórias com Distribuição de Gauss

Vamos considerar que a equipe de análise achou conveniente associar às variáveis aleatórias distribuições de probabilidades teóricas, no caso, distribuições de Gauss.

Exemplo

Uma empresa fabricante de móveis está estudando duas possibilidades de expansão:

a) expansão da atual linha de móveis para escritório;

b) diversificação da linha, introduzindo móveis para residências.

A tabela abaixo mostra os dados para a análise dos projetos. Os investimentos devem ser analisados para um período de cinco anos, que é a vida útil que a empresa estima para o projeto, a uma taxa de atratividade de 12% ao ano.

Dados do investimento	Opção 1	Opção 2
Investimento total	$ 1.200.000,00	$ 1.600.000,00
Vendas no 1º ano (m² de móvel)	$ 36.000,00	$ 26.000,00
Lucro líquido inicial por m²	$ 8,00	$ 12,00
Crescimento de vendas (% ao ano)	10	20
Crescimento do benefício líquido (% ao ano)	5	8

A empresa sabe que as previsões acima estão submetidas a um conjunto grande de incertezas. Para realizar uma análise de risco dos projetos, a equipe de planejamento considerou que os valores acima poderiam ser considerados como médias de distribuições de probabilidades e, para cada distribuição, foram estimados os desvios padrão, com base no conhecimento e intuição das pessoas. Os valores estimados estão mostrados na tabela abaixo.

Elemento	Opção 1	Opção 2
Vendas no 1º ano (m²)		
Média	36.000,00	26.000,00
Desvio padrão	500,00	2.000,00
Lucro líquido inicial por m²		
Média	8,00	12,00
Desvio padrão	1,40	2,30
Crescimento de vendas (% ao ano)		
Média	10%	20%
Desvio padrão	0,6%	2,5%
Crescimento do lucro líquido (% ao ano)		
Média	5%	8%
Desvio padrão	0,6%	0,8%

Fluxos de caixa dos projetos sem incerteza

Inicialmente, vamos calcular os fluxos de caixa para as duas opções de investimento. Para avaliar a rentabilidade, vamos calcular a TIR e o VPL para cada opção, com a taxa de atratividade de 12% ao ano. Para isso, vamos calcular os fluxos de caixa dos projetos com os valores médios das distribuições, que são os mais prováveis.

As tabelas abaixo mostram as vendas e os benefícios líquidos previstos para as duas opções:

Vendas (m²)		
Ano	Opção 1	Opção 2
1	36.000,00	26.000,00
2	39.600,00	31.200,00
3	41.580,00	33.696,00
4	41.580,00	33.696,00
5	46.569,60	33.696,00

Lucros líquidos ($)		
Ano	Opção 1	Opção 2
1	8,00	12,00
2	8,40	12,96
3	8,82	14,00
4	9,26	15,12
5	9,72	16,33

Com esses dados, montamos os fluxos de caixa para as duas opções, conforme segue:

Fluxos de caixa dos projetos		
Período	Opção 1	Opção 2
0	–1.200.000,00	–1.600.000,00
1	288.000,00	312.000,00
2	332.640,00	404.352,00
3	366.735,60	471.636,17
4	385.072,38	509.367,07
5	452.845,12	550.116,43

Calculando a TIR e o VPL, encontramos:

Projeto	TIR	VPL
Opção 1	14,6%	85.033,53
Opção 2	11,4%	–27.517,50

Da comparação dos dois fluxos de caixa, podemos concluir que a Opção 1 é superior à Opção 2, pois apresenta uma TIR bem superior à taxa mínima de atratividade e o VPL positivo, enquanto a opção 2 tem VPL negativo.

No entanto, como a equipe encarregada de preparar a decisão considera que os mercados têm características bem distintas e, por isso, estimou variações diferentes (desvios padrão, conforme mostrado acima), é necessário que se faça uma análise de risco, que faremos com a utilização do Método de Monte Carlo.

Solução pelo Método de Monte Carlo

Para utilizarmos o Método de Monte Carlo, precisamos calcular as distribuições acumuladas de probabilidades para todas as variáveis aleatórias. A Figura 6.10 mostra as distribuições para as quatro variáveis aleatórias da Opção 1.

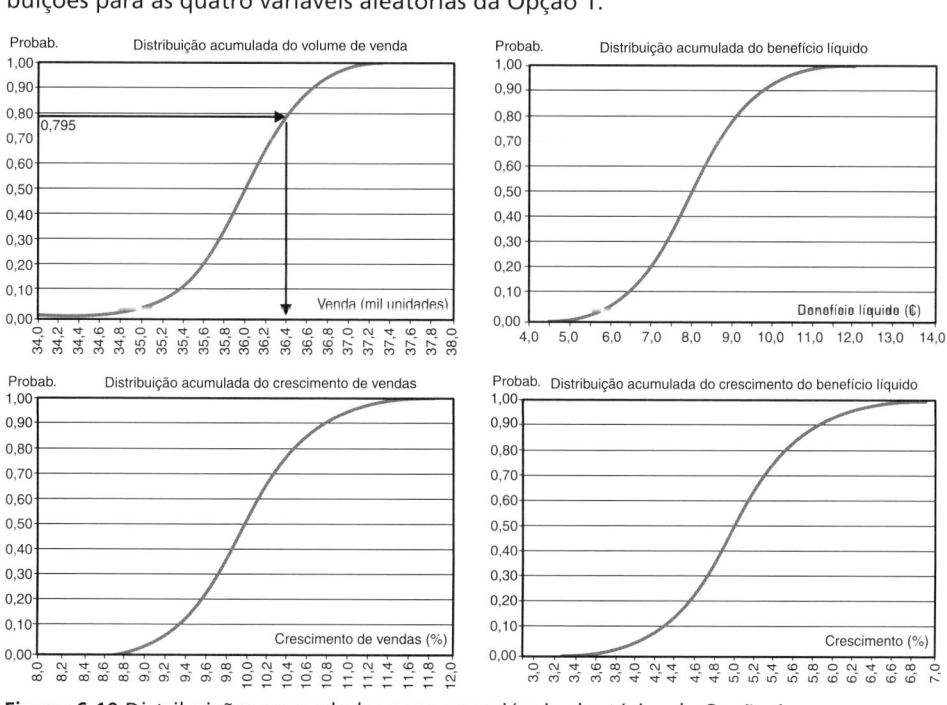

Figura 6.10 Distribuições acumuladas para as variáveis aleatórias da Opção 1.

Observe que as funções são semelhantes, variando apenas os intervalos de valores das variáveis aleatórias nos eixos horizontais.

A partir dos gráficos, podemos aplicar o Método de Monte Carlo. Conforme mostra a Figura 6.10, para o volume de vendas do primeiro ano, o número aleatório sorteado 0,795 apresentou a quantidade de 36,4 mil unidades vendidas.

A tabela abaixo mostra um exemplo das 200 simulações feitas para as variáveis aleatórias da Opção 1.

Experi-mento	Número aleatório	Vendas	Número aleatório	Benefício líquido	Número aleatório	Crescimento de vendas (%)	Número aleatório	Crescimento benefício líquido (%)
1	0,795	36.400,00	0,379	7,50	0,472	9,8%	0,402	4,8%
2	0,085	35.200,00	0,552	8,00	0,312	9,6%	0,509	5,0%
3	0,969	36.800,00	0,247	7,00	0,847	10,6%	0,211	4,4%
4	0,052	35.000,00	0,729	8,50	0,791	10,4%	0,109	4,2%
5	0,412	35.800,00	0,745	8,50	0,756	10,4%	0,641	5,2%
6	0,315	35.600,00	0,068	5,50	0,355	9,6%	0,626	5,0%
7	0,430	35.800,00	0,803	9,00	0,468	9,8%	0,720	5,2%
⋮				⋮		⋮		⋮
197	0,165	35.400,00	0,569	8,00	0,717	10,2%	0,58	5,0%
198	0,660	36.200,00	0,785	9,00	0,548	10,0%	0,682	5,2%
199	0,191	35.400,00	0,826	9,00	0,842	10,6%	0,404	4,8%
200	0,874	36.400,00	0,277	7,00	0,880	10,6%	0,793	5,4%

Realizando simulações análogas para a Opção 2, podemos desenvolver 200 simulações para o fluxo de caixa do projeto para cada opção. As tabelas abaixo mostram extratos dessas simulações dos fluxos de caixa.

Simulações realizadas para a Opção 1:

Experi-mento	Período						Indicadores	
	0	1	2	3	4	5	VPL	TIR
1	–1.200.000,00	236.600,00	272.205,46	313.169,12	360.297,31	414.517,73	–84.657,93	0,09
2	–1.200.000,00	286.400,00	328.961,33	377.847,62	433.998,80	498.494,49	145.577,96	0,16
3	–1.200.000,00	268.500,00	305.565,89	347.748,65	395.754,65	450.387,79	37.919,38	0,13
4	–1.200.000,00	270.000,00	311.307,84	358.935,45	413.849,70	477.165,39	78.492,72	0,14
5	–1.200.000,00	322.200,00	369.434,52	423.593,62	485.692,45	556.894,96	308.358,57	0,21
6	–1.200.000,00	336.300,00	387.848,06	447.297,42	515.859,16	594.930,06	393.252,54	0,23
7	–1.200.000,00	230.100,00	267.670,73	311.376,00	362.217,48	421.360,35	–90.249,88	0,09
⋮	⋮	⋮	⋮			⋮		⋮
197	–1.200.000,00	256.200,00	298.091,77	346.833,36	403.544,77	469.529,19	36.139,54	13%
198	–1.200.000,00	247.800,00	283.998,62	325.485,14	373.032,01	427.524,53	–41.016,65	11%
199	–1.200.000,00	356.000,00	405.783,04	462.527,74	527.207,62	600.932,33	446.598,13	25%
200	–1.200.000,00	252.000,00	287.864,64	328.833,54	375.633,12	429.093,23	–29.258,19	11%

Simulações realizadas para a Opção 2:

Experi-mento	Período						Indicadores	
	0	1	2	3	4	5	VPL	TIR
1	–1.600.000,00	233.750,00	306.848,30	402.805,90	528.771,36	694.128,74	–130.056,72	9%
2	–1.600.000,00	364.000,00	474.987,24	619.815,60	808.803,57	1.055.415,87	657.710,02	25%
3	–1.600.000,00	357.000,00	464.985,36	605.634,13	788.826,34	1.027.430,54	604.816,98	24%
4	–1.600.000,00	331.500,00	434.994,30	570.799,52	749.003,13	982.841,91	482.736,68	22%
5	–1.600.000,00	299.250,00	393.403,03	517.179,42	679.899,58	893.816,39	288.187,98	18%
6	–1.600.000,00	126.000,00	166.868,10	220.991,77	292.670,45	387.598,11	-791.245,26	-8%
7	–1.600.000,00	312.000,00	404.857,44	525.351,11	681.706,11	884.595,48	310.435,63	18%
⋮	⋮	⋮	⋮		⋮		⋮	⋮
197	–1.600.000,00	391.500,00	509.920,92	664.161,80	865.057,46	1.126.720,04	817.887,52	28%
198	–1.600.000,00	228.000,00	300.289,68	395.499,53	520.896,61	686.052,08	–155.207,14	9%
199	–1.600.000,00	300.000,00	391.473,00	510.837,03	666.596,35	869.848,25	260.750,02	17%
200	–1.600.000,00	390.000,00	511.758,00	671.528,85	881.180,15	1.156.284,60	850.278,45	28%

Análise estatística dos resultados da simulação:

A Figura 6.11 abaixo mostra as distribuições estatísticas obtidas com as simulações dos fluxos de caixa da Opção 1. Podemos ver, pela distribuição relativa, que os resultados dos experimentos levam a uma distribuição normal (no caso, uma aproximação da distribuição normal, devido ao pequeno número de simulações). Serão calculados a média e o desvio padrão para cada opção.

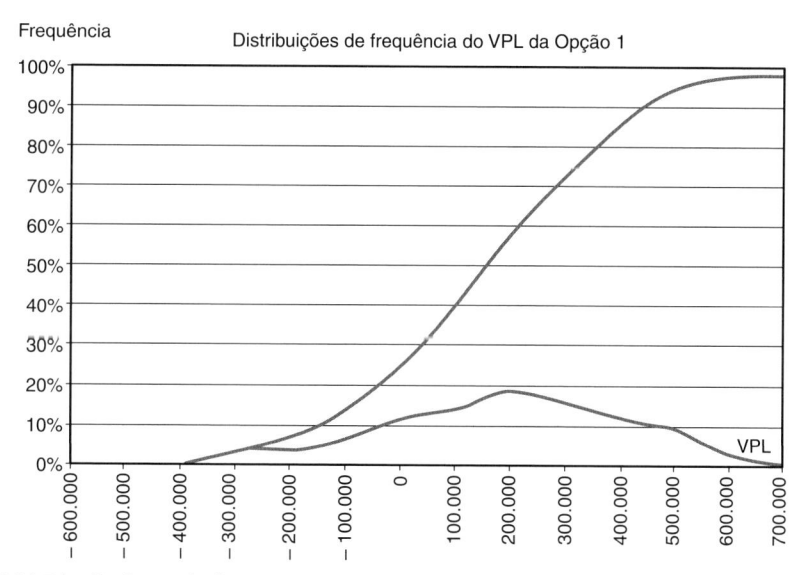

Figura 6.11 Distribuições de frequência para a Opção 1.

Calculando, encontramos:

- média: $156.280,79
- desvio padrão: $ 233.543,26.

A Figura 6.12 mostra os mesmos resultados para a Opção 2:

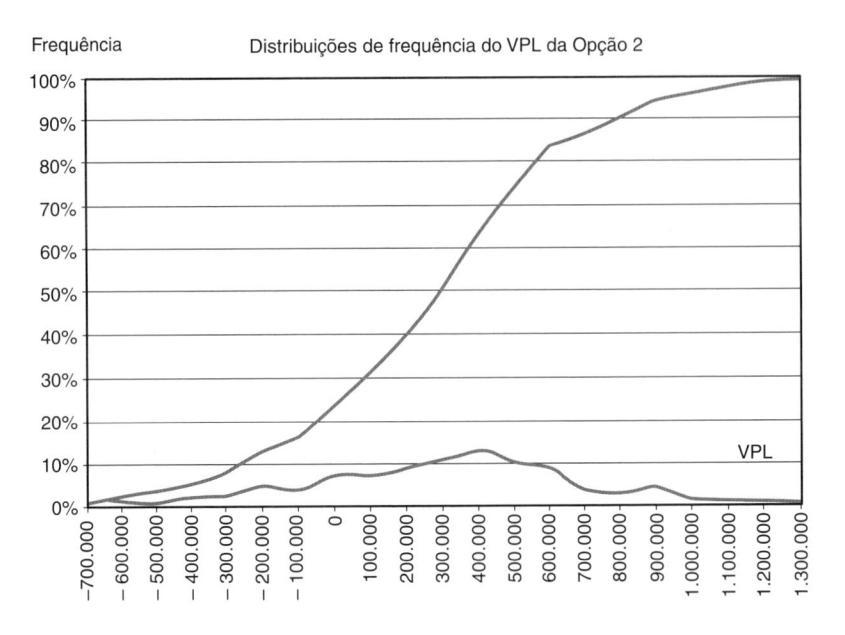

Figura 6.12 Distribuições de frequência para a Opção 2.

Calculando, encontramos:

- média: $ 271.863,06
- desvio padrão: $ 401.145,52

Podemos observar, pelas Figuras 6.11 e 6.12, que os VPL dos projetos apresentam altos desvios padrão, o que significa que os resultados podem sofrer elevadas dispersões em relação à média. Isso significa que ambas as opções de investimento da empresa apresentam elevados graus de risco.

Uma análise mais interessante pode ser feita quando comparamos as distribuições complementares da acumulada das duas opções, conforme mostra a Figura 6.13.

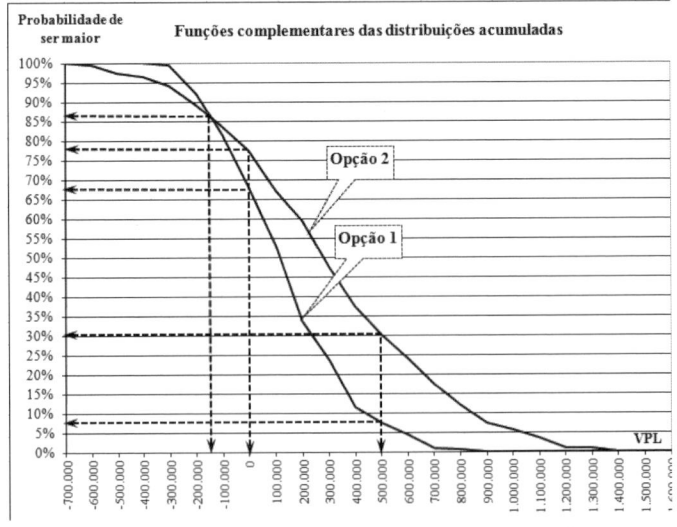

Figura 6.13 Probabilidades de que os VPL das opções sejam maiores do que um valor dado.

Comparando as curvas da Figura 6.13, podemos concluir:

a) Ambas as opções apresentam probabilidades semelhantes de VPL muito negativos, no caso, aproximadamente 14% de VPL menores do que (150.000,00);

b) A partir desse valor, a Opção 2 passa a apresentar melhores resultados, devido às suas taxas de crescimento de mercado e benefício líquido, que são maiores. Podemos ver que a probabilidade de VPL superior a zero na Opção 2 é de aproximadamente 78%, enquanto essa probabilidade é de 67% para a Opção 1;

c) Para VPL positivo, a Opção 2 é sempre mais atraente porque apresenta probabilidades maiores e pode atingir valores absolutos bem maiores do que a Opção 1. Observe que, enquanto na Opção 1 a probabilidade de VPL igual a $ 500.000,00 é inferior a 10%, na Opção 2 essa probabilidade é igual a 30%.

É importante lembrar que, quando calculamos o VPL para a taxa de atratividade de 12%, a Opção 1 apresentou um valor positivo de $ 85.033,53, e a Opção 2, um valor negativo de $ 27.517,50. No entanto, quando incorporamos na análise as informações relativas às possíveis variações nos elementos de decisão, a Opção 2 aparece como mais interessante do que a Opção 1, apesar de ambas serem de alto risco.

6.8.2 Utilização da Planilha MS-Excel para Simulação do Risco

A análise acima foi realizada, de forma muito simples, com a utilização das funções estatísticas do MS-Excel.

Vamos analisar cada uma das planilhas e funções utilizadas.

Distribuições de Gauss das variáveis aleatórias:

Para o cálculo das distribuições de probabilidades das variáveis aleatórias, utilizamos a função estatística **DIST.NORM (valor;média;desvio padrão;verdadeiro),** que nos fornece a distribuição acumulada, conforme o preenchimento dos parâmetros mostrado na Figura 6.14. Com isso, calculamos as distribuições mostradas na Figura 6.10, cujos dados estão exemplificados na Figura 6.14 abaixo.

L7   *fx* =DIST.NORM(M7;$C$18;$C$19;VERDADEIRO)

Distribuições de Gauss das variáveis aleatórias

Opção 1

Vendas		Benefício líquido		Crescimento das vendas (%)		Crescimento do benefício líquido (%)	
Frequência acumulada	Unidades	Frequência acumulada	Valor ($)	Frequência acumulada	Valor (%)	Frequência acumulada	Valor (%)
0,000	34.000,00	0,002	4,0	0,000	8,0%	0,000	3,0%
0,000	34.200,00	0,006	4,5	0,001	8,2%	0,001	3,2%
0,001	34.400,00	0,016	5,0	0,004	8,4%	0,004	3,4%
0,003	34.600,00	0,037	5,5	0,010	8,6%	0,010	3,6%
0,008	34.800,00	0,077	6,0	0,023	8,8%	0,023	3,8%
0,023	35.000,00	0,142	6,5	0,048	9,0%	0,048	4,0%
0,055	35.200,00	0,238	7,0	0,091	9,2%	0,091	4,2%
0,115	35.400,00	0,360	7,5	0,159	9,4%	0,159	4,4%
0,212	35.600,00	0,500	8,0	0,252	9,6%	0,252	4,6%
0,345	35.800,00	0,640	8,5	0,369	9,8%	0,369	4,8%
0,500	36.000,00	0,762	9,0	0,500	10,0%	0,500	5,0%

Figura 6.14 Exemplos de cálculo das distribuições de probabilidades das variáveis aleatórias da Opção 1.

Cálculo das simulações dos elementos do fluxo de caixa

Para calcularmos os valores aleatórios dos elementos do fluxo de caixa, utilizamos duas funções do MS-Excel, já apresentadas no item 6.7.2:

1. Geração dos números aleatórios: função **ALEATÓRIO()**;
2. Simulação dos valores das variáveis: função

   PROCV(valor_procurado;matriz_tabela;num_índice_col;procurar_intervalo).

A Figura 6.15 mostra a planilha criada para realizar as simulações das variáveis:

M5 | =PROCV($L$5:$L$204;$B$8:$C$30;2;VERDADEIRO)

Simulação dos elementos do fluxo de caixa - Opção 1

Experimento n°	Número aleatório	Vendas	Número aleatório	Benefício líquido	Número aleatório	Crescimento das vendas (%)	Número aleatório	Crescimento do benefício líquido (%)
1	0,191	35.400,00	0,774	9,00	0,356	9,6%	0,847	5,6%
2	0,467	35.800,00	0,991	11,00	0,409	9,8%	0,869	5,6%
3	0,206	35.400,00	0,518	8,00	0,907	10,6%	0,183	4,4%
4	0,195	35.400,00	0,664	8,50	0,395	9,8%	0,347	4,6%
5	0,081	35.200,00	0,588	8,00	0,590	10,0%	0,423	4,8%
6	0,995	37.200,00	0,399	7,50	0,067	9,0%	0,450	4,8%
7	0,174	35.400,00	0,182	6,50	0,494	9,8%	0,502	5,0%
8	0,709	36.200,00	0,294	7,00	0,108	9,2%	0,864	5,6%
9	0,942	36.600,00	0,639	8,00	0,255	9,6%	0,472	4,8%
10	0,569	36.000,00	0,097	6,00	0,104	9,2%	0,905	5,6%

Figura 6.15 Planilha para simulação dos valores aleatórios dos elementos do fluxo de caixa da Opção 1.

Em nosso caso, o "valor_procurado" é o número aleatório que será pesquisado na coluna das funções acumuladas. Encontrado o intervalo em que está o número, a função PROCV apresenta o valor que está na coluna 2 da tabela ("num_índice_coluna") do início do intervalo.

Observe na Figura 6.15 que o número aleatório sorteado foi 0,191 e a função PROCV retornou o valor $ 35.400,00 para Vendas. Podemos ver, na Figura 6.14, que este valor está no intervalo marcado (0,115 a 0,212) e que o valor retornado está no início do intervalo. A Figura 6.16 reproduz os intervalos iniciais de busca.

Tabela para localização dos valores pela função PROCV

Opção 1

Vendas		Benefício líquido		Crescimento das vendas		Crescimento do benefício líquido	
Frequência acumulada	Unidades	Frequência acumulada	Valor ($)	Frequência acumulada	Valor (%)	Frequência acumulada	Valor (%)
0,000	33.500	0,000	3,50	0,000	0,075	0,000	0,025
0,000	34.000	0,002	4,00	0,000	0,080	0,000	0,030
0,000	34.200	0,006	4,50	0,001	0,082	0,001	0,032
0,001	34.400	0,016	5,00	0,004	0,084	0,004	0,034
0,003	34.600	0,037	5,50	0,010	0,086	0,010	0,036
0,008	34.800	0,077	6,00	0,023	0,088	0,023	0,038
0,023	35.000	0,142	6,50	0,048	0,090	0,048	0,040
0,055	35.200	0,238	7,00	0,091	0,092	0,091	0,042

Figura 6.16 Exemplo de localização do valor pela função PROCV.

Determinados os valores simulados para as variáveis aleatórias, podemos estruturar um fluxo de caixa para cada simulação, conforme mostram os exemplos da Figura 6.17.

V	W	X	Y	Z	AA	AB	AC	AD
			Fluxos de caixa simulados					
			Ano				Indicadores	
Experimento nº	0	1	2	3	4	5	VPL	TIR
1	-1.200.000,00	307.700,00	355.970,75	411.814,01	476.417,75	551.156,26	267.143,87	19,8%
2	-1.200.000,00	307.700,00	357.396,01	415.118,33	482.163,26	560.036,48	279.322,29	20,1%
3	-1.200.000,00	324.000,00	373.351,68	430.220,61	495.751,81	571.264,73	332.352,10	21,6%
4	-1.200.000,00	267.000,00	307.210,20	353.476,06	406.709,55	467.960,01	58.900,57	13,8%
5	-1.200.000,00	299.200,00	346.204,32	400.593,02	463.526,18	536.346,15	227.185,49	18,6%
6	-1.200.000,00	253.400,00	293.767,63	340.565,99	394.819,52	457.715,85	13.483,11	12,4%
7	-1.200.000,00	231.400,00	267.850,13	310.041,88	358.879,68	415.410,40	-95.393,15	9,0%
8	-1.200.000,00	268.500,00	310.681,35	359.489,39	415.965,17	481.313,30	80.746,34	14,4%
9	-1.200.000,00	250.600,00	287.265,79	329.296,22	377.476,21	432.705,51	-27.435,25	11,2%
10	-1.200.000,00	267.000,00	306.702,90	352.309,62	404.698,06	464.876,66	54.638,00	13,7%

Figura 6.17 Fluxos de caixa simulados para os experimentos.

6.8.3 Análise de Risco com Distribuições Empíricas

Muitas vezes, o levantamento das distribuições teóricas de probabilidades torna-se um processo muito complexo e caro. Para essas situações, os analistas utilizam o processo de atribuição de probabilidades subjetivas para representar o grau de certeza que se tem sobre a realização de uma previsão. Com isso, temos distribuições de probabilidades empíricas com poucos valores, obtidas a partir do conhecimento das pessoas, conforme mostra o exemplo abaixo.

Exemplo

Uma empresa planeja realizar um investimento no valor total de R$ 500.000,00, com desembolso previsto de 20% imediatamente, 70% no final do primeiro ano e 10% no segundo ano. Além desse valor, haverá ainda a necessidade de um aporte de R$ 100.000,00 para acréscimo do capital de giro no segundo ano.

A vida útil da instalação está prevista para cinco anos, com um valor residual estimado de R$ 150.000,00.

Com isso, podemos calcular a depreciação:

$$\text{QUOTA ANUAL} = \frac{500.000 - 150.000}{5} = 70.000.$$

Para a avaliação da atratividade do projeto, precisamos fazer projeções futuras das receitas que poderão ser auferidas e dos custos em que a empresa poderá incorrer. Como um dos objetivos da análise é a avaliação do risco, vamos considerar que a Receita Líquida do projeto depende de dois fatores que não estão inteiramente sob nosso controle:

1) Demanda pelo produto do ano inicial de faturamento (Ano 2 na planilha da Figura 6.18);

2) Crescimento da demanda de um ano para o outro.

A análise de mercado do produto, associada à experiência dos gerentes, permitiu o estabelecimento de três valores possíveis para a demanda do ano inicial, conforme mostra a tabela.

Hipótese	Demanda inicial	Probabilidade
Pessimista	25.000	20%
Provável	27.500	60%
Otimista	30.000	20%

Da mesma forma, a empresa acredita que o crescimento da demanda terá pequeno decréscimo ao longo do tempo, por entrada de novos fornecedores e satisfação da demanda. Assim, os crescimentos previstos são:

Hipótese	Crescimento para o Ano 3	Crescimento para o Ano 4	Crescimento para o Ano 5	Crescimento para o Ano 6
Pessimista	6%	5%	4%	3%
Provável	7%	6%	5%	4%
Otimista	8%	7%	6%	5%

O preço do produto é estimado em $ 15,00 por unidade, que é o preço praticado pelo mercado atualmente. Como vamos fazer a análise em moeda constante; não vamos considerar correção alguma nesse preço.

Para o cálculo da receita líquida, vamos considerar uma dedução de 10% referente a comissões e devoluções. O custo do produto será considerado constante e igual a 55% do preço unitário.

Por outro lado, a empresa pretende financiar 60% do investimento total, ou seja, R$ 300.000,00, com aporte do recurso no ano 1. As condições do financiamento são:

a) Taxa de juro: 18% ao ano;

b) Pagamento em quatro anos pelo sistema SAC (Amortizações Constantes);

c) Início de pagamento: Ano 3. No Ano 2 haverá apenas o pagamento do juro.

Cálculo do Imposto de Renda: consideramos a alíquota única de 34% por simplificação, considerando que este não é o único lucro da empresa.

Com esses dados, podemos criar uma planilha para cálculo do Fluxo de Caixa Operacional do projeto, conforme mostra a Figura 6.18.

	A	B	D	E	F	G	H	I	J
21		Cálculo do fluxo de caixa operacional (benefícios líquidos) do projeto							
22		Ano	0	1	2	3	4	5	6
23	Elementos								
24	Preço	=PROCV(M26;$N$26:$O$28;2			15,00	15,00	15,00	15,00	15,00
25	Quantidade				27.500	29.425	31.190	33.061	34.383
26	Receita total				412.500,00	441.375,00	467.850,00	495.915,00	515.745,00
27	Deduções (10%)				-41.250,00	-44.137,50	-46.785,00	-49.591,50	-51.574,50
29	Receita líquida				371.250,00	397.237,50	421.065,00	446.323,50	464.170,50
30	(-) Custos Totais (55%)				-226.875,00	-242.756,25	-257.317,50	-272.753,25	-283.659,75
31	(=) Lucro operacional				144.375,00	154.481,25	163.747,50	173.570,25	180.510,75
32	(-) Depreciação				-70.000,00	-70.000,00	-70.000,00	-70.000,00	-70.000,00
33	(-) Juro pago no período				-54.000,00	-54.000,00	-40.500,00	-27.000,00	-13.500,00
34	(=) Lucro tributável				20.375,00	30.481,25	53.247,50	76.570,25	97.010,75
35	(-) Imp. Renda (34%)				-6.927,50	-10.363,63	-18.104,15	-26.033,89	-32.983,66
36	(=) Lucro líquido				13.447,50	20.117,63	35.143,35	50.536,37	64.027,10
38	(+) Depreciação				70.000,00	70.000,00	70.000,00	70.000,00	70.000,00
39	Fluxo de caixa operacional				83.447,50	90.117,63	105.143,35	120.536,37	134.027,10

Figura 6.18 Fluxo de caixa operacional do projeto.

O total de juro pago por ano foi calculado em uma planilha do financiamento, conforme mostra a Figura 6.19:

	A	B	D	E	F	G	H	I	J
67			Cálculo dos juros anuais e das amortizações						
68	Elementos	Ano	0	1	2	3	4	5	6
69	Valor financiado			300.000,00					
70	Amortização					-75.000,00	-75.000,00	-75.000,00	-75.000,00
71	Saldo devedor			300.000,00	300.000,00	225.000,00	150.000,00	75.000,00	0,00
72	Juro pago no ano				-54.000,00	-54.000,00	-40.500,00	-27.000,00	-13.500,00
73	Prestação				-54.000,00	-129.000,00	-115.500,00	-102.000,00	-88.500,00

Figura 6.19 Planilha do financiamento.

Com os dados das planilhas acima, podemos calcular o fluxo de caixa final do projeto, a partir do qual calcularemos os indicadores VPL e TIR, conforme a Figura 6.20.

| E51 | ▾ | f_x | =VPL(C18;E49:J49)+D49 | | | | | | |

	A	B	D	E	F	G	H	I	J
41	Composição do fluxo de caixa total do projeto para análise de rentabilidade								
42	Elementos	Ano	0	1	2	3	4	5	6
43	Fluxo dos investimentos		-100.000,00	-350.000,00	-50.000,00				
44	Financiamento recebido			300.000,00					
45	Amortizações pagas					-75.000,00	-75.000,00	-75.000,00	-75.000,00
46	Capital de giro				-100.000,00				100.000,00
47	Valor Residual								150.000,00
48	Fluxo de Caixa Operacional				83.447,50	90.117,63	105.143,35	120.536,37	134.027,10
49	Fluxo de caixa total do proj	-100.000,00	-50.000,00	-66.552,50	15.117,63	30.143,35	45.536,36	309.027,10
50									
51	Valor presente líquido - VPL		R$	14.620,27					
53	Taxa interna de retorno - TIR			13,68%					

Figura 6.20 Planilha para cálculo do fluxo de caixa final do projeto.

Realização das simulações

Nesse caso, vamos utilizar um recurso mais elegante para a construção da planilha de MS-Excel. Em vez de construirmos uma planilha com a geração de todos os números aleatórios, utilizaremos a função DADOS – TABELA para preencher uma tabela com os valores simulados para VPL e TIR.

Em primeiro lugar, criaremos uma planilha de acordo com as características da função PROCV do MS-Excel, conforme mostra a Figura 6.21, em que serão buscados os valores simulados para as variáveis aleatórias do problema.

	L	M	N	O	P
23	Tabelas para a aplicação do método de Monte Carlo na simulação do fluxo de caixa				
24		Número aleatório	Distribuição de probabilidades	Valores	
25	Projeção da demanda do ano 2				
26		41	0	25.000,00	
27			20	27.500,00	
28			80	30.000,00	
29			100		
30	Crescimento da demanda no ano 3				
31		62	0	1,06	
32			20	1,07	
33			80	1,08	
34			100		
35	Crescimento da demanda no ano 4				
36		93	0	1,05	
37			20	1,06	
38			80	1,07	
39			100		
40					
41	Crescimento da demanda no ano 5				
42		23	0	1,04	
43			20	1,05	
44			80	1,06	
45			100		

Figura 6.21 Tabelas preparadas para a geração aleatória dos valores das variáveis do problema.

Se observarmos a Figura 6.18, que mostra a planilha de cálculo do Fluxo de Caixa Operacional, veremos que a demanda do Ano 2 foi gerada por meio da função **PROCV(M26;$N$26:$O$28;2)**, cujos parâmetros podem ser conferidos na Figura 6.21. Observe que o número aleatório gerado foi 41, que resultou na demanda inicial de 27.500 unidades.

Da mesma forma, os demais parâmetros serão gerados para os crescimentos da demanda nos demais anos.

Para produzirmos 100 simulações do VPL (e da TIR), utilizamos o recurso TABELA que é programado da seguinte forma:

1. Preparada a planilha para receber os dados, copiamos no experimento número 1 as funções que calculam o VPL e a TIR, conforme mostra a Figura 6.22a.

2. A seguir, selecionamos a coluna com os números dos 100 experimentos (coluna R) na figura.

3. No menu DADOS, selecionamos TABELA, cuja caixa de diálogo é mostrada na Figura 6.23.

4. Na caixa de diálogo da função, indicamos a célula U18 como célula de entrada da coluna.

Quando clicamos OK, o MS-Excel usa a célula U18 para recalcular cada valor da planilha que será carregado nas células adjacentes à coluna do número do experimento (no caso, colunas S e T). Automaticamente, um número aleatório é gerado, a pesquisa nas tabelas das variáveis aleatórias (Figura 6.21) é feita, e o VPL e a TIR na planilha do Fluxo de Caixa Total do Projeto (Figura 6.20) são calculados.

	S19			f_x	=E51	
	Q	R	S		T	U
17		Resultados das simulações de VPL e TIR				
18		Experimento n°.	VPL		TIR	
19		1	14.620,27		13,68%	
20		2	-18.735,17		9,82%	
21		3	12.862,26		13,49%	
22		4	-21.429,52		9,50%	
23		5	16.449,89		13,89%	
24		6	45.879,27		17,26%	

Figura 6.22a Inclusão do cálculo do VPL na tabela.

	S20			f_x	{=TABELA(;U18)}	
	Q	R	S		T	U
17		Resultados das simulações de VPL e TIR				
18		Experimento n°.	VPL		TIR	
19		1	14.620,27		13,68%	
20		2	-18.735,17		9,82%	
21		3	12.862,26		13,49%	
22		4	-21.429,52		9,50%	
23		5	16.449,89		13,89%	
24		6	45.879,27		17,26%	

Figura 6.22b Inclusão da função TABELA.

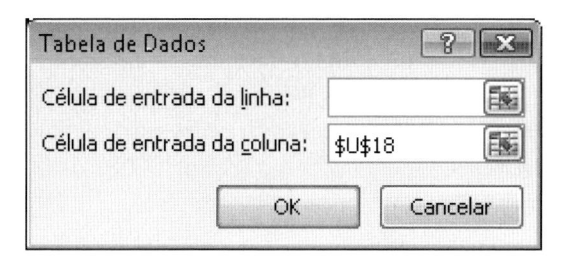

Figura 6.23 Caixa de diálogo da função TABELA, com a célula de entrada da coluna.

Com esse procedimento, completamos a tabela com os valores aleatórios produzidos para VPL e TIR, cujos primeiros resultados são mostrados nas Figuras 6.22a e 6.22b.

Com esses valores, podemos aplicar a análise estatística para calcular as distribuições de frequência, médias e desvios padrão.

6.9 ANÁLISE DE SENSIBILIDADE DOS RESULTADOS DOS PROJETOS

Os métodos de avaliação de risco se baseiam na estimativa de probabilidades para a quantificação do grau de incerteza existente nos resultados dos elementos importantes dos projetos de investimento. Nos métodos que utilizam a técnica de simulação de Monte Carlo, as probabilidades foram associadas diretamente aos dados dos fluxos de caixa. No método CAPM, apresentado no Capítulo 11 – Avaliação de Risco em Projetos – Métodos Avançados, as incertezas são traduzidas em coeficientes β que produzem taxas de desconto ajustadas ao risco do projeto.

No entanto, a utilização desses métodos requer um bom banco de dados para a obtenção das probabilidades ou disposição dos responsáveis pela decisão para fazerem as estimativas. Boa parte dos gerentes prefere avaliar o risco por meio de considerações qualitativas de cenários futuros e calcular as variações dos indicadores de rentabilidade dos projetos a partir das possibilidades levantadas.

Sob esse enfoque, podemos considerar duas abordagens para a avaliação dos riscos dos projetos de investimento:

1. Análise de sensibilidade do resultado final, através da variação dos fatores mais críticos e com maior grau de incerteza.
2. Aplicação de critérios lógicos para a decisão sob incerteza, que permitem a escolha da alternativa que fornece o maior retorno ou a menor perda esperada, segundo o enfoque que deu origem ao critério. Esses critérios são normalmente apresentados em Pesquisa Operacional quando se estuda as estratégias da Teoria dos Jogos (Andrade, 2009).

6.9.1 Análise de Sensibilidade com Variação dos Fatores

Essa é a análise de risco mais simples e consiste basicamente em:

a) Identificar os parâmetros do projeto que podem sofrer as maiores variações e, com isso, afetar a atratividade final do projeto;
b) Recalcular os indicadores de atratividade (VPL ou TIR) para variações simultâneas ou isoladas e consideradas possíveis para os parâmetros identificados.

A estimativa do percentual de variação dos fatores em torno do caso normal ou caso base é feita pelos analistas do projeto, levando-se em conta conhecimento e experiência anteriores.

Os parâmetros que podem receber variações são os definidores do fluxo de caixa do projeto, como, por exemplo:

- Taxa de crescimento do mercado
- Participação no mercado
- Preço de venda
- Necessidade de capital de giro
- Custos fixos
- Custos variáveis
- Horizonte econômico do projeto
- Valor de revenda ou residual, e outros.

Exemplo

Para determinado projeto de investimento, foi levantado o seguinte fluxo de caixa (caso base):

Ano	Fluxo de caixa
0	(1.000,00)
1	(1.500,00)
2	650,00
3	700,00
4	750,00
5	800,00
6	850,00

Para esses valores, encontramos a TIR = 12,5%.

Analisando os valores orçados para os investimentos e as previsões de lucro por período, os analistas estimaram como razoáveis as seguintes variações:

a) Para o custo do investimento:

Cenário	Ano 0	Ano 1
Pessimista	–1.000	–1.650
Base	–1.000	–1.500
Otimista	–1.000	–1.425

Observe que as análises indicaram que há possibilidade de haver elevações de custo que façam o desembolso do período 2 crescer até 10%. Da mesma forma, existe a possibilidade de economias que venham a resultar em uma redução de 5% também no período 2. Para o período 1, os analistas avaliaram que o orçamento de desembolso tem pouca chance de variação.

b) Para os lucros anuais:

A análise de sensibilidade deve considerar que os lucros anuais podem variar no intervalo de +10% a –10% com relação ao caso base. Teríamos, assim, três fluxos de entradas de caixa:

Ano	Fluxo de caixa		
	Caso base	Pessimista	Otimista
2	650,00	585,00	715,00
3	700,00	630,00	770,00
4	750,00	675,00	825,00
5	800,00	720,00	880,00
6	850,00	765,00	935,00

Com esses valores, a equipe de análise resolveu construir quatro cenários, além do caso base:

- Cenário muito pessimista: Maior custo de investimento e menores lucros anuais
- Cenário pessimista: Custo médio de investimento e menores lucros anuais
- Cenário otimista: Custo médio de investimento e maiores lucros anuais
- Cenário muito otimista: Menor custo de investimento e maiores lucros anuais.

Finalmente, com esses critérios formadores dos cenários, foram montados quatro fluxos de caixa, conforme mostra a tabela abaixo:

Ano	Fluxo de caixa			
	Caso A	Caso B	Caso C	Caso D
0	–1.000,00	–1.000,00	–1.000,00	–1.000,00
1	–1.650,00	–1.500,00	–1.500,00	–1.425,00
2	585,00	585,00	715,00	715,00
3	630,00	630,00	770,00	770,00
4	675,00	675,00	825,00	825,00
5	720,00	720,00	880,00	880,00
6	765,00	765,00	935,00	935,00
TIR	7,3%	9,1%	15,8%	16,9%

Dessa forma, os analistas concluíram que a taxa interna de retorno do projeto pode variar no intervalo de 7,3% a 16,9% por período, tendo como valor mais provável a taxa do caso base: 12,5%. A tabela abaixo resume os valores encontrados:

Caso	Característica	TIR (%)
A	Muito pessimista	7,3
B	Pessimista	9,1
Base	Normal	12,5
C	Otimista	15,8
D	Muito otimista	16,9

Em face desses resultados, cabe à direção da empresa decidir, com base em sua expectativa de retorno, sobre a aceitação do projeto.

6.10 CRITÉRIOS PARA DECISÃO SOB CONDIÇÕES DE INCERTEZA

Em muitos problemas de decisão sobre investimentos, a atribuição de probabilidades subjetivas a eventos que condicionam os resultados de um problema é uma tarefa difícil ou mesmo impraticável. Em alguns casos, porque não dispomos de dados que nos permitam desenvolver uma percepção sobre o grau de certeza da ocorrência do evento; em outros, porque são eventos cujas naturezas tornam impraticável a associação de probabilidades, por exemplo, desastres, incêndios etc. Esses problemas foram classificados no início do capítulo como *problemas de decisão sob incerteza*.

Decisões de investimento em situações como essas não são raras e o tomador da decisão se vê diante de um problema de escolha de uma alternativa que poderá dar bons resultados se ocorrer um evento favorável, mas que poderá, caso contrário, resultar em fracasso.

O problema típico de decisão de investimento em condições de incerteza apresenta as seguintes características:

a) As alternativas são mutuamente exclusivas;

b) Os resultados de cada alternativa dependem de algumas condições ou eventos que foram identificados;

c) Para cada um dos eventos ou das condições, podemos calcular o resultado da alternativa em termos de algum indicador de atratividade, como TIR, VPL ou outro.

Tendo identificado as condições ou os eventos condicionantes e, para cada um deles, calculados os indicadores de atratividade das alternativas, podemos montar uma *matriz de resultados* que correlaciona o evento com as alternativas, conforme o exemplo abaixo.

Exemplo

Uma empresa agrícola pretende desenvolver um projeto de plantação de um cereal em uma grande extensão de terra e pediu uma análise da decisão. Quatro cultivares estão em consideração: milho, trigo, soja ou arroz. Os custos de plantação por hectare são bem conhecidos, mas os lucros finais obtidos após a colheita da safra dependem de alguns fenômenos de difícil previsão, que serão considerados aqui: regime de chuva (influencia diretamente na produtividade) e oferta de produto no mercado internacional, que influencia diretamente nos preços que serão obtidos na venda. Por isso, vamos considerá-los como eventos incertos, conforme a classificação abaixo:

- **Evento 1** Bom regime de chuva (boa produtividade) e mercado internacional com pouca oferta (bons preços de venda);

- **Evento 2** Bom regime de chuva (boa produtividade) e mercado internacional com muita oferta (preços de venda baixos);

- **Evento 3** Regime de chuva desfavorável (baixa produtividade) e mercado internacional com pouca oferta (bons preços de venda);

- **Evento 4** Regime de chuva desfavorável (baixa produtividade) e mercado internacional com muita oferta (preços de venda baixos).

Cada um desses eventos, ao influenciar a produtividade da lavoura e os preços finais, produz um VPL diferente para cada cultura. A matriz de resultados abaixo mostra os valores de VPL para cada cultura, caso ocorra cada um dos eventos.

Para cada um dos eventos, os valores esperados para os VPL dos projetos são dados na tabela a seguir.

Tabela 6.3 Valores esperados para VPL ($ mil)

Produto	Evento 1	Evento 2	Evento 3	Evento 4
Milho	280	240	260	220
Trigo	300	260	220	195
Soja	250	235	250	240
Arroz	260	250	250	220

6.10.1 Critérios *Maximin* e *Maximax*

Duas regras muito simples podem ser utilizadas para escolher o produto que deve ser plantado.

O critério *maximin* se baseia em uma visão pessimista do problema. Supõe que, escolhido um determinado produto, ocorrerá o pior evento possível. Para aplicar a regra, devemos:

- examinar o VPL mínimo para cada alternativa;
- escolher aquela que fornece o maior VPL mínimo.

No caso em questão:

Produto	VPL mínimo
Milho	220
Trigo	195
Soja	235
Arroz	220

Adotando esse critério conservador, a companhia deveria plantar soja, que é o que maximiza o VPL se ocorrerem as piores condições possíveis.

Observação Caso a decisão deva ser tomada em cima de custos, o critério adotado é análogo ao anterior, já que deve procurar minimizar os custos máximos que poderão ocorrer (critério *minimax*).

O critério *maximax* se baseia em uma visão otimista do problema. Supõe que, escolhido um determinado modelo, ocorrerá o melhor resultado possível. Dessa forma, devemos:

- examinar o VPL máximo para cada alternativa;
- escolher aquela que fornece o maior VPL máximo.

No caso:

Produto	VPL máximo
Milho	280
Trigo	300
Soja	250
Arroz	260

Com base nesse critério, a empresa deve decidir pela plantação de trigo.

Observação Caso a decisão deva ser tomada com base em custos, o critério adotado é análogo ao anterior, já que deve procurar minimizar os custos mínimos que poderão ocorrer (critério *minimin*).

6.10.2 Critério de Hurwicz

Este princípio admite que os responsáveis pelas decisões, de modo geral, não são extremamente pessimistas ou otimistas, fornecendo uma regra de decisão entre esses dois limites.

Vamos chamar:

A_i: as alternativas de decisão;

V_{ij}: o VPL da alternativa i caso ocorra o evento j.

Para cada alternativa, é calculado o índice:

$$H(A_i) = \alpha \cdot \max_j(V_{ij}) (+ (1 - \alpha) \cdot \min_j(V_{ij}))$$

O coeficiente α é chamado **coeficiente de otimismo** e reflete a posição pessoal do tomador de decisões com relação às chances de ocorrência de bons ou maus resultados para cada alternativa. O pessimismo extremo é definido por $\alpha = 0$ e o otimismo extremo por $\alpha = 1$.

- Milho: $H(A_1) = 280 \cdot \alpha + 220 \cdot (1 - \alpha)$
- Trigo: $H(A_2) = 300 \cdot \alpha + 195 \cdot (1 - \alpha)$
- Soja: $H(A_3) = 250 \cdot \alpha + 235 \cdot (1 - \alpha)$
- Arroz: $H(A_4) = 260 \cdot \alpha + 220 \cdot (1 - \alpha)$

As relações acima podem ser colocadas em um gráfico, conforme a Figura 6.24, de forma a permitir a determinação gráfica (poderia também ser analítica) da alternativa a ser escolhida para cada valor de α.

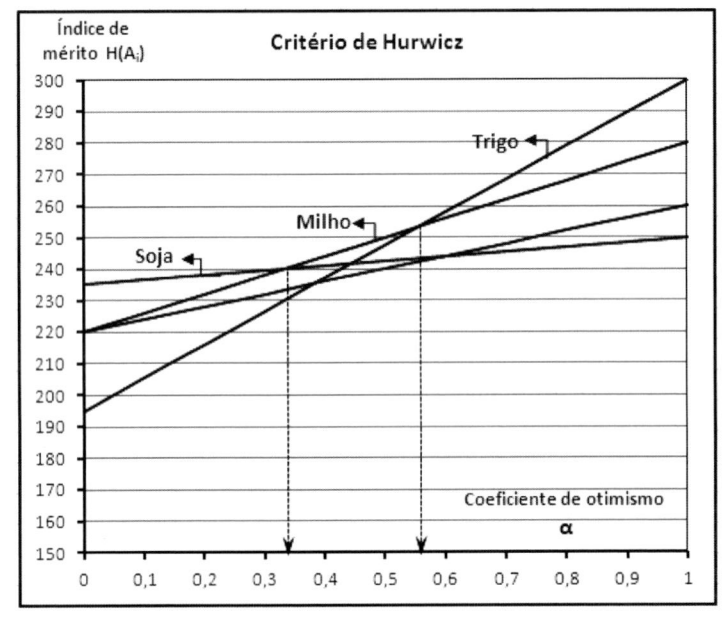

Figura 6.24 Representação gráfica do critério de Hurwicz.

Ponto de interseção entre soja e milho:

$$280 \cdot \alpha + 220 \cdot (1 - \alpha) = 250 \cdot \alpha + 235 \cdot (1 - \alpha), \text{ em que } \alpha_1 = \mathbf{0{,}333}$$

Ponto de interseção entre milho e trigo:

$$280 \cdot \alpha + 220 \cdot (1 - \alpha) = 300 \cdot \alpha + 195 \cdot (1 - \alpha), \text{ em que } \alpha_2 = \mathbf{0{,}556}$$

Pelo gráfico acima, podemos concluir que, se o otimismo com relação às condições de mercado não estiver muito elevado (valores de α entre 0 e 0,333), prevalece a alternativa A_3, ou seja, plantar soja. Para valores de α entre 0,333 e 0,556, prevalece a alternativa A_1 e, acima deste valor, devemos plantar trigo, ou seja, alternativa A_2. Se o grau de otimismo for exatamente 0,556 (indiferença), podemos escolher entre o cultivo de milho ou de trigo.

Observação Caso a decisão deva ser tomada tendo como base os custos, o critério de Hurwicz deve ser adaptado da seguinte forma:

$$H(A_i) = \alpha \cdot \min_j(C_{ij})\ (+ (1 - \alpha) \cdot \max_j(C_{ij}))$$

em que C_{ij} é o custo da alternativa i, caso ocorra o evento j. Nesse caso, a alternativa a ser escolhida é a que dá o menor valor de $H(A_i)$.

6.10.3 Critério de Savage

Se escolhermos uma alternativa e os eventos indicarem, posteriormente, que deveríamos ter escolhido outra, naturalmente vamos nos penalizar por não termos decidido corretamente. Como não sabemos o que vai acontecer, quanto mais pudermos nos prevenir quanto aos futuros arrependimentos, melhor.

O critério procura determinar os **arrependimentos máximos** que poderão ocorrer quando é feita uma escolha para cada um dos eventos e, a partir destes, minimizar o arrependimento, caso a escolha se revele errada.

Para isso, devemos calcular uma **matriz de arrependimentos** da seguinte forma:

- para cada evento, toma-se o VPL máximo (corresponde à escolha afortunada que o gerente teria que fazer);
- para todos os eventos, calcula-se a diferença entre o VPL máximo e o VPL da alternativa em análise.

Genericamente, os elementos da matriz de arrependimentos são calculados por:

$$R_{ij} = \max_i(V_{ij}) - V_{ij}$$

Seja o exemplo:

a) Para os eventos, os VPL máximos são:

- Evento 1: VPL da alternativa A_2 (trigo) = 300
- Evento 2: VPL da alternativa A_2 (trigo) = 260
- Evento 3: VPL da alternativa A_1 (milho) = 260
- Evento 4: VPL da alternativa A_3 (soja) = 240

b) Monta-se a matriz de arrependimentos prováveis, com as diferenças entre o VPL máximo e os VPL das alternativas:

Produto	Evento 1	Evento 2	Evento 3	Evento 4
Milho	20	20	0	20
Trigo	0	0	40	45
Soja	50	25	10	0
Arroz	40	10	10	20

Para cada alternativa, o arrependimento máximo é:

Produto	Arrependimento máximo
Milho	20
Trigo	45
Soja	50
Arroz	40

Pelo critério de Savage, a alternativa a ser escolhida é aquela que minimiza o arrependimento máximo. No caso, deve-se escolher a opção "plantar milho".

Observação No caso de custos, a adaptação é simples, bastando mudar a fórmula anterior para:

$$R_{ij} = C_{ij} - \min_i(C_{ij})$$

6.10.4 Comparação Final

Não há razão alguma para que todos os critérios mostrados anteriormente forneçam soluções iguais. A escolha do critério a ser adotado depende da predisposição do gerente ou das condições específicas do problema. No exemplo, os resultados foram:

Critério *maximin*: soja

Critério *maximax*: trigo

Critério Hurwicz: milho ou trigo, para $\alpha = \mathbf{0{,}556}$

Critério Savage: milho

No exemplo, a alternativa "plantar milho" parece ser a melhor, já que foi **aprovada** segundo o maior número de critérios e, mesmo segundo o critério sob o qual foi **derrotada**, a diferença de VPL entre o cultivo de trigo e o de milho é pequena (300 para 260, respectivamente).

O grande valor desses critérios está no fato de que procuram tornar objetivo um processo de decisão por natureza subjetivo, em face das incertezas que caracterizam os eventos.

Observação   Na seção **Exercícios Resolvidos**, você encontrará um exemplo de decisão baseada em custos.

6.11 RISCO FINANCEIRO ASSOCIADO AO CUSTO DO DINHEIRO

Como vimos no Capítulo 1, um dos elementos principais para a análise de atratividade de um projeto é a determinação da taxa de desconto, ou seja, da taxa mínima de atratividade para aceitação do projeto. Qualquer que seja o processo utilizado para determinação dessa taxa, o custo do dinheiro representa um elemento muito importante.

No entanto, ao longo da vida útil do projeto, a taxa de juro, ou seja, o custo do dinheiro, pode variar para cima ou para baixo. Evidentemente, essa volatilidade da taxa de juro causa grandes efeitos na lucratividade final do empreendimento.

Vamos mostrar os efeitos da volatilidade do custo do dinheiro na rentabilidade de um projeto por meio de um exemplo.

Exemplo

Um investidor endinheirado assinou um contrato com uma grande empresa produtora de alimentos congelados para a construção de um centro de distribuição (CD) de produtos. O CD foi projetado segundo as exigências da empresa quanto ao número de câmaras frigoríficas, docas de carga e descarga, pátios de estacionamento e escritório. O investidor apenas arcou com o investimento de implantação, e a operação do CD é feita pela própria empresa. O investimento inicial foi de R$ 10.000.000,00 e a duração do contrato é de dez anos. Anualmente, a empresa pagará ao investidor um rendimento de 10% sobre o valor investido e, no final do contrato, o investidor retoma a posse do imóvel.

Essa operação é análoga a várias formas de aplicação de dinheiro no mercado financeiro, em que o investidor adquire um título (o preço de aquisição é chamado valor de face) que paga um rendimento anual (cupom), com resgate no final da operação pelo valor de face.

A operação financeira pode ser resumida da seguinte forma:

- Valor de investimento (valor de face): $ 10.000.000,00
- Pagamentos anuais (cupom): $ 1.000.000,00
- Prazo de resgate: 10 anos
- Retomada da posse (resgate pelo valor de face): no 10º ano

Observe que a taxa de rendimento implícita nesse fluxo de caixa do investimento é 10% ao ano, conforme mostra a Figura 6.25.

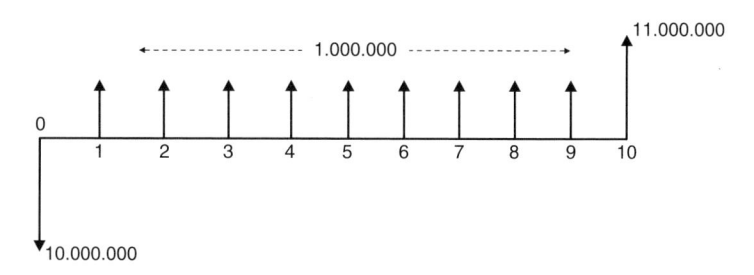

Figura 6.25 Fluxo de caixa da aplicação.

Vamos supor que o investidor tenha recebido, no final do ano, o primeiro pagamento referente ao arrendamento, no valor de R$ 1.000.000,00.

Vamos analisar três hipóteses para o novo custo do dinheiro (taxa de juro), após o primeiro ano:

a) 10% ao ano

b) 11% ao ano

c) 9 % ao ano

Caso 1 Se o custo do dinheiro permanecer em 10% ao ano, o valor atual do fluxo de caixa do negócio será $ 10.000.000, conforme o seguinte cálculo:

$$\text{Valor Atual} = \frac{1.000.000}{1 + 0,1} + \frac{1.000.000}{(1 + 0,1)^2} + ... + \frac{11.000.000}{(1 + 0,1)^9} = 10.000.000$$

A rentabilidade efetiva da aplicação pode ser calculada da seguinte forma:

$$r = \frac{R_1 + (P_1 - P_0)}{P_0} = \frac{1.000.000 + (10.000.000 - 10.000.000)}{10.000.000} = 0,1 \text{ ou } 10\%$$

em que:

- R_1 = valor recebido do primeiro pagamento (cupom)
- P_1 = valor de venda do empreendimento (título) no ano 1
- P_0 = valor inicial do investimento (aquisição do título)

Caso 2 Se o custo do dinheiro subir para 11%, o valor atual do título será:

$$\text{Valor Atual} = \frac{1.000.000}{1 + 0,11} + \frac{1.000.000}{(1 + 0,11)^2} + ... + \frac{11.000.000}{(1 + 0,11)^9} = 9.446.295,00$$

Assim, o valor atual do empreendimento é $ 9.446.295,00 e a rentabilidade efetiva do investidor será:

$$r = \frac{R_1 + (P_1 - P_0)}{P_0} = \frac{1.000.000 + (9.446.295 - 10.000.000)}{10.000.000} = 0,0446 \text{ ou } 4,46\%$$

Observe que o custo do dinheiro aumentou 10% (passou de 10% para 11%) e a rentabilidade do investidor caiu de 10% para 4,46%, ou seja, uma redução de 55,4%.

Caso 3 Se o custo do dinheiro cair para 9%, o valor atual do título será:

$$\text{Valor Atual} = \frac{1.000.000}{1 + 0,09} + \frac{1.000.000}{(1 + 0,09)^2} + ... + \frac{11.000.000}{(1 + 0,09)^9} = 10.599.524,00$$

Assim, o título será vendido por $ 10.599.524 e a rentabilidade efetiva do investidor será:

$$r = \frac{R_1 + (P_1 - P_0)}{P_0} = \frac{1.000.000 + (10.599.524 - 10.000.000)}{10.000.000} = 0,16 \text{ ou } 16\%$$

Observe que o custo do dinheiro caiu 10% (de 10% para 9%) e a rentabilidade do aplicador subiu de 10% para 16%, ou seja, um aumento de 60%.

Esse exemplo mostra bem como um investidor, quando decide por uma aplicação tendo em vista determinado rendimento prometido ou esperado *ex ante* (no momento da aplicação), não tem certeza do valor real de seu rendimento *ex post* (em um momento futuro).

Nesse exemplo, consideramos que o rendimento anual do investidor coincide com o custo original do dinheiro, ou seja, 10% ao ano. Na seção **Exercícios Resolvidos**, você encontrará um exemplo que mostra o risco financeiro para rendimento anual diferente do custo do dinheiro.

Observação No site da LTC Editora você encontrará a continuação deste capítulo: Capítulo 11 – Avaliação de Risco em Projetos – Métodos Avançados

6.12 EXERCÍCIOS PROPOSTOS

6.12.1 Uma empresa de agronegócio que produz manga para exportação quer fazer uma estimativa de sua receita provável para o próximo ano, para avaliar a possibilidade de arcar com um plano de expansão de sua área plantada. A receita mínima anual necessária deve ser de US$ 100.000.000,00, para bancar todos os custos operacionais e sobrar dinheiro para arcar com os custos de preparação do terreno e plantação das mudas.

A empresa estima que suas vendas poderão ocorrer segundo os valores médio, pessimista e otimista mostrados na Tabela 6.4 abaixo. Por outro lado, como o preço de mercado depende da oferta global, sua gerência estima que os preços praticados poderão variar conforme os valores da Tabela 6.5. Tanto a quantidade vendida no mercado internacional quanto o preço alcançado dependem das produções dos concorrentes asiáticos.

Para efeito de análise de risco, a gerência estimou os valores das probabilidades associados mostrados na tabela.

Tabela 6.4

Cenário	Vendas Possíveis (t)	Probabilidade
Pessimista	90.000	20%
Médio (provável)	100.000	50%
Otimista	110.000	30%

Tabela 6.5

Cenário	Preço US$/tonelada	Probabilidade
Pessimista	800	30%
Médio (provável)	1.000	60%
Otimista	1.200	10%

Por meio da simulação de Monte Carlo, calcule a probabilidade de que a receita anual seja igual ou superior ao valor mínimo requerido.

Resposta: Superior a 75%.

6.12.2 Um plano de negócios de uma nova empresa, que pretende produzir aplicativos para telefones celulares, foi oferecido a um fundo privado de investimentos que pretende avaliar o risco do negócio.

Como é um projeto novo, sem similares para comparação, a equipe de análise estimou que todas as variáveis envolvidas no processo de decisão são variáveis aleatórias cujos resultados obedecem a distribuições de probabilidades de Gauss. A tabela abaixo mostra as estimativas utilizadas para a análise do perfil de risco.

Dados do investimento	Valores
Investimento inicial com desenvolvimento	$ 500.000,00
Aporte necessário para implantar o projeto na escala requerida	$ 3.500.000,00
Vendas iniciais	450.000 licenças
Crescimento anual das vendas	10%
Lucro líquido inicial por unidade vendida	$ 2,50
Crescimento do lucro líquido anual	2%

A empresa sabe que as previsões acima estão submetidas a um conjunto grande de incertezas. Para realizar uma análise de risco dos projetos, a equipe de planejamento considerou que os valores acima poderiam ser considerados como médias de distribuições de probabilidades e, para cada distribuição, foram estimados os desvios padrão, com base no conhecimento e intuição das pessoas. Os valores estimados estão mostrados na tabela abaixo.

Elemento	Opção 1
Vendas no 1º ano – licenças de uso	
Média	500.000
Desvio padrão	1.500
Lucro líquido inicial por m²	
Média	2,50
Desvio padrão	0,06

Continua

Continuação

Crescimento de vendas (% ao ano)	
Média	10%
Desvio padrão	0,6%
Crescimento do lucro líquido (% ao ano)	
Média	2%
Desvio padrão	0,08%

O horizonte de análise deve ser de cinco anos e a taxa de atratividade, levando em conta o risco, é de 20% ao ano.

Por meio da simulação de Monte Carlo, calcule a probabilidade de os investidores obterem VPL positivo na taxa de atratividade acima.

Resposta: Aproximadamente 60%.

6.12.3 Para aproveitar o mercado favorável para exportação de alimentos, um grupo empresarial pretende implantar um frigorífico para processamento e industrialização de carne bovina. O investimento total previsto para a implantação do projeto é de R$ 15.000.000,00, mas este custo poderá variar para mais ou para menos, conforme mostra a tabela abaixo.

Cenário	Custo do investimento	Probabilidade
Otimista	135.000.000,00	20%
Provável	150.000.000,00	50%
Pessimista	165.000.000,00	30%

A produção anual da fábrica está prevista em 90.000 toneladas, mas também poderá variar dependendo da oferta de gado pelos fazendeiros consorciados. A tabela abaixo mostra os valores possíveis.

Cenário	Carne processada (t)	Probabilidade
Pessimista	80.000	15%
Provável	90.000	70%
Otimista	100.000	15%

O preço de venda depende das condições do mercado internacional e das ofertas dos demais países produtores. Para a análise, foram estabelecidos quatro cenários de oferta de produto no mercado, conforme mostra a tabela abaixo.

Cenário	US$/t	Probabilidade
Oferta abundante	1.200	5%
Oferta controlada	1.400	25%
Equilíbrio	1.600	55%
Escassez	2.000	15%

Além dos valores acima, o planejamento prevê que os custos de aquisição das reses e as despesas operacionais anuais serão equivalentes a US$ 90.000.000,00. A rentabilidade mínima exigida pela empresa é de 15% ao ano. A alíquota de imposto incidente é de 30% e o horizonte de análise deve ser de 15 anos. Com o método de simulação de Monte Carlo, calcule a probabilidade de a empresa conseguir a rentabilidade esperada.

Resposta: Aproximadamente 75%.

6.12.4 Em uma revisão do planejamento do frigorífico do Exercício 6.12.3, a equipe constatou que os valores de investimento e de recebimento de carne para processamento poderiam ser considerados com uma amplitude menor de variação, principalmente o cenário otimista para o investimento, que deveria ser considerado com um valor mais próximo do orçamento provável. Da mesma forma, as probabilidades dos cenários deveriam ser alteradas. Com essas modificações, os dados do problema passam a ser os seguintes:

Cenário	Custo do investimento	Probabilidade
Pessimista	145.000.000,00	10%
Provável	150.000.000,00	60%
Otimista	165.000.000,00	30%

Cenário	Carne processada (t)	Probabilidade
Pessimista	85.000	15%
Provável	90.000	70%
Otimista	95.000	15%

Preços possíveis no mercado livre

Cenário	US$/t	Probabilidade
Oferta abundante	1.200	5%
Oferta controlada	1.400	45%
Equilíbrio	1.600	45%
Escassez	2.000	5%

Com os novos dados, qual é o novo valor da probabilidade de se obter retorno igual ou superior a 15% ao ano? Explique a diferença.

Resposta: Aproximadamente 60%.

6.12.5 Um grupo de investidores privados adquiriu um terreno para construção de galpões industriais para locação. Após a conclusão do projeto e a elaboração do orçamento, o grupo pediu à empresa construtora contratada para realizar um estudo de rentabilidade do projeto, com análise de sensibilidade. O orçamento de custos prevê gastos conforme a tabela abaixo:

Ano	Orçamento da obra (R$ mil)
0	–5.000
1	–5.500

Para os lucros líquidos do empreendimento, deduzidas as despesas e os impostos, a empresa elaborou uma previsão de locação com base no ritmo de fechamento de negócios do mercado imobiliário atual. Os lucros líquidos anuais são mostrados na tabela a seguir (valores médios mais prováveis):

Ano	Lucros líquidos anuais (R$ mil)
0	1.550
1	1.750
2	2.200
3	2.500
4	3.000
5	3.200
6	3.550

A taxa de atratividade da empresa para esse tipo de empreendimento é de 15% ao ano.

Como o mercado imobiliário depende de vários elementos da economia nacional, a empresa pretende realizar uma análise de sensibilidade dos resultados do empreendimento. Assim, estabeleceu os seguintes critérios:

a) Orçamento da obra: um caso com variação de –5% (cenário otimista) e outro com variação de + 10% (cenário pessimista);

b) Fluxo dos lucros líquidos: um cenário pessimista com redução de 10% nos lucros anuais e um cenário otimista com aumento de 10% nos lucros.

Com esses critérios, vamos criar cinco hipóteses para avaliação dos resultados:

- Caso A – Hipótese muito pessimista: maior custo de investimento e menores lucros anuais

- Caso B – Hipótese pessimista: custo médio de investimento e menores lucros anuais

- Caso C – Hipótese média: custo médio de investimento e lucros anuais médios

- Caso D – Hipótese otimista: custo médio de investimento e maiores lucros anuais

- Caso E – Hipótese muito otimista: menor custo de investimento e maiores lucros anuais.

Calcule as rentabilidades para cada uma das hipóteses acima.

Resposta: Caso A: TIR = 12,2%; Caso B: TIR = 16,5%; Caso C: TIR = 21,7%; Caso D: TIR = 272%; Caso E: TIR = 30,1%.

6.12.6 Uma empresa de mineração pretende desenvolver uma nova mina de calcário para produção de brita, com o objetivo de atender a clientes da construção civil. O potencial de exploração da nova mina é de 100.000 toneladas, com período de vida útil de seis anos. Os custos para a abertura da mina e preparação das instalações são mostrados na tabela abaixo:

Ano	Orçamento da mina
0	5.000.000,00
1	8.000.000,00

Os estudos geológicos mostram que o potencial da mina pode ser explorado conforme mostra a coluna 1 da tabela abaixo. Os valores indicados são os percentuais do potencial total em exploração por ano. No entanto, caso o mercado requeira uma produção maior, o ritmo de exploração pode ser aumentado, conforme a coluna 2. Em caso de retração do mercado de construção civil, com recuperação posterior, o ritmo pode ser alterado para os percentuais da coluna 3.

Ano	Ritmo normal	Ritmo acelerado	Ritmo lento
1	15%	15%	5%
2	20%	25%	8%
3	20%	30%	12%
4	20%	20%	20%
5	15%	7%	30%
6	10%	3%	25%

Cada tonelada explorada dá um lucro líquido, já deduzidas todas as despesas, de R$ 200,00. Pede-se calcular a rentabilidade para cada uma das alternativas de exploração. A taxa de atratividade é de 15% ao ano.

Resposta: Normal: TIR = 20%; Acelerado: TIR = 22,4% e lento: TIR = 12,6%.

6.12.7 O setor de planejamento de expansão da rede de distribuição de uma empresa elétrica formulou quatro planos alternativos para o atendimento a uma determinada região. Essa é uma região onde o Governo do Estado concede incentivos para entidades públicas e privadas criarem oportunidades de desenvolvimento. Assim, existem diversos planos de reformas de rodovias, programas de irrigação, construção de indústrias e vários outros. O planejamento da empresa elétrica considera que vários planos poderão ser alterados, cancelados ou implantados em prazos diferentes dos originalmente anunciados. Essas indefinições tornam difícil a escolha definitiva de uma alternativa de expansão da rede. Por isso, o setor de planejamento agrupou os vários planos de desenvolvimento, já anunciados para a região, em quatro conjuntos que chamaram de "programas potenciais de crescimento econômico" e definiram as redes elétricas mais adequadas para cada programa. Com isso, puderam calcular os orçamentos de cada rede em função da possibilidade de concretização de cada um dos programas potenciais de crescimento. A tabela abaixo mostra os custos estimados para cada caso. Pede-se utilizar os critérios de decisão sob incerteza para indicar a melhor alternativa de expansão da rede elétrica.

Custos das redes elétricas para cada programa de crescimento (R$ milhões)

Rede elétrica para expansão	Programa potencial de crescimento			
	Programa 1	Programa 2	Programa 3	Programa 4
1	295	288	365	328
2	242	360	318	382
3	328	305	262	345
4	265	292	336	316

Resposta: Rede 4 – melhor em três critérios.

6.12.8 Uma empresa de construção de apartamentos adquiriu um lote e pediu ao arquiteto para fazer quatro pré-projetos alternativos para análise pela diretoria. Como existem várias incertezas no horizonte futuro do mercado de imóveis, a diretoria formulou quatro cenários de vendas dos apartamentos, levando em conta o preço final que o mercado estaria disposto a pagar, a velocidade de vendas e os custos dos materiais e da mão de obra. Com isso, criou a matriz de lucros possíveis para cada projeto, considerando a concretização de cada um dos cenários. Pede-se definir qual projeto deve ser escolhido, considerando os critérios de decisão sob incerteza.

Valores esperados para o lucro líquido dos projetos ($ mil)

Projeto	Cenário 1	Cenário 2	Cenário 3	Cenário 4
A	105	95	100	92
B	110	92	90	84
C	98	93	96	98
D	90	97	98	90

Resposta: Projetos *A* e *B*.

6.12.9   Um Certificado de Recebíveis Imobiliários (CRI) lançado por um grande banco requer uma aplicação inicial de R$ 100.000,00 e garante um rendimento líquido, sem imposto de renda, de 12% ao ano, com pagamento do rendimento no final do ano. O prazo da aplicação é de 10 anos e o capital inicial retornará para o investidor no fim do 10º ano, acumulado com o rendimento do ano. Um investidor pretende adquirir o CRI, mas imagina que poderá vendê-lo após um ano para aplicar o dinheiro em outro negócio. Atualmente, a melhor aplicação para o investidor paga 10% ao ano (custo do dinheiro para o aplicador), também líquido de imposto de renda. Pergunta-se:

a) Qual será a rentabilidade efetiva da aplicação no CRI após um ano, considerando que o custo do dinheiro permaneça em 10%?

b) Qual será a rentabilidade efetiva, após um ano, caso o custo do dinheiro suba para 11%?

O fluxo de caixa original previsto para o CRI é:

Ano	Valor
0	100.000,00
1	12.000,00
2	12.000,00
3	12.000,00
4	12.000,00
5	12.000,00
6	12.000,00
7	12.000,00
8	12.000,00
9	12.000,00
10	112.000,00

Resposta: Questão a): 12,29%; Questão b): 5,89%.

BIBLIOGRAFIA

ANDRADE, E.L. *Introdução à pesquisa operacional métodos e modelos para análise de decisão.* 4ª ed. Rio de Janeiro: LTC, 2009.

BREALEY, R.A.; MYERS, S.C. *Principles of corporate finance.* New York: McGraw-Hill Int. Book Co., 1984.

BREALEY, R.A.; MYERS, S.C.; MARCUS, A.J. *Fundamentals of corporate finance.* 3ª ed. New York: McGraw-Hill Higher Education, 2001.

CHRISSOS, J.; GILLET, R. *Décision d'investissement:* gestion appliquée. Paris: Pearson Education France, 2003.

DUARTE Jr. A.M. *Gestão de riscos para fundos de investimentos.* São Paulo: Pearson Prentice Hall, 2005.

HERTZ, D.B. *Risk analysis in capital expenditure decisions.* Harvard Business Review. Boston, Capital Investiment Series - Parte I, pp. 159-170.

OLIVEIRA, J.A.N. *Engenharia econômica: uma abordagem às decisões de investimento.* Rio de Janeiro: McGraw-Hill do Brasil, 1982.

VAN HORNE, J.C.; WACHOWICZ Jr., J.M. *Fundamentals of financial management.* 10ª ed. New Jersey: Prentice Hall Inc., 1998.

7 Substituição de Equipamentos

OBJETIVOS DO CAPÍTULO

AO TERMINAR O ESTUDO DESTE CAPÍTULO, VOCÊ ESTARÁ CAPACITADO PARA:

1. REALIZAR AS AVALIAÇÕES ECONÔMICAS NECESSÁRIAS PARA O PROCESSO DECISÓRIO DE SUBSTITUIÇÃO DE EQUIPAMENTOS.

2. DETERMINAR A VIDA ÓTIMA DE UM EQUIPAMENTO OU UMA INSTALAÇÃO.

3. ESCOLHER UM HORIZONTE DE PLANEJAMENTO ADEQUADO PARA A AVALIAÇÃO DAS ALTERNATIVAS DE SUBSTITUIÇÃO.

4. DETERMINAR OS INDICADORES DE CONFIABILIDADE DOS EQUIPAMENTOS QUE INFLUENCIAM OS CUSTOS DE OPERAÇÃO.

5. AVALIAR A SUBSTITUIÇÃO DO EQUIPAMENTO POR INADEQUAÇÃO ÀS OPERAÇÕES DA EMPRESA.

6. AVALIAR A SUBSTITUIÇÃO POR OBSOLESCÊNCIA OU ENVELHECIMENTO DO EQUIPAMENTO.

7. AVALIAR A SUBSTITUIÇÃO DO EQUIPAMENTO POR DECLÍNIO DE SUA EFICIÊNCIA.

7.1 VISÃO GERAL DO PROBLEMA

Um dos problemas mais clássicos de decisão econômica nas empresas é a escolha do momento certo para substituir um equipamento que está em operação. Dependendo das características principais desses equipamentos, podemos classificar essas decisões em três categorias:

1. Equipamento em fim da vida econômica ótima

Queremos determinar o momento ideal para a troca de um bem em operação (geralmente, um equipamento) por outro mais novo, que desempenhará a mesma função, com as mesmas características. Por exemplo, um veículo que esteja em operação, mas que apresenta uma idade mais avançada, com alta quilometragem de uso.

2. Substituição de um grupo de equipamentos

São situações em que existem vários equipamentos, geralmente de baixo valor, que devem ser trocados ao mesmo tempo, ou em que o processo de troca é caro ou porque a falha dos mesmos pode causar sérios prejuízos à empresa. Por exemplo, em uma parada de uma planta industrial para manutenção geral, diversos equipamentos de iluminação, sinalização e controle são trocados por outros novos, independentemente de apresentarem defeitos.

3. Antecipação do fim de vida por inadequação

O equipamento atual ainda está em sua vida econômica, mas outro se torna disponível no mercado, executando as mesmas funções com maior eficiência, por inovação tecnológica ou por mudança dos requisitos da empresa. Por exemplo, quando a empresa decide implantar um novo sistema de informações gerenciais, pode ser necessário trocar os atuais computadores por falta de capacidade operacional para processar os programas.

7.2 AS BASES DA DECISÃO

7.2.1 Consideração das Operações Futuras

É importante observar que, como qualquer outra decisão de investimento, a decisão de substituir equipamentos deve ser baseada na análise econômica da **operação futura**. Essa análise deve ser suficientemente abrangente para considerar os aspectos estratégicos e operacionais, como gastos com mão de obra, energia, tempo, produtividade, qualidade do produto final, entre outros.

7.2.2 Visão de um Observador Externo

A decisão de substituir um equipamento em boas condições tem um peso grande para o seu encarregado, uma vez que o equipamento pode ter ainda uma vida útil considerável.

Para que a análise econômica seja bem feita, levando em conta todos os benefícios e custos decorrentes da decisão, o analista deve se comportar como se fosse um **observador externo** (ou consultor), sem considerar quaisquer decisões e gastos anteriores relacionados com o equipamento em substituição. Essa postura é equivalente à de um "comprador" com duas possibilidades: adquirir um equipamento usado ou um equipamento novo. Logicamente, a este comprador não interessam gastos anteriores com o equipamento usado, e sim seu potencial para resolver o problema em foco.

Podemos perceber que, nessa análise econômica, um elemento importante no processo de decisão é o custo operacional do equipamento. Para compreendermos melhor a natureza desse custo, vamos analisar alguns conceitos que formam o escopo para as definições empresariais que determinam o nível dos custos operacionais totais associados ao equipamento.

7.3 CONCEITOS DE VIDA ÓTIMA

7.3.1 Custo Total Mínimo

A análise para determinar a vida ótima de um equipamento tem por objetivo determinar o ciclo de substituição que resulta no menor custo médio anual do bem.

Todos os equipamentos se deterioram com o uso e envelhecimento, resultando em maiores custos operacionais e de manutenção e em perda do valor residual ou de revenda. A Figura 7.1 mostra a evolução desses dois custos.

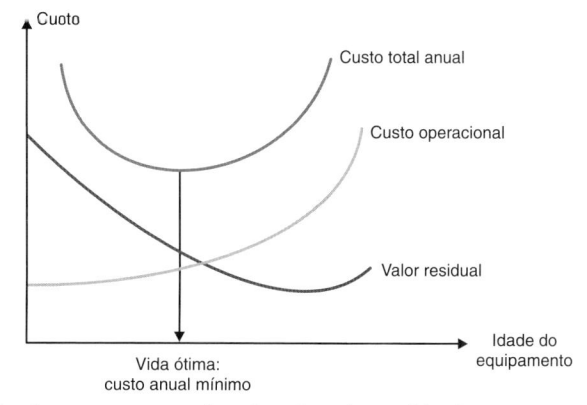

Figura 7.1 Evolução dos custos operacionais e do valor residual.

Podemos observar que o custo operacional cresce com o aumento da idade do equipamento devido a perda de eficiência, desgaste e aumento dos custos de manutenção. Pelas mesmas razões, o valor residual ou de revenda diminui. É claro que, em determinado ano, atingimos o custo total mínimo e, se possível, devemos operar esse equipamento até esta idade.

Exemplo

De forma geral, observamos que os processos de envelhecimento dos equipamentos e, por consequência, os custos de operação e manutenção (O&M) correspondentes são cumulativos. Podemos, assim, representar esses processos por equações exponenciais, cujos expoentes são as taxas anuais de perda de valor e de aumento dos custos de O&M.

Vamos analisar o caso de um automóvel. A desvalorização média observada no primeiro ano de utilização é da ordem de 15% do valor de aquisição do veículo 0 km. A partir do primeiro ano, a desvalorização média é 10% ao ano. Assim, o valor residual do carro pode ser calculado da seguinte forma:

Valor residual anual do carro $= P_o \cdot (1 - 0,15) \cdot e^{-0,10 \cdot (t-1)}$

Em que:

P_o = valor de aquisição do carro

t = ano cujo valor residual se deseja.

Por outro lado, o veículo apresenta um custo anual de operação e manutenção que também depende do tempo de utilização. No custo anual de operação, vamos incluir o seguro e as despesas com manutenção. Assim, podemos supor:

- Custo inicial de O&M: R$ 2.000,00
- Taxa de aumento dos custos O&M: 12% por ano

A equação que representa o crescimento do custo de O&M é:

Custo anual de O&M $= 2.000 \cdot e^{0,12 \cdot t}$

A Figura 7.2 mostra os resultados dos custos acima para tempos de utilização do veículo até quinze anos.

Ano	Custos de operação e manutenção	Valor residual do carro	Custo total
0	2.000	20.000	22.000
1	2.255	17.000	19.255
2	2.542	15.382	17.925
3	2.867	13.918	16.785
4	3.232	12.594	15.826
5	3.644	11.395	15.040
6	4.109	10.311	14.420
7	4.633	9.330	13.963
8	5.223	8.442	13.665
9	5.889	7.639	13.528
10	6.640	6.912	13.552
11	7.487	6.254	13.741
12	8.441	5.659	14.100
13	9.518	5.120	14.638
14	10.731	4.633	15.364
15	12.099	4.192	16.291

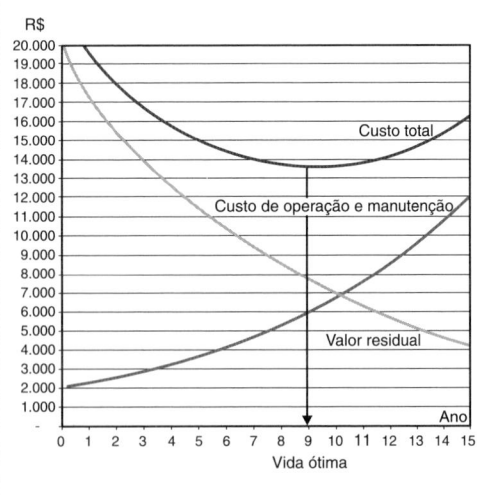

Figura 7.2 Curvas das variações dos custos com a idade do veículo.

7.3.2 Custo Total Médio Anual Mínimo

Outra forma de determinar uma idade adequada para a operação do equipamento é acumular, ano a ano, todos os custos, e calcular o custo total médio anual da seguinte forma:

$$\text{Custo total médio} = \frac{\text{Custo total anual}}{\text{Número de anos de operação}}$$

A Figura 7.3 mostra a evolução dos custos médios acumulados e a vida ótima do equipamento calculada com base no custo médio anual.

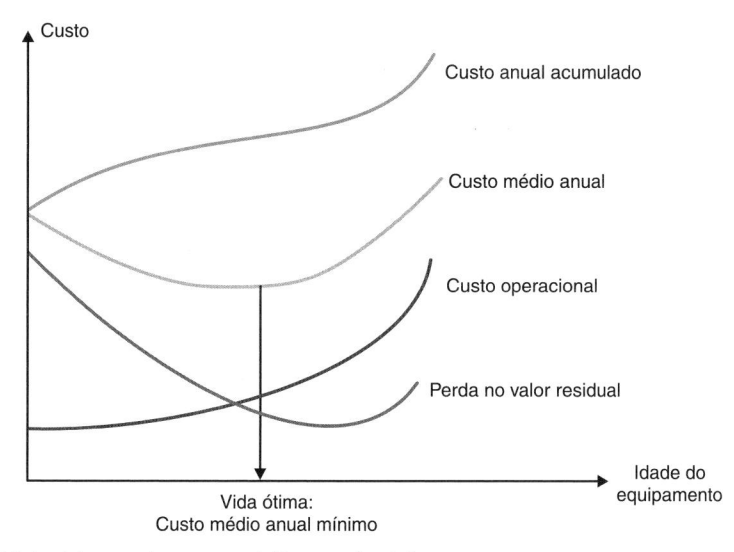

Figura 7.3 Vida ótima pelo custo médio anual mínimo.

Exemplo

Um equipamento de solda de uma metalúrgica, comprado recentemente, apresenta os seguintes custos e taxas de variação:

- Valor residual no primeiro ano: R$ 7.500,00
- Taxa de decréscimo anual no valor residual: 12%
- Custo inicial de O&M: R$ 1.500,00
- Taxa de aumento dos custos de O&M: 17%

O calculo da vida ótima com base no custo total médio anual apresenta os seguintes dados:

Ano	Custos de O&M	Valor residual	Custo total	Custo total acumulado	Custo total médio
1	1.500,00	7.500,00	9.000,00	9.000,00	9.000,00
2	1.778,00	6.652,00	8.430,00	17.430,00	8.715,00
3	2.107,00	5.900,00	8.007,00	25.437,00	8.479,00
4	2.498,00	5.233,00	7.731,00	33.168,00	8.292,00

Continua

Continuação

Ano	Custos de O&M	Valor residual	Custo total	Custo total acumulado	Custo total médio
5	2.961,00	4.641,00	7.602,00	40.769,00	8.154,00
6	3.509,00	4.116,00	7.626,00	48.395,00	8.066,00
7	4.160,00	3.651,00	7.810,00	56.205,00	8.029,00
8	4.931,00	3.238,00	8.168,00	64.374,00	8.047,00
9	5.844,00	2.872,00	8.716,00	73.090,00	8.121,00
10	6.927,00	2.547,00	9.474,00	82.564,00	8.256,00
11	8.211,00	2.259,00	10.470,00	93.034,00	8.458,00
12	9.732,00	2.004,00	11.736,00	104.770,00	8.731,00

A Figura 7.4 mostra a evolução dos custos.

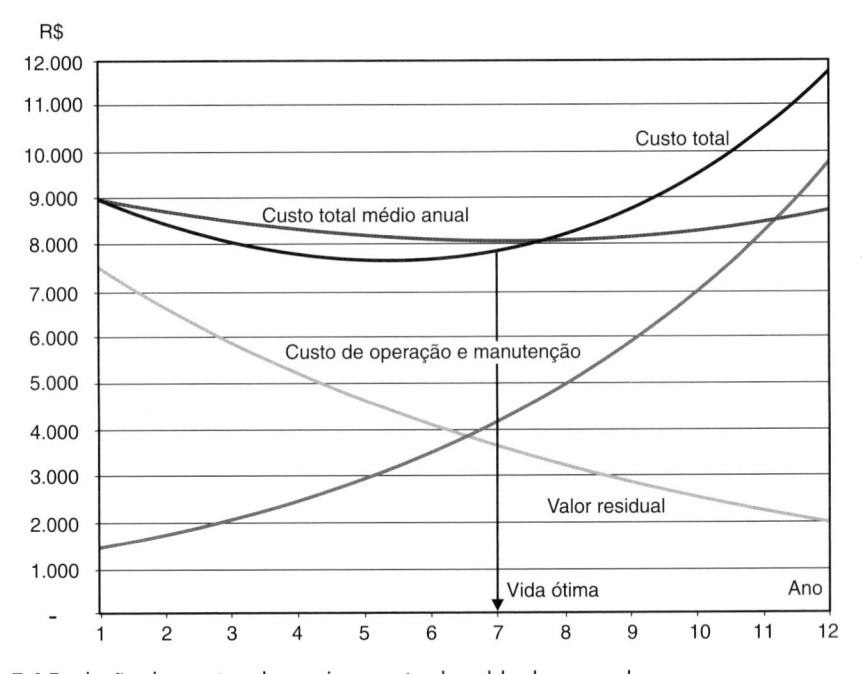

Figura 7.4 Evolução dos custos do equipamento de solda do exemplo.

7.3.3 Vida Ótima Econômica

Outra forma de determinar a vida ótima econômica de um equipamento é calcular o custo anual equivalente mínimo, levando em conta os seguintes elementos:

- Custo anual equivalente das despesas acumuladas de O&M
- Custo anual equivalente do capital consumido (valor de aquisição – valor residual)

Exemplo

Um equipamento foi adquirido por R$ 10.000,00 e tem o valor residual estimado de R$ 6.000,00, caso seja substituído no fim do primeiro ano de operação. Após essa desvalorização acentuada do primeiro ano, o valor residual sofrerá uma redução de R$ 500,00 por ano. Os custos iniciais de O&M são estimados em R$ 1.000,00 com taxa exponencial de crescimento de 15% por ano. A empresa deseja determinar a vida ótima econômica do equipamento no horizonte de planejamento da operação de 10 anos. A taxa de atratividade da empresa é 12% ao ano.

Evolução dos custos de O&M

Custo anual de O&M $= 1.000 \cdot e^{0,15 \cdot (t-1)}$

Cálculo dos custos anuais equivalentes:

$$CAE_k = -P_O \cdot FRC(i, k) + VR_k \cdot FFC(i, k) - \left[\sum_{j=1}^{j=k} (OM_j) \cdot FVA_s(i, j) \right] \cdot FRC(i, k)$$

em que:

P_O = Preço de aquisição do equipamento

VR_k = Valor residual no ano k

OM_j = Valor do custo de operação e manutenção no ano j, com $j \leq k$

FRC(i, k) = Fator de recuperação de capital, com taxa i e número de períodos k

FFC(i, k) = Fator de formação de capital, com taxa i e número de períodos k

FVA$_s$(i, j) = Fator de valor atual, para pagamento simples, com taxa i e período j.

Para cálculo dos custos anuais equivalentes, vamos resolver sucessivamente os fluxos de caixa dos 10 anos de planejamento da operação do equipamento. A Figura 7.5 mostra alguns exemplos de fluxos de caixa anuais:

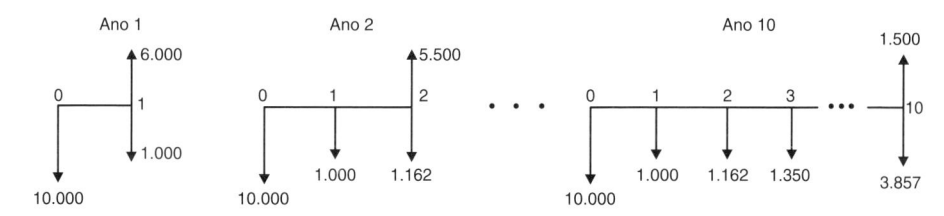

Figura 7.5 Exemplos dos fluxos de caixa anuais para cálculo dos custos anuais equivalentes.

A tabela a seguir mostra a evolução dos custos e os cálculos dos custos anuais equivalentes.

Ano	Despesas de O&M durante o ano	Valor residual no final do ano	Valor presente acumulado de O&M	Custo anual equivalente			
				Despesas de O&M até o ano	Valor de aquisição	Valor residual	Total
1	1.000,00	6.000,00	892,86	1.000,00	11.200,00	6.000,00	6.200,00
2	1.162,00	5.500,00	1.819,20	1.076,42	5.916,98	2.594,34	4.399,06
3	1.350,00	5.000,00	2.780,10	1.157,49	4.163,49	1.481,74	3.839,24
4	1.568,00	4.500,00	3.776,59	1.243,38	3.292,34	941,55	3.594,17
5	1.822,00	4.000,00	4.810,44	1.334,46	2.774,10	629,64	3.478,92
6	2.117,00	3.500,00	5.882,98	1.430,89	2.432,26	431,29	3.431,86

Continua

Continuação

Ano	Despesas de O&M durante o ano	Valor residual no final do ano	Valor presente acumulado de O&M	Custo anual equivalente			
				Despesas de O&M até o ano	Valor de aquisição	Valor residual	Total
8	2.858,00	2.500,00	8.150,06	1.640,63	2.013,03	203,26	3.450,40
9	3.320,00	2.000,00	9.347,28	1.754,29	1.876,79	135,36	3.495,72
10	3.857,00	1.500,00	10.589,14	1.874,11	1.769,84	85,48	3.558,47

Observação Na tabela acima, os valores estão apresentados em valores absolutos, sem os respectivos sinais.

Podemos observar na tabela acima que a vida ótima econômica ocorre no sétimo ano, quando o custo anual total equivalente é mínimo.

7.4 HORIZONTE DE PLANEJAMENTO PARA COMPARAÇÃO

O horizonte de planejamento ou período de estudo é o número de anos escolhido para realizar a comparação entre o equipamento atual e o novo equipamento que poderá substituí-lo. Podemos identificar duas possibilidades:

1. O equipamento atual tem a vida útil restante igual à vida útil do novo equipamento;

2. O equipamento atual tem a vida residual inferior à vida do novo equipamento.

7.4.1 Vida Residual Igual à Vida do Novo Equipamento

Nesse caso, não temos que criar nenhuma hipótese adicional e podemos utilizar os métodos normais da matemática financeira para comparação de alternativas.

Exemplo

Uma empresa de transporte de passageiros opera uma frota de 10 ônibus para o transporte de empregados de uma grande usina siderúrgica. Os ônibus têm 2 anos de uso, e a empresa planeja utilizá-los por um período de 8 anos mais, de forma a se beneficiar do período legal de depreciação. O valor de mercado atual de cada ônibus é R$ 98.000,00 e, no final de sua vida operacional, seu valor estimado é R$ 20.000,00. O custo anual de O&M, já deduzido o benefício fiscal da depreciação, é igual a R$ 15.000,00.

Uma empresa locadora de veículos ofereceu um contrato de *leasing* para a companhia com as seguintes condições:

A locadora compra 10 ônibus novos ao preço de R$ 140.000,00 e os repassa para a transportadora;

Para cálculo da prestação mensal, pela tabela Price, a locadora utilizará a taxa mensal de 15%;

O período de locação será de 8 anos e, no final, a transportadora poderá devolver os ônibus à locadora, se for de seu interesse, que poderá negociá-los;

O valor residual de cada ônibus, estipulado em contrato, será de R$ 50.000,00.

Todos os custos de operação e manutenção correrão por conta da empresa transportadora, no valor previsto de R$ 16.000,00 por ano (nesse caso, não há benefício fiscal, porque a propriedade dos ônibus é da locadora).

Considerando a taxa de atratividade da empresa de 12% ao ano, esta deve vender os ônibus e aceitar o contrato de *leasing*?

a) Fluxo de caixa para cálculo do custo anual uniforme equivalente dos ônibus atuais (Figura 7.6):

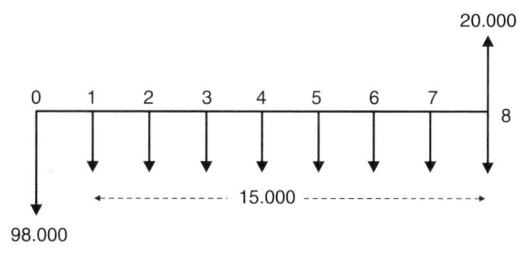

Figura 7.6 Fluxo para cálculo do CAU dos ônibus atuais.

$$\text{CAE} = -98.000 \times \text{FRC}(12\%, 8) + 20.000 \times \text{FFC}(12\%, 8) - 15.000 = -33.101,62$$

b) Fluxo de caixa da proposta da locadora:

Cálculo da prestação do *leasing* (Figura 7.7):

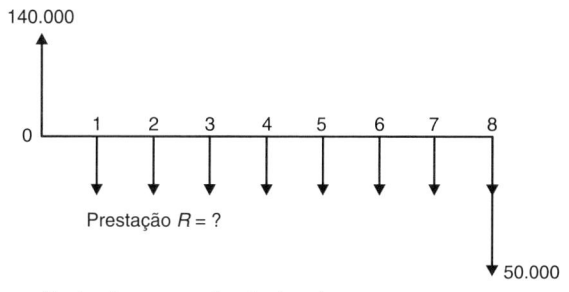

Figura 7.7 Fluxo para cálculo da prestação do *leasing*.

Prestação = $140.000 \times \text{FRC}(15\%, 8) - 50.000 \times \text{FFC}(15\%, 8) = \$ 27.556,51$

Custo anual da proposta. CAE $= -27.556,51 - 16.000 = -\$ 43.556,51$

Conclusão: pelos valores acima, a empresa deve recusar a proposta de *leasing* dos ônibus. No entanto, a decisão poderá mudar, se a empresa necessitar de capital líquido em seu caixa para evitar contrair empréstimos para financiar seu capital de giro, por exemplo.

7.4.2 Vida Residual Inferior à do Novo Equipamento

Quando o equipamento atual tem vida residual inferior à vida útil do novo equipamento em análise, devemos considerar, como horizonte de planejamento, a vida mais longa (do novo equipamento) e comparar com base nos custos anuais equivalentes. Nesse caso, estamos considerando que o serviço prestado pelo equipamento atual será obtido pela empresa pelo mesmo custo atual, após o encerramento de sua vida útil.

Exemplo

Uma empresa locadora de equipamentos para a construção civil possui um conjunto de betoneiras que aluga para as construtoras. As betoneiras têm 3 anos de uso, mas, devido às condições adversas de trabalho nos canteiros de obras, exigem custos elevados de revisão e recondicionamento para estarem em condições ideais de operação para o próximo cliente. O custo anual de revisão e recuperação de cada betoneira é, em média, igual a R$ 3.600,00. Estima-se que a vida útil restante do atual parque de betoneiras seja de mais 3 anos, sem valor residual.

Preocupada em preservar sua imagem junto aos clientes, a locadora analisa a hipótese de trocar as betoneiras por outras novas, que custam R$ 10.000,00 cada, com vida útil prevista de 8 anos. O fabricante recebe as atuais em troca, pelo valor de R$ 1.000,00. O custo de manutenção das novas betoneiras é estimado em R$ 800,00 por ano, em média. Com a taxa de atratividade de 12% ao ano, qual decisão a empresa deve tomar?

A) Custo anual equivalente das atuais betoneiras:

CAE = − 3.600 + 1.000 × FRC(12%, 3) = − 3.183,65

B) Custo anual equivalente das novas betoneiras:

CAE = − 10.000 × FRC(12%, 8) − 800,00 = − 2.813,03

Conclusão: como o custo anual equivalente das novas betoneiras é inferior ao custo das atuais, a empresa deve optar por trocar os equipamentos.

7.5 CONFIABILIDADE DE EQUIPAMENTOS

A confiabilidade de um equipamento é um conceito muito importante para a compreensão da natureza dos custos operacionais de equipamentos e de grande relevância para a decisão de substituição. É definida como a probabilidade de um equipamento, produto ou serviço funcionar exatamente como proposto pelo projeto, para o período e condições de utilização preestabelecidos.

Conforme o conceito acima, falamos de confiabilidade para todos os produtos e serviços ou grupos de produtos e serviços que são formados por múltiplas peças ou partes que interagem continuamente. Assim, o termo confiabilidade se aplica a um sistema complexo, como um avião de passageiros, assim como ao serviço bancário, já que ambos devem funcionar sem falhas. Devido a essa característica de contínua interação entre partes, passaremos a falar de confiabilidade do sistema.

7.5.1 Parâmetros Estatísticos

Como a confiabilidade é definida como a probabilidade de um equipamento operar adequadamente, precisamos discutir alguns conceitos da teoria das probabilidades.

Distribuição da probabilidade de falha

A distribuição de frequência de probabilidade que representa a falha em equipamentos, em um momento qualquer, é a **distribuição exponencial negativa**:

$$f(t; \lambda) = \begin{cases} \lambda \cdot e^{-\lambda \cdot t}, \text{ para } t \geq 0 \text{ e } \lambda \geq 0 \\ \\ 0, \text{ em outros casos} \end{cases}$$

Essa função depende de dois parâmetros: λ, que é chamada de **taxa de falha** e depende das características do equipamento, e o tempo considerado t. Ela nos dá a probabilidade de um equipamento falhar *em um tempo* qualquer, quando precisamos colocá-lo em operação.

A função de probabilidade de falha de um equipamento tem a forma mostrada na Figura 7.8.

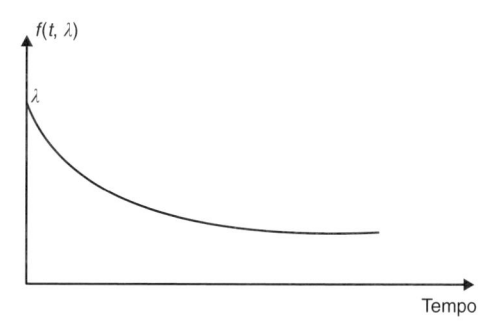

Figura 7.8 Função densidade de probabilidade de falha.

A distribuição acumulada de probabilidade da exponencial negativa nos dá a probabilidade de que o equipamento venha a falhar *até um período* de tempo definido, e é dada pela expressão:

$$F(t, \lambda) = \int_{0}^{t} f(y, \lambda) \cdot dy = 1 - e^{-\lambda \cdot t}$$

em que $f(t, \lambda)$: função densidade de probabilidade de falha

$F(t, l)$: função cumulativa de probabilidade

7.5.2 Função de Confiabilidade

O que interessa, na realidade, é a probabilidade de um equipamento ou componente sobreviver durante um período de tempo t, ou seja, de não apresentar falha antes do tempo t. Essa probabilidade é dada pela função de confiabilidade ou, simplesmente, confiabilidade – **R(t)**:

Probabilidade (não haver falha antes de t) $= R(t, \lambda) = 1 - F(t, \lambda) = 1 - \int_{0}^{t} f(y, \lambda) \cdot dy = e^{-\lambda \cdot t}$

Na curva da função da distribuição exponencial negativa, a probabilidade de falha até um período t é dada pela área da curva de **0** a t, e a confiabilidade é dada pela área além do período t, conforme mostra a Figura 7.9.

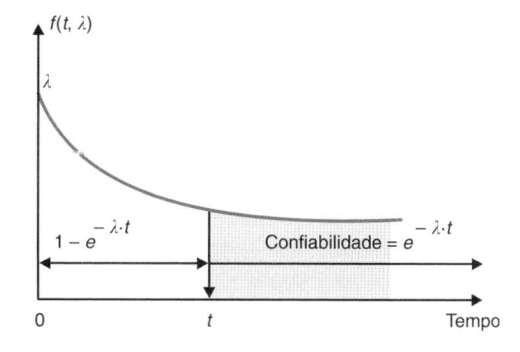

Figura 7.9 Representação da probabilidade de falha e da confiabilidade.

7.5.3 Cálculo da Taxa de Falha λ

Na prática, a forma mais comum de calcular a taxa de falha λ é determinar o número de falhas durante um período de funcionamento, como segue:

$$\lambda = \frac{\text{Número de falhas}}{\text{Tempo total em bom funcionamento (unidades – hora)}}$$

7.5.4 Tempo Médio entre Falhas (TMEF) (ou MTBF – *Mean Time Between Failures*)

Como a taxa de falha mede a quantidade de falhas ocorridas em relação a uma amostra de quantidade de equipamentos ou tempo de funcionamento, podemos calcular o intervalo médio entre duas falhas, que é dado pelo **Tempo médio entre falhas (TMEF)** (ou **MTBF**).

Esse é um parâmetro muito importante para a análise da confiabilidade de um equipamento e é dado pela expressão:

$$TMEF = \int_{0}^{\infty} \lambda \cdot t \cdot e^{-\lambda \cdot t} \cdot dt = \frac{1}{\lambda}$$

Como vemos, o tempo médio entre falhas é o inverso da taxa de falha λ.

Assim, temos:

$$\text{Probabilidade(não haver falha antes de } t) = R(t, \lambda) = e^{-t/TMEF}$$

Exemplo

Todas as empresas produtoras de bens de consumo duráveis testam seus aparelhos para determinarem as expectativas de vida ou o tempo médio esperado até o primeiro defeito. Uma empresa fabricante de controladores de velocidade para motores industriais testou 20 aparelhos durante 600 horas ininterruptas em seu laboratório. O primeiro aparelho falhou depois de 220 horas de funcionamento e o segundo depois de 420 horas. Pede-se:

a) Com esses dados, calcular a taxa de falha e o TMEF.

b) Qual é a probabilidade de haver a primeira falha após o tempo de operação igual ao TMEF?

c) Qual é a probabilidade de haver a primeira falha antes do tempo TMEF de operação?

Observação Vamos calcular o TMEF em horas de operação e em ano, considerando a operação do equipamento durante um turno de 8 horas, ao longo de 12 meses.

Solução:

a) Cálculo do TMEF

Tempo total de operação: 20 × 600 = 12.000 unidades-hora

Tempo total de não funcionamento: (600 – 220) da primeira falha + (600 – 420) da segunda falha = 380 + 180 = 560 unidades-hora

Tempo em bom funcionamento = 12.000 – 560 = 11.440 unidades-hora

Taxa de falha: $\lambda = \dfrac{2}{11.440} = 0{,}000175$ falha/unidade – hora

Tempo médio entre falhas: **TMEF** $= \dfrac{1}{0{,}000175} = $ **5.720 horas**

Para uma empresa que opera apenas um turno, durante 12 meses, temos:

Número de horas de operação: $200 \times 12 = 2.400$ horas/ano

Em ano, temos:

$$\text{TMEF} = \frac{5.720}{2.400} = 2,38 \text{ anos}$$

Isso significa que, em média, temos 2,38 anos (2 anos e 4,5 meses) em média entre uma falha e outra.

b) Probabilidade (primeira falha após o TMEF) = Probabilidade(não haver falha até TMEF) = $e^{-t/\text{TMEF}} = e^{-2,38/2,38} = 0,3679$

c) Probabilidade(primeira falha antes do TMEF) = $1 - e^{-t/\text{TMEF}} = 1 - 0,3679 = 0,6321$

7.5.5 Evolução da Taxa de Falha com a Vida Útil do Equipamento

A Figura 7.5 mostra o perfil de evolução da taxa de falha de um equipamento. O período inicial, chamado de **mortalidade infantil** corresponde à fase inicial da vida de um equipamento em que a taxa de falha é elevada e declinante. Isso se deve às falhas oriundas do material utilizado ou do processo de fabricação, e não tem relação com a operação do equipamento. Essa é a razão de todos os fabricantes de veículos, equipamentos, eletrodomésticos etc. oferecerem um período de garantia aos compradores. Em equipamentos industriais, esse período costuma ser muito curto, porque os fabricantes e os compradores fazem muitos testes antes do início efetivo da operação.

Após a estabilização da taxa de falha, temos o período de vida útil do equipamento, durante o qual a taxa é baixa e constante. Com o envelhecimento do equipamento, a taxa de falha volta a subir durante o fim de vida útil, período esse chamado de "esgotamento". Essa curva, por causa de sua forma, é chamada de "curva da banheira", mostrada na Figura 7.10.

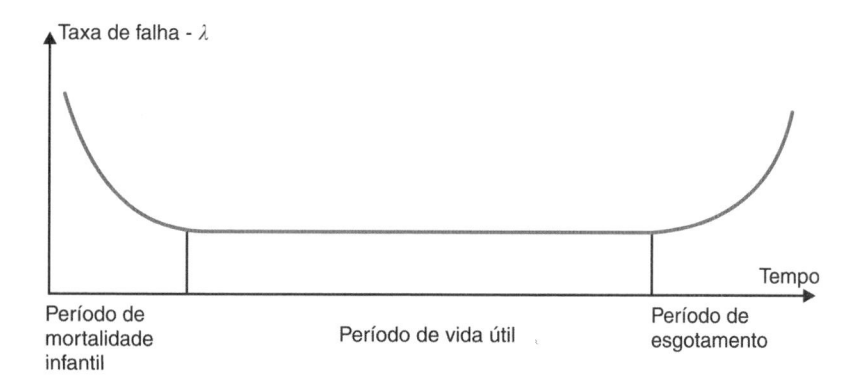

Figura 7.10 Evolução da taxa de falha ao longo da vida do equipamento.

De acordo com a Figura 7.9, podemos deduzir que a confiabilidade de um equipamento depende do tempo estimado para sua operação. A confiabilidade, ou seja, a probabilidade de que *não ocorram falhas* durante um período de tempo ***t*** é dada por:

$$R(t) = e^{-t/\text{TMEF}}$$

A tabela abaixo mostra que, quanto maior for a relação ***t*/TMEF**, menor é a confiabilidade.

$\dfrac{t}{\text{TMEF}}$	Confiabilidade (%)	$\dfrac{t}{\text{TMEF}}$	Confiabilidade (%)	$\dfrac{t}{\text{TMEF}}$	Confiabilidade (%)
0,01	99,005	0,11	89,583	0,21	81,058
0,02	98,020	0,12	88,692	0,22	80,252
0,03	97,045	0,13	87,810	0,23	79,453
0,04	96,079	0,14	86,936	0,24	78,663
0,05	95,123	0,15	86,071	0,25	77,880
0,06	94,176	0,16	85,214	0,26	77,105
0,07	93,239	0,17	84,366	0,27	76,338
0,08	92,312	0,18	83,527	0,28	75,578
0,09	91,393	0,19	82,696	0,29	74,826
0,10	90,484	0,20	81,873	0,30	74,082

Podemos observar que, quando aumentamos o tempo de operação t em relação ao TMEF, a confiabilidade cai acentuadamente. A Figura 7.11 mostra a evolução da confiabilidade para valores elevados do tempo de operação.

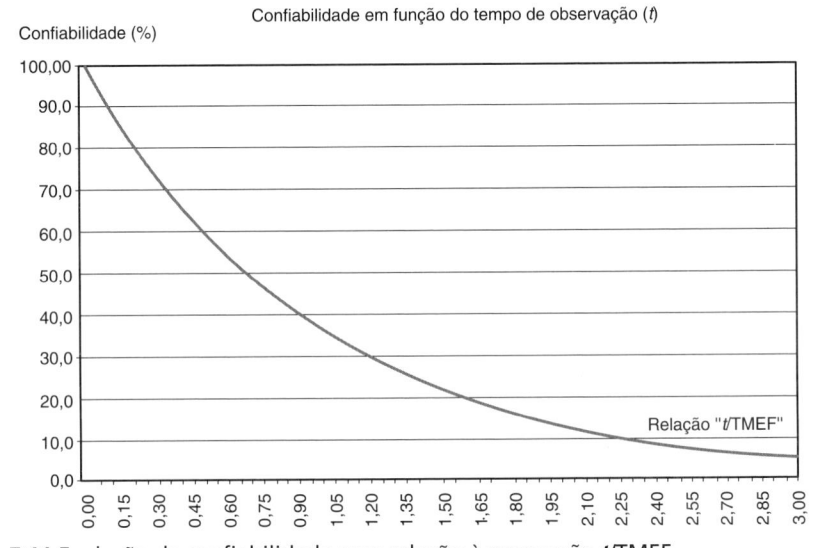

Figura 7.11 Evolução da confiabilidade com relação à proporção t/TMEF.

A estratégia de manutenção de uma empresa deve visar ao aumento do período de vida útil dos equipamentos e das instalações, atrasando o início do período de esgotamento, conforme ilustra a Figura 7.12.

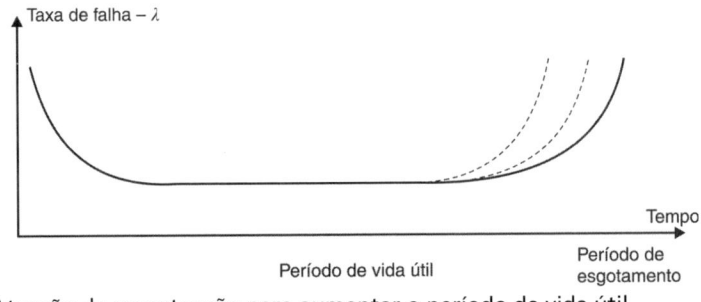

Figura 7.12 Atuação da manutenção para aumentar o período de vida útil.

7.5.6 Principais Custos de Manutenção

Para aumentar a confiabilidade de sistemas críticos, as empresas incorporam uma **redundância** em seus processos, com sistemas operando em paralelo, de forma que, quando um deles apresenta alguma falha, o outro continua a operação do processo.

Além disso, as empresas mantêm processos de manutenção preventiva e corretiva, cujos custos dependem das características desses processos, do grau de especialização das pessoas envolvidas, dos recursos disponíveis (laboratórios, equipamentos, estoque de peças de reposição etc.) e dos sistemas de informações de gerenciamento da manutenção.

Na análise de substituição de equipamentos, devemos considerar também os custos associados às falhas dos equipamentos, como por exemplo:

1) Custos dos estoques de produtos acabados para vendas em períodos de emergência;

2) Custos das falhas na programação de entregas, como multas, entregas emergenciais, entre outros;

3) Custo das vendas perdidas e da recuperação de clientes.

Observação   Um tratamento estatístico mais completo da confiabilidade pode ser visto no Apêndice deste capítulo.

7.6 DEPRECIAÇÃO

A depreciação é definida, em termos contábeis, como uma despesa referente à perda de valor dos ativos (exceto terrenos) utilizados pelas organizações para a produção e comercialização de seus produtos. A perda de valor ocorre por deterioração física ou obsolescência tecnológica, e a depreciação é vista como um aprovisionamento de capital que a empresa faz para repor o bem ao final de sua vida útil, dessa forma perpetuando sua capacidade produtiva.

Esse valor, embora represente uma parcela importante do custo de produção, não constitui um desembolso, ou seja, saída de dinheiro. Os valores correspondentes à depreciação deveriam teoricamente compor um fundo ou uma reserva de depreciação. Mas, como ninguém vai guardar esse dinheiro até a data da reposição do ativo, ele é reinvestido nas operações normais da empresa, tornando-se assim uma fonte de capitalização. Esse é o conceito econômico da depreciação que vamos utilizar na análise dos projetos de investimento: juntamente com a reserva de lucros retidos, forma o autofinanciamento da empresa.

A diminuição de valor dos ativos imobilizados é registrada periodicamente nas contas contábeis de:

Depreciação: quando corresponde à perda de valor por desgaste ou perda de utilidade por ação da natureza ou obsolescência tecnológica.

Exaustão: quando corresponde à perda de valor devido à exploração sem possibilidade de reposição, como jazidas de minérios.

Existem várias formas de contabilizar a depreciação, mas a legislação brasileira permite a depreciação linear, exceto em casos excepcionais comprovados. A depreciação linear é calculada da seguinte forma:

$$Quota\ de\ depreciação = \frac{Custo\ original - Valor\ residual}{Vida\ útil\ esperada}$$

Vamos definir os valores da expressão acima:

Valor Residual: corresponde ao valor que poderá ser apurado com sua venda, após o término de sua vida útil.

Vida Útil: é o período de tempo em que o ativo permanece operacional, cumprindo suas finalidades originais. A vida útil é afetada por fatores normais de envelhecimento, como desgaste, e funcionais, como inadequação ou obsoletismo, resultantes do surgimento de substitutos mais aperfeiçoados.

No Brasil, a depreciação dos bens do ativo é um direito das empresas, regulado pela Secretaria da Receita Federal, que determina taxas máximas e períodos de depreciação. A tabela a seguir mostra algumas taxas usuais:

Exemplo de alíquotas de depreciação

Tipos de ativos	Alíquota (%)	Vida útil (anos)
Prédios e construções	4	25
Máquinas e equipamentos	10	10
Móveis e utensílios	10	10
Veículos e ferramentas	20	5

Para alguns tipos de bens, a lei permite coeficientes de depreciação acelerados, de acordo com sua utilização. Assim, se tomarmos como base o turno de 8 horas, aplicando o coeficiente 1, teremos, para outras jornadas:

- dois turnos de 8 horas: coeficiente = 1,5
- três turnos de 8 horas: coeficiente = 2,0.

Esses coeficientes devem multiplicar as alíquotas de depreciação. Em caso de dúvida ou divergência quanto à real depreciação do bem devido a condições especiais de operação, a empresa pode solicitar uma perícia técnica que comprove a necessidade de uma depreciação mais acelerada.

7.7 CUSTOS IRRECUPERÁVEIS

Conforme vimos acima, quando um equipamento é comprado e colocado em operação, a quota de depreciação reflete a perda de valor do ativo devido a sua utilização. Quando decidimos substituir o equipamento antes do fim de sua vida útil, podemos encontrar alguma discrepância entre o valor contábil e o valor real de revenda. Quando o valor real do equipamento é inferior ao valor contábil, essa diferença é um custo irrecuperável (*sunk cost* – custo afundado).

Considerando que o analista deve assumir a postura de observador externo, que compara os custos e benefícios futuros dos dois equipamentos (o novo e o que está em substituição) sem se preocupar com os gastos anteriores, percebemos que os custos irrecuperáveis não devem entrar na análise.

Exemplo

Um carro foi comprado por R$ 30.000,00, com depreciação em 5 anos e valor residual de R$ 15.000,00. Assim, a quota de depreciação é igual a R$ 3.000,00. Esse carro hoje está com 3 anos de utilização, e a empresa pretende trocá-lo por outro zero quilômetro. O valor contábil desse carro é $30.000 - 3 \times 3.000 = 21.000,00$. No entanto, devido às severas condições de uso e ao excesso de oferta no mercado de carros usados, o preço de mercado desse carro é de apenas R$ 14.000,00. Temos aqui, para efeito de análise de substituição, um custo irrecuperável de R$ 7.000,00, já que, na comparação com o carro novo, o candidato à substituição deverá ser orçado em R$ 14.000,00.

No mercado financeiro há um conceito semelhante para a precificação de títulos que compõem a carteira de um fundo de investimentos. A cada dia, o gestor da carteira tem que calcular seu valor total para divulgar o rendimento diário e, para isso, ele deve utilizar o preço do dia dos títulos, e não o preço pago originalmente com as devidas correções. Esse processo de utilizar o "preço do dia" dos títulos é chamado de **marcação a mercado**. Se o mercado estiver pagando pelos títulos um preço menor do que o custo original corrigido, e se uma pessoa sacar suas quotas do fundo, esta incorrerá em um custo irrecuperável.

7.8 SUBSTITUIÇÃO POR INADEQUAÇÃO ÀS ATUAIS OPERAÇÕES

De forma geral, a capacidade de produção de uma planta industrial foi determinada por meio da previsão de mercado que, em algum momento da história da empresa, forneceu os elementos para a tomada de decisão quanto às características operativas dos equipamentos. Com a dinâmica do mercado e como consequência das adaptações necessárias na estratégia da empresa, alguns equipamentos pódem se tornar ultrapassados em algum aspecto e, por isso, devem ser substituídos.

Exemplo

Um fazendeiro produtor de leite possui um equipamento de resfriamento de leite com capacidade para 3.000 litros. Quando comprou o equipamento, há 3 anos, sua produção era de 1.000 litros por dia, e a cooperativa recolhia o leite de 3 em 3 dias. Os dados do atual resfriador são:

- Investimento inicial: R$ 10.000,00
- Vida útil: 5 anos
- Valor residual: R$ 2.000,00
- Custo anual de operação (limpeza, energia etc.): R$ 5.000,00

No entanto, o fazendeiro comprou recentemente outra fazenda e sua produção aumentou para 2.000 litros por dia. A cooperativa não pode alterar sua programação de coleta do leite e, assim, o atual equipamento não mais comporta a produção total. O fazendeiro tem duas opções:

1. Comprar um resfriador com o dobro da capacidade e dar o equipamento atual como parte de pagamento no valor de R$ 4.000,00. Os dados do novo resfriador são:
   - Investimento: R$ 18.000,00
   - Vida útil: 5 anos
   - Valor residual: R$ 3.000,00
   - Custo anual de operação: R$ 8.000,00
2. Adquirir outro resfriador com a mesma capacidade do atual. Os dados desse resfriador são:
   - Investimento: R$ 8.000,00
   - Vida útil: 5 anos
   - Valor residual: R$ 2.000,00
   - Custo anual de operação: R$ 5.000,00

Nesta opção, o fazendeiro deverá conservar o resfriador atual por mais 5 anos, o que fará com que seu valor residual seja 0. Qual deve ser a decisão do fazendeiro, considerando que sua taxa de atratividade é de 10% ao ano?

Solução A Figura 7.13 mostra os fluxos de caixa das duas opções do fazendeiro.

Fluxo de caixa da opção 1:

(a)

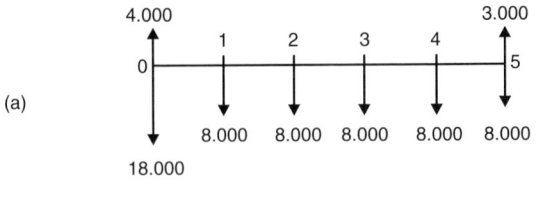

Fluxos de caixa da opção 2:

a) Equipamento atual

(b)

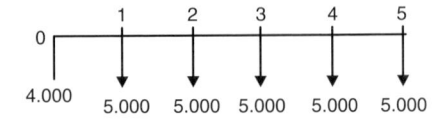

b) Novo resfriador com mesma capacidade

(c)

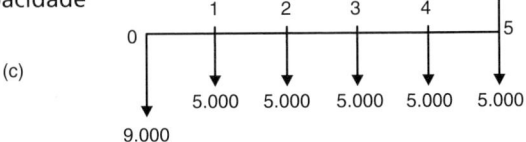

Figura 7.13 Fluxos de caixa das opções para compra do equipamento.

Observe que, no caso do fluxo de caixa (Figura 7.13a) do equipamento atual, estamos reconhecendo a existência de um custo irrecuperável igual à diferença entre o valor contábil atual e o valor de revenda:

Custo irrecuperável: $10.000 - 3 \times 1.600 - 4.000 = 1.200$

Podemos agora calcular os custos anuais uniformes equivalentes para cada opção:

Opção 1: $(18.000 - 4.000) \times FRC(5,10\%) - 3.000 \times FFC(5,10\%) + 8.000 = 14.000 \times 0,2638 - 3.000 \times 0,1638 + 8.000 = 11.201,80$

Opção 2: $(4.000 + 9.000) \times 0,2638 - 2.000 \times 0,1638 + 2 \times 5.000 = 12.750,80$

Para simplificar a análise, não consideramos os aspectos fiscais envolvidos no processo.

Podemos ver que a melhor opção para o fazendeiro é comprar um resfriador com a capacidade de 6.000 litros.

7.9 SUBSTITUIÇÃO POR OBSOLESCÊNCIA OU ENVELHECIMENTO

Conforme vimos quando analisamos os princípios da confiabilidade, à medida que os equipamentos envelhecem, a taxa de falha aumenta e, com isso, aumentam também os custos de manutenção. Devido às interrupções mais frequentes para correção de falhas, a eficiência desses sistemas diminui, em consequência. Com isso, temos o aparecimento de custos crescentes de manutenção e de perda de eficiência.

Como exemplo dessa situação, podemos analisar a iluminação de galpões de uma planta industrial. São geralmente construções com pé direito elevado, em que deve ser mantido um nível mínimo de iluminação para que não haja comprometimento da produtividade e da segurança. Para que as lâmpadas possam ser trocadas, o processo produtivo tem que ser interrompido, de forma a garantir que o serviço seja feito com segurança. Sendo assim, as empresas optam por trocar todas as lâmpadas, defeituosas ou não, quando atingem o fim de vida esperado, para não correrem riscos de interrupções não programadas que acarretariam custos maiores.

Por outro lado, a tecnologia de processo de produção evolui continuamente e novos equipamentos estão sempre sendo introduzidos no mercado. Assim, com frequência, equipamentos ainda produtivos e em bom estado se tornam candidatos à substituição, porque surgiram equipamentos mais modernos que executam as mesmas atividades com maior eficiência e menores custos. Nesse caso, a questão que se coloca é se trocamos os equipamentos imediatamente ou se adiamos a decisão e utilizamos os equipamentos atuais por mais algum tempo.

O exemplo mais comum em quase todas as empresas é a renovação dos computadores. Periodicamente, as empresas renovam seu conjunto de computadores porque as máquinas mais modernas oferecem maior rapidez de processamento e capacidade de memória. Com isso, novos sistemas de informações e programas podem ser processados, aumentando a eficiência no tratamento das informações e melhorando o processo decisório.

7.9.1 Substituição Devido a Custos Crescentes

Essa decisão é baseada nos conceitos de vida econômica ótima e confiabilidade. Em muitas situações, os custos operacionais e de manutenção (preventiva e corretiva) apresentam tendências de crescimento acentuado devido a fatores relacionados com o ambiente externo de operação. Em outros casos, esses custos são crescentes por causas específicas relacionadas com o envelhecimento dos equipamentos.

Além dos custos de operação e de manutenção, na análise de substituição de equipamentos temos que considerar também os custos causados pela perda de produção resultante das interrupções para reparo.

Para avaliar a perda de produção causada pelas interrupções, temos que medir a taxa de disponibilidade do equipamento. Anteriormente, definimos:

$$\text{Tempo médio entre falhas (TMEF)} = \frac{\text{Tempo total de bom funcionamento}}{\text{Número de falhas no período}}$$

Vamos definir agora:

$$\text{Tempo médio para reparo (TMPR)} = \frac{\text{Tempo total gasto em reparos}}{\text{Número de intervenções no período}}$$

Para o cálculo do TMPR (usa-se às vezes a expressão em inglês: *Mean Time to Repair* – MTTR), devemos levar em consideração todas as paradas, tanto para manutenção corretiva quanto preventiva.

Com esses valores, podemos calcular a disponibilidade do equipamento como:

$$\text{Disponibilidade} = \frac{\text{TMEF}}{\text{TMEF} + \text{TMPR}} \times 100 \ (\%)$$

Analisando a expressão acima, podemos perceber que a disponibilidade de um equipamento é diretamente dependente de sua idade, ou seja, de sua taxa de falha, e da qualidade do serviço de manutenção.

Exemplo

Uma empresa metalúrgica opera atualmente com três máquinas de solda que têm vida útil estimada de 5 anos, mas recebeu uma proposta de trocá-las por uma máquina mais moderna e com maior capacidade de produção, que também terá vida útil de 5 anos. As máquinas atuais terão o valor residual de R$ 4.000,00 ao fim da vida útil, e a empresa que oferece a máquina moderna aceita as antigas como parte do pagamento pelo valor de R$ 6.000,00, cada uma. As despesas operacionais anuais, incluindo gastos com energia e pequenas reformas necessárias para garantir a vida útil, são estimadas em R$ 8.500,00.

A nova máquina tem o custo de R$ 70.000,00, valor residual em 5 anos de R$ 15.000,00 e custos operacionais anuais de R$ 10.000,00. Qual deve ser a decisão, considerando que a taxa de atratividade da empresa é 10% ao ano?

Fluxo de caixa das máquinas atuais (Figura 7.14):

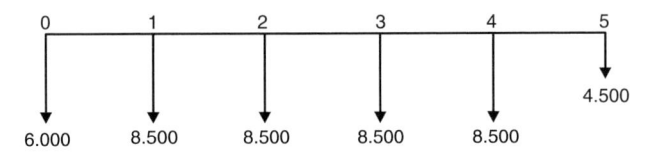

Figura 7.14 Fluxo de custos das máquinas atuais.

Custo atual total: $3 \times (6.000 + 8.500 \times FVA(4,10\%) + 4.500/(1 + 0,1)^5) = \$ 107.214,00$

Custo anual equivalente das máquinas atuais: $107.214,00 \times FRC(5,10\%) = \mathbf{\$ 28.282,78}$

Fluxo de caixa da máquina nova (Figura 7.15):

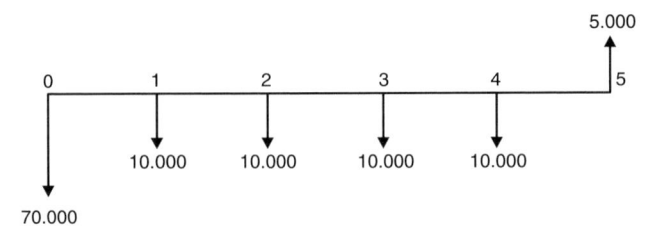

Figura 7.15 Fluxo de caixa da máquina nova.

Custo atual total: $(70.000 + 10.000 \times FVA(4,10\%) - 5.000/(1 + 0,1)^5) = \$ 98.594,05$

Custo anual equivalente da máquina nova: $98.594,05 \times FRC(5,10\%) = \mathbf{\$ 26.008,86}$

7.10 SUBSTITUIÇÃO POR DECLÍNIO DE EFICIÊNCIA

Muitas vezes os equipamentos apresentam acentuado declínio em sua eficiência operacional à medida que envelhecem. Essa perda de eficiência resulta em perda de produção, cuja recuperação depende de utilização extra do equipamento ou de algum outro processo de complementação.

Exemplo

Um sistema de escoamento de resíduos líquidos industriais é formado por um conjunto de tubos e bombas que deve conduzir as águas servidas para tratamento e reciclagem. Como a tubulação conduz líquidos com grande concentração de material sólido diluído, existe um processo de sedimentação desses materiais na tubulação, que reduz progressivamente o seu diâmetro e, com isso, há uma perda de eficiência que exige tempo extra de utilização para processamento de todo o volume de líquido.

Normalmente, o sistema opera 16 horas por dia, durante 365 dias por ano, no total de 5.840 horas por ano. O custo normal de operação é de R$ 10,00 por hora.

A Tabela 7.1 mostra a eficiência média da tubulação ao longo de sua vida útil de 5 anos. Para compensar a perda de eficiência, o sistema tem que operar em horas adicionais, conforme mostra a tabela, com o custo de R$ 144,00 por hora. Esse custo mais elevado decorre da necessidade de supervisão constante durante a operação extra.

Tabela 7.1 Eficiência e horas de compensação

Ano	Eficiência média no ano (%)	Horas extras para compensar perdas
0	100	0
1	99	90
2	96	270
3	92	540
4	86	1080
5	78	1880

Com os valores acima, podemos calcular o custo total de operação do sistema de bombeamento e o custo anual equivalente, conforme mostra a Tabela 7.2.

Tabela 7.2 Cálculo do custo anual equivalente de operação do sistema

Ano	Custo da hora extra total	Custo de operação normal	Custo total anual	Valor presente do custo anual	Custo anual equivalente
0	0,00	0,00	0,00		
1	12.960,00	58.400,00	71.360,00	64.872,73	64.872,73
2	38.880,00	58.400,00	97.280,00	80.396,69	38.284,14
3	77.760,00	58.400,00	136.160,00	102.299,02	30.906,05
4	155.520,00	58.400,00	213.920,00	146.110,24	31.482,49
5	270.720,00	58.400,00	329.120,00	204.357,63	33.473,26

Analisando a tabela, vemos que o custo anual equivalente atinge o valor mínimo no terceiro ano de operação.

APÊNDICE: TRATAMENTO ESTATÍSTICO DA CONFIABILIDADE

A distribuição de frequência de probabilidade que representa a falha em equipamentos é a distribuição exponencial negativa:

$$f(t; \lambda) = \begin{cases} \lambda \cdot e^{-\lambda \cdot t}, \text{ para } t \geq 0 \text{ e } \lambda \geq 0 \\ \\ 0, \text{ em outros casos} \end{cases}$$

Função de Risco

A função que descreve a probabilidade de falha de um equipamento durante um pequeno intervalo de tempo, supondo que não tenha ocorrido falha alguma antes, é conhecida como **função de risco – Z(t)**:

$$Z(t) = \frac{f(t)}{1 - F(t)}$$

em que **f(t)**: função densidade de probabilidade de falha

$\quad$ **F(t)**: função cumulativa de probabilidade

Função de Confiabilidade

A probabilidade de um componente sobreviver durante um tempo **t** é chamada função de confiabilidade ou simplesmente, confiabilidade – **R(t)**:

$$R(t) = 1 - F(t) = 1 - \int_0^t f(y) \cdot dy$$

Podemos escrever:

$$Z(t) = \frac{f(t)}{1 - F(t)} = \frac{f(t)}{R(t)}, \text{ em que: } f(t) = Z(t) \cdot R(t)$$

Para a distribuição exponencial, a função de risco é:

$$Z(t) = \frac{\lambda \cdot e^{-\lambda \cdot t}}{1 - \int_0^t \lambda \cdot e^{-\lambda \cdot y} \cdot dy} = \frac{\lambda \cdot e^{-\lambda \cdot t}}{e^{-\lambda \cdot t}} = \lambda$$

Podemos ver que a probabilidade de falha durante um período de tempo é constante e igual a λ, parâmetro que é chamado de **taxa de falha** de um componente.

A função cumulativa de probabilidade da distribuição exponencial pode ser usada para predizer a confiabilidade de um componente durante o período de sua vida útil.

Das expressões acima, temos:

Probabilidade de sobrevivência no tempo **t**:

$$R(t) = 1 - F(t) = 1 - \int_0^t \lambda e^{-\lambda y} \cdot dy = \int_0^\infty \lambda e^{-\lambda y} \cdot dy = e^{-\lambda t}$$

Probabilidade de falha no tempo **t**:

$$Q(t) = 1 - R(t) = 1 - e^{-\lambda t}$$

Para verificar se a taxa de falha de um equipamento, durante um período de tempo, depende do tempo anterior de operação, vamos considerar que o equipamento em análise tenha operado até o tempo **T** (Figura 7.16, abaixo).

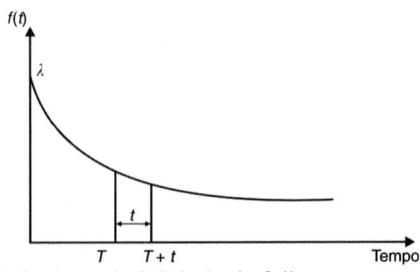

Figura 7.16 Função densidade de probabilidade de falha.

Vamos definir:

A = evento quando o equipamento falha no tempo **t**

B = evento quando o equipamento tenha sobrevivido até o tempo **T**

Queremos calcular:

$$P(A \ e \ B) = P(A/B) \cdot P(B)$$

$$P(A/B) = \frac{P(A \ e \ B)}{P(B)}$$

Pela Figura 7.16, podemos calcular:

$$P(A \ e \ B) = \int_{T}^{T+t} \lambda \cdot e^{-\lambda \cdot y} \cdot dy = e^{-\lambda T} - e^{-\lambda(T+t)}$$

$$P(B) = \int_{T}^{\infty} \lambda \cdot e^{-\lambda \cdot y} \cdot dy = e^{-\lambda T}$$

$$P(A/B) = \frac{e^{-\lambda T} - e^{-\lambda(T+t)}}{e^{-\lambda T}} = 1 - e^{-\lambda t} = Q(t)$$

Com isso, mostramos que a probabilidade de falha durante qualquer intervalo de tempo é independente da operação anterior do equipamento.

7.11 EXERCÍCIOS PROPOSTOS

7.11.1   Um equipamento para processamento e embalagem de legumes custa R$ 25.000,00 e tem vida útil estimada de 10 anos. No primeiro ano, sua desvalorização é de 25% e, a partir do segundo ano, estima-se que essa desvalorização aumentará 10% ao ano, exponencialmente. O custo inicial de operação e manutenção é de R$ 3.600,00 por ano, sendo R$ 1.000,00 uma parcela constante para todos os anos. A diferença corresponde à parte variável deste custo que tende a crescer, de forma exponencial, com a taxa de 15% ao ano. Qual é a vida ótima do equipamento, com base no custo total anual?

Resposta: 7 anos; CT = $ 17.685,19.

7.11.2   Um equipamento de refrigeração de uma planta industrial custa R$ 28.000,00 e tem vida útil esperada de 10 anos. Sua desvalorização inicial é de 30% e seu valor residual será reduzido de 10% ao ano, exponencialmente. O custo inicial de operação e manutenção é de R$ 4.000,00, com aumento inicial de 15% ao ano. No entanto, devido às condições severas de funcionamento, a empresa estima que essa taxa de aumento anual nos custos de operação e manutenção sofrerá um acréscimo exponencial de 5%. Pede-se calcular a vida ótima do equipamento com base no custo total anual.

Resposta: 6 anos; CT = $ 20.356,00.

7.11.3   No caso do equipamento de processamento de legumes do Exercício 7.11.1, se a empresa considerar a taxa de atratividade de 12% ao ano, qual será a vida ótima econômica, com base nos custos anuais equivalentes?

Resposta: 6 anos; CAE_{Total} = $ 9.399,61.

7.11.4   No caso do equipamento de refrigeração do Exercício 7.11.2, se a empresa considerar a taxa de atratividade de 12% ao ano, qual será a vida ótima econômica, com base nos custos anuais equivalentes?

Resposta: 5 anos; CAE_{Total} = $ 11.037,27.

7.11.5 Um equipamento de teste de motores, com custo de aquisição de R$ 20.000,00 e vida útil estimada de 10 anos, opera em uma oficina mecânica há 4 anos. Seu custo operacional atual é de R$ 6.000,00 e prevê-se que esse custo irá aumentar segundo uma série gradiente com taxa de aumento de 2% ao ano, a partir do próximo ano. O valor residual previsto para o final de sua vida útil é igual a R$ 3.500,00. Um novo equipamento, com tecnologia mais moderna, foi lançado com o custo de compra de R$ 25.000,00, custo operacional anual de R$ 3.800,00, vida útil de 10 anos e valor residual estimado de R$ 5.400,00. Considerando que a taxa de atratividade da empresa é 12% ao ano, determine a decisão que a gerência deve tomar e a diferença dos custos anuais dos dois equipamentos.

Resposta: Manter o equipamento atual; diferença de custos = 378,39.

7.11.6 Uma empresa produtora de cerâmica para construção possui uma pá carregadeira para movimentação de argila que necessita de uma boa reforma, já que tem 10 anos de uso. A reforma do equipamento tem um custo orçado de R$ 42.000,00, prolongando sua vida útil por mais 4 anos. No final desse tempo, o valor residual estimado será de R$ 60.000,00. Atualmente, seu custo anual de operação e manutenção é de R$ 12.000,00 (exceto combustível), e esse custo tem apresentado crescimento exponencial de 5% ao ano, devido às severas condições de uso.

Outra opção foi oferecida à empresa: uma máquina nova no valor de R$ 180.000,00, com custo inicial de operação e manutenção de R$ 4.000,00, também com aumentos exponenciais de 5% ao ano, e vida ótima econômica de 10 anos, quando também necessitará uma reforma. Nessa ocasião, o valor residual da máquina é estimado em R$ 90.000,00. Na troca, a máquina atual será recebida pelo vendedor pelo preço de R$ 50.000,00. Considerando que a taxa de atratividade da empresa é 15% ao ano, qual deve ser a decisão? Calcule os custos anuais equivalentes das duas opções.

Resposta: Manter o equipamento atual.

$CAE_{\text{opção A}} = \$ 28.149,04$

$CAE_{\text{opção B}} = \$ 36.215,44$

7.11.7 A pá carregadeira da empresa de cerâmica do Exercício 7.11.6 apresenta hoje uma disponibilidade de 80% de seu tempo útil. Caso a empresa opte pela reforma, a máquina ficará inoperante durante 15 dias, exigindo que a empresa alugue outra máquina para a operação normal de abastecimento de sua linha de produção. O aluguel dessa máquina custa R$ 2.200,00 por dia. Após a reforma, prevê-se um aumento na disponibilidade da máquina atual para 95% do tempo de operação. Essa disponibilidade se reduzirá de forma exponencial com taxa de 3% ao ano. Essa perda de disponibilidade representa uma perda de produção equivalente a R$ 1.200,00 para cada 1% de aumento da indisponibilidade. A nova máquina apresentará uma disponibilidade inicial de 95%, com redução desprezível para os próximos 4 anos. Verifique se essas novas informações irão alterar a decisão da empresa.

Resposta: Adquirir o novo equipamento.

$CAE_{\text{opção A}} = \$ 37.059,88$

$CAE_{\text{opção B}} = \$ 36.215,44$

7.11.8 Um supermercado possui um veículo urbano de carga, tipo van, que faz entregas em domicílio durante o período de funcionamento de 8 às 20 horas, de segunda a sábado. Assim, deve estar disponível durante 300 horas por mês. Atualmente, o veículo apresenta um tempo médio entre falhas (TMEF) de 540 horas, incluindo o tempo de manutenção normal. Esse tempo tem diminuído exponencialmente com taxa de 2% ao mês, devido ao envelhecimento do veículo e às condições mais severas do trânsito. O tempo médio para reparo (TMPR) é de 12 horas (1 dia).

Quando o veículo está em manutenção, o supermercado deve alugar outro para as entregas, com custo de R$ 1.200,00 por dia. Esse veículo pode ser operado em condições econômicas por mais 3 anos, ao fim dos quais poderá ser vendido por R$ 25.000,00. O custo de manutenção atual é de R$ 300,00 por mês, também aumentando exponencialmente com taxa de 5% ao mês. Um veículo novo da mesma marca custa R$ 80.000,00, com vida útil de 5 anos e valor residual de R$ 25.000,00. Por causa dos contratos de garantia, o custo médio mensal de manutenção deste veículo é de R$ 150,00 para os dois primeiros anos, com TMEF de 900 horas. Após o segundo ano, os dados de disponibilidade do veículo atual são válidos para o novo veículo.

No caso de troca, o veículo atual é recebido pela concessionária por $ 38.000,00. Considerando a taxa de atratividade de 1,2% ao mês, o supermercado deseja saber se é compensador trocar o veículo por um novo. Para isso, calcule o custo mensal equivalente (CME) para as duas opções.

Resposta: Manter o veículo atual.

$CME_{\text{opção A}} = \$ 2.460,31$

$CME_{\text{opção B}} = \$ 3.869,57$

BIBLIOGRAFIA

ANDRADE, E.L. *Introdução à pesquisa operacional métodos e modelos para análise de decisões.* 4ª ed. Rio de Janeiro: LTC, 2009.

BARISH, N.N. *Economic analysis for engineering and managerial decision making.* New York: MacGraw-Hill, 1962.

BLANK, L.T.; TARQUIN, A.J. *Engineering economy.* 4ª ed. Boston: McGraw Hill, 1988.

GILLET, R.; CHRISSOS, J. *Décision d'investissement.* Paris: Pearson Education France, 2003.

HEIZER, J.; RENDER, B. *Administração de operações:* bens e serviços. 5ª ed. Rio de Janeiro: LTC, 2001.

THUESEN, G.J.; FABRYCKY, W.J. *Engineering economy.* 8ª ed. New Jersey: Prentice Hall, 1993.

8

Avaliação de Oportunidades em Projetos de Investimento

OBJETIVOS DO CAPÍTULO

Ao terminar o estudo deste capítulo, você estará capacitado para:

1. Identificar e avaliar as oportunidades de investimentos adicionais, criadas pelos projetos ora em avaliação e que não foram contempladas pelas previsões atuais.

2. Interpretar os projetos de investimentos da empresa como opções de ações, com as mesmas características.

3. Estruturar estratégias de engenharia financeira para reduzir o risco de uma carteira de projetos.

4. Avaliar o valor das opções antes da data de vencimento para quantificar o valor total da carteira.

5. Aplicar os modelos binomial e de Black-Scholes para quantificar o valor da carteira de investimentos em ativos.

6. Analisar os projetos de investimentos como opções reais, de forma a calcular o valor das oportunidades criadas.

8.1 AS FALHAS NOS MÉTODOS TRADICIONAIS DE AVALIAÇÃO DE PROJETOS

Conforme vimos no Capítulo 1, as principais fontes de oportunidades de investimento são o planejamento estratégico, os programas de pesquisa e desenvolvimento (P&D) e o diagnóstico operativo. As oportunidades criadas por essas atividades devem ser avaliadas quanto a sua atratividade econômica, de forma a mensurarmos seu potencial de criação de valor para a empresa.

Todos os métodos analisados nos capítulos anteriores se baseiam na construção de um fluxo de caixa que deve representar, com a maior fidelidade possível, todos os movimentos de fundos provocados pelo projeto, tanto os gastos para sua implementação quanto os fundos representativos dos benefícios que poderão ser obtidos ao longo de sua vida útil.

No entanto, como estamos lidando com dados futuros, ao observarmos com cuidado o grau e a natureza das incertezas implícitas nas previsões dos fluxos de caixa, veremos que surgem várias possibilidades de decisão que apresentam características muito diferentes.

Por um lado, podemos ter projetos com baixa incerteza e maior controle dos resultados, por exemplo, a troca de equipamentos antigos por outros mais modernos. Não há incerteza quanto aos valores que serão desembolsados na troca, mas há uma pequena incerteza quanto ao desempenho operacional futuro dos novos equipamentos, que se reduzirá bastante com um treinamento adequado dos operadores.

Por outro lado, os programas de P&D poderão criar novas tecnologias com potencial de gerar produtos inovadores. Os investimentos nos próprios programas de P&D e os projetos de investimento para lançamento desses produtos no mercado apresentam um elevado grau de incerteza, com baixa possibilidade de controle de seu sucesso por parte da empresa.

É claro que, entre esses extremos, temos uma quantidade enorme de projetos diferentes. De todos os métodos estudados para a avaliação da atratividade dos projetos, sem dúvida o mais popular entre os gerentes é o Método do Valor Presente Líquido (VPL). Como vimos, esse método requer a construção de um fluxo de caixa dos valores previstos e a escolha de uma taxa de desconto que represente eficazmente a atratividade para a empresa.

O tratamento clássico da incerteza na aplicação do VPL se baseia na identificação dos fatores de incerteza que dão origem ao risco e na utilização de distribuições de probabilidades para quantificar as possibilidades de ocorrência destes fatores, como vimos no Capítulo 6. Também vimos que a seleção da taxa de desconto é feita com base no critério de incorporação em seu valor de um componente proporcional ao risco.

Devido a essa enorme diversidade de projetos, algumas restrições importantes ao uso generalizado do VPL têm sido colocadas pelos analistas das decisões de investimento nos últimos 20 anos. A principal é que o VPL e os demais métodos que se baseiam no fluxo de caixa descontado refletem os resultados de uma estratégia. Por isso, não tratam eficazmente as opções que surgem para a empresa, quando lançamos mão da flexibilidade decisória no desenvolvimento das estratégias. Podemos discutir alguns exemplos de opções de decisão que surgem após a decisão pela implantação de um projeto:

1. Opção de início do projeto: a empresa pode escolher a data mais apropriada para dar início ao projeto, visando a aproveitar melhor alguma oportunidade (capacidade livre para gestão do projeto, melhor conhecimento do mercado, conclusão de alguma obra importante de infraestrutura pelo governo etc.).

2. Opção para escalonar o investimento: em muitas situações, respeitadas as condições de economia de escala, as empresas podem desenvolver projetos de investimento em etapas, de forma a compatibilizar melhor o investimento com o crescimento do mercado.

3. Opção de expansão gradual no mercado: ao entrar em um novo mercado ou no lançamento de um novo produto, as empresas podem optar por desenvolver sua rede de distribuidores para cobertura total imediata do mercado ou expandir a rede gradualmente para corrigir eventuais falhas de distribuição e aprimorar o controle.

4. Opção de flexibilidade na operação: uma planta grande central proporciona economia de escala, mas, por outro lado, plantas menores regionais propiciam maior flexibilidade na operação do sistema produtivo.

5. Opção de aprendizagem: antes de lançar um produto no mercado nacional, uma empresa pode preferir lançamentos experimentais em mercados menores e, a partir do conhecimento adquirido, desenvolver um plano de lançamento mais adequado.

6. Opção de abandonar o projeto: essa é uma opção sempre presente para empresas que operam em mercados com alto grau de volatilidade na demanda. Dependendo do nível da demanda e dos preços praticados, a empresa pode interromper temporariamente a produção ou mesmo encerrar as atividades de uma planta.

Podemos perceber que todas essas opções agregam valor à empresa e, por isso, o processo de avaliação econômica de um projeto deve ser capaz de identificar aquelas que estão presentes e valorá-las adequadamente. A questão que se coloca aqui é que o método VPL não tem características que permitam essa valoração.

No entanto, se compararmos essas possibilidades de decisões alternativas com os investimentos em bolsas de valores, a Bovespa, por exemplo, percebemos que existem muitas características similares, o que nos permite utilizar as teorias desenvolvidas para as análises de decisões em opções de ações no mercado bursátil.

Todos os projetos de investimento de uma empresa têm a mesma característica básica de uma opção de compra de uma ação. A empresa tem o **direito de investir** em um projeto de investimento, por exemplo, construir uma fábrica, mas não tem a obrigação; da mesma forma que o investidor que adquire uma opção de compra tem o **direito de comprar** a ação, sob determinadas condições, mas não a obrigação.

Para garantir esse direito de comprar uma ação, o investidor paga uma determinada quantia ao dono da ação (veremos esse mecanismo detalhadamente abaixo). Da mesma forma, a empresa, para garantir o direito de investir em um projeto, também gasta dinheiro com estudos, pesquisas e, às vezes, até comprando concessões governamentais, como vimos no Capítulo 1.

Para compreendermos bem as similaridades existentes nos dois processos e aplicarmos a teoria de opções das bolsas de valores no processo de valoração das opções existentes em projetos de investimento, vamos analisar as características das opções no mercado acionário.

8.2 PRINCÍPIOS DA TEORIA DAS OPÇÕES

8.2.1 Opções de Compra – CALL

Características das opções:

1. Uma opção de compra, também chamada pelo nome em inglês *call*, é um título que dá a seu possuidor (titular/*long*) **o direito, mas não a obrigação**, de comprar certa quantidade de um título ou ativo (*underlying security*), em um determinado preço (preço de exercício – *exercise price, strike price*), na (ou até a) data de exercício.

2. O emissor da opção (lançador, *short*) tem a **obrigação de vender** o título, se o comprador decidir exercer seu direito de comprar.

3. O comprador da opção, para adquirir esse título que lhe garante um direito, **paga ao vendedor** ou emissor o preço da opção ou prêmio (*call premium*).

Existem dois tipos principais de opções:

a) Opção europeia: o direito só pode ser exercido na data fixada, data de exercício ou de vencimento (*expiration day*);

b) Opção americana: o direito pode ser exercido em qualquer data até a data de exercício.

Base do mercado de opções: assimetria de expectativas

O mercado de opções só existe porque os investidores têm informações diferentes e expectativas de ganhos futuros diferentes.

Vamos supor que uma pessoa possua uma carteira com uma posição boa em determinada ação e esteja prevendo uma queda de preço desta ação nos próximos 60 dias. Por outro lado, outra pessoa acha que a mesma ação deve subir nos próximos 60 dias e não tem dinheiro suficiente para adquirir um lote significativo, de forma a aproveitar o lucro possível. Esse fenômeno é a base da negociação de opções e é chamado de **assimetria de expectativas**.

A segunda pessoa pode ir ao mercado e comprar um título que lhe dá o direito de comprar essa ação (opção de compra) pelo preço atual, no prazo de 60 dias. Para comprar este direito, essa pessoa pagará um valor muito menor (prêmio) do que o montante necessário para montar uma carteira com essas ações e, no caso da confirmação de sua expectativa, poderá lucrar comprando a ação pelo preço atual e vendendo pelo preço mais alto.

Por seu lado, a pessoa detentora da carteira atual pode vender essa opção de compra, recebendo antecipadamente um capital (o prêmio pago pelo comprador). Como espera que o preço da ação vá cair, garante uma **margem de resistência** para a queda do preço de sua ação. Enquanto a ação não cair abaixo do preço correspondente ao preço atual menos o prêmio recebido, ele não estará tendo prejuízo e não perderá as ações. O comprador da opção, evidentemente, só exercerá seu direito – e o vendedor terá que entregar as ações – se o preço destas subir e superar o preço atual mais o prêmio pago. Ou seja, mesmo se a expectativa do dono atual das ações de queda do preço não se confirmar, ele ainda garantirá um pequeno lucro correspondente ao prêmio recebido.

Valor de uma opção e lucro líquido do titular

Para analisar o valor intrínseco de uma opção de compra e calcular o lucro líquido do possuidor, vamos usar a seguinte simbologia:

S = preço corrente da ação

S_T = preço da ação na data do exercício da opção

E = preço de exercício (*strike price*)

L_C = lucro líquido da opção de compra na data de exercício

C = prêmio pago pelo comprador da opção no início da operação

Comparando o preço da ação com o preço de exercício, podemos definir três situações, segundo a linguagem do mercado:

1. $S > E$: a opção está "dentro do dinheiro" (*in-the-money*)
2. $S = E$: a opção está "no dinheiro" (*at-the-money*)
3. $S < E$: a opção está "fora do dinheiro" (*out-the-money*)

Para definirmos o valor intrínseco de uma opção, vamos analisar duas possibilidades:

- Situação 1: $S > E$: a opção será exercida e seu valor é $(S - E)$.
- Situação 2: $S \leq E$: a opção não será exercida (virará "pó") e seu valor é **0**.

Dessas duas situações, podemos concluir que o valor próprio da opção é:

Valor intrínseco da opção de compra = $\text{Max}\{S - E, 0\}$

Analisando a expressão acima, podemos ver que, quanto menor for o preço de exercício E, maior poderá ser o valor intrínseco da opção $(S - E)$ e, por isso, maior será o prêmio a ser pago.

Como C é o prêmio pago pela opção, podemos analisar o lucro líquido do titular de uma opção em função do preço da ação na data de exercício (S_T):

1. Para $0 \leq S_T \leq E$: opção não exercida lucro líquido: $L_C = -C$
2. Para $S_T \geq E$: opção exercida lucro líquido: $L_C = -C + (S_T - E)$

Exemplo

Vamos calcular o lucro da opção de compra de uma ação com preço de exercício de $ 20,00 e prêmio pago de $ 6,00. A Tabela 8.1 mostra os lucros líquidos da opção para o titular para vários preços da ação na data de exercício.

Tabela 8.1 Lucros líquidos do titular da opção

Preço da ação S_T	Prêmio pago pelo titular C	Preço pago pelo titular E	Lucro líquido da opção para o titular L_c
10,00	–6,00	0	–6,00
12,00	–6,00	0	–6,00
14,00	–6,00	0	–6,00
16,00	–6,00	0	–6,00
18,00	–6,00	0	–6,00
20,00	–6,00	0	–6,00
22,00	–6,00	20,00	–4,00
24,00	–6,00	20,00	–2,00
26,00	–6,00	20,00	0
28,00	–6,00	20,00	2,00
30,00	–6,00	20,00	4,00
32,00	–6,00	20,00	6,00
34,00	–6,00	20,00	8,00
36,00	–6,00	20,00	10,00

A Figura 8.1 mostra graficamente a evolução do lucro líquido. Podemos ver que, enquanto o preço da ação estiver abaixo do preço de exercício, o titular da opção não vai exercer seu direito e, assim, perderá o prêmio pago. A partir do preço da ação igual a (20 + 6), o lucro do titular torna-se positivo.

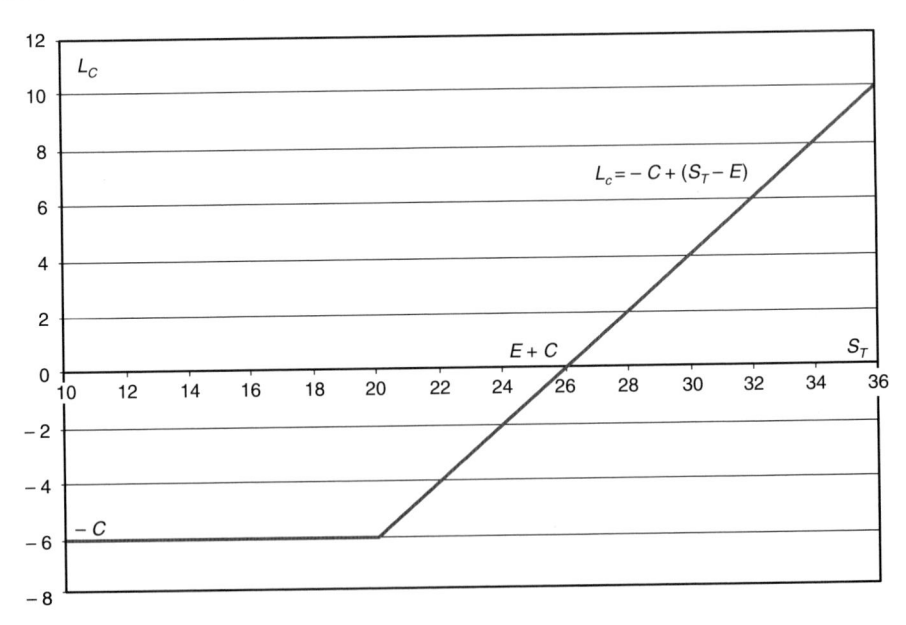

Figura 8.1 Evolução do lucro líquido do titular em função do preço da ação na data de exercício.

Logicamente, o lucro líquido do emissor de uma opção é o contrário do lucro do titular, conforme mostra a Figura 8.2.

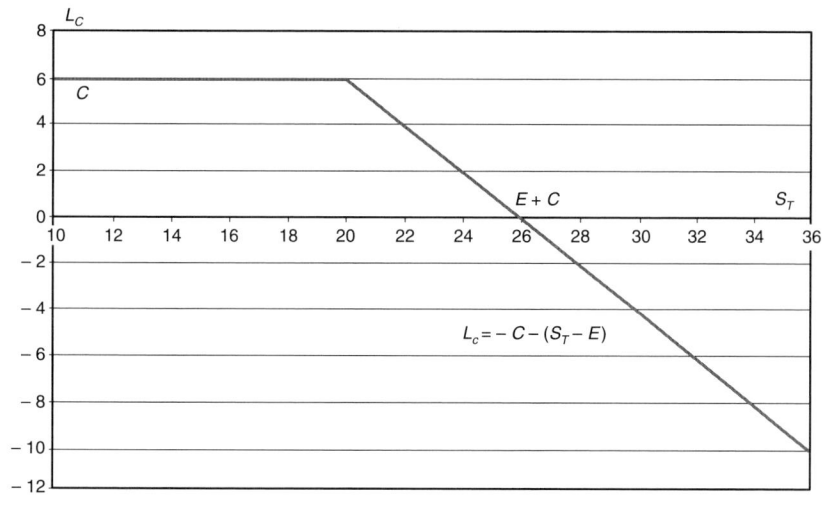

Figura 8.2 Evolução do lucro líquido do emissor da opção em função do preço da ação na data de exercício.

8.2.2 Opções de Venda (PUT)

Uma opção de venda é um título que dá a seu possuidor (titular/*long*) o **direito de vender** – mas não a obrigação – certa quantidade de um título ou ativo (*underlying security*), em um determinado preço (preço de exercício – *exercise price, strike price*), na (ou até a) data de exercício.

O emissor da opção de venda tem a **obrigação de comprar** o título, caso o titular resolva exercer seu direito de comprar.

Vamos chamar:

S = preço corrente da ação

S_T = preço da ação na data do exercício da opção

E = preço de exercício (*strike price*)

L_P = lucro líquido da opção de venda na data de exercício

P = prêmio pago pelo comprador da opção no início da operação

Comparando o preço da ação com o preço de exercício, podemos definir três situações, também na linguagem do mercado:

$E > S$: opção está "dentro do dinheiro" (*in-the-money*)

$E = S$: opção está "no dinheiro" (*at-the-money*)

$E < S$: opção está "fora do dinheiro" (*out-the-money*)

Valor de uma opção e lucro líquido do titular

De forma similar ao que fizemos para a opção de compra, vamos analisar duas possibilidades:

- Situação 1: $E > S$: a opção será exercida e seu valor é ($E - S$).
- Situação 2: $E \leq S$: a opção não será exercida (virará "pó") e seu valor é **0**.

Dessas duas situações, podemos concluir que o valor próprio da opção é:

Valor intrínseco da opção de venda = Max{$E - S$, 0}

Podemos analisar o lucro líquido do titular de uma opção em função do preço da ação na data de exercício:

1. Para $0 \leq S_T \leq E$: $\quad L_P = -P + (E - S_T)$ $\quad$ (opção exercida)
2. Para $S \geq E$: $\quad\quad L_P = -P$ $\quad\quad\quad\quad$ (opção não exercida)

Exemplo

Vamos supor uma opção de venda com preço de exercício $E = 50,00$ e prêmio $P = 5,00$. Do ponto de vista do titular da opção, o lucro líquido é mostrado na Tabela 8.2.

Tabela 8.2 Lucros líquidos do titular da opção

Preço da ação	Prêmio do titular	Valor recebido pelo titular	Lucro líquido da opção
0	–5,00	50,00	45,00
5,00	–5,00	50,00	40,00
10,00	–5,00	50,00	35,00
15,00	–5,00	50,00	30,00
20,00	–5,00	50,00	25,00
25,00	–5,00	50,00	20,00
30,00	–5,00	50,00	15,00
35,00	–5,00	50,00	10,00
40,00	–5,00	50,00	5,00
45,00	–5,00	50,00	0
50,00	–5,00	50,00	–5,00
55,00	–5,00	0	–5,00
60,00	–5,00	0	–5,00
65,00	–5,00	0	–5,00
70,00	–5,00	0	–5,00
75,00	–5,00	0	–5,00
80,00	–5,00	0	–5,00
85,00	–5,00	0	–5,00

A Figura 8.3 representa graficamente a evolução do lucro líquido.

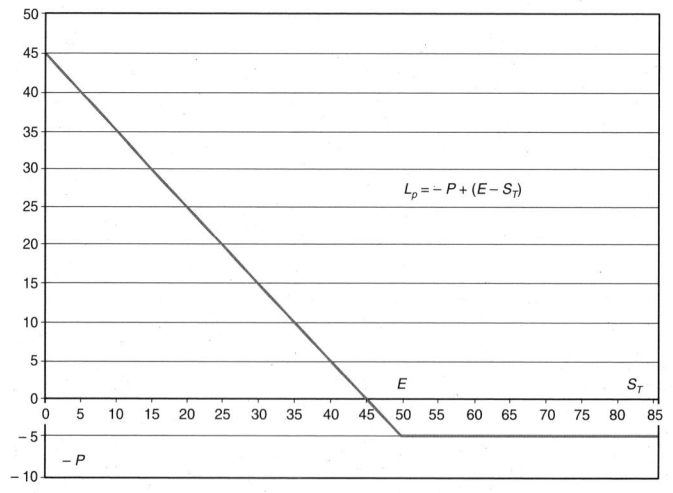

Figura 8.3 Lucros líquidos do titular da opção de venda em função do preço da ação na data de exercício.

Do ponto de vista do emissor, temos a evolução mostrada na Figura 8.4:

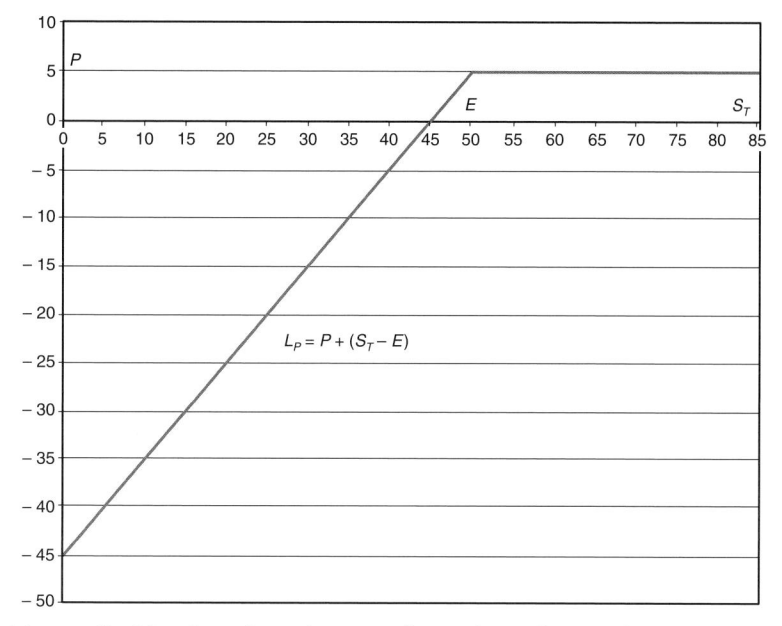

Figura 8.4 Lucros líquidos do emissor da opção de venda em função do preço da ação na data de exercício.

8.2.3 Análise da Variabilidade das Taxas de Retorno

Vamos comparar as variações das taxas de retorno de um capital aplicado em uma carteira de ações e o mesmo capital aplicado em contratos de opção de compra. Vamos supor que uma pessoa tenha R$ 30.000,00 e que possa aplicar em duas possibilidades mutuamente exclusivas:

1) Carteira de ações com preço atual de $ 60,00 por ação. Assim, poderá adquirir 500 ações.
2) Contratos de opção de compra:
   - Prêmio pago por ação: $ 5,00
   - Carteira total de opções: seis contratos com 1.000 ações cada.

A Tabela 8.3 mostra a evolução do valor da carteira da ação. Considerando que ele tenha comprado as 500 ações por $ 60,00, as colunas 2, 3 e 4 mostram respectivamente o capital total para diversos preços da ação, o ganho ou perda e a taxa de retorno da aplicação. Também calculamos o retorno médio, igual a 6,7%, e o desvio padrão, igual a 26%.

Tabela 8.3 Capital e taxa de retorno da carteira de ações

Preço da ação na data de exercício	Valor do capital	Ganho ou perda	Taxa de retorno
40,00	20.000,00	−10.000,00	−33%
45,00	22.500,00	−7.500,00	−25%
50,00	25.000,00	−5.000,00	−17%
55,00	27.500,00	−2.500,00	−8%
60,00	30.000,00	0	0%

Continua

Continuação

Preço da ação na data de exercício	Valor do capital	Ganho ou perda	Taxa de retorno
65,00	32.500,00	2.500,00	8%
70,00	35.000,00	5.000,00	17%
75,00	37.500,00	7.500,00	25%
80,00	40.000,00	10.000,00	33%
85,00	42.500,00	12.500,00	42%
90,00	45.000,00	15.000,00	50%
95,00	47.500,00	17.500,00	58%
100,00	50.000,00	20.000,00	67%
		Média	16,7%
		Desvio padrão	32%

Evidentemente, o ponto de equilíbrio da carteira ocorre no preço de $ 60,00 por ação.

No caso de o investidor utilizar o capital de $ 30.000,00 para comprar seis contratos de opções, pagando o prêmio de $ 5,00 por ação, teremos os resultados mostrados na Tabela 8.4. Como ele somente exercerá as opções caso o preço de mercado S_T seja superior ao preço de exercício ($ 60,00), teremos os lucros unitários por ação mostrados na terceira coluna da tabela. Como ele adquiriu seis contratos de 1.000 ações cada (6.000 ações), temos o ganho ou perda da coluna 4, resultando em uma taxa de retorno do investimento mostrada na última coluna.

Tabela 8.4 Capital e taxa de retorno da carteira de opções

Preço da ação na data de exercício	Prêmio pago pelo titular por ação	Lucro da opção por ação	Ganho ou perda	Taxa de retorno
40,00	–5,00	–5,00	–30.000,00	–100%
45,00	–5,00	–5,00	–30.000,00	–100%
50,00	–5,00	–5,00	–30.000,00	–100%
55,00	–5,00	–5,00	–30.000,00	–100%
60,00	–5,00	–5,00	–30.000,00	–100%
65,00	–5,00	0,00	0	0%
70,00	–5,00	5,00	30.000,00	100%
75,00	–5,00	10,00	60.000,00	200%
80,00	–5,00	15,00	90.000,00	300%
85,00	–5,00	20,00	120.000,00	400%
90,00	–5,00	25,00	150.000,00	500%
95,00	–5,00	30,00	180.000,00	600%
100,00	–5,00	35,00	210.000,00	700%
Média				177%
Desvio padrão				295%

Comparando os resultados das Tabelas 8.3 e 8.4, podemos verificar:

1. A carteira de ações apresenta taxas de retorno variando entre 33% e 67%, com média de 16,7% e desvio padrão de 32%;

2. O ponto de equilíbrio da carteira de ações ocorre no preço $ 60,00 por ação;

3. A carteira de opções tem taxas de retorno variando de 100% (opção não exercida) a 700%, correspondendo ao maior valor previsto para valoração das ações no período considerado. A taxa de retorno média é 177%, com desvio padrão de 295%;

4. O ponto de equilíbrio da carteira de opções ocorre para o preço de $ 65,00 por ação.

Dessas constatações, podemos concluir que a carteira de opções apresenta uma volatilidade muito mais elevada do que a carteira das ações correspondentes.

8.3 ENGENHARIA FINANCEIRA PARA REDUZIR O RISCO

8.3.1 Aplicações em Carteira de Ações

O uso das opções nos permite montar estratégias de defesa de forma a modificar o perfil de risco de uma carteira de ativos. Dependendo de nossa expectativa quanto à evolução futura do preço das ações de nossa carteira, podemos utilizar as opções de compra ou de venda. Vamos ilustrar com alguns exemplos.

Estratégia defensiva 1 Temos uma carteira de determinada ação que tem hoje o preço unitário de $ 50,00 e nossa expectativa é de queda no preço da ação. Podemos montar uma estratégia defensiva comprando opções de venda no valor de exercício de $ 50,00. Se o preço da ação realmente cair, garantiremos nosso patrimônio exercendo a opção. Se o preço subir, a opção não será exercida, mas lucraremos com a valorização das ações.

Estratégia defensiva 2 Outra forma de proteger nosso patrimônio seria vender a ação por $ 50,00 hoje e adquirir imediatamente uma opção de compra com preço de exercício de $ 50,00. Com isso, garantimos o valor de $ 50,00 por ação em nossa conta bancária e não teremos prejuízo, caso a expectativa de queda se confirme. Caso a ação venha a subir, exerceremos a opção e ganharemos um lucro adicional propiciado pela opção, a menos do que o valor pago pela própria opção.

No entanto, se uma carteira de ações tem alta liquidez e podemos vender e comprar as ações facilmente, outras formas de patrimônio não apresentam essa característica, por exemplo, nossa moradia ou uma fábrica de uma empresa. Mas podemos realizar algumas combinações de opções que dão o mesmo resultado de uma opção de compra quanto ao potencial de proteção de valor.

Exemplo

Vamos analisar o exemplo acima de estratégia defensiva, em que combinamos a posse de uma carteira de determinada ação com a compra de opções de venda no preço de exercício de $ 50,00. Considerando que pagamos um prêmio de $ 5,00 por opção, as opções têm um valor intrínseco de **Max{$E - S$, 0}**, conforme mostra a coluna 2 da Tabela 8.5. O lucro da opção é o valor intrínseco menos o valor do prêmio pago. Somando o lucro da opção com o preço de mercado da ação na data de exercício, temos o resultado da coluna 5.

Observe, na coluna 5, que protegemos bem o nosso patrimônio com essa estratégia. Caso o preço da ação caia abaixo de $ 50,00, exercemos a opção de venda e mantemos o valor do patrimônio constante em $ 45,00. Como o ponto de equilíbrio é $ 55,00, acima deste valor não mais exerceremos a opção e o nosso patrimônio acompanha o valor da ação, a menos do que o prêmio pago.

Tabela 8.5 Resultados da combinação de uma carteira de ações com opções de venda

Preço da ação (1)	Prêmio pago pela opção (2)	Valor intrínseco da opção (3)	Lucro da opção (4)	Patrimônio ação + opção de venda (5)	Preço de exercício (6)	Resultado líquido (7)
0	−5,00	50,00	45,00	45,00	50,00	−5,00
5,00	−5,00	45,00	40,00	45,00	50,00	−5,00
10,00	−5,00	40,00	35,00	45,00	50,00	−5,00
15,00	−5,00	35,00	30,00	45,00	50,00	−5,00
20,00	−5,00	30,00	25,00	45,00	50,00	−5,00
25,00	−5,00	25,00	20,00	45,00	50,00	−5,00
30,00	−5,00	20,00	15,00	45,00	50,00	−5,00
35,00	−5,00	15,00	10,00	45,00	50,00	−5,00
40,00	−5,00	10,00	5,00	45,00	50,00	−5,00
45,00	−5,00	5,00	0	45,00	50,00	−5,00
50,00	−5,00	0	−5,00	45,00	50,00	−5,00
55,00	−5,00	0	−5,00	50,00	50,00	0
60,00	−5,00	0	−5,00	55,00	50,00	5,00
65,00	−5,00	0	−5,00	60,00	50,00	10,00
70,00	−5,00	0	−5,00	65,00	50,00	15,00
75,00	−5,00	0	−5,00	70,00	50,00	20,00
80,00	−5,00	0	−5,00	75,00	50,00	25,00
85,00	−5,00	0	−5,00	80,00	50,00	30,00

Se olharmos apenas o lucro líquido do titular com a opção de venda (coluna 4), veremos que é exatamente igual ao apresentado na Figura 8.3, conforme reproduzimos abaixo, na Figura 8.5.

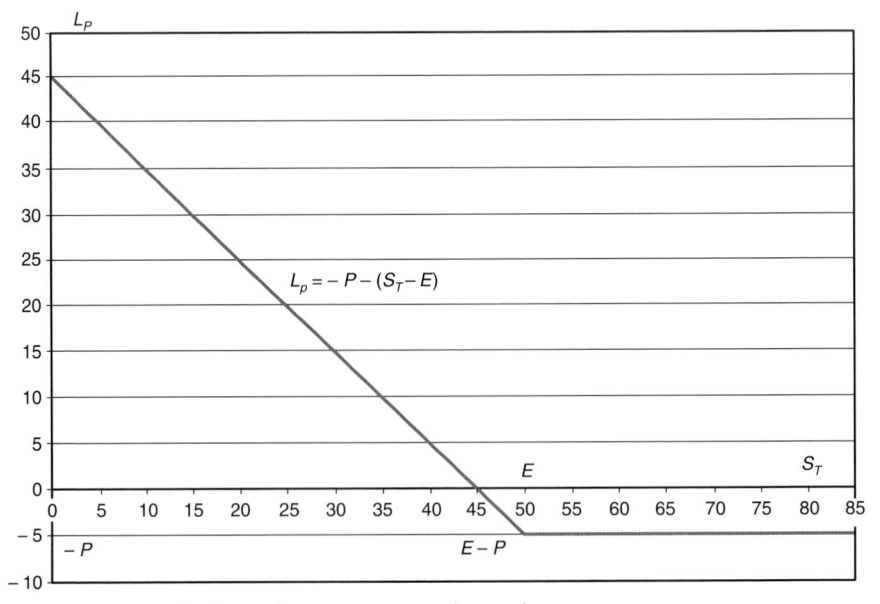

Figura 8.5 Lucro líquido do titular com a opção de venda.

No entanto, quando combinamos a posse da ação com a opção de venda, temos o movimento mostrado na Figura 8.6, em que a queda no lucro da opção para preços inferiores ao preço de exercício (**E**) é compensada pela valorização da ação.

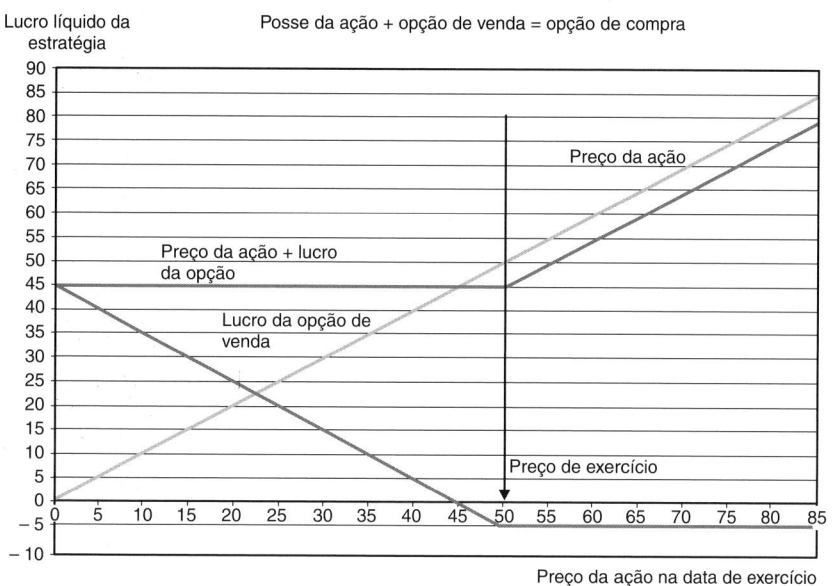

Figura 8.6 Combinação da evolução do preço da ação com o lucro líquido da opção de venda.

Se compararmos o valor do patrimônio com o preço de exercício da ação, temos o resultado líquido mostrado na coluna 7. Observe que o resultado final é igual à posse de uma opção de compra com o mesmo preço de exercício.

A Figura 8.7 mostra que o resultado obtido com essa estratégia é exatamente igual ao lucro líquido de uma opção de compra.

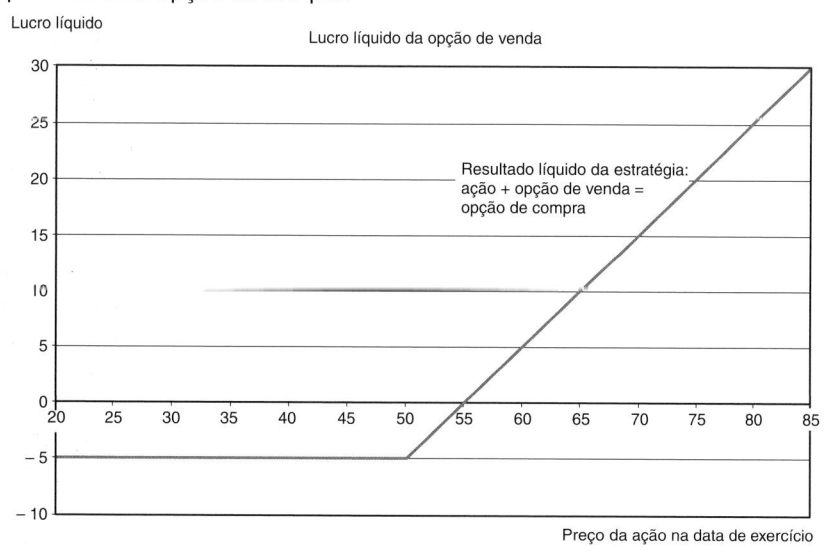

Figura 8.7 Resultado da estratégia – opção de compra.

Analisando as Figuras 8.5, 8.6 e 8.7, podemos concluir que existe uma relação entre os resultados das opções de venda e de compra, conforme a equação abaixo:

$$S_T + L_P - E = L_C$$

Essa relação é chamada **paridade venda-compra** (*put-call parity*), que poderá ser utilizada quando quisermos calcular o valor de uma opção de venda.

8.3.2 Aplicações em Riscos Empresariais

Como as empresas e projetos estão sempre sujeitos a riscos e incertezas (ver Capítulo 6), os administradores procuram sempre alguma forma de proteção, conhecida no mercado por *hedge*. Em muitos casos, a proteção é obtida por contratos de seguros. Por exemplo, todas as empresas com plantas industriais importantes têm apólices de seguros que protegem contra acidentes. A plataforma da Petrobras que se incendiou e foi a pique recentemente tinha uma apólice que reembolsou a empresa de seu custo.

No entanto, existem outros riscos que devem ser cobertos de outra forma. Como exemplo, vamos analisar o caso de uma empresa exportadora de óleo de soja que firmou um grande contrato com clientes do exterior a preço fixo para entrega futura. Além de todos os riscos normais da atividade empresarial, essa empresa está correndo dois grandes riscos com esse contrato. Primeiro, a soja é uma *commodity* cujo preço é bastante volátil no mercado. Se o preço sobe, a margem de lucro da exportadora pode desaparecer. Segundo, o cliente irá pagar em moeda estrangeira, que deverá ser convertida para moeda nacional para a empresa efetuar seus pagamentos; aqui temos o risco cambial.

Felizmente, o mercado de capitais apresenta um conjunto grande de instrumentos, chamados derivativos, que são utilizados para fazer o *hedge*: contratos a termo, contratos futuros, opções, *swaps* e outros (consulte o site www.bovespa.com.br para verificar a lista dos derivativos disponíveis no Brasil).

Não vamos nos aprofundar nos derivativos, mas vamos discutir como a empresa pode utilizar as opções para evitar o risco de arcar com preços elevados na compra da soja. A empresa pode adquirir opções de compra de soja com o preço de exercício igual ao preço utilizado em sua planilha de custos, que foi a base do preço contratado para o óleo de soja. Com isso, ela fixa um teto para o preço que quer pagar. Se o preço da soja subir além do preço de exercício, a empresa exerce a opção; caso contrário, deixa a opção expirar e compra a soja no mercado.

Outra utilização interessante de opções para reduzir o risco empresarial ocorre quando a empresa decide recomprar suas próprias ações na bolsa. Essa decisão é muito comum nas empresas quando estas estão muito capitalizadas, e suas ações, devido a conjunturas de mercado, passam a ter cotações de bolsa inferiores ao seu valor patrimonial. Assim, em vez de a empresa comprar diretamente as ações, desviando dinheiro de outros projetos, ela adquire duas opções com mesmo preço de exercício (que ela se dispõe a pagar) e mesma data de expiração: uma opção de compra e outra de venda. Se, na data de vencimento, a cotação estiver superior ao preço de exercício (*in-the-money*), a empresa exerce a opção de compra e recebe as ações. Caso contrário, se a cotação estiver inferior ao preço de exercício, o titular da opção de venda vai exercer seu direito e a empresa também deve adquirir as ações.

Na seção **Exercícios Resolvidos**, apresentamos vários exemplos de estratégias defensivas que podem ser utilizadas.

8.4 VALOR DE UMA OPÇÃO ANTES DA DATA DE EXERCÍCIO

Já vimos que, na data de exercício, o valor de uma opção de compra depende somente de dois fatores: o preço de mercado da ação origem S_T e o preço de exercício E. Se $S_T > E$, o valor da opção será $(S_T - E)$ e, caso contrário, o valor da opção será igual a 0.

A questão que se coloca é como determinar o preço da opção de compra **antes** da data de exercício, para que as negociações possam ser feitas. Nesse caso, se introduzimos a variável

tempo no processo de decisão, devemos levar em conta dois fatores muito importantes: o risco associado e o valor temporal do dinheiro. Inicialmente, vamos estabelecer os limites máximo e mínimo para os valores da opção.

Valor máximo

O valor máximo de uma opção de compra, evidentemente, é o preço da ação origem S. O desembolso de uma pessoa para comprar uma determinada ação é o prêmio pago C mais o preço de exercício da ação E. É lógico que ninguém vai comprar uma ação por meio de uma opção se o desembolso $C + E$ for maior do que o preço corrente da ação S. Logo, mesmo que o preço de exercício seja **0**, o valor da opção não pode ser maior do que S.

Valor mínimo

O valor mínimo da opção, antes da data de exercício, é igual ao seu valor intrínseco, caso ela seja exercida imediatamente: **Max{$S - E$, 0}**. Vamos entender isso, analisando os seguintes casos:

a) Vamos supor que a ação esteja *out-the-money*, ou seja, $S < E$. Logo, **Max{$S - E$, 0} = 0**. Nesse caso, C deve ser maior ou igual a **0**, porque o preço de uma opção não pode ser negativo.

b) Vamos supor que a ação esteja *in-the-money*, ou seja, $S > E$. O custo de compra da ação por meio da opção será $C + E$, que será comparado com o preço real da própria ação S. Ninguém comprará a ação diretamente se seu preço S for maior do que $C + E$, ou, $C + E < S$ ou $C < S - E$.

Colocando essas duas condições juntas, podemos concluir que o valor mínimo de uma opção é dado por: $C \geq$ **Max{$S - E$, 0}**.

Com isso, determinamos os limites para o valor de uma opção de compra:

$$\text{Max}\{S - E,\, 0\} \leq C \leq S$$

A Figura 8.8 mostra esses dois limites.

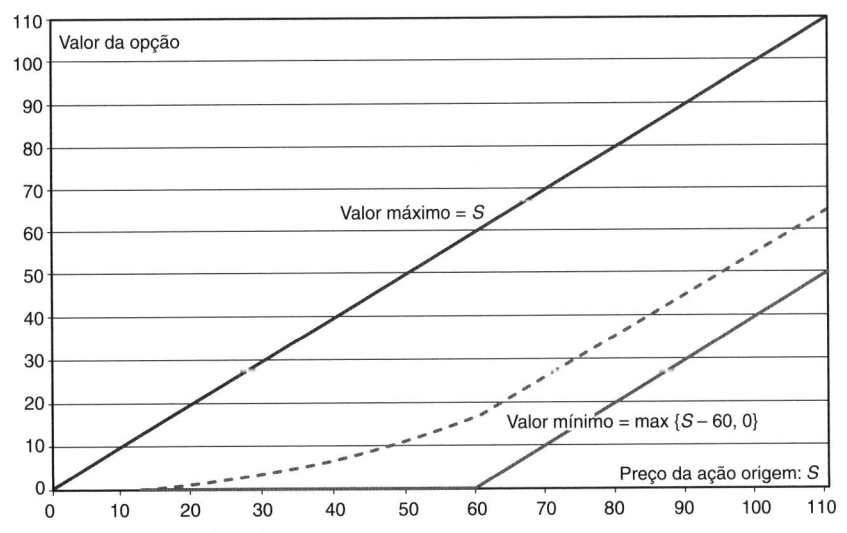

Figura 8.8 Limites para o valor da opção.

O valor real da opção, entre esses dois limites, depende das seguintes variáveis:

- Risco da ação origem da opção (volatilidade do preço);
- Preço de exercício;
- Tempo restante até a data de exercício;
- Taxa de juro de mercado.

8.4.1 Efeito da Volatilidade (Risco) da Ação de Origem da Opção

A volatilidade do preço da ação é o fator mais importante para a determinação de seu valor. Quando as pessoas adquirem opções de compra de uma ação, estão, na verdade, comprando a possibilidade de a ação se valorizar e resultar em lucro expressivo para o titular por meio do exercício da opção.

No entanto, os perfis de risco da ação e de sua opção de compra são diferentes. Quem compra uma ação assume todo o risco de variação de seu preço, para cima ou para baixo. Porém, o titular de uma opção lucra com as variações positivas, mas não assume as variações negativas, porque tem o poder de não exercer a opção. Assim, quanto maior a volatilidade de uma ação, maior o valor da opção.

Vamos demonstrar isso por meio de um exemplo.

Exemplo

Vamos analisar duas ações A e B com volatilidades diferentes.

Ação A (baixa volatilidade):

Preço atual (= preço de exercício): $ 50,00

Preço máximo esperado na data de exercício: $ 60,00

Preço mínimo esperado na data de exercício: $ 45,00

Ação B (alta volatilidade):

Preço atual (= preço de exercício): $ 50,00

Preço máximo esperado na data de exercício: $ 65,00

Preço mínimo esperado na data de exercício: $ 40,00

Analisando, podemos calcular os valores das opções na data de exercício:

Ação A: baixa volatilidade

Preço inicial da ação	Preço da ação na data de exercício S_T	Ganho ou perda da ação	Valor da opção na data de exercício $CT = Max\{ST - E, 0\}$
50,00	60,00	10,00	10,00
	45,00	−5,00	0,00
Média (valor esperado)	52,50	2,50	5,00
Desvio em relação à média	7,50		

Ação B: alta volatilidade

Preço inicial da ação	Preço da ação na data de exercício S_T	Ganho ou perda da ação	Valor da opção na data de exercício $CT = Max\{ST - E, 0\}$
50,00	65,00	15,00	15,00
	40,00	−10,00	0,00
Média (valor esperado)	52,50	2,50	7,50
Desvio em relação à média	12,50		

Observe que as ações A e B apresentam os mesmos valores médios para os ganhos e para os preços na data de exercício. No entanto, a ação B apresenta um desvio em relação à média maior do que o da ação *A*. Isso significa que a ação *B* oferece uma possibilidade de ganho maior na data de exercício ao detentor da opção ($ 15,00 *versus* $ 10,00), sem perda maior no caso de a opção expirar *out-the-money*, já que ambos os valores seriam 0. Por isso, a volatilidade maior da ação *B* aumenta o valor de sua opção.

8.4.2 Efeito do Preço de Exercício

A diferença entre o preço da ação *S* e o preço de exercício *E*, (*S – E*), corresponde ao dinheiro economizado quando uma pessoa adquire uma opção de compra em vez de comprar a ação diretamente, quando o preço da ação é superior ao preço de exercício (*in-the-money*). Por essa razão, quanto mais baixo for o preço de exercício, mais valiosa será a opção.

8.4.3 Efeito do Intervalo de Tempo até a Data de Exercício

O intervalo de tempo até a data de exercício também é um fator importante na fixação do valor da opção. Quanto maior for o prazo até a data de exercício, mais valiosa será a opção, porque o titular tem mais oportunidade de ganhar com a volatilidade da ação.

Exemplo

Vamos considerar a ação com baixa volatilidade do exemplo anterior e vamos supor que temos dois períodos de tempo até o vencimento da opção. Vamos considerar também que as variações possíveis são as mesmas nos dois períodos.

Ação *A*: baixa volatilidade

Preço inicial da ação	Variação esperada no período 1	Variação esperada no período 2	Variação esperada total	Preço da ação na data de exercício S_T	Valor da opção na data de exercício $CT = \text{Max}\{S_T - E, 0\}$
		10,00	20,00	70,00	20,00
	10,00	–5,00	5,00	55,00	5,00
50,00		10,00	5,00	55,00	5,00
	–5,00	–5,00	–10,00	40,00	0,00
Média (valor esperado)		2,50	5,00	55,00	7,50

Podemos observar que o valor máximo que a ação pode atingir é superior, nesse caso, em relação à análise para um só período ($ 20,00 *versus* $ 10,00). O valor inferior também é menor do que o anterior ($ 40,00 *versus* $ 45,00). Ou seja, analisando dois períodos, percebemos que o intervalo de variação dos preços da ação aumenta, mas o investidor na opção baseada nessa ação não sofre um prejuízo maior, porque a opção não será exercida em nenhuma das duas hipóteses de preço mínimo. A volatilidade ampliada pelos dois períodos beneficia o titular da opção porque cria mais oportunidades de ganho. Observe que a média dos valores da opção para os quatro casos analisados neste exemplo aumentou para $ 7,50, enquanto, no exemplo anterior, era de $ 5,00.

8.4.4 Taxa de Juro de Mercado

A taxa de juro praticada pelo mercado também afeta o preço da opção, porque o titular da opção adquire um direito pagando inicialmente apenas o prêmio e, com isso, podendo aplicar seu dinheiro no mercado. Essa influência ficará mais clara quando analisarmos os modelos de precificação de uma opção.

8.5 MODELO DE PRECIFICAÇÃO DE OPÇÃO

Para calcularmos o preço de uma opção, vamos imaginar duas estratégias possíveis e seme-lhantes que uma pessoa pode seguir para adquirir uma ação:

1. Adquirir uma opção de compra da ação;
2. Contrair um financiamento bancário e comprar a ação diretamente.

Observe que, em ambos os casos, estamos comprando um patrimônio sem desembolsar o valor integral inicialmente. É claro que o valor final do patrimônio líquido tem que ser o mesmo nas duas estratégias; caso contrário, estaríamos construindo uma máquina de fazer dinheiro. Vamos desenvolver o raciocínio por meio de um exemplo.

Exemplo

Sejam os seguintes dados de uma ação e do financiamento bancário:

- Preço de exercício da ação: R$ 50,00
- Preço máximo previsto na data de exercício: R$ 65,00
- Preço mínimo previsto na data de exercício: R$ 40,00
- Intervalo de tempo até a data de exercício: 38 dias
- Taxa anual de juro: 8%.

Além desses dados, vamos definir:

n = quantidade de ações que vamos adquirir

D_T = valor do débito bancário para a compra das ações na data de exercício.

Vamos analisar os valores produzidos pelas duas estratégias na data de exercício, consi-derando as duas hipóteses de preço final da ação:

	Preço da ação na data de exercício S_T	Valor do patrimônio total em ações na data de exercício	Valor do patrimônio líquido em ações na data de exercício	Valor do patrimônio em opções na data de exercício $C_T = Max\{S_T - E, 0\}$
Hipótese Pessimista	40,00	$n \cdot 40$	$n \cdot 40 - D_T$	0,00
Hipótese Otimista	65,00	$n \cdot 65$	$n \cdot 65 - D_T$	15,00

Conforme dissemos acima, os valores dos patrimônios líquidos na data de exercício têm que ser iguais

$$\begin{cases} n \cdot 40 - D_T = 0 \\ n \cdot 65 - D_T = 15 \end{cases}$$

Resolvendo o sistema, encontramos a composição da carteira de ações e o valor do débito que teremos que contrair:

$n = 0,6$

$D_T = 24,00$

Assim, para cada opção que adquirirmos, a carteira de ações correspondente é de 0,6 ação, com o financiamento de $ 24,00 na data de exercício.

Na tabela abaixo podemos confirmar que os resultados das duas estratégias na data de exercício são exatamente iguais.

Preço da ação S_T	Valor da carteira de ações $0,6 \times S_T$	Valor do débito D_T	Valor do patrimônio líquido em ações $0,6 \times S_T - D_T$	Valor do patrimônio em opções
40,00	24,00	24,00	0	0
65,00	39,00	24,00	15,00	15,00

Se as duas estratégias de patrimônio têm o mesmo valor na data de exercício, também têm que ter o mesmo valor na data atual. Supondo que o preço atual da ação é também $ 50,00, podemos calcular o valor da opção como o valor atual do patrimônio líquido. Assim:

a) Valor atual da carteira de ações, correspondente a uma opção:

$$n \cdot S_0 = 0,6 \times 50 = 30$$

b) Valor atual do débito bancário, com a taxa de 8% ao ano:

$$\frac{24}{(\sqrt[365]{1 + 0,08})^{38}} = 23,81$$

c) Valor atual do patrimônio líquido em ações com financiamento:

$$n \cdot S_0 - D_0 = 30 - 23,81 = 6,19$$

Se o valor do patrimônio líquido alavancado com o financiamento é igual a $ 6,19, a opção também terá esse valor. No entanto, se um dos ativos tiver um preço maior do que outro, haverá a possibilidade de se fazer arbitragem, ou seja, compra-se o ativo mais barato (ação ou opção) e vende-se o mais caro. É claro que rapidamente os preços se equilibrarão.

Observe que o preço da opção depende do custo do dinheiro (taxa de juro) e do prazo até a data de exercício. Quanto maior o custo do dinheiro e o prazo, maior o preço da opção. A tabela abaixo mostra alguns resultados para variações na taxa de juro:

Caso	Taxa de juro	Prazo até exercício	Preço da opção
1	8%	38	6,19
2	10%	38	6,24
3	12%	38	6,28
4	14%	38	6,33
5	16%	38	6,37

8.6 MODELO BINOMIAL DE PRECIFICAÇÃO DE OPÇÕES

Generalizando o exemplo acima, podemos construir um modelo para precificação das opções, baseado em duas hipóteses para o valor da ação na data de exercício.

Simbologia:

E: preço de exercício da ação

$S_T{}^S$: preço superior da ação na data de exercício

$S_T{}^I$: preço inferior da ação na data de exercício

$C_T{}^S$: valor da opção correspondente ao preço superior da ação na data de exercício

$C_T{}^I$: valor da opção correspondente ao preço inferior da ação na data de exercício

D_T: valor da dívida contraída para comprar a ação na data de exercício

n: quantidade de ações na carteira com financiamento

Assim, temos, na data de exercício:

Valores do portfólio alavancado:

Valor superior: $n \cdot S_T{}^S - D_T$

Valor inferior: $n \cdot S_T{}^I - D_T$

Valores da opção:

Valor superior: $C_T{}^S = S_T{}^S - E$

Valor inferior: $C_T{}^I = S_T{}^I - E$

Como os dois patrimônios líquidos têm o mesmo valor, temos:

Valor superior: $n \cdot S_T{}^S - D_T = C_T{}^S$ **(1)**

Valor inferior: $n \cdot S_T{}^I - D_T = C_T{}^I$ **(2)**

Da equação (2), podemos calcular: $D_T = n \cdot S_T{}^I - C_T{}^I$

Substituindo em (1), temos: $n \cdot S_T{}^S - n \cdot S_T{}^I = C_T{}^S - C_T{}^I$

Em que:

$$n = \frac{C_T^S - C_T^I}{S_T^S - S_T^I}$$

Na data atual, o valor do patrimônio líquido é:

$$n \cdot S_0 - \frac{D_T}{(1 + r_f)^t} = C_0$$

Substituindo as expressões de D_T e n:

$$C_0 = S_0 \times \left(\frac{C_T^S - C_T^I}{S_T^S - S_T^I} \right) - \left[\left(\frac{C_T^S - C_T^I}{S_T^S - S_T^I} \right) \times S_T^I - C_T^I \right] \times \frac{1}{(1 + r_f)^t}$$

Renomeando o valor n e substituindo, encontramos:

$$\eta_1 = \frac{C_T^S - C_T^I}{S_T^S - S_T^I}$$

$$C_0 = S_0 \cdot \eta_1 - [\eta_1 \cdot S_T^I - C_T^I] \cdot \frac{1}{(1 + r_f)^t}$$

Se multiplicarmos e dividirmos o segundo termo do lado direito da equação por E, teremos:

$$C_0 = S_0 \cdot \eta_1 - \left[\frac{\eta_1 \cdot S_T^I - C_T^I}{E} \right] \cdot \frac{E}{(1 + r_f)^t}$$

Chamando:

$$\eta_2 = \frac{\eta_1 \cdot S_T^I - C_T^I}{E}$$

$$VP(E) = \frac{E}{(1 + r_f)^t}$$

temos a fórmula do modelo binomial de precificação de opções:

$$C_0 = \eta_1 S_0 - \eta_2 \cdot PV(E)$$

Exemplo

Vamos utilizar o modelo binomial de precificação para calcular o preço da opção para a ação do exemplo anterior. Sejam os seguintes dados:

- Preço de exercício da ação: E = 50,00
- Preço atual de exercício da ação: E = 50,00
- Preço superior da ação na data de exercício: S_T^s = 65,00
- Preço inferior da ação na data de exercício: S_T^I = 40,00
- Valor da opção correspondente ao preço superior da ação na data de exercício: C_T^s = 15,00
- Valor da opção correspondente ao preço inferior da ação na data de exercício: C_T^I = 0
- Taxa de juro: r_f = 8% ao ano
- Prazo até a data de exercício: 38 dias.

Calculando os elementos do modelo:

a)

$$\eta_1 = \frac{15 - 0}{65 - 40} = 0,6$$

b)

$$\eta_2 = \frac{0,6 \times 40 - 0}{50} = 0,48$$

c)

$$VP(E) = \frac{50}{(1 + 0,08)^{38/365}} = 49,60$$

Calculando, temos:

$$C_0 = \eta_1 \cdot S_0 - \eta_2 \cdot PV(E) = 0,6 \times 50 - 0,48 \times 49,6 = 6,19$$

Exemplo

Vamos utilizar o modelo binomial de precificação para fazer algumas simulações sobre os preços das opções ofertadas na Bovespa. O jornal *Valor Econômico* de 04/07/2011 trouxe as seguintes informações sobre as opções de compra, negociadas com ações Petrobras PN no dia 01/07/2011:

- Código: PETRH20 – Preço de exercício: R$ 20,00
- Vencimento: agosto/2011
- Preço médio de negociação: 4,07
- 204 negócios realizados com 405.600 opções
- Preço médio da ação no pregão de 01/07/2011 = R$ 23,75

Como o jornal não traz informações sob as expectativas dos investidores sobre preços máximos e mínimos e ganhos da opção, podemos fazer algumas simulações com a planilha de MS-Excel que acompanha este capítulo.

Vamos supor que as expectativas sejam:

Preço médio da ação no dia: $S_0 = 23,75$

Preço de exercício: $E = 20,00$

Preço mínimo esperado, igual ao preço de exercício: $S_T^l = R\$ 20,00$

Ganho mínimo esperado com a opção: $C_T^s = 4,10$

Ganho esperado no caso do preço mínimo $C_T^l = 0$

Custo do dinheiro: $r_f = 12,25\%$ ao ano, correspondente ao CDI médio do dia

Prazo até a data de exercício = 45 dias.

Com esses dados, vamos realizar uma simulação para a cotação máxima que se pode esperar para a data de exercício da opção. Com isso, poderemos ter uma ideia de se a opção está sendo valorizada adequadamente.

Para a realização da simulação, vamos transformar a equação do modelo binomial da seguinte forma:

$$C_0 = \eta_1 \cdot S_0 - \left(\frac{\eta_1 \cdot S_T^l - C_T^l}{E} \right) \cdot PV(E)$$

$$C_0 = \eta_1 \cdot S_0 - \frac{\eta_1 \cdot S_T^l \cdot PV(E)}{E} - \frac{C_T^l \cdot PV(E)}{E}$$

Resolvendo para η_1, temos:

$$\eta_1 = \frac{C_0 \cdot E + C_T^l \cdot PV(E)}{(S_0 - S_T^l) \cdot PV(E)}$$

Como temos:

$$\eta_1 = \frac{C_T^s - C_T^l}{S_T^s - S_T^l}$$

podemos deduzir:

$$S_T^s = \frac{C_T^s - C_T^l}{\eta_1} + S_T^l$$

Substituindo, temos:

$$\eta_1 = \frac{4,07 \times 20 + 0 \times 19,72}{(23,75 - 20) \times 19,72} = 1,1007$$

Em que:

$$S_T^S = \frac{4,1-0}{1,1007} + 20 = 23,72$$

Se os investidores estivessem utilizando o modelo binomial para precificar suas opções, poderíamos afirmar que estão muito otimistas, porque a cotação máxima esperada para a ação seria de R$ 23,72.

8.7 MODELO BLACK-SCHOLES

O modelo binomial anterior apresenta uma solução aproximada simples para a precificação de uma opção, mas a realidade é bem mais complexa, porque o valor da ação muda continuamente ao longo do tempo e, consequentemente, o valor da opção também. O modelo mais utilizado atualmente para a precificação de uma opção foi desenvolvido por Fischer Black e Myron Scholes, e é formado pela seguinte equação:

$$C_0 = S_0 \times N(d_1) - VP(E) \times N(d_2)$$

Temos os seguintes termos:

1) S_0 = valor atual da ação

2) $VP(E)$ = valor presente do preço de exercício E com $VP(E) = \dfrac{E}{e^{r \cdot t}}$, em que r = taxa de retorno sem risco, capitalizada continuamente durante t períodos

3) $N(d)$ = probabilidade de que a variável Z seja menor ou igual a d, segundo a distribuição normal (distribuição acumulada de probabilidade)

4) $d_1 = \dfrac{\ln[S_0/VP(E)]}{\sigma \cdot \sqrt{t}} + (\sigma \cdot \sqrt{t})/2$

5) $d_2 = d_1 - \sigma \cdot \sqrt{t}$

6) σ = desvio padrão por período da taxa de retorno da ação com capitalização contínua

Exemplo

Uma opção de compra para ações de uma siderúrgica tem preço de exercício de R$ 30,00, com data de vencimento para 30 dias. O preço de mercado dessa ação no pregão de hoje é de R$ 32,35. Considerando que o desvio padrão da taxa de retorno das opções com capitalização contínua pode ser estimado em 0,38, e que a taxa de juro sem risco é de 12,25%, qual é o valor da opção?

Cálculo dos parâmetros do modelo Black-Scholes:

Valor presente do preço de exercício E = 30:

$$VP(E) = \frac{30}{e^{0,1225 \times (30/365)}} = 29,70$$

Cálculo de d_1:

$$d_1 = \frac{\ln[32,35/29,70]}{0,38 \cdot \sqrt{30/365}} + (0,38 \cdot \sqrt{30/365})/2 = 0,83915$$

Cálculo da probabilidade $N(d_1)$ = 0,79931 (planilha de MS-Excel)

Cálculo de d_2:

$$d_2 = 0,83915 - 0,38 \cdot \sqrt{30/365} = 0,73021$$

Cálculo da probabilidade $N(d_2)$ = 0,76737 (planilha de MS-Excel)

Valor da opção de compra:

$$C_0 = 32,35 \times 0,79931 - 29,70 \times 0,76737 = 3,07$$

Exemplo

No exemplo anterior, com o modelo binomial, os dados da opção da ação da Petrobras eram:

- Preço médio da ação no dia: S_0 = 23,75
- Preço de exercício: E = 20,00
- Custo do dinheiro: r_f = 12,25% ao ano, correspondente ao CDI médio do dia
- Prazo até a data de exercício: 45 dias.
- Valor da opção: R$ 4,07

Utilizando a planilha de MS-Excel do modelo Black-Scholes, podemos verificar que, se utilizarmos o desvio padrão σ = 0,28, vamos encontrar:

- **VP(E)** = 19,70
- Logaritmo da relação: $Ln(S_0/VP(E))$ = 0,1869
- Cálculo de d_1 = 0,1951
- Cálculo de d_2 = 1,8524
- Normal Cumulativa de d_1 = 0,9744
- Normal Cumulativa de d_2 = 0,9680

Com esses dados, o valor da opção é: R$ 4,07

8.8 PROJETO DE INVESTIMENTO COMO UMA OPÇÃO REAL

As oportunidades de investimento, que uma empresa pode transformar em projetos, podem ser interpretadas como "opções de compra" de ações na Bolsa de Valores, porque a empresa tem o **direito** de investir para obter o resultado esperado, mas não tem a **obrigação**. Assim, por exemplo, no caso de um projeto de investimento para construir uma nova fábrica e expandir a linha de produtos, a empresa pode decidir levar o projeto adiante, mas não é obrigada a isso. Para diferenciá-la das opções financeiras vinculadas a ações na Bolsa de Valores, a literatura chama essa abordagem de projetos de investimento de **opções reais**.

Para interpretar um projeto de investimento como uma opção real, e com isso poder estimar o valor da oportunidade, devemos estabelecer uma correspondência entre as cinco características determinantes do valor de uma opção de compra e as características próprias do projeto.

Para estabelecer essa correspondência, vamos nos basear na opção europeia, que é mais simples, porque somente pode ser exercida na data de vencimento ou data de exercício, conforme vimos anteriormente.

Todos os projetos de investimento apresentam os seguintes elementos que devem ser considerados na decisão:

1. Exigem uma aplicação de capital para comprar ou construir um patrimônio (um ativo) para explorar uma oportunidade de negócio.

   Por exemplo, construir uma fábrica para lançar um novo produto e expandir o *market share*.

2. A oportunidade deverá produzir benefícios que podem ser quantificados e que, uma vez concretizados, definirão o valor final do patrimônio adquirido.

   Por exemplo, os lucros líquidos auferidos com o novo produto e com o mercado adicional.

3. Os benefícios futuros estão sujeitos a um conjunto grande de incertezas e, por isso, o projeto de investimento apresenta determinado grau de volatilidade. Por exemplo, os lucros líquidos dependem de vários fatores, como o preço a ser praticado, o nível futuro de custos e das ações da concorrência em resposta à tentativa da empresa de aumentar sua posição no mercado.

4. A empresa pode retardar a tomada de decisão e, com isso, adiar a aplicação do dinheiro, até adquirir mais certeza do investimento a ser feito, de forma a reduzir a volatilidade. Por exemplo, a empresa pode precisar de novas pesquisas para definir melhor as características específicas do produto ou do processo produtivo.

5. O dinheiro aplicado e os benefícios possíveis devem ser descontados segundo uma taxa de juro sem risco, para obtermos o valor atual líquido do projeto.

Esses cinco elementos podem ser interpretados como as características que definem o valor de uma opção de compra. Podemos, assim, fazer as seguintes correspondências:

1. O montante a ser investido para construir ou comprar os ativos do projeto pode ser interpretado como o **preço de exercício** da opção – será chamado de E.

2. O valor presente dos benefícios futuros obtidos com o projeto pode ser interpretado como o **preço da ação** ou **do ativo** – será chamado de S.

3. O intervalo de tempo que a empresa dispõe para analisar o projeto antes de realmente iniciar sua implementação é o tempo até a **data de exercício** – será chamado de t.

4. O grau de incerteza associado aos fluxos de caixa futuros, que determina o risco do projeto, pode ser definido pela **variância dos retornos** – será chamada de σ^2.

5. Finalmente, os fluxos de caixa devem ser descontados com base em uma taxa de juro livre de risco – chamada de r_f.

O Quadro 8.1 mostra esquematicamente essa correspondência.

Quadro 8.1 Correspondência entre as características dos projetos de investimento e opções de compra

Correspondência das características		
Projetos de investimento **Opções reais**	**Opções de compra** **Bolsa de valores**	**Símbolo**
Valor atual do capital investido	Preço de exercício	E
Valor atual dos benefícios futuros	Preço da ação base da opção	S
Tempo para efetivação da decisão	Tempo até a data de exercício	t
Custo do dinheiro para a empresa	Taxa livre de risco	r_f
Risco resultante das incertezas dos resultados futuros	Variância dos retornos da ação	σ^2

8.8.1 A Correspondência das Decisões entre VPL e Opção de Compra

Já vimos que o VPL de um projeto é a diferença entre o valor presente dos benefícios e o valor presente dos custos do projeto. Assim, quando o VPL > 0, a empresa aumenta seu valor, se tomar a decisão de desenvolver o projeto. No caso de VPL < 0, a empresa decidirá pela não execução do projeto.

Para verificarmos a correspondência entre as decisões tomadas nos dois casos, vamos analisar duas situações:

1. A empresa precisa decidir agora, sob pena de perder a oportunidade.

2. A empresa pode postergar a decisão para escolher uma data melhor para o início do projeto.

Situação 1 A decisão deve ser imediata

Se a empresa deve decidir imediatamente, sob pena de perder a oportunidade de investimento, podemos considerar que ela está na **data de exercício** da opção. Dois casos podem ocorrer:

a) O projeto apresenta **VPL > 0**, logo, a empresa decide executá-lo. Na simbologia da opção, $S - E > 0$ e, como o valor da opção é $S - E$, a decisão é exercer a opção.

b) O projeto apresenta **VPL < 0** e a empresa não vai executá-lo. Na simbologia de opção, $S - E < 0$ e a decisão será de não exercer a opção. Assim, tanto o projeto de investimento quanto a opção de compra têm valor zero. Em ambos os casos, as perdas se referem aos custos incorridos pela empresa para estudar o projeto (aqui se tornam *sunk costs*) e o prêmio pago pela opção de compra.

Situação 2 A decisão pode ser postergada

Quando a decisão do projeto de investimento pode ser adiada, a oportunidade do investimento apresenta dois ganhos adicionais para a empresa:

1. Mesmo que todas as condições se mantenham constantes, o adiamento do desembolso do valor a ser investido pode representar um ganho financeiro adicional para a empresa.

2. O adiamento da decisão nos permite coletar mais informações sobre o projeto, o que aumenta o grau de certeza da decisão. As condições externas podem evoluir de forma mais favorável, facilitando a decisão de investir, ou seja, de exercer a opção. Também podem evoluir de forma desfavorável e a empresa pode decidir não realizar o projeto (não exercer a opção).

Podemos ver que, na hipótese de podermos adiar a decisão, o processo decisório inerente ao método VPL peca por não permitir a quantificação dos dois ganhos adicionais acima. Por outro lado, os modelos de precificação das opções de compra são estruturados para quantificar as oportunidades criadas pela postergação de uma decisão de investir.

8.9 VALORAÇÃO DAS OPORTUNIDADES

8.9.1 Ganho Financeiro pelo Adiamento da Decisão

Quando a empresa decide adiar o início da implementação do projeto, o dinheiro que seria gasto fica disponível para outras aplicações e, logicamente, resulta em rendimentos financeiros. Para avaliarmos o ganho financeiro resultante do adiamento da decisão, vamos calcular o montante de dinheiro que deveríamos aplicar na data de hoje, à taxa de juro livre de risco r_f, para obter o valor necessário para tocar o empreendimento (**E**) na data **t**. O resultado é simplesmente o valor presente de **E**, sob as condições acima:

$$VP(E) = \frac{E}{(1 + r_f)^t}$$

Como o valor presente líquido do projeto é calculado como **VPL = S – E**, poderemos incorporar o ganho financeiro da decisão com o cálculo de um VPL ajustado:

$$\mathbf{VPL}_{\text{ajustado}} = \mathbf{S} - \mathbf{VP}(\mathbf{E}) = S - \frac{E}{(1 + r_f)^t}.$$

Analisando a expressão acima, podemos concluir:

1) $\mathbf{VPL}_{\text{ajustado}} \geq \mathbf{VPL}$ original;

2) $\mathbf{VPL}_{\text{ajustado}}$ depende do tempo de adiamento da decisão.

Para obtermos um fator que possa ser utilizado no modelo de precificação de opções de Black-Scholes, vamos modificar a expressão do $\mathbf{VPL}_{\text{ajustado}}$ para calcular o resultado como uma fração do valor atual dos benefícios futuros do projeto (**S**), ou seja, o **VPL** por unidade do valor atual do investimento. Chamando-o de $\mathbf{VPL}_P$, temos:

$$\mathbf{VPL}_p = \frac{S}{VP(E)} = \frac{S}{\dfrac{E}{(1 + r_f)^t}}$$

Para a nova expressão do $\mathbf{VPL}_p$, os critérios de decisão devem mudar, como segue:

1) Quando $\mathbf{VPL}_{\text{ajustado}} > 0$, teremos $\mathbf{VPL}_p > 1$: a decisão é aceitar o projeto;

2) Quando $\mathbf{VPL}_{\text{ajustado}} < 0$, teremos $\mathbf{VPL}_p < 1$: a decisão é rejeitar o projeto.

Observação O modelo de Black-Scholes utiliza o processo de capitalização composta contínua. Na expressão acima, para efeito de simplificação, estamos utilizando o processo de capitalização composta discreta.

Exemplo

Uma empresa atacadista está elaborando um projeto para a construção de uma grande loja na cidade. Inicialmente, a obra está prevista para durar dois anos de construção, com um dispêndio médio de R$ 150.000,00 por mês (orçamento total de R$ 3.600.000,00). Após a inauguração, o lucro líquido médio previsto é de R$ 150.000,00 por mês, durante os 5 anos seguintes. A empresa analisa duas possibilidades:

a) Começar a obra imediatamente, mantendo o cronograma de 24 desembolsos;

b) Atrasar o início da obra em 6 meses, imprimindo um ritmo mais intenso na construção, elevando o desembolso para 18 parcelas de R$ 200.000,00.

Considerando que o custo de capital da empresa é de 15% ao ano, calcule o VPL original e o VPL ajustado ao atraso do início.

Solução O VPL original pode ser calculado da seguinte forma:

- Valor presente das saídas = R$ 3.122.382,36
- Valor presente das entradas = R$ 7.082.068,04

Logo, VPL original = 7.082.068,04 − 3.122.382,36 = 3.959.685,68

O VPL ajustado pode ser calculado da seguinte forma:

- Valor presente das saídas:

$$200.000 \times FRC(18, 1,171\%) \times (1/(1 + 0,01171)^6 = R\$ 3.010.881,63$$

- Valor presente das entradas = R$ 7.082.068,04

VPL ajustado = 7.082.068,04 − 3.010.881,63 = 4.071.186,40

$$\text{Ou, } \mathbf{VPL}_p = \frac{7.082.068,04}{\dfrac{3.228.955,00}{(1 + 0,01171)^6}} = 2,35$$

8.9.2 Ganho pela Volatilidade do Projeto

O segundo ganho obtido com a possibilidade de postergação da decisão deriva do fato de que as condições que sustentam a decisão podem mudar: por exemplo, as vendas podem crescer mais do que o esperado ou podem decrescer, os custos podem aumentar ou diminuir, a taxa de juro pode variar etc. Essas incertezas produzem a volatilidade do projeto, que deve ser estimada.

No caso das opções de compra lastreadas por ações na Bolsa de Valores, existem muitas informações estatísticas que permitem o cálculo da variância dos retornos (σ^2), que é a medida da volatilidade.

No caso de projetos de investimentos empresariais, em geral não temos uma base estatística tão confiável para medir a volatilidade. Por isso, lançamos mão do conceito de **probabilidade subjetiva** (ANDRADE, 2009), que aplicaremos em três etapas:

1. Identificação dos elementos geradores de incerteza;
2. Estimativa dos valores possíveis de ocorrer e associação de probabilidades de ocorrência com base na experiência;
3. Estimativa da distribuição de probabilidades dos retornos possíveis, por meio da utilização do modelo de simulação de Monte Carlo.

Com esse procedimento, estimamos a variância dos retornos por período (σ^2). Evidentemente, a volatilidade total do projeto depende do tempo de adiamento da decisão. Por isso, precisamos calcular a variância acumulada com o tempo, ou seja, $\sigma^2 \cdot t$.

Da mesma forma, para aplicar o modelo de Black-Scholes, vamos calcular o desvio padrão correspondente, que é chamado de **volatilidade cumulativa**:

$$\textbf{Volatilidade cumulativa} = \sigma \cdot \sqrt{t}.$$

8.10 UTILIZAÇÃO DO MODELO BLACK-SCHOLES PARA PRECIFICAÇÃO DAS OPÇÕES REAIS

Tendo determinado os indicadores acima, que medem os valores associados aos ganhos obtidos com a postergação da decisão, podemos aplicar o modelo de precificação de Black-Scholes para determinar o valor da oportunidade criada pelo projeto de investimento. O Quadro 8.2 mostra os elementos do modelo e sua representação nos indicadores calculados.

Quadro 8.2 Representação das características das opções no modelo de precificação

Características das opções e dos parâmetros do modelo			
Projetos de investimento	**Opções de compra**	**Símbolo**	**Parâmetros do modelo**
Valor atual do capital investido	Preço de exercício	E	
Valor atual dos benefícios futuros	Preço da ação base da opção	S	
Custo do dinheiro para a empresa	Taxa livre de risco	r_f	$VPL_p = \dfrac{\dfrac{S}{E}}{(1 + r_f)^t}$
Tempo para efetivação da decisão	Tempo até a data de exercício	t	
Risco resultante das incertezas dos resultados futuros	Variância dos retornos da ação	σ^2	$\sigma \cdot \sqrt{t}$

Todos os elementos do modelo Black-Scholes foram sintetizados em duas grandezas:

a) Relação entre o valor presente do ativo e o valor presente do preço de exercício;

b) Produto do desvio padrão dos retornos da ação pela raiz quadrada do tempo até a data de exercício.

Para facilitar a aplicação do modelo para precificar as opções, os livros de teoria financeira apresentam tabelas que permitem calcular o valor das opções em função dos parâmetros acima. Uma das mais citadas foi apresentada por Brealey e Myers (1992). O Quadro 8.3 mostra um exemplo dessa tabela.

Quadro 8.3 Valor da opção de compra em relação ao valor da ação S (valores em %)

$\sigma \cdot \sqrt{t}$	Relação entre o preço atual da ação e o valor presente do preço de exercício									
	0,8	**0,85**	**0,9**	**0,95**	**1**	**1,05**	**1,1**	**1,15**	**1,2**	**1,25**
0,1	0,05%	0,24%	0,79%	1,99%	3,99%	6,73%	9,96%	13,39%	16,79%	20,04%
0,2	1,48%	2,54%	3,99%	5,81%	7,97%	10,39%	12,99%	15,71%	18,46%	21,19%
0,3	4,42%	5,99%	7,79%	9,78%	11,92%	14,17%	16,49%	18,84%	21,20%	23,53%
0,4	7,99%	9,81%	11,75%	13,77%	15,85%	17,97%	20,10%	22,22%	24,32%	26,39%
0,5	11,83%	13,76%	15,73%	17,73%	19,74%	21,74%	23,72%	25,68%	27,59%	29,46%
0,6	15,78%	17,75%	19,71%	21,66%	23,58%	25,48%	27,33%	29,14%	30,91%	32,62%
0,7	19,77%	21,72%	23,64%	25,53%	27,37%	29,16%	30,90%	32,59%	34,23%	35,81%
0,8	23,74%	25,66%	27,52%	29,33%	31,08%	32,78%	34,42%	36,00%	37,52%	39,00%
0,9	27,68%	29,54%	31,34%	33,07%	34,73%	36,33%	37,87%	39,35%	40,77%	42,14%
1	31,56%	33,35%	35,07%	36,72%	38,29%	39,80%	41,25%	42,64%	43,97%	45,24%

O Quadro 8.3 apresenta o valor de uma opção de compra em porcentagem do valor da ação base. Há algumas características importantes nos resultados acima, relacionadas com a decisão do projeto, que devemos comentar:

1. Quanto maior a volatilidade cumulativa $\sigma \cdot \sqrt{t}$, maior o valor da opção, ou seja, da oportunidade.

   A volatilidade cumulativa pode aumentar porque os valores dos retornos podem variar mais (maior desvio padrão – σ) ou porque o prazo de adiamento da decisão é maior (maior t). Essas duas características são importantes para o tomador de decisões e, por isso, têm seu valor aumentado quanto mais presentes elas estejam no processo.

2. Quanto maior o valor do VPL_p, maior o valor da opção.

Vamos voltar à fórmula de cálculo: $\mathbf{VPL}_p = \dfrac{S}{\dfrac{E}{(1 + r_f)^t}}$.

Podemos observar que esse parâmetro captura aspectos importantes do processo decisório, que têm grande valor para a empresa. Analisando a fórmula, podemos perceber as causas que poderiam aumentar o valor do $\mathbf{VPL}_p$:

a) Maior S – os benefícios do projeto crescem;

b) Menor E – os custos de implantação do projeto diminuem

c) Maior r_f – o custo do dinheiro aumenta, aumentando o ganho financeiro do adiamento;

d) Maior t – maior o prazo para a decisão final.

Vamos exemplificar a utilização da tabela.

Exemplo

Uma ação está cotada atualmente na Bovespa em R$ 36,80 e há uma oferta de opção de compra com preço de exercício de R$ 40,00. A data de vencimento da opção é de 120 dias e o custo do dinheiro é 10% ao ano. As análises de volatilidade da ação mostram que seu desvio padrão é 0,35 do retorno. Qual deve ser o preço da opção?

Nesse exemplo, temos:

$S = 36,80$

$E = 40,00$

$t = 120$ dias, ou $120/365 = 0,3288$ ano

$\sigma = 0,35$ por ano.

Calculando os parâmetros, temos:

a) Relação $\dfrac{S}{\dfrac{E}{(1 + r_f)^t}} = \dfrac{36,80}{\dfrac{40}{(1 + 0,1)^{0,3288}}} = 0,95$

b) $\sigma \cdot \sqrt{t} = 0,35 \cdot \sqrt{0,3288} = 0,20$

Com esses dois dados, encontramos na tabela: valor da opção = 5,81% do valor da ação, ou seja, o valor da opção é $0,0581 \times 36,80 = $ R$ 2,14.

8.10.1 Aplicações na Análise de Projetos de Investimento

Para aplicarmos a teoria das opções reais à análise de projetos de investimento, temos que seguir o procedimento abaixo.

Passo 1 Identificar a característica do projeto que pode ser classificada como uma opção real

Para isso, temos que prestar a atenção em aspectos do projeto que apresentem possibilidades de ganhos adicionais (ou perdas), dependendo das decisões tomadas. Geralmente são etapas dos projetos sobre as quais os gestores têm o poder discricionário de aceitar ou não o perfil original planejado e, com isso, alterar o valor final produzido pelo projeto, conforme vimos no item 8.1.

Passo 2 Determinar as grandezas do projeto que se converterão em parâmetros da opção real

Devemos analisar os dados dos fluxos de caixa do projeto para identificar os parâmetros que usaremos no modelo de precificação da opção, conforme mostra o Quadro 8.2 anterior.

Passo 3 Transformar os fluxos de caixa do projeto para aplicação do modelo de precificação

Devemos decompor os fluxos de caixa do projeto de forma a isolarmos os fluxos de caixa representativos das características que serão avaliadas como opções reais. Por exemplo, se uma etapa do projeto pode ser postergada para aumentar seu valor, devemos criar um fluxo de caixa específico com seus investimentos e benefícios líquidos. Teremos, assim, um fluxo de caixa sem opção e outro representativo da opção.

Passo 4 Calcular os parâmetros do modelo e calcular o valor da opção

Devemos calcular o valor presente líquido ajustado (VPL_p) e a volatilidade cumulativa ($\sigma \cdot \sqrt{t}$) para poder utilizar o modelo Black-Scholes.

Passo 5 Análise do resultado

Uma vez calculado o valor da opção real, devemos comparar o VPL original do projeto integral com o VPL transformado pela opção, sendo este cálculo feito da seguinte forma:

VPL transformado pela opção = VPL (sem opção) + valor da opção real

Vamos desenvolver dois exemplos para demonstrar o procedimento.

Exemplo

Uma rede de supermercados avalia a compra de dois terrenos, em duas cidades diferentes, porém próximas, para construir uma nova loja. A empresa acredita que a construção de um hipermercado em qualquer das duas cidades atrairá clientes da outra, de forma que somente uma loja deverá ser construída.

Os fluxos de caixa das duas alternativas são:

Localidade *A*:

Ano	Fluxo de investimento (R$ mil)	Fluxo de lucros líquidos (R$ mil)
0	1.500	
1	5.000	
2		600
3		800
4		1.000
5		1.200
6		1.400
7		1.600
8		1.800
9		2.000
10		2.200

Localidade *B*:

	Fluxo de investimento (R$ mil)	Fluxo de lucros líquidos (R$ mil)
0	1.200	
1	4.500	
2		600
3		800
4		1.000
5		1.200
6		1.400
7		1.500
8		1.600
9		1.700
10		1.800

Os valores previstos no período 0 referem-se à compra do lote. A empresa considera que esse lote pode ser vendido facilmente, em caso de desistência da construção da loja. Dessa forma, esse dinheiro não pode ser considerado um "fundo perdido" ou *sunk cost*.

Os valores previstos para o período 1 referem-se à construção da loja. Os lucros líquidos são valores médios previstos, com base em pesquisas de mercado, e apresentam variabilidades diferentes, em função das características das localidades. No caso da localidade 1, a variância do mercado é estimada em 30% da receita média. No caso da localidade 2, estima-se que a variância seja igual a 10%.

A decisão de construir essa loja na localidade 1 pode ser adiada por um período de até 2 anos, caso a empresa julgue que necessita consolidar mais seu conhecimento do mercado. Isso significa que o investimento com a construção pode ser feito no período 3 e, em consequência, os fluxos de lucros líquidos se iniciariam no ano 4.

No caso da localidade 2, a empresa pode adiar a construção da loja por um período máximo de 6 meses, porque a prefeitura da cidade impõe uma condição de prazo para término da obra para concessão da licença de construção.

Podemos observar que as duas possibilidades de investimento apresentam as características de opções reais, porque a empresa **pode** construir um hipermercado, mas não tem a obrigação de fazê-lo.

Análise da Decisão

Inicialmente, vamos aplicar os métodos do VPL e da TIR para avaliar a atratividade dos dois projetos. A taxa de atratividade da empresa para esse tipo de projeto é 12% ao ano. Encontramos, então:

Projeto da localidade *A*:

Os valores encontrados são: **VPL = – R$ 10,52**

$$\text{TIR} = 11{,}96\%$$

Projeto da localidade *B*: **VPL = R$ 372,92**

$$\text{TIR} = 13{,}47\%$$

Com base apenas nesses dois critérios, a decisão da empresa seria construir o supermercado na localidade *B*. No entanto, os valores da TIR ficaram muito próximos da taxa de atratividade e, se analisarmos com mais cuidado os dados levantados, podemos perceber que existem diferenças entre os projetos que não foram devidamente captadas pelos dois métodos acima. Assim:

a) O projeto da localidade *B* é mais barato, e os lucros líquidos dos anos iniciais são iguais aos do projeto *A*. No entanto, a partir do ano 7, o crescimento do fluxo de lucros líquidos é menor do que na localidade *A*.

b) A localidade *A* apresenta possibilidades de crescimento futuro melhores do que a localidade *B*, devido a projetos de desenvolvimento que estão sendo estudados para a região. Por isso, o setor de planejamento projeta um crescimento de mercado maior, o que resulta no crescimento maior do fluxo de lucros líquidos e na taxa de volatilidade do mercado (40% na localidade *A*, contra 20% na localidade *B*).

A gerência, então, pediu uma análise dos projetos segundo a abordagem de opções reais. Para isso, precisamos identificar os elementos do modelo de precificação das opções nos dois projetos.

Para calcular os parâmetros do modelo de opções, vamos considerar o investimento no projeto da localidade *A* com o atraso possível de 2 anos, o que nos dá um fluxo de caixa do investimento conforme mostra a Figura 8.9:

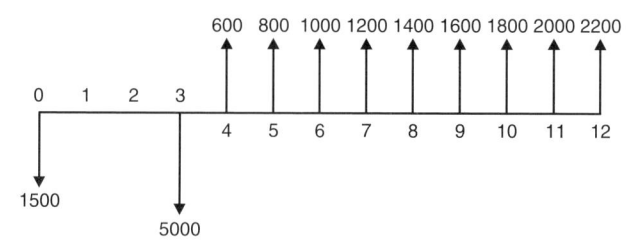

Figura 8.9 Fluxo de caixa do investimento.

Por outro lado, a empresa considera que a taxa de juro sem risco a ser utilizada deve ser a Taxa de Juro de Longo Prazo (TJLP) do BNDES que, com as comissões bancárias, é da ordem de 10% ao ano. Com isso, podemos determinar os elementos necessários para o cálculo dos parâmetros do modelo de precificação das opções, conforme mostra o Quadro 8.4.

Quadro 8.4 Elementos para o cálculo dos parâmetros do modelo de precificação de opções

Opções de compra Bolsa de Valores	Projetos de investimento opções reais	Símbolo	Projeto A	Projeto B
Preço de exercício	Valor atual do capital investido	E	5.256,57	5.100,53
Preço da ação base da opção	Valor atual dos benefícios futuros	S	5.514,43	6.246,40
Tempo até a data de exercício	Tempo para efetivação da decisão	t	3	0,5
Taxa livre de risco	Custo do dinheiro para a empresa	r_f	10%	10%
Variância dos retornos da ação	Risco resultante das incertezas dos resultados futuros	σ^2	40%	20%

Com os elementos acima, calculamos:

Parâmetros	Projeto A	Projeto B
$\sigma.\sqrt{t}$	1,095	0,316
VLP_p	1,049	1,225

Levando esses valores ao modelo Black-Scholes, encontramos:

Projeto	Valor da opção como % de S	Valor da opção (R$ mil)	VPL final
Projeto A	43,01%	2.260,96	2.250,44
Projeto B	22,82%	1.164,00	1.536,92

Comparando os resultados acima, podemos ver que o projeto da localidade A tem um valor de opção bem superior ao valor do projeto B, resultado das características próprias de volatilidade e da possibilidade de adiamento. Dessa forma, esse projeto é mais atrativo para a empresa.

Exemplo

Uma empresa siderúrgica está negociando a compra de uma companhia de mineração com o intuito de verticalizar sua cadeia de suprimentos, garantindo um fluxo constante de minério de ferro para sua usina. A análise do potencial atual de exploração e das necessidades de minério da usina permitiu que o planejamento da empresa siderúrgica obtivesse os seguintes dados para a elaboração do fluxo de caixa de investimento e lucros líquidos anuais da operação.

- Investimento inicial para compra da mina: R$ 555.000.000,00
- Fluxo anual de lucros líquidos com a operação: R$ 104.850.000,00
- Valor residual após o horizonte da análise (10 anos): R$ 350.000.000,00

No entanto, os objetivos estratégicos da empresa de siderurgia são mais ambiciosos. A compra da companhia de mineração permite que a siderúrgica amplie suas atividades na área de venda de minério e de *pellets*. Para isso, a mina tem que ser ampliada com instalações adequadas ao processamento do minério e com a construção de uma planta de pelotização. Além disso, o projeto prevê a reforma da linha ferroviária que liga a mina ao porto e a ampliação das instalações de embarque de minério, com o objetivo de exportar *pellets* e minério.

Como o projeto de exportação somente será implantado três anos após a compra da mina, devido ao tempo necessário para a consolidação das operações internas e preparação das equipes, os resultados previstos apresentam um grau elevado de incerteza. Para a análise preliminar do projeto global, os seguintes dados foram considerados:

- Investimento necessário para a ampliação: R$ 3.600.000.000,00
- Data da aplicação do dinheiro: ano 3
- Lucro líquido do primeiro ano de operação: R$ 326.300.000,00
- Taxa média de crescimento prevista por ano: 6%
- Taxa mínima de atratividade: 15% ao ano.
- O valor residual deve ser calculado pelo valor presente da perpetuidade do lucro líquido correspondente ao 10º ano.

A diretoria da empresa deseja uma análise de rentabilidade do projeto global e uma análise da oportunidade criada para a expansão do projeto de mineração.

Solução Inicialmente, vamos criar o fluxo de caixa do projeto total. Para isso, vamos elaborar os fluxos de caixa isolados das duas etapas.

Fluxo de caixa da primeira etapa: (valores em R$ mil)

Ano	Fluxo de investimento (R$ mil)	Fluxo de lucros líquidos	Fluxo de caixa da 1ª etapa
0	(555.000)		(555.000,00)
1		104.850,00	104.850,00
2		104.850,00	104.850,00
3		104.850,00	104.850,00
4		104.850,00	104.850,00
5		104.850,00	104.850,00
6		104.850,00	104.850,00
7		104.850,00	104.850,00
8		104.850,00	104.850,00
9		104.850,00	104.850,00
10		454.850,00	454.850,00

Fluxo de caixa da segunda etapa: (valores em R$ mil)

Ano	Fluxo de investimento (R$ mil)	Fluxo de lucros líquidos	Fluxo de caixa da 2ª etapa
0			
1			
2			
3	−3.600.000		−3.600.000,00
4		326.300,00	326.300,00
5		345.878,00	345.878,00
6		366.630,68	366.630,68
7		388.628,52	388.628,52
8		411.946,23	411.946,23
9		436.663,01	436.663,01
10		5.605.782,69	5.605.782,69

Observação

- Cálculo do lucro líquido do ano 10: $436.663,01 \times 1,06 = 462.862,79$
- Valor residual no ano 10: $462.862,79/(0,15 - 0,06) = 5.142.919,90$

Com esses dois fluxos de caixa, criamos o fluxo de caixa do projeto total:

Ano	Fluxo de caixa do projeto total
0	–555.000,00
1	104.850,00
2	104.850,00
3	–3.495.150,00
4	431.150,00
5	450.728,00
6	471.480,68
7	493.478,52
8	516.796,23
9	541.513,01
10	6.060.632,63

Calculando os indicadores de rentabilidade, encontramos:

- VPL = –1.739.337,70
- TIR = 14,987%

Podemos observar que os valores acima não são conclusivos. O VPL é negativo, mas a TIR é muito próxima da taxa mínima de atratividade. Vamos, então, analisar os indicadores de rentabilidade de cada uma das etapas.

Calculando, temos:

Para a primeira etapa: VPL = 57.732.537,60 e TIR = 17,3%

Para a segunda etapa: VPL = –78.651.555,00 e TIR = 14,5%

Os resultados mostram que a compra da mina de minério para abastecer a siderúrgica é um excelente negócio. No entanto, a segunda etapa do planejamento, ou seja, a expansão das instalações e da ferrovia para a exportação, apresenta um resultado negativo, porém não desanimador. A empresa considera que os dados disponíveis atualmente sobre o mercado futuro são bastante incertos e, por isso, deseja uma análise do valor da oportunidade.

Como a empresa tem a possibilidade de decidir pela expansão ou não do projeto, podemos utilizar a metodologia de opções reais para a avaliação da oportunidade. Para isso, precisamos identificar a volatilidade do mercado internacional de *pellets* e minérios. Por meio de análises estatísticas dos resultados disponíveis, a empresa definiu que a variância dos retornos é:

$$\sigma^2 = 0,50$$

Além disso, a empresa considera que a taxa de juro livre de risco pode ser considerada com base na Taxa de Juro de Longo Prazo (TJLP) do BNDES, igual a 7,5% ao ano para empréstimos para o setor siderúrgico. Os demais valores para o modelo são:

- Valor atual do capital investido: 2.897.858,05 (R$ mil)
- Valor atual dos benefícios futuros (lucros líquidos): 4.135.695,31 (R$ mil)

A tabela abaixo mostra os demais valores para o modelo de avaliação da opção real:

Elementos para cálculo do modelo de precificação da opção real

Opções de compra Bolsa de Valores	Projetos de investimento opções reais	Símbolo	Valores
Preço de exercício	Valor atual do capital investido (R$ mil)	E	2.897.858,05
Preço da ação base da opção	Valor atual dos benefícios futuros (R$ mil)	S	4.135.695,31
Tempo até a data de exercício	Tempo para efetivação da decisão	t	3
Taxa livre de risco	Custo do dinheiro para a empresa	r_f	7,5%
Variância dos retornos da ação	Risco resultante das incertezas dos resultados futuros	σ^2	50%

Aplicando o modelo, encontramos (confira na planilha de MS-Excel):

Valor da opção:

- Em porcentagem do valor atual do investimento: 55,5%
- Em moeda (R$ mil): 1.607.735,79

Podemos, então, calcular o valor presente líquido final, incluindo o valor da oportunidade:

VPL Final = VPL (1ª etapa) + Preço da opção (2ª etapa)

VPL Final = 57.732.537,60 + 1.607.735,79 = 1.665.468,32 (R$ mil)

Podemos concluir que a oportunidade é bastante valiosa, o que torna o projeto muito atrativo. Assim, o planejamento da empresa concluiu que ela deve investir recursos na coleta de mais informações para diminuir o grau de incerteza dos valores do fluxo de caixa e preparar os projetos para a expansão.

Análise de sensibilidade às estimativas da volatilidade

Como estimar a volatilidade de um projeto dessa natureza é um processo difícil, podemos verificar se os resultados são muito sensíveis aos valores da variância dos retornos. Vamos, então, processar o modelo Black-Scholes para vários valores de σ^2 e calcular os valores da opção. A tabela abaixo mostra os resultados obtidos.

Variância	Valor da opção
0,3	1.389.613,55
0,4	1.506.868,49
0,5	1.607.735,79
0,6	1.696.328,79
0,7	1.775.266,02
0,8	1.846.341,90

Observe que, apesar de os valores da opção variarem razoavelmente, a decisão de implantar a segunda etapa do projeto continua válida.

8.11 EXERCÍCIOS PROPOSTOS

8.11.1 As seguintes informações foram publicadas no site da Bovespa sobre determinada opção de compra:

- Preço de exercício: 23,50
- Preço médio da opção: 1,85
- Prazo para exercício: 45 dias
- Preço médio da ação no dia: 21,22

Calcule os lucros do titular da opção para os seguintes preços de mercado na data de exercício:

a) $ 24,50

b) $ 25,50

c) $ 27,00

Resposta: a) $ 0,85; b) $ 0,15; c) $ 1,65

8.11.2 Para os mesmos dados acima, calcule os lucros do emissor da opção para os seguintes preços:

a) $ 22,00

b) $ 24,00

c) $ 25,00

Resposta: a) $ 1,85; b) $ 1,35; c) $ 0,35

8.11.3 Uma opção de venda de uma ação está anunciada no pregão com preço de R$ 2,40 e preço de exercício de R$ 28,80. Calcule os lucros líquidos do titular para os seguintes preços da ação na data de exercício:

a) $ 20,00

b) $ 24,40

c) $ 28,80

Resposta: a) $ 6,40; b) $ 2,00; c) –2,40

8.11.4 Um investidor dispõe de R$ 200.000,00 para formar uma carteira de ações da Cia. Vale. O preço atual da ação é R$ 50,00, o que lhe permite adquirir 4.000 ações PN. O investidor analisa também a possibilidade de adquirir opções de compra, com data de exercício para 2 meses e preço de exercício de R$ 60,00. O prêmio de aquisição é de R$ 5,00 por ação, podendo então comprar 400 contratos de 100 ações. Calcule a rentabilidade das duas carteiras para os seguintes preços das ações na data de exercício:

a) R$ 44,00

b) R$ 52,00

c) R$ 64,00

d) R$ 68,00

Resposta: Carteira de ações: a) –12%; b) 4%; c) 28% e d) 36%

Carteira de opções: a) –100%; b) –100%; c) –20% e d) 60%

8.11.5 Um fundo de previdência privada possui uma carteira de ações do Banco do Brasil e está prevendo um aumento na volatilidade dos preços dessas ações, devido ao novo plano estratégico anunciado. A cotação atual dessas ações é R$ 28,00. Para isso, pretende criar uma estratégia defensiva, comprando opções de venda e combinando-as com as ações já em carteira. As opções oferecidas no mercado têm preço de exercício de R$ 32,00 e o prêmio de aquisição é de R$ 5,00 por ação. Calcule a rentabilidade da carteira na data de exercício das opções para os seguintes preços da ação no mercado:

a) R$ 22,00

b) R$ 28,00

c) R$ 32,00

d) R$ 40,00

Resposta: a) $ 5,00; b) –1,00; c) –1,00 e d) $ 7,00

8.11.6   Um investidor ousado analisou o plano estratégico de uma empresa, da qual tem uma carteira de ações, e imagina que estas entrarão em um período de elevada volatilidade no pregão da bolsa de valores. Assim, ele concebeu uma estratégia de ganhar dinheiro com a volatilidade. Para isso, pretende comprar duas opções, com as seguintes características:

- Opção de venda: preço de exercício = R$ 34,00; prêmio de aquisição: R$ 2,50

- Opção de compra: preço de exercício = R$ 34,00; prêmio de aquisição: R$ 3,50

- Calcule o lucro líquido da estratégia para os seguintes preços da ação na data de exercício:

a) R$ 26,00

b) R$ 30,00

c) R$ 40,00

d) R$ 44,00

Resposta: a) $ 2,00; b) –2,00; c) 0,00 e d) $ 4,00

8.11.7   No mesmo exercício anterior, vamos considerar que os preços de exercício das duas opções sejam diferentes, como segue:

- Opção de venda: preço de exercício = R$ 30,00; prêmio de aquisição: R$ 2,20

- Opção de compra: preço de exercício = R$ 38,00; prêmio de aquisição: R$ 2,80

- Calcule o lucro líquido da estratégia para os seguintes preços da ação na data de exercício:

a) R$ 26,00

b) R$ 30,00

c) R$ 46,00

d) R$ 48,00

Resposta: a) –1,00; b) –5,00; c) $ 3,00 e d) $ 5,00

8.11.8   Um analista de um fundo de investimentos estudou bem o plano estratégico de uma empresa cujas ações o fundo possui. Com base em sua análise, ele acredita que essa ação não sofrerá grande volatilidade de preço nos próximos meses, ao contrário dos demais analistas do mercado de capitais, que estão comprando opções. Assim, ele pretende vender duas opções com as seguintes características:

- Opção de venda da ação: preço de exercício = R$ 34,00 e prêmio de venda = R$ 3,50;

- Opção de compra da ação: preço de exercício = R$ 40,00 e prêmio de venda = R$ 4,50.

- Calcule os lucros líquidos de sua estratégia para os seguintes preços da ação, na data de exercício:

a) R$ 28,00

b) R$ 34,00

c) R$ 40,00

d) R$ 50,00

Resposta: a) R$ 2,00; b) R$ 8,00; c) R$ 8,00; d) –2,00

8.11.9 O administrador de uma carteira de investimentos concebeu uma estratégia para ganhar dinheiro com a baixa volatilidade esperada do mercado, chamada de borboleta compradora no mercado. Para isso, precisa adquirir duas opções de compra com valores diferentes, como segue:

a) Primeira opção de compra adquirida: preço de exercício R$ 25,00, prêmio de aquisição de R$ 3,00;

b) Segunda opção de compra adquirida: preço de exercício R$ 35,00, prêmio de aquisição de R$ 1,00.

Além disso, precisa vender duas opções de compra com preço de exercício igual à média dos preços anteriores, ou seja, R$ 30,00. Cada opção vendida tem prêmio de aquisição de R$ 1,50. Todas as quatro opções têm a mesma data de exercício. Pede-se calcular os lucros líquidos da estratégia para os seguintes preços da ação na data de exercício.

a) R$ 24,00

b) R$ 30,00

c) R$ 34,00

d) R$ 38,00

Resposta: a) –1,00; b) $ 4,00; c) $ 0,00; d) –1,00

8.11.10 Na estratégia da borboleta do Exercício 8.11.9, vamos considerar a seguinte nomenclatura:

- C_1 = prêmio pago pela primeira opção de compra adquirida;
- C_2 = prêmio recebido por opção de compra vendida;
- C_3 = prêmio pago pela segunda opção de compra adquirida;

A condição necessária para que a estratégia funcione tem que ser:

$$-C_1 + 2 \cdot C_2 - C_3 < 0.$$

Explique por que não podemos ter a seguinte relação:

$$-C_1 + 2 \cdot C_2 - C_3 \geq 0.$$

Resposta: Estaríamos criando uma "máquina de fazer dinheiro".

8.11.11 Um investidor possui uma ação e quer garantir um valor mínimo para sua carteira, já que ele acredita em uma queda da bolsa de valores. A cotação atual de sua ação é R$ 32,00 e ele estabeleceu que o valor mínimo aceitável é R$ 28,00. Por outro lado, se ele comprar uma opção de venda no valor mínimo desejado, irá pagar um prêmio ao emissor, o que reduzirá se valor mínimo. Assim, ele pretende adquirir uma opção de venda com preço de exercício de R$ 28,00, com prêmio de aquisição de R$ 3,00 e, simultaneamente, pretende vender uma opção de compra com preço de exercício de R$ 38,00, cujo prêmio de aquisição está cotado na bolsa em R$ 3,00 também. Calcule o valor de seu patrimônio por ação, para os seguintes preços da ação na data de exercício:

a) R$ 26,00

b) R$ 34,00

c) R$ 44,00

Resposta: a) R$ 28,00; b) R$ 34,00; c) R$ 38,00

8.11.12 Duas ações, *A* e *B*, apresentam o mesmo valor atual de mercado de R$ 22,00. O mercado oferece opções de compra para ambas as ações com preço de exercício de R$ 26,00. No entanto, as projeções dos preços futuros, na data de exercício, indicam valores bem diferentes, como segue:

Ação *A*: cotação mínima = 18,00; cotação máxima = 30,00

Ação *B*: cotação mínima = 24,00; cotação máxima = 32,00.

Pede-se calcular o ganho médio da ação e o valor médio da opção na data de exercício.

Resposta: Ação *A*: ganho médio = $ 2,00; valor médio da opção = $ 2,00

Ação *B*: ganho médio = $ 6,00; valor médio da opção = $ 3,00

8.11.13 Duas ações, *X* e *Y*, apresentam o mesmo valor atual de mercado de R$ 34,00. O mercado oferece opções de compra para ambas as ações com preço de exercício de R$ 36,00, com data de exercício para 60 dias. No entanto, as projeções dos preços futuros indicam valores bem diferentes, para cada um dos meses, até a data de exercício, como se pode ver:

Ação *A* (baixa volatilidade):

- Para o mês 1: cotação mínima = 32,00; cotação máxima = 36,00
- Para o mês 2: cotação mínima = 30,00; cotação máxima = 38,00

Ação *B* (alta volatilidade):

- Para o mês 1: cotação mínima = 28,00; cotação máxima = 40,00
- Para o mês 2: cotação mínima = 24,00; cotação máxima = 44,00
- Pede-se calcular o valor médio da opção na data de exercício

Resposta: Ação *X*: valor médio da opção = $ 2,00

Ação *Y*: valor médio da opção = $ 5,00

8.11.14 Uma pessoa deseja comprar uma determinada quantidade de ações ou as opções correspondentes. Para comprar a carteira de ações, ela precisa fazer um empréstimo bancário com juro de 28% ao ano. O preço de exercício da opção referente a essa ação é de R$ 52,00 e o prazo até a data de exercício é de 60 dias. Prevê-se que o preço máximo da ação na data de exercício possa ser de R$ 67,00 e o preço mínimo de R$ 47,00. O investidor quer saber:

a) Nessas condições, qual deverá ser o preço da opção de compra;

b) Para um total de 20 contratos de 100 opções cada (2.000 opções), quantas ações devem ser compradas para que o patrimônio total na data de exercício seja o mesmo nas datas das alternativas;

c) Nesse caso, qual deverá ser o empréstimo a ser contratado?

Resposta: a) R$ 5,15; b) 1.500 ações; c) Empréstimo = R$ 70.500,00

8.11.15 No pregão de determinado dia, a ação PN da Eletrobrás estava cotada em R$ 36,00 (valor médio). Foi oferecida uma opção de compra com preço de exercício de R$ 39,00 e prazo de exercício de 45 dias. Como é uma ação de alta volatilidade, estima-se que o intervalo de variação das cotações estará entre R$ 24,00 e R$ 44,00. Para o preço inferior do intervalo, na data de exercício, o valor da opção será 0. Considerando o custo do dinheiro igual a 10% ao ano, se o valor da opção para o preço superior do intervalo for igual a R$ 5,00, qual será o preço que o investidor poderá pagar por ela?

Resposta: Preço da opção = R$ 3,07

8.11.16 No pregão de determinado dia, a ação PN do Banco do Brasil estava cotada em R$ 28,50 (valor médio). Foi oferecida uma opção de compra com preço de exercício de R$ 31,60 e prazo de exercício de 60 dias. Como é uma ação de baixa volatilidade, estima-se que o intervalo de variação das cotações estará entre R$ 24,00 e R$ 34,00. Para o preço inferior do intervalo, na data de exercício, o valor da opção será 0. O preço da opção estava cotado em R$ 2,80. Considerando o custo do dinheiro igual a 12% ao ano, qual é o valor da opção para o preço superior do intervalo que o mercado está considerando?

Resposta: Valor da opção = R$ 5,66

8.11.17 Uma opção de compra para ações de uma mineradora tem preço de exercício de R$ 34,60, com data de vencimento para 40 dias. O preço de mercado dessa ação no pregão de hoje é R$ 32,30. Considerando que o desvio padrão da taxa de retorno das opções com capitalização contínua pode ser estimado em 0,45, e que a taxa de juro sem risco é de 12,25%, qual é o valor da opção?

Resposta: Valor da opção de compra = R$ 1,19

8.11.18 Um grupo de profissionais aposentados de uma grande empresa de energia elétrica, com aposentadorias garantidas pelo fundo de previdência privada, constituiu um fundo de investimentos para a busca de oportunidades de bons negócios no mercado. Identificada uma oportunidade, além de aportarem dinheiro para a viabilização do plano, também assumem parte da gerência, de forma a contribuírem, com sua experiência, para o sucesso do empreendimento. Foram procurados por um fazendeiro que detém a concessão para exploração do potencial hidrelétrico de um pequeno rio que passa em sua propriedade, com um plano de negócios para a construção de uma pequena central hidrelétrica (PCH) com potência instalada de 2.000 kW e energia firme de 9.200 MWh. O plano prevê a construção de uma barragem para criação de um reservatório, com o objetivo principal de fornecer água para as turbinas. No entanto, devido aos aspectos topográficos do local do reservatório e também por sua localização em relação às terras de cultivo da fazenda, há a possibilidade de se implantar um projeto de irrigação para produção de frutas para exportação. Esse projeto pode ser implantado 2 anos após a PCH, porque o fazendeiro precisa preparar o terreno e encerrar a colheita da cultura atual. Assim, o plano de negócios prevê, então, duas etapas:

Etapa 1 Construção da PCH, com as características acima e a barragem ampliada, com um orçamento total de obra de R$ 6.200.000,00 e lucro líquido anual garantido em contrato com a concessionária, que comprará a energia, de R$ 1.120.000,00, por 15 anos. Após 15 anos, a PCH passará a ser integralmente do fazendeiro e o valor residual estimado é de R$ 1.500.000,00.

Etapa 2 Implantação de um projeto de irrigação e plantação de pomares para exportação, com investimento inicial de R$ 2.400.000,00 e perspectiva de lucro líquido anual de R$ 550.000,00. Nesse caso, não há contrato garantido e, por isso, é um projeto de risco. Estima-se que a volatilidade do mercado internacional para as frutas previstas no plano de negócios apresenta uma variância de 60%.

O grupo de financiadores deseja uma análise de rentabilidade dos projetos e uma avaliação da oportunidade do projeto de irrigação. Sua taxa mínima de atratividade é 18% ao ano e consideram como taxa livre de risco o valor de 10% ao ano (TJLP do BNDES, mais *spread* bancário).

Assim, pede-se:

a) VPL (a 18%) e TIR da etapa 1;

b) VPL (a 18%) e TIR da etapa 2;

c) VPL (a 18%) e TIR do projeto total;

d) Valor da opção em % do investimento da etapa 2 e em R$.

Resposta: a) VPL = $ (372.159,07) e TIR = 16,7%

b) VPL = $ 300.231,93 e TIR = 21%

c) VPL = $ (156.537,18 e TIR = 17,6%

d) Opção = 31,1% e R$ 560.807,25

8.11.19 Um fundo privado de investimentos (*venture capitalists* – capitalistas de risco) avalia duas oportunidades de aplicação de fundos que oferecem a possibilidade de elevado retorno, mas também apresentam graus elevados de risco. A primeira alternativa tem o foco principal no desenvolvimento de um novo remédio, cujo princípio ativo é extraído de uma planta da Amazônia brasileira. A segunda opção é o desenvolvimento de uma melhoria genética de gado de corte com a implantação de um plantel para exportação de carne.

Como são projetos novos, sem similares para comparação, a equipe de análise quer avaliar melhor o valor da oportunidade. Assim, coletou os seguintes dados:

a) Opção 1 – remédio: investimento necessário = R$ 15.500.000,00; lucro líquido previsto por ano = R$ 3.600.000,00; valor residual da fábrica = 2.000.000,00

b) Opção 2 – plantel de corte: investimento necessário = R$ 13.300.000,00; lucro líquido previsto por ano = R$ 3.020.000,00; valor residual da fazenda para devolução = R$ 4.200.000,00

A decisão de implantar a Opção 1 pode ser adiada por um período de até 2 anos, caso o fundo julgue que necessita aprofundar mais a pesquisa do princípio ativo e consolidar mais seu conhecimento do mercado. Isso significa que os fluxos de lucros líquidos se iniciariam no ano 3.

No caso do projeto de pecuária, o atraso máximo possível é de 6 meses.

Como ambas as opções têm características de opções reais, já que o fundo pode investir, mas não tem a obrigação, procurou-se estimar as variâncias dos mercados. Para o mercado de medicamentos, a variância estimada é de 0,55 e, para o mercado de carne, a variância é 0,20. O horizonte de análise é de 10 anos.

Além disso, a taxa mínima de atratividade do fundo é de 15%, e a taxa livre de risco considerada é de 9%. Pede-se:

a) VPL e TIR para as duas opções implantadas no prazo normal;

b) Valor da opção 1 com atraso de 2 anos e da opção 2 com atraso de 6 meses.

Resposta: Opção 1: VPL = $ (200.263,14), TIR = 14,7%

valor da opção real = 42,5% ou $ 5.619.709,78

Opção 2: VPL = 268.770,06   TIR = 15,4%

valor da opção real = 37,9% ou $ 5.042.774,21

BIBLIOGRAFIA

ANDRADE, E.L. *Introdução à pesquisa operacional métodos e modelos para análise de decisão.* 4ª ed. Rio de Janeiro: LTC, 2009.

BREALEY, R.A.; MYERS, S.C. *Principles of corporate finance.* 7ª ed. New York: McGraw-Hill Int. Book Co., 2003.

BREALEY, R.A.; MYERS, S.C.; MARCUS, A.J. *Fundamentals of corporate finance.* 3ª ed. New York: McGraw-Hill Higher Education, 2001.

DUARTE Jr., A.M. *Gestão de riscos para fundos de investimentos.* São Paulo: Pearson Prentice Hall, 2005.

EMERY, G.W. *Corporate finance principles and pratice.* Massachusetts: Addison-Wesley, 1998.

HAUGEN, R.A. *Os segredos da Bolsa como prever resultados e lucrar com ações*. São Paulo: Pearson Educação, 2000.

LOWELL, L. *Fique rico operando opções*. 2ª ed. Rio de Janeiro: Elsevier-Campus, 2008.

LUEHRMAN, T.A. Investment opportunities as real options: getting started on the numbers. *Harvard Business Review*, Julho-Agosto, pp. 51 – 67, 1998.

_____. *Strategy as a portfolio of real options. Harvard Business Review*, Setembro-Outubro, pp. 89-99, 1998.

MINARDI, A.M.A.F. *Teoria de opções aplicada a projetos de investimento*. São Paulo: Atlas, 2004.

PINHEIRO, J.L. *Mercado de capitais fundamentos e técnicas*. 4ª ed. São Paulo: Atlas, 2007.

ROSS, S.A.; WESTERFIELD, R.W.; JAFFE, J.F. *Administração financeira*: corporate finance. São Paulo: Atlas, 2002.

THUESEN, G.J.; FABRYCKY, W.J. *Engineering economy*. 8ª ed. New Jersey: Prentice-Hall Int., 1993.

Índice